推理●邪馬台国と日本神話の謎

邪馬台国は、銅鐸王国へ東遷した

大和朝廷の成立前夜

安本美典［著］

勉誠出版

銅鐸の分布と
大《おお》国《くに》主《ぬし》の命《みこと》・饒《にぎ》速《はや》日《ひ》の命《みこと》

近畿式銅鐸と三遠式銅鐸

近畿地方・近畿式銅鐸

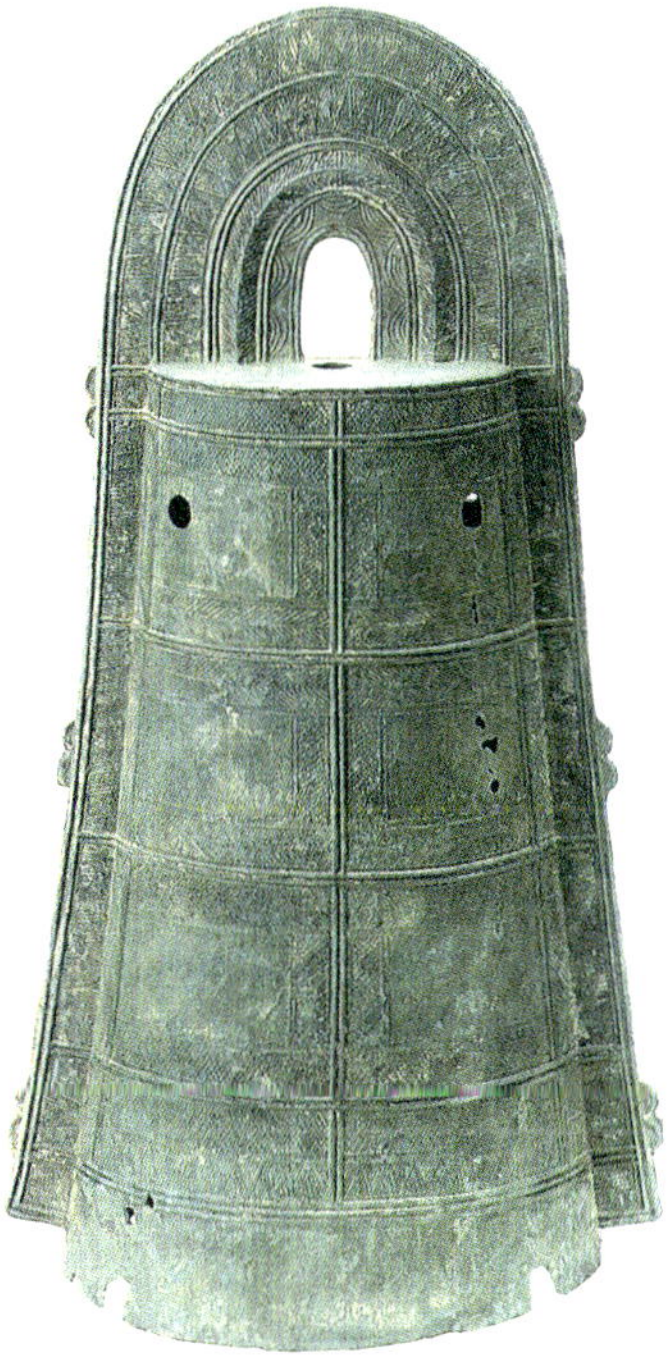

東海地方・三遠式銅鐸

近畿式銅鐸と三遠式銅鐸とは、終末期の銅鐸である。大型化している。最大のものは、134.7cmの近畿式銅鐸である。終末期銅鐸のおよんだ地域は、のちに饒速日《にぎはやひ》の命《みこと》系の人びとが国造《くにのみやつこ》になった地域と重なりあう（写真は、『倭国乱る』［国立歴史民俗博物館編、朝日新聞社、1996年］による）。

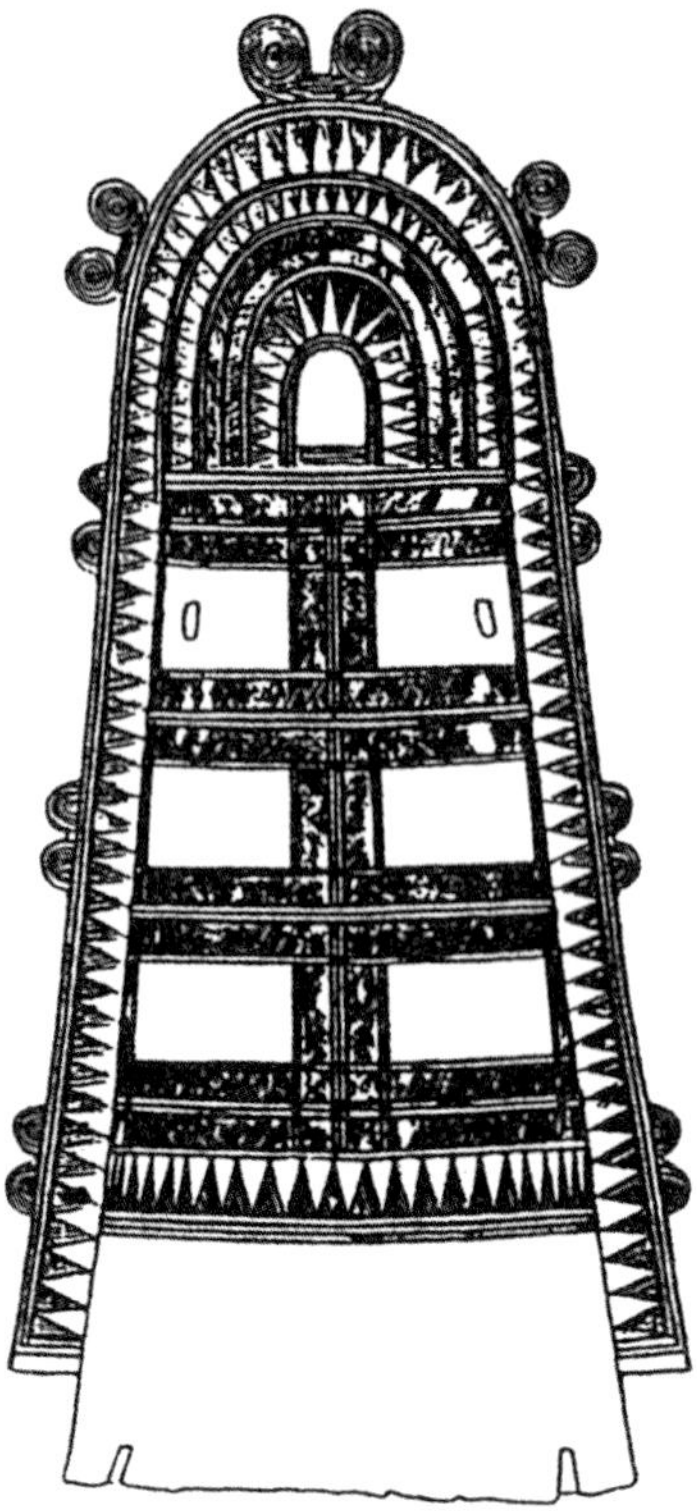

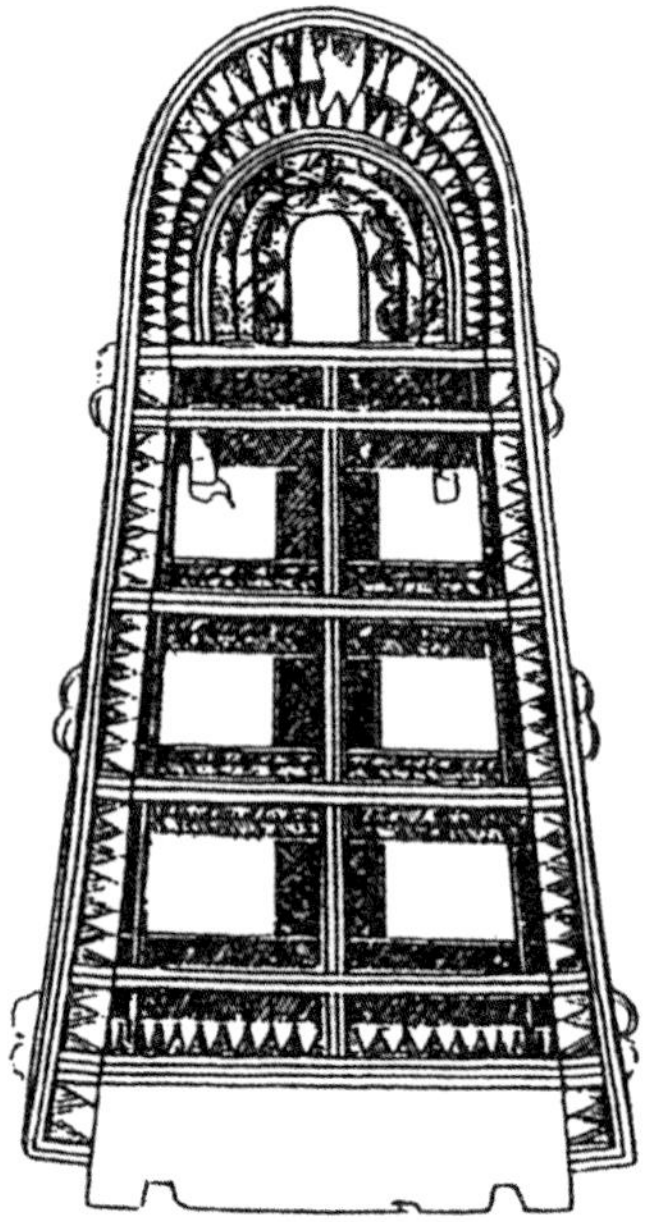

近畿式銅鐸（羽曳野市西浦銅鐸）　　**三遠式銅鐸**（豊川市平尾町銅鐸）

（佐原真・金関恕編『銅鐸から描く弥生時代』［学生社、2002年］による）

近畿式銅鐸（左）と三遠式銅鐸（右）の鈕部分

（和歌山県荊木1号銅鐸と愛知県伊奈1号銅鐸。『倭国乱る』［国立歴史民俗博物館編、朝日新聞社、1996年］による）

はじめに

●銅鐸出土の状況から構築する古代の新世界●

日本古代史の問題点

最近の日本古代史の探究、とくに、考古学者による邪馬台国論については、問題点がしばしば指摘されている。傷口《きずぐち》は、しだいに大きく広がりつつあるようにみえる。

問題点の第一 は、「正解」は「邪馬台国＝畿内説」であるときめてかかり、そこから演繹して、データを理解しようとする姿勢が顕著であることである。

考古学者の北條芳隆《ほうじょうよしたか》氏（現、東海大学教授）はのべる。

「いわゆる邪馬台国がらみでも、（旧石器捏造事件と）同じようなことが起こっている……近畿地方では、古い時期の古墳の発掘も多いが、邪馬台国畿内説が調査の大前提になっているために、遺物の解釈が非常に短絡的になってきている。考古学の学問性は今や、がけっ縁《ぷち》まで追いつめられている。」（『朝日新聞』二〇〇一年十一月一日）

北條氏は、ここで、「邪馬台国畿内説が調査の大前提」とのべる。それは、炭素14年代測定法や、年輪年代法などによる、本来、自然科学的で、客観的なデータや結果でさえ、「邪馬台国畿内説」を前提とし、その前提にとって、つごうのよい部分だけをひろいだす、あるいは、強調する、ということになりがちとなっている。事実をそのままの形で見ていない。そして、そのような「解釈」をマスコミに流し、マスコミがとりあげれば、それで、証明ができたと思いこむ。このような構造となっている。

『読売新聞』の記者であったジャーナリストの矢沢高太郎《やざわこうたろう》氏はのべている。

「新聞やテレビで大きく報道されることによって社会的な関心が高まり、遺跡の生命が守られたケースは多い。しかし、同時に弊害もまたさまざまな形で発生した。学者にとっては、地味な論文を発表する以前にマスコミで大々的に取り上げられるほうが知名度も高まり、学界内部での地位も保証される傾向が強まった。一部の学者や行政の発掘担当者はそれに気づき、狡知にたけたマスコミ誘導を行ってくるケースが多々見られるようになってきた。その傾向は、藤村氏以外には、考古学の〝本場〟である奈良県を中心とする関西地方に極端に多い。そして、発表という形をとられると、新聞各社の内部にも何をおいても書かざるをえないような自縄自縛《じじょうじばく》の状況が、いつの間にか出来上がってしまった。そんなマスコミの泣き所を突く誇大、過大な発表は、関西一帯では日常化してしまっている。藤村氏は『事実の捏造』だったが、私はそれらを『解釈の捏造』と呼びたい。」(「旧石器発掘捏造〝共犯者〟の責任を問う」〔『中央公論』二〇〇二年十二月号〕)

このように、「狡知にたけたマスコミ誘導」、「誇大、過大な発表」は、ほとんど「捏造」の城に達している。

北條芳隆氏、矢沢高太郎氏ともに、「旧石器捏造事件」になぞらえている。「邪馬台国畿内説」は、しだいに第二の「捏造事件」に近づきつつあるようにみえる。

データや事実にもとづき、帰納的に結論をみちびきだすという姿勢が希薄になっている。「実事求是《じつじきゅうぜ》(事実にもとづき、真理・真実を追求する)」の精神は失なわれ、多数意見を形成することに成功すればよい、という大政翼賛的な姿勢がめだつ。これは、北条芳隆氏ののべるように、考古学の学問性を、がけっ縁《ぷち》に追いつめることになるものである。

問題点の第二は、「考古学至上主義」の立場をとり、『古事記』『日本書紀』をはじめとするわが国の古文献を、軽視または無視する傾向が強いことである。

出雲からの銅剣・銅鐸の出土にしても、埼玉県の稲荷山古墳出土の鉄剣銘文の告げるところにしても、大きくみれば、わが国の古典の語るところを裏切っていない。

岡山大学の教授であった考古学者の近藤義郎は、「考古学の資料は、考古学的方法によって、まず徹底的に考えて。他の分野の資料（文献資料など）による考察は、そのあとで。」という趣旨の主張をした。

考古学の分野では、このような立場をとる人は多い。それは、やがて、『古事記』『日本書紀』の伝承をはじめとする他の分野の資料を、ほとんどまったく無視し、「考古学的には、これが正しいのです。」と強く主張する考古学至上主義的傾向を生みだす。

しかし、科学や学問は、できるだけ総合性、統一性をめざすべきである。学問は、その分野だけで孤立してしまうと、容易に科学性を失ない、独断に近づいて行くものである。

ギリシャ、ローマの考古学や、聖書の考古学は、すべての考古学のはじまりであり、母胎であった。そして、その考古学は、神話、伝承といったものに、みちびかれたものであった。

そのことを忘れてはならないと思う。私たちは、「歌を忘れたカナリア」であってはならない。

歴史学は、「だれが、いつ、どこで、なにをしたか」をたどる学問である。

しかし、考古学だけでは、そもそも、「だれが」の部分がぬけている。考古学は、本来、「なにが、いつ、どこで、どのように出土したか」をテーマとする学問であるからである。

そして、奈良県の考古学のばあい、「いつ」の部分でさえ、かなり不安定である。

奈良県出土の土器に、直接年号などが、書かれているわけではない。

では、わが国の古典は、銅鐸について、なにを語っているのか。

この本では、それを、お話ししようと思う。

この拙著のシリーズは、最初に、勉誠出版の池嶋洋次会長が、たてて下さった。この本で、すでに、十七冊目となった。

だが、日本古代史の全容の骨格を、彫りあげようとする作業は、なお、道なかばである。

今後ともの、読者のご支援をあおぎたい。私のライフワークは、よく完成できるであろうか。

本書の刊行にあたり、ご多忙中にもかかわらず、またまた、直接編集を担当して下さった岡田林太郎社長、そして、お力ぞえいただいた勉誠出版の方々に、深甚の謝意を表したい。

目次

掲載図版一覧

地図

図

表

写真

第Ⅰ部　銅鐸世界の地域的広がり

●銅鐸と大国主《おおくにぬし》の命《みこと》伝承●

出雲大社にある大国主の命像

出雲と大国主《おおくにぬし》の命《みこと》とは、神話伝承の上で、密接な関係をもつ。

出雲からは、大量の銅鐸が出土している。では、大国主の命と銅鐸とは、結びつくのか。

「年代」を調節すれば、ピントはあう。大国主の命と銅鐸とが重なりあう。そして、鮮明な古代史像がえられる。

銅鐸の年代を古くみつもりすぎる傾向があるため、ピントがあわないのである。

銅鐸の分布域と、神話伝承から浮びあがる古代の三つの勢力。

大国主《おおくにぬし》の命《みこと》伝承と最盛期銅鐸がさし示す出雲の勢力。その影響圏は広い。

饒速日《にぎはやひ》の命《みこと》が、九州からもたらした銅鐸の新原料。その新原料によってつくられた終末期銅鐸が語る北九州から畿内に東遷してきた勢力。その影響圏は、出雲を、ほとんどおかしていない。この饒速日の命勢力の東遷伝承は、邪馬台国東遷伝承である可能性がある。

神武東征伝承と鏡とがさし示す南九州からきた新勢力。この勢力は、大和朝廷につながる。

銅鐸の出土は、神話伝承の語るところを裏切っていない。

銅鐸世界の全容を解明

『出雲国風土記《いずものくにふどき》』は、大原郡の条で、「神原《かむはら》の郷《さと》」について記す。

ここは、「（大国主《おおくにぬし》の命《みこと》が、）御財《みたから》（神宝）を積んでおいた所」であるという。

「神財《かむたから》の郷《さと》」というべきなのを、誤って、「神原《かむはら》の郷《さと》」といっているという。

そして、この地の加茂岩倉遺跡から、一九九六年に、三十九個の大量の銅鐸が出土した。加茂岩倉遺跡は、神原の郷、または、そのとなりの屋代《やしろ》の郷《さと》に属していたとみられる。神原の郷も、屋代の郷も、『出雲国風土記』に、大国主の命が活動していたと記されている。

この銅鐸こそ、「（大国主の命の）御財《みたから》」とみるべきではないか。

古典は、銅鐸のことを、記憶しているのではないか。

大国主の命がいたとされる出雲の国。饒速日《にぎはやひ》の命《みこと》の子孫たちが国造《くにのみやつこ》になっている遠江《とおとうみ》の国。

出雲の国（島根県）を西の極とし、遠江の国（静岡県）を東の極とし、この二つの極のあいだに、他の銅鐸出土の諸国はならぶ。

出雲の国と遠江の国とを両極とする座標のうえに、銅鐸の出土状況を位置づけ、古典を参照することによって、各国の歴史的特徴が浮かびあがる。

古代の歴史が浮かびあがる。

古代史の闇から、姿をあらわす三つの勢力。すなわち、大国主の命によって、象徴される出雲の勢力。北九州から東遷した饒速日《にぎはやひ》の命《みこと》の勢力。南九州から出発したとされる神武天皇によって象徴される勢力。この三つの勢力の角逐《かくちく》。銅鐸の背後にある諸氏族の影が浮かびあがる。古代史は、はじめて、「だれが」、「いつ」、「どこで」、「なにをしたか」の、真の歴史の姿をとりもどす。

考古学は、大きな成果をもたらした。しかし、考古学では、銅鐸の年代を、全般的に古くみすぎる傾向がある。そのため、古典と結びつかず、見とおしが悪くなっているところがあるとみられる。

今、伝説が、よみがえる。

饒速日《にぎはやひ》の命《みこと》の東遷伝承こそ、邪馬台国の東遷を伝える

北九州に存在した邪馬台国勢力は、のち東遷して、近畿にはいった。その東遷の主体は、物部氏の祖である饒速日《にぎはやひ》の命《みこと》である。饒速日の命の東遷伝承こそ、邪馬台国の東遷伝承である、……。

およそ、このように考えた学者、研究者は、すくなくない。

考古学者の故・森浩一は、つぎのようにのべている。

「饒速日命《にぎはやひのみこと》と長髄彦《ながすねひこ》は、記紀の『神武東遷』の説話に河内平野や奈良盆地の先住の支配者として登場する。神武軍に対して防戦の末、饒速日が舅《しゅうと》の長髄彦を殺して帰順するのが『日本書紀《にほんしょき》』の筋書きだが、金鵄《きんし》が神武軍に加勢するような戦いの記述は鵜《う》呑みにしがたい。饒速日は物部《もののべ》氏の祖とされる。『先代《せんだい》旧事本紀《くじほんぎ》』の記事やゆかりの古社の存在からみて、饒速日こそ北部九州から東遷を実行した人物であり、その伝承を取り込んで神武東遷の逸話が成立したことがうかがえる。」(『敗者の古代史』〔中経出版、二〇一三年刊〕)

また、民俗学者の谷川健一は、つぎのようにのべている。

「『日本書紀』によりますと、神武が東征した先には、『饒速日《ニギハヤヒ》』と『長髄彦《ナガスネヒコ》』に率いられた強力な連合軍が待ち受けていました。彼らは河内・大和の先住豪族でした。」

「私は、東遷と降臨は大いに関係があると考えています。それが『日本書紀』や『旧事本紀』の神武東征説話のなかに反映されている。すなわち、神武帝の東征に先立ってニギハヤヒが『天磐船《あまのいわふね》』に乗って国の中央に降臨したことを認めている。このニギハヤヒの東遷は、物部氏の東遷という史実を指しているものと私は受け取っております。物部氏の出身は、現在の福岡県直方市《のおがたし》、もしくは鞍手郡《くらてぐん》あたりのようです。」（『隠された物部王国「日本」』〔情報センター出版局、二〇〇八年刊〕）

私も、大きくみて、森浩一や、谷川健一の見解に賛同する。

この本は、この饒速日の命勢力の東遷について、データをあげ、ややくわしく議論したものである。この東遷伝承は、邪馬台国本体の東遷を伝えるものである可能性が大きい。のちの、神武天皇の、第二次の東遷伝承の陰《かげ》にかくれて、これまで、あまりくわしく議論をされることがなかった。

私は、饒速日の命の東遷年代を、西暦二六〇年〜二七〇年前後、神武天皇の東遷年代を、二八〇年〜二九〇年前後と考えている。

その年代論的根拠は、このシリーズの拙著『古代年代論が解く邪馬台国の謎』（勉誠出版、二〇一三年刊）に、ややくわしくのべられている。

なお、このような東遷年代のころは、わが国の気候が、大きく変動した寒冷期であった。

そのことは、数理考古学者の新井宏氏が、炭素14年代法について考えるディスカッションのなかで、つぎのようにのべているとおりである。

「三世紀の後半に、大きな変化があったという見方は、考慮に値します。今日の炭素14の件でも、グラフが何回も出ておりましたけれど、西暦二六〇年から二七〇年のところにキューッと下がって、そこから上がるところがあります（**図1参照**）。もう定説と言っても良いと思うんですが、炭素14の年代が下が

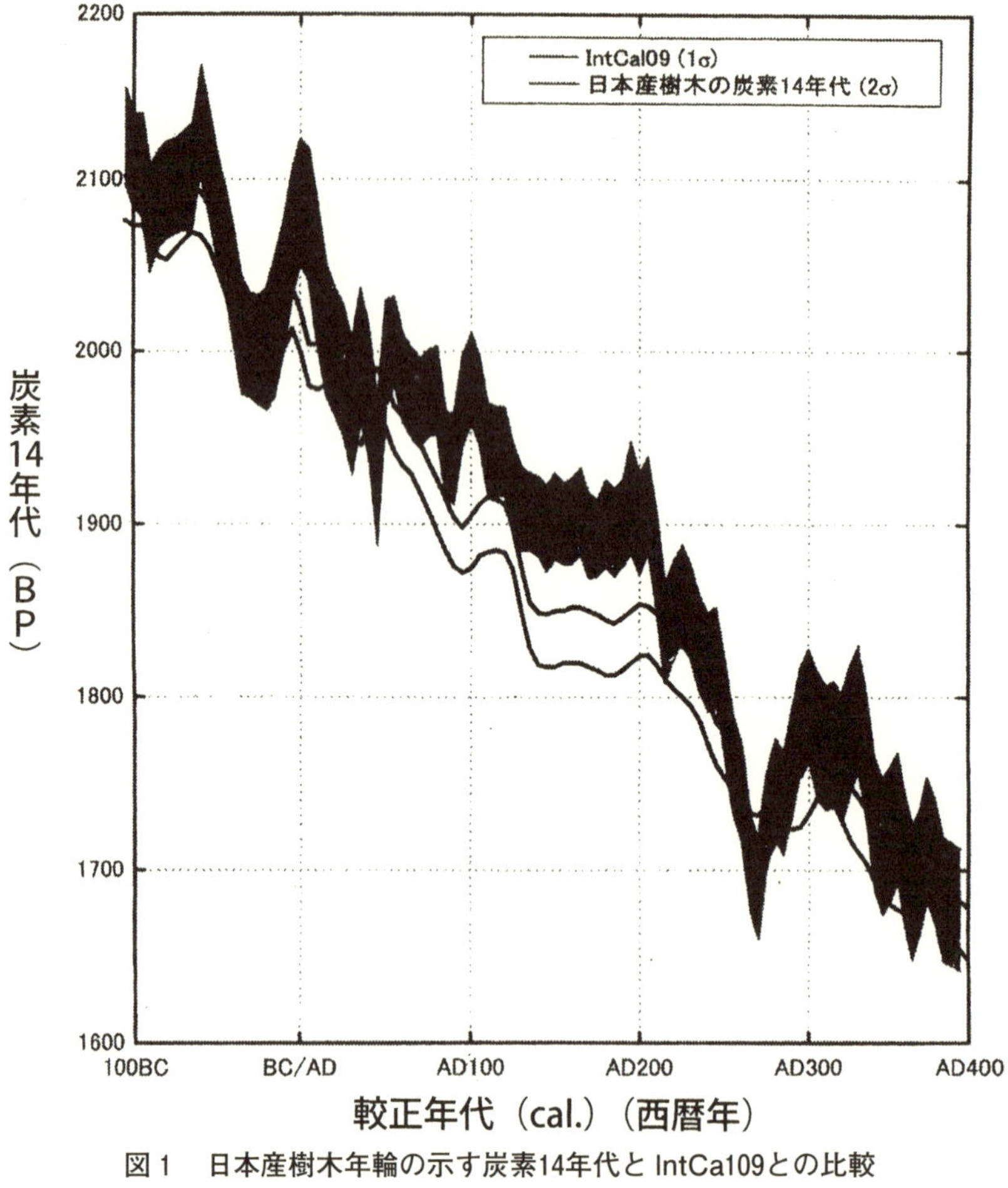

図１　日本産樹木年輪の示す炭素14年代とIntCa109との比較

横軸の西暦年260年～270年のところで、炭素14年代（BP）の値が、急激に、大きく下がっている。

グラフは、『国立歴史民俗博物館研究報告』第163集〔2011年３月刊〕による。

るというのは寒冷期なんですね。ものすごく寒くなっている。いくつかの理由があります。炭素14ができる現象と、もう一つは海の流れの現象、いずれを取っても、そういう解釈というのは、非常にリーズナブルなんです。」

「寒冷期って何が起きるかだいたい分かりますよね。世界中で争乱とか移動などの大きな変化が起きています。是非、この事をご参考にされたらよろしいんじゃないかと思います。」（『情報考古学』Vol.19、№.1・2、二〇一三年）

出雲の国譲り神話

話は、出雲の国譲り伝承からはじまる。

『古事記』『日本書紀』の神話の伝えるところによれば、出雲の国譲りの話は、およそ、つぎのようなものである。なお、出雲の国譲りの話は、『古事記』『日本書紀』で語られているばかりではない。『出雲国風土記』『出雲の国造神賀詞《くにのみやつこのかんよごと》』などの文献にも記されている。

出雲を中心とする世界・葦原の中つ国は、大国主の神が治めていた。

高天の原の神々は、建御雷《たけみかずち》の神《かみ》をつかわして、大国主の神がおさめる葦原の中つ国を、高大の原勢力に譲るよう談判をした。

この高天の原勢力は、北九州方面の勢力であったと考えられる（このシリーズの拙著『邪馬台国と高天の原伝承』参照）。

たとえば、『古事記』は、出雲との国譲りの交渉を、つぎのように記している。

「建御雷《たけみかずち》の神《かみ》と天《あめ》の鳥船《とりふね》の神《かみ》の二《ふた》はしらの神は、出雲《いずも》の国の伊那佐《いなさ》の小浜《おばま》にくだり到着して、十掬《とつか》の剣を抜いて、さかさまに浪《なみ》のさきに刺《さ》したて、その剣のきっさきに足をくんですわって、大国主の神にたずねてのべられた。『天照大御神《あまてらすおおみかみ》と高木《たかぎ》の神《かみ》のご命令で、お前の意向をたずねるために派遣されたものだ。お前が領有している葦原の中つ国は、天照大御神の子孫の治めるべき国であると、委任されたものである。』……」

『古事記』のほかの箇所に、「天《あめ》の鳥船《とりふね》の神」は、別の名を、「鳥の石楠船《いわくすぶね》の神（鳥のようにはやい楠製の丈夫な船の神）」ともいうと記されている。したがって、この記事は、建御雷の神が、海路を船によって、高天の原から出雲の海岸へ「下った」ことをしめしている。

ここから、「高天の原」は、出雲の国へ、陸路によって使または兵を派遣するよりも、海路によって使または兵を派遣したほうがよい場所ということになる。

「高天の原」は、畿内大和をモデルにしているという説がある。しかし、大和から出雲へ船でいくはずがない。すなわち、「高天の原」は、大和（奈良）よりも北九州と考えたほうが妥当である。

「伊那佐《いなさ》の小浜」は、『出雲国風土記《いずものくにふどき》』の出雲郡の条に、「伊那佐神社」とある地（島根県出雲市稲佐の浜）をさす。

地図1をみればあきらかなように、国譲りの伝承にのこっている現在の稲佐《いなさ》の地は、九州方面から船のつけやすいところである。

これにたいし、神話のあとのほうで、邇邇芸《ににぎ》の命《みこと》が天孫降臨で、南九州の日向へくだるさいには、「天《あま》の石位《いわくら》を離《はな》れ、天の八重《やえ》たな雲を押し分けて、稜威《いつ》の道別《ちわ》き道別《ちわ》きて、……」などとあり、船で行ったことを思わせる記述はない。出雲へは海路で、南九州の日向へは陸路で行くべき地「高天の原」を求めるとすれば、それは、北九州を考えるのが妥当である。

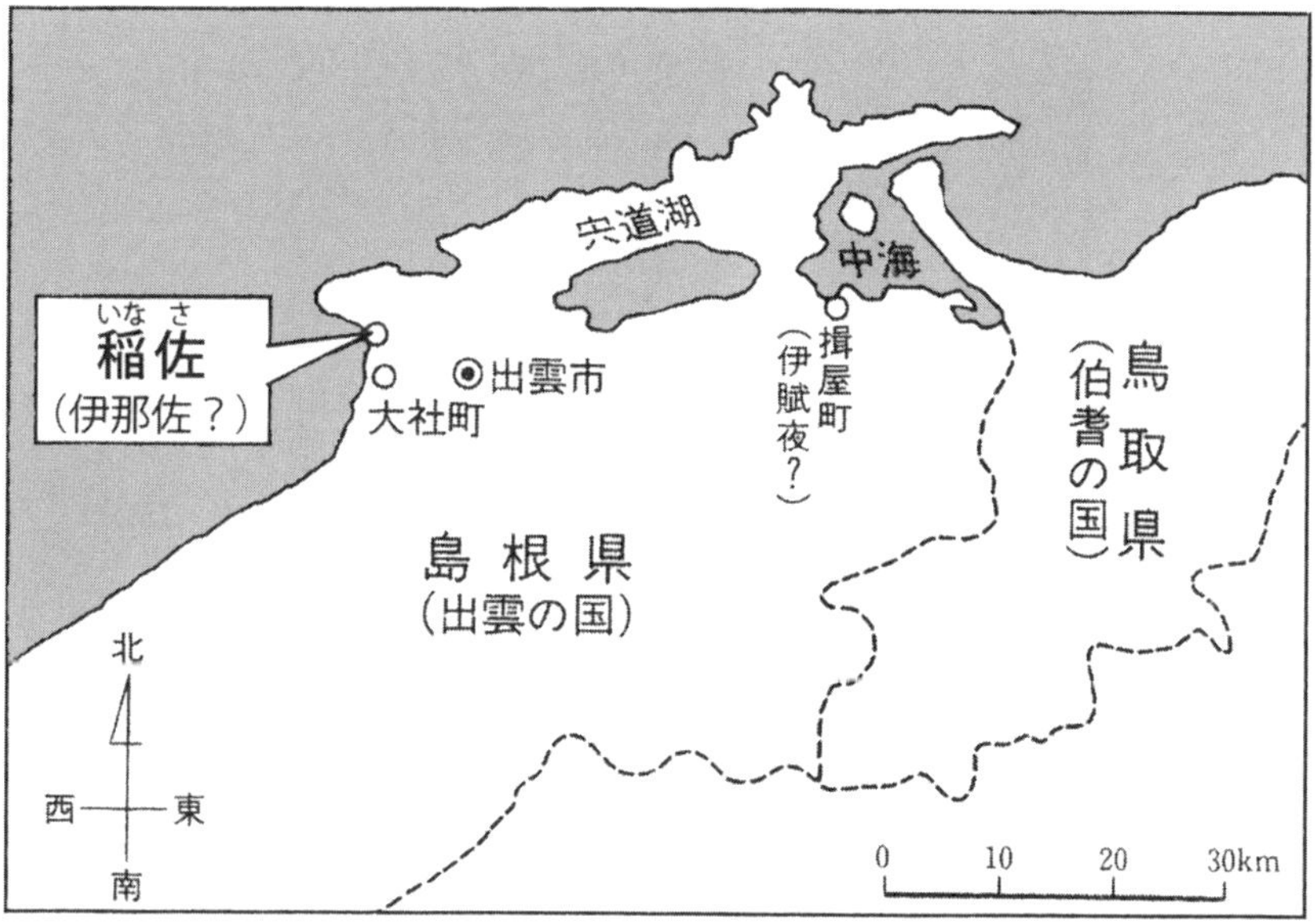

地図１　稲佐の所在地

国譲りののち「高天の原」からつかわされた二柱《ふたはしら》の神

かつて、東京大学の教授であった井上光貞の『日本の歴史１　神話から歴史へ』（中央公論社、一九六五年刊）が、大ベストセラーになったことがあった。

この本がだされて、それほど年月がたたないころ、発行部数六〇万部といわれていた。この本は、その後、文庫本にもなっているから、総発行部数は、百万部近くになるのではないか。

井上光貞は、この本のなかで、出雲の国譲りの話を紹介したのち、つぎのように記す。

「この国譲りの物語の一つの問題点は、（中略）天照大御神が天忍《あめのおし》穂《ほ》耳命《みみのみこと》を下界に下そうとしたとき、下界は『いたくさやぎてありけり』（ひじょうにさわがしい状態であった）と述べておきながら、将軍たちの平定は、下界一般ではなくて、出雲国という特定の地方であったことである。このことは、国譲り物語のあとにくる『天孫降臨』の物語で、いよいよ天忍《あめのおし》穂《ほ》耳命《みみのみこと》の子（邇邇芸《ににぎ》の命《みこと》）を地上に降すとき、その地点が、出雲でなく日向《ひむか》であったとされていることとあいまって、神代史の構想それ自身として、大きな矛盾をおかしているといえる。」

しかし、『古事記』『日本書紀』をはじめとする日本の古典をよく読むと、神代史の構想は、井上光貞が述べるほど、「大きな矛盾」をおかしていることにはならない。

私は、大国主の神などのおさめる葦原の中つ国は、出雲から近畿にわたるかなり広い領域であったと思う。それは、あとでややくわしくのべるように、銅鐸の分布領域に、ほぼ重なる。

そして、大国主の神が領有していた国、「銅鐸王国」のうち、出雲方面には、天照大御神の子の、天《あま》の穂《ほ》日《ひ》の命《みこと》が下っているのである。

また、近畿方面には、高天の原勢力の饒速日《にぎはやひ》の命《みこと》が下っているのである。『先代旧事本紀』は、饒速日の命を、天照大御神の孫とする。

講談社から出ている『日本人名大辞典』では、天《あま》の穂《ほ》日《ひ》の命《みこと》と饒速日の命とについて、つぎのように説明されている。

比較的要領をえた説明といえよう。

「**あめのほひのみこと**【天穂日命】記・紀にみえる神。天照大神《あまてらすおおみかみ》と素戔嗚尊《すさのおのみこと》が誓約《うけい》をした際に生まれた五男神の一神。葦原中国《あしはらのなかつくに》に高天原《たかまがはら》から派遣されたが復命せず、のちに大国主《おおくにぬし》の祭主を命じられたという。出雲《いずも》氏、土師《はじ》氏らの祖先神。『古事記』では天菩比命。」

「**にぎはやひのみこと**【饒速日命】記・紀にみえる神。物部《もののべ》氏の祖先神。天磐船《あめのいわふね》にのって天くだり、長髄彦《ながすねひこ》の妹三炊屋媛《みかしきやひめ》を妻とした。神武《じんむ》天皇の東征の際、長髄彦は天皇に服従せず、饒速日命は長髄彦を殺して天皇にくだったという。『古事記』では邇芸速日命。」

なお、天の穂日の命の子孫は、出雲国造《いずものくにのみやつこ》を世襲した。国造は、地方官であるが、出雲の国を領していたわけである。

また、出雲国造は、熊野大社（島根県八束《やつか》郡）および杵築《きづき》大社（出雲大社。島根県出雲市）の祭祀権をもっていた。

邇邇芸《ににぎ》の命《みこと》の子孫が、現代の天皇家につながるので、『古事記』『日本書紀』では、邇邇芸の命の天孫降臨が、大きくとりあつかわれている。

しかし、大国主の命のかつての領有地には、高天の原から、それなりの二柱《ふたばしら》の神が、つかわされているのである。

銅鐸の年代

かつての、大国主の命の領有地とみられる出雲から近畿にわたる広い地域からは、銅鐸が数多く出土している。

ただ、銅鐸の出土は、伴出遺物のとぼしいばあいが、ほとんどである。たとえば、島根県雲南市の加茂岩倉遺跡も、例外ではない。

そのため、銅鐸の正確な製作・埋納年代は決めにくい。

加茂岩倉遺跡の銅鐸の「製作年代」については、『加茂岩倉遺跡・銅鐸の謎』（島根県加茂町教育委員会編・南川三治郎撮影・河出書房新社、一九九七年刊）のなかで、島根県教育委員会埋蔵文化財調査センター長の宍道《しんじ》正年《まさとし》氏が、つぎのようにのべている。

「ふつう遺跡や遺物《いぶつ》（遺跡から出土するさまざまな品物）の年代を決める有効な手がかりは、それがどんな土器と一緒に出たかというところにあります。

銅鐸が作られ、そして埋められたのが弥生時代であるならば、弥生土器が一緒に出てきてほしいわけです。

弥生時代の土器は、弥生時代全体のいわば、『歴史年表』ともいうべき『土器編年表』がかなりしっかり出来上がっていますから、土器さえ一緒に出てくれれば、年代を決めるのはむずかしくありません。

しかし残念なことに、現在まで全国で五〇〇個の銅鐸が出土していながら、弥生土器と一緒に見つかった銅鐸は一つもありません。加茂岩倉遺跡でも、弥生土器の破片すらまったく発見されなかったのです。

では、どのようにしていつ頃作られたのかを推定するのでしょう。

基本的には、一部の銅鐸についている『流水紋《りゅうすいもん》』（流水紋銅鐸）という模様が、紀元前二世紀頃の弥生土器についている『櫛描《くしが》き流水紋』を取り入れたものだという考えから割り出しています。

さらには、銅鐸と一緒に弥生土器は出なくとも、銅鐸を作った鋳型《いがた》と一緒に出土したり、銅鐸に描かれた絵と同じような絵が弥生土器にあったり、青銅製武器形祭器《ぶきがたさいき》（銅剣《どうけん》や銅矛《どうほこ》など）と比較して総合的に考えています。

そういうことから加茂岩倉の銅鐸の年代を考えると、およそ紀元前二世紀から紀元後一世紀の間に製作されたようです。」

この宍道正年《しんじまさとし》氏の見解や、諸新聞報道の、加茂岩倉遺跡出土の三十九個の銅鐸の年代を、紀元前一世紀～紀元後一世紀などの古い時代に位置づける考え方は、基本的には、国立歴史民俗博物館館長であった佐原真や、同じく国立歴史民俗博物館の教授であった春成秀爾《はるなりひでじ》氏らの考え方による。

佐原真は、その著『祭りのカネ銅鐸』（『歴史発掘⑧』講談社、一九九六年刊）のなかの「銅鐸の年代」の項で、佐原真の銅鐸年代観を、要領よくまとめている。

そこで、佐原真は、つぎのようにのべている。

「春成秀爾さんの意見も参考にした私の年代観をあげておく（あげられている表省略）。ただしこれまた、たとえば前二世紀と示してあっても、前三世紀、あるいは前一世紀に入る可能性をすべてについて認めてのことである。」

「（弥生時代の土器の編年での）Ⅵ期は、庄内《しょうない》式土器の時代であり（都出 一九七四）卑弥呼の時代である。

【銅鐸の型式と弥生各期との対応】

弥生時代各期が今から何年前にあたるかについて、私の現在の考えは、かつての考えと大きく変わっている。しかし、銅鐸の型式と弥生各期との、対応については、三五年来変わっていない（佐原 一九六四）。その最大の根拠は、古段階（Ⅱ―1式）の流水紋銅鐸の流水紋の一部は、Ⅱ期の弥生土器の櫛描《くしが》き流水紋を採用したものだ、とみる点にある。なお、銅鐸の製作年代は、銅鐸の鋳型といっしょに見つかった弥生土器、絵を描いた弥生土器、他の青銅器形祭器との比較を総合して、弥生各期と対応させて考えたものである。」

佐原真は、どの型式の銅鐸が古く、どの型式の銅鐸が新しいかの、銅鐸の「相対編年」について、すぐれた業績を示している。

そのため、マスコミなどでも、佐原真の年代観にしたがって報道されているものが多い。

しかし、佐原真の編年は、どうも三角縁神獣鏡は、三世紀の卑弥呼の時代のものであり、銅鐸は、さらに、そのまえの時代のものであるという考えが、その背景にあるようにみえる。

佐原真の編年では、邪馬台国の卑弥呼の時代である弥生土器編年のⅥ期や西暦三世紀よりもまえに、銅鐸の最後がきている。

しかし、佐原真の銅鐸の「相対編年」の、「絶対編年」（西暦年に換算できる年代）へのあてはめについては、大きな疑問が提出されている。

このことについては、佐原真じしん、松本清張編『銅鐸と女王国の時代』（日本放送出版協会、一九八三年刊）のなかで、つぎのようにのべている。

「九州・畿内両地方の銅鐸鋳造年代がいつまでさかのぼるかについて瞥見《べっけん》しておく。

私は、銅鐸を最古（菱環鈕式）・古（外縁付鈕式）・中（扁平鈕式）・新（突線鈕式）の四段階に大別し、この古段階と畿内第Ⅱ様式土器との流水紋の共通性を指摘して、土器の櫛描流水紋《くしがきりゅうすいもん》から古段階の銅鐸の流水紋が生まれたという間接的事実にいたった。すると最古段階の銅鐸はⅠ期にさかのぼることになる。

これに対して、三木文雄さんは、土器の流水紋を学ぶことなしに、それと銅鐸流水紋とは無縁だという。小田富士雄さんは、私の右の考えを『前提としての仮説をいくつもつみ重ねなければならない』と書き、寺沢薫さんは、私の流水紋による土器・銅鐸の比較を説得力が乏しい、と評し、九州地方研究者の考えに同調している。奥野正男さんは『畿内の青銅器生産の開始を弥生前期末におく考古学的根拠がない』と評し、また最近では藤瀬禎博《さだひろ》さんが、『弥生時代中期後葉ないし末になり、銅鐸も他の青銅器類と同じように、日本化された青銅器として生産された』『銅鐸が弥生時代前期後半に生産開始されたとする見解はいずれにせよ書き改めなければならない』『今後は、〝果たして鈕による銅鐸の型式分類が、銅鐸を正しく編年づけ得るか疑問なきを得ない〟とする三木文雄氏の論考に耳を傾けるべきであろう』ときびしいことを書いている。」

同じ松本清張編『銅鐸と女王国の時代』のなかで、考古学者の藤瀬禎博《さだひろ》氏は、つぎのようにのべる。

「銅鐸は集落や平野を見おろす丘陵斜面地に多く埋められており、土器などの共伴遺物と一緒に出土した例はいままで知られていない。したがって銅鐸の時期については、土器文様との類似を根拠にして類推されていた。」

「『外縁付菱環鈕』は、〃邪視文系の横帯文銅鐸〃の他、〃流水文銅鐸〃も含まれており、土器文様との類似からその製作時期は弥生時代中期初頭とされてきた。したがって、第一型式の『菱環鈕』は弥生時代前期末にさかのぼり、銅鐸はこの時期から作られ始めたと考えられていた。

しかし、安永田《やすながた》遺跡（佐賀県。九州初の銅鐸鋳型が出土した）の時期は〃弥生時代中期末（西暦紀元後一世紀）ないしはその直前〃である。これまで考えられていた時期よりも、実年代にして二〇〇年もの開きがあり、新しくなる。銅剣・銅矛・銅戈などについては弥生時代中期中葉から後葉にかけての頃まで鋳造開始が確認されているが、それらよりも高度な技術が要求される銅鐸をより以前から鋳造していたとは考えられない。遅れて鋳造が開始されたとするほうが技術論的にみてもより妥当である。」

ここでは、考え方の違いにより、「実年代にして二〇〇年もの開き」があることが指摘されている。

また、寺井秀七郎氏は、その著『近江の銅鐸物語』（近代文芸社、一九九五年刊）のなかで、つぎのように記す。

「銅鐸が何時頃からつくりはじめられたか、小林行雄博士が昭和十六年（一九四一）に雑誌『考古学』の「銅鐸年代論」に銅鐸の文様が、前期の弥生土器にみえるものと一致することから、銅鐸の出現を弥生時代前期（前三世紀）とみた。その弟子佐原真は前三世紀の終わりとした。

これに対して杉原荘介《すぎはらそうすけ》は西暦一〇〇年頃と主張した。型式学的研究の小林・佐原説と、遺跡推定の杉原説との違いは三〇〇年以上の差になる。」

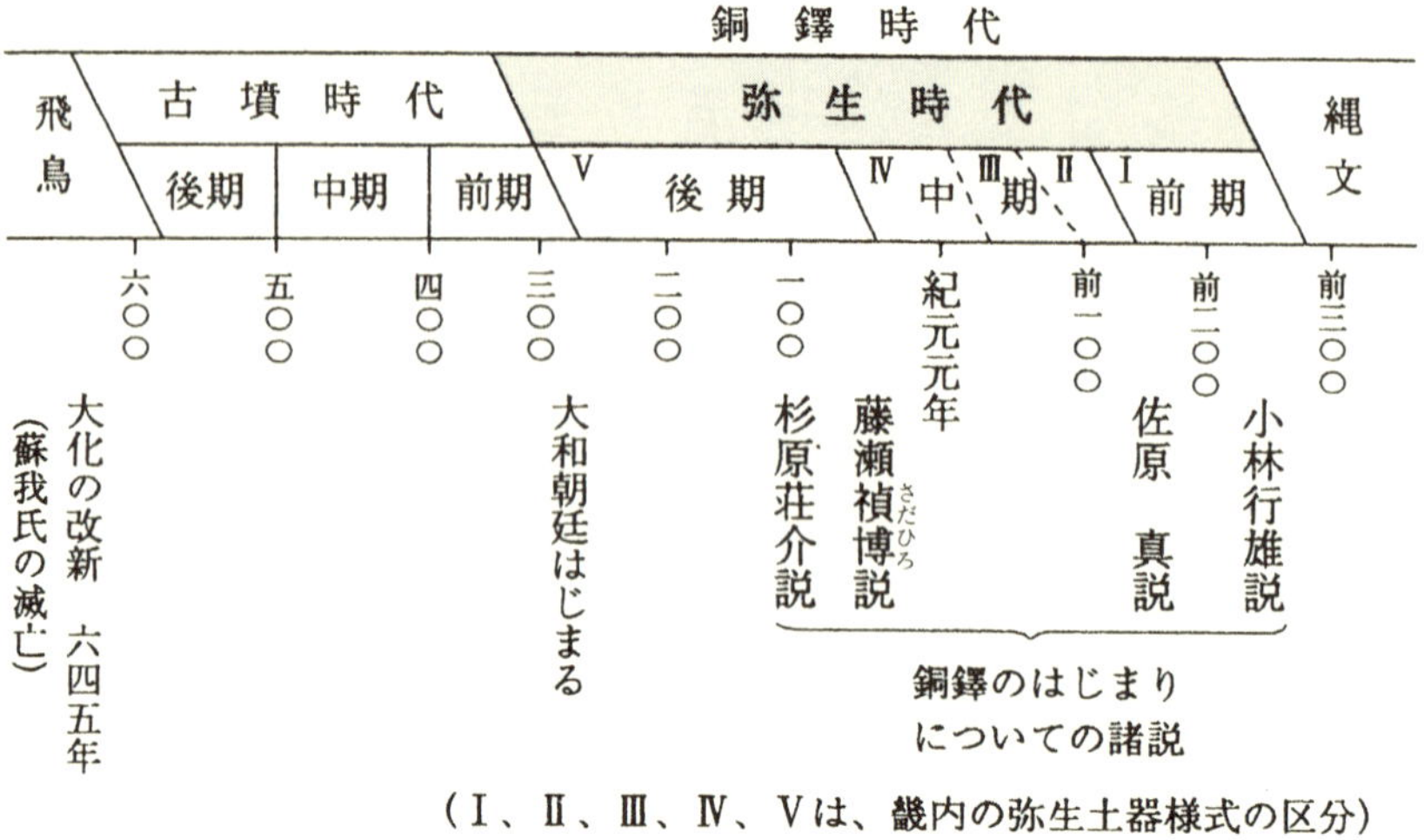

(Ⅰ、Ⅱ、Ⅲ、Ⅳ、Ⅴは、畿内の弥生土器様式の区分)

図2　銅鐸のはじまりの時期についての諸説(寺井秀七郎氏作成の原図をもとに作成)

このように、銅鐸のはじまりの年代についても、三〇〇年という、ほとんど目のくらむような年代差があるのである。

銅鐸のはじまりの時期についての諸説をまとめれば、**図2**のようになる。

考古学者、森浩一と石野博信氏の見解

考古学者の森浩一（当時、同志社大学教授）と、同じく考古学者の石野博信氏（当時、徳島文理大学教授）とは、対論集『銅鐸』（学生社、一九九四年刊）のなかで、つぎのようにのべている。

「**石野**　年代についてはまた出るのかもしれませんが、弥生時代のものだということはみんなが認めているわけですよね。弥生時代のいつからかというのが、いろいろ分かれるところです。いちばん古く考える人（安本注―これは、佐原真らをさす）は、弥生前期（安本注―西暦紀元前三世紀～紀元前二世紀ごろ）の終わりからということだし、新しく考える人は、弥生後期（安本注―紀元後一〇〇年ごろ）からという

人（安本注―これは杉原荘介《すぎはらそうすけ》など）もいます。あとは弥生中期後半からという考え方でしょうか（図2、表1～表4参照）。

九州の鋳型と土器の共伴関係のいま現在の資料の事実というのは、いちばん古い鋳型である福岡県の春日市の大谷の鋳型、佐賀県の託田《たくた》西分《にしぶん》の銅鐸型土製品が、須玖Ⅰ式と言いますから、近畿で言いますと、弥生中期の中ごろ、第Ⅲ様式（紀元前一世紀ごろ）ということでしょうか。それが一緒に出ている。

その中の土製品の中には、佐原さんが『菱環《りょうかん》鈕式《ちゅうしき》』と呼んでいる、いちばん古いタイプの銅鐸を模倣したようなものがあるんです。いちばん古いようなタイプのものが、第Ⅲ様式中期の中ごろということになると、やはりそれは一つの基準に考えるべきだというのが、九州の研究者の大半の意見です。

それから、佐賀県の惣座《そうざ》遺跡から出てくる銅矛鋳型なども、中期前半の土器と一緒に出ている。そうすると、荒神谷の銅矛と銅鐸などの共伴関係などから見ても、さかのぼらせても中期中葉くらいまでしか考えられないというのが、一つの事実ですね。

写真1　森浩一・石野博信共著『銅鐸』（学生社、1994年刊）の表紙

あと年代で言われているのは、小林（行雄）さん以来、銅鐸に付けられている流水文等の文様を基準にして、あの文様が近畿の第Ⅱ様式（紀元前一〇〇年前後）の土器につけられているものと、付け方のルールが同じだから、それにあてはめて年代を考え

表1　北部九州から見た土器編年（柳田康雄氏による）

年代	時代	時期	北部九州編年	近畿編年
400	縄文	晩期		
	弥生時代	前期	夜臼式 1・2	船橋式 1・2
300			板付Ⅰ式 3	
			板付Ⅱ式 4・5	第Ⅰ様式 1・2・3
200		中期	城ノ越式 1	
			須玖式 2・3・4・5	第Ⅱ様式
100				第Ⅲ様式 1・2
B.C. / A.D.		後期	高三潴式 1・2	第Ⅳ様式 1・2
100			下大隈式 3・4	第Ⅴ様式 1・2・3
			（西新式）5	
200	古墳時代	前期	西新式 / 土師器 Ⅰa	庄内式 / 纏向1式・〃2式
300			Ⅰb・Ⅱa・Ⅱb	布留式 / 〃3式・新・〃4式・〃5式
400			Ⅲa	

表2　弥生時代の時代区分（高倉洋彰氏による）

九州		時期	近畿	
前期		Ⅰ	前期	
中期	初頭	Ⅱ	中期	初め
	前半			
	中頃	Ⅲ		中頃
	後半			
後期		Ⅳ		終り
		Ⅴ	後期	

表4　土器編年と実年代（寺沢薫氏による）

実年代の目安	時代	時期	土器様式	（細分様式）
300	縄文時代	晩期	船橋式	1 2
200	弥生時代	前期	第一様式	1 2 3
100	弥生時代	中期	第二様式	1
	弥生時代	中期	第三様式	2
B.C. 0 A.D.	弥生時代	中期	第四様式	3 4 5
100	弥生時代	後期	第五様式（前半）	1 2 3
200	弥生時代	後期	第五様式（後半）	4 5
	古墳時代	前期	庄内式	纒向1式 纒向2式 纒向3式 纒向3式（新）
300 400	古墳時代	前期	布留式	纒向4式 纒向5式

表3　弥生時代を中心とする時代区分（高島忠平氏による）

実年代	時代	時期	畿内	九州	九州の主な土器
400 300	縄文時代	先1期	晩期 早期	晩期 早期	山ノ寺 夜臼
200	弥生時代	Ⅰ期	前期	前期	板付（遠賀川）
	弥生時代	Ⅰ期	前期	前期	伯玄社
	弥生時代	Ⅰ期	前期	前期	金海
100	弥生時代	Ⅱ期	中期	中期	汲田
	弥生時代	Ⅱ期	中期	中期	須玖
B.C.	弥生時代	Ⅲ期	中期	中期	立岩
A.D.	弥生時代	Ⅳ期	中期	中期	桜馬場
100	弥生時代	Ⅴ期	後期	後期	三津
200	弥生時代	Ⅴ期	後期	後期	西新町（日佐原）
300 400	古墳時代				土師器

（『東京新聞』1989年7月11日号から）

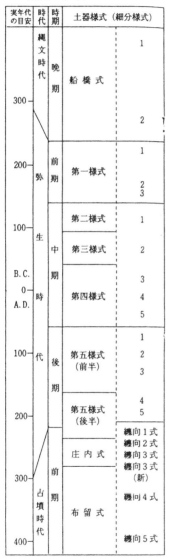

ると、流水文銅鐸というのが第Ⅱ様式中期の初めである（図3）。したがって、それより古いタイプの銅鐸があるから、前期が始まるんだという考え方です。

森　ぼくは、九州のほうがいまのところははるかに年代の基点になると思う。たしかに近畿の場合、流水文との類似性とか、木の葉文と言いましたか、葉を四枚つないだ文様も一部銅鐸に出てくるからという議論が、直良《なおら》（信夫）さんなどは銅鐸研究のなかで言われていたけれども、唐古・鍵遺跡の文様を研究した藤田（三郎）さんが、銅鐸に付いているような流水文は、古いほうの流水文じゃなくて、第Ⅳ様式（紀元後一世紀ごろ）にもあると言っている。だから、流水文があるからといって古いという証拠にはならない。そうすると、近畿の年代の出し方が、ぼくはいまのところ基盤が弱いような気がする。

石野　資料的な強さ、根拠の強さという点では、圧倒的に九州との間に差がありますね。

森　銅鐸についていろいろな人がものを書くし、直接銅鐸を研究していない人でも、博物館の解説などの銅鐸の概説を読んで、中には、弥生前期・中期・後期にまたがって製作されたというような、ハッとするような書き方がされていることもあるけれども、少なくとも前期というのは、いまのところ、危ないなという気がします。やはり中期、それも前半がどの程度いけるのかなと思うんです。

石野　近畿の場合、流水文から第Ⅱ様式のものと同じだということについて疑問を提出した、藤田さんの研究というのはかなり可能性が高いと思うんです。唐古・鍵遺跡の土器の編年が報告書の段階でなされて、それが一つの基準になっているんですけれども、その基準が危ないんじゃないかということなんです。

流水文があるから第Ⅱ様式だと言っていたら、明らかに同じ手のものが第Ⅲ様式にも第Ⅳ様式にもある

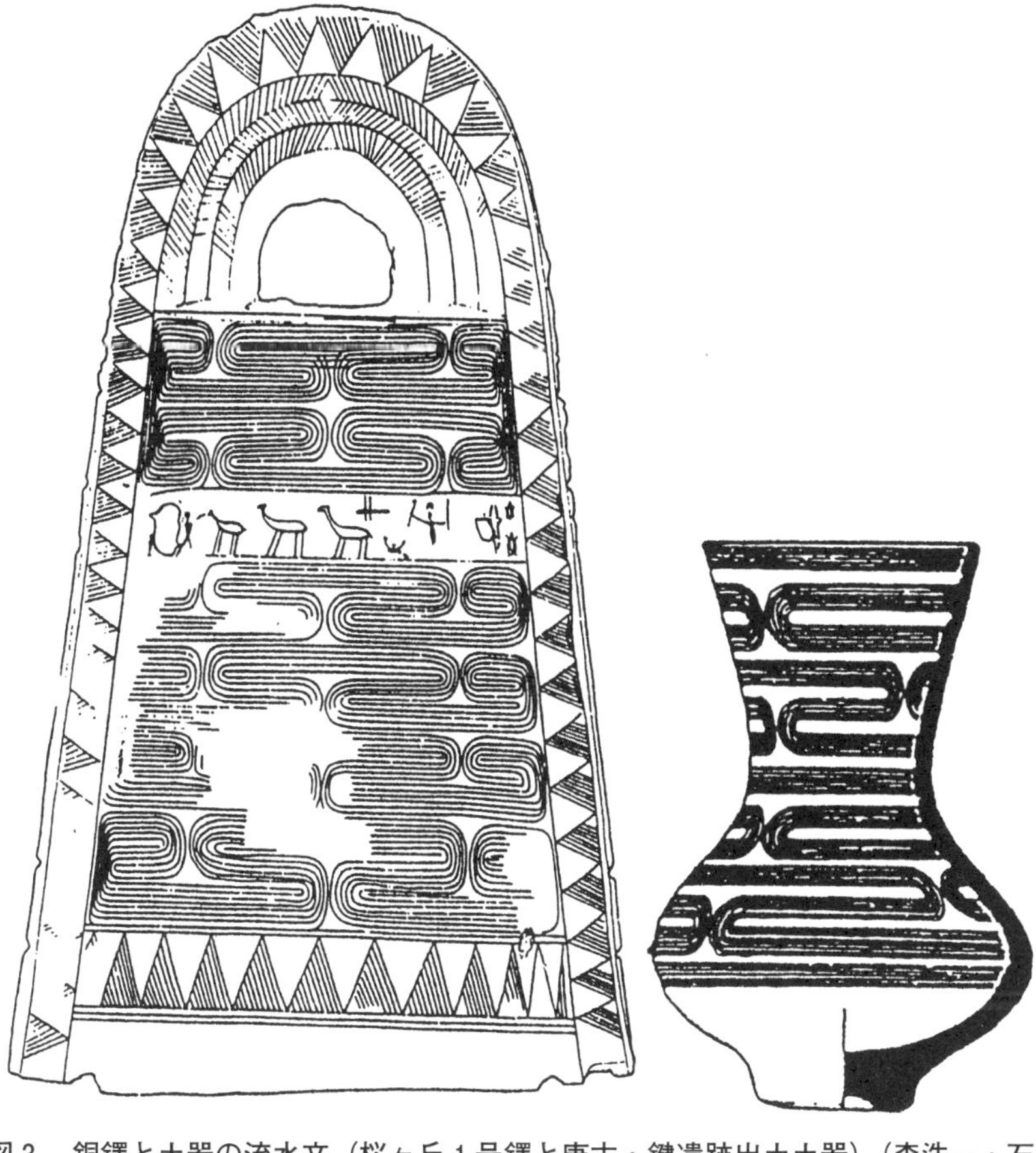

図３　銅鐸と土器の流水文（桜ヶ丘１号鐸と唐古・鍵遺跡出土土器）（森浩一・石野博信共著『銅鐸』学生社刊による）

ということが、遺構の土器の一括資料の中で言えるようになってきたわけです。あれは唐古の報告書そのものを見直してもその可能性は高いんです。ですから、逆なんですね。流水文があるから第Ⅱ様式だというふうに型式学的に言われてきたが、現実に九州から出てくる材料がふえてくると、そうとは言えない。同じ手のものが中期の後半、第Ⅳ様式まであるんだということがわかってきましたから、基準としては修正すべきものだろうと思います。」

「**石野**　隠岐の竹田遺跡で九重式《くのうしき》という、後期の終わり、あるいは庄内式に並行するような時期の土器と一緒に、中細形銅剣、わりと古いタイプの銅剣が出てくる例があります。あとはよくわかりませんが、荒神谷の銅剣埋納地に焼土があって、それを熱ルミネッセンス法で年代を出してみると、紀元250±180年というのが出てくるんですね。

森　弥生時代とともに大局的には銅鐸は終わったということは、まず間違いないだろうと思います。銅鐸の常識というのはそんなものですかね。

そういう遺跡の中では、東奈良が鋳型の数では最も多いし、あそこはさらにガラスの勾玉の鋳型も出ているし、大阪湾型の銅戈の鋳型も出ている。種類も多い。まるで有明海沿岸のようにいろいろなものを作っているんですが、あの遺跡は、あれだけ大量の銅鐸や、その他のものを作っているのは事実として、拠点集落という言い方ができるんでしょうか。

石野　いまのところは、東奈良では前期のものがなかったんじゃないかな。鋳型の出た場所は、全体が包含層で、中期の初めから庄内式という古墳と弥生の境目だという時期の土器がいっぱい入っている層なんです。ですから、そういう時期の集落の一角なんだろうと思いますけれどもね。」

「**石野**　いつ壊したのかという問題は、銅鐸をいつ埋めたのかという問題とも関連します。いつ埋めたのかということは、最近発掘された銅鐸で土器が穴の中とか穴を覆う土中にあるものがあって、銅鐸を埋めた年代がある程度絞られる例が四、五例あるんです。その中には中期というのはないんです。いま、中期と推定されているのは徳島市の名東《みょうどう》なんですが、あれの場合は、近くに中期後半の方形周溝墓があるから、ほぼそれと同時期であろうということで、中期と言われていまして、上にかぶっている土とか、穴に入っていた土器からではないんです。それを除きますと、あとはすべて後期です。矢野も後期ですし、桜井市の大福《だいふく》は、後期の終わりか、次の庄内式の段階かですし、羽曳野市の西浦も、上に残っていたのは庄内式の土ですし、跡部もそうですね。庄内とは言わないまでも、さかのぼっても後期です。

ですから、弥生の終わりの段階に埋めている例が多いのではないかという気がします。ただ、すべてそうなのかというと若干疑問があります。たとえば、（神戸市の）桜ヶ丘の場合、十四個をいつ埋めたのかということですが、いちばん近い村が、中期後半のわりと単純な村ですので、あの村との関係を考えますと、中期後半段階を考えたほうがよさそうです。

森　新しくみる人は、二〇〇年代の後半までいくでしょうね。

石野　二九〇年ぐらいじゃないですか。

森　四世紀まで考える人はいまはもういないでしょうから、その幅の中でしょうね。ぼくなんかは後のほうを考えているけれども、一つの見通しとして出てきたのは、銅鐸は、典型的な前方後円墳がどんどん出てくる前に、大和なら大和、河内なら河内をとってももう終わっているという状況でしょうね。

石野　銅鐸がいつ壊されたかに関連して、銅矛について言いますと、銅矛が、九州の一例だけですが、壊れてひん曲がって出てきている例が、福岡市辻畑《つじばたけ》遺跡にあります。広型の銅矛で、それが破片になってひん曲がっている。それが出たのは庄内式後半の川の中です。鋼矛のいちばん新しい段階のものですが、それが壊される時期というのは、近畿と同じような時期じゃないのかなという一つの証拠になるんじゃないかと思います。」

森浩一は、『銅鐸』のなかで、さらに、つぎのようにものべる。

「鳥居竜蔵先生が、古い時代に銅鐸についていい論文をいくつかお書きになっていますね。大正二年（一九一三）の『銅鐸考』、大正七年の『有史以前の日本』で銅鐸のことにふれておられるんですが、大正十二年（一九二三）に『人類学雑誌』通刊四三二号で『我が国の銅鐸は何民族が残した物か』という重要な論文を書いておられます。

この時に、そのころ銅鐸を残した民族について言われていたいろいろな説を批判して、だめなものはだめだと否定されたんです。たとえば、『扶桑略記《ふそうりゃっき》』にある阿育王の宝塔説は無理だとか、平田篤胤が『弘仁暦運記考』の中で言っている、天孫以前の大国主命《おおくにぬしのみこと》の系統の集団が残した説を否定している。だがぼくはこの説はおもしろいと思っているんです。」

森浩一が「この説はおもしろい」というのは、銅鐸は「大国主命《おおくにぬしのみこと》の系統の集団が残した説」をおもしろいと思うという意味であろう。

森浩一は、またのべる。

「（大阪府の）池上・曽根なんかは典型的な例ですけれども、四、五センチの耳部分のかけらですね。そして、破砕面が反り上がっていたと思うけれども、ああいう場合故意に割っている。一つは、銅鐸の流行が変わったから、次の新しい製品を作るために、原料にしてしまおうというので割ったということも考えられますし、そういう銅鐸を使うという風習がなくなってきたから、故意に自らの手で壊したということもあるだろう。もう一つは、よく言われることだけれども、九州系の勢力が移動してきて、そういうものに伴って古い時代の名残の銅鐸で地上にあるものを一気に壊したという説。この場合、自らの手で壊したのか侵入者が壊したのかもしれません。」

寺沢薫氏の見解

佐原真《さはらまこと》・金関恕《かなせきひろし》編『銅鐸から描く弥生時代』（学生社、二〇〇二年刊）という本がある。この本のなかで、当時奈良県立橿原考古学研究所調査研究部長（現、桜井市纒向学研究センター所長）の寺沢薫《てらさわかおる》氏が、銅鐸のはじまりと終りについて、つぎのような注目すべき見解をのべている。

「（銅鐸のはじまりを私は）中期の前葉からと考えています。せいぜいさかのぼっても前葉。それから、最後はおそらく、一般的には、弥生の終末といいますか、地域によっては、古墳時代に突入、近畿、奈良県が古墳時代に突入している頃まで、作っているところがあるだろうというところです。」

この見解は、考古学者、佐原真などよりも、銅鐸の年代を新しくみる見解である。

『銅鐸から描く弥生時代』のなかでは、井上洋一氏（東京国立博物館企画部企画展示室長）も、つぎのような見解をのべておられる。

「**井上**（銅鐸の終りは、）古墳時代の始まる前までと思います。」

古墳時代の始まりを、西暦でいえば、いつごろの年代にあてはめるかについては、また見解が分かれるが、銅鐸の終りの年代と、古墳時代の始まる年代とのあいだには、それほど大きな年代差は、なかったとみてよいのではなかろうか。すくなくとも、そのように考えておられる考古学者が存在する。

寺沢薫氏は、また、奈良県香芝市《かしばし》二上山《にじょうさん》博物館編の『邪馬台国時代のツクシとヤマト』（学生社、二〇〇六年刊）のなかで、最末期の銅鐸についてのべている。

「最新型式である突線鈕5式（近畿Ⅳ式）の製作とマツリは、一般に庄内式期にまでおよぶものと考えられること。そのもっとも早い埋納は徳島市矢野遺跡例であろうが、マツリ圏の周縁（とりわけ東方）での下限は布留0式までを射程に入れる必要があること。」

『邪馬台国時代のツクシとヤマト』のなかで、寺沢氏が示されている「破砕銅鐸一覧表」のうち、大阪府と奈良県の部分のデータを示せば、**表5**のようになる。この表にみえる七つ銅鐸のうち五つまでが、庄内式以後にまでかかりうる年代になっている。そして、寺沢氏は、庄内期を西暦三世紀ごろの邪馬台国時代のものとみておられる。

このようにみてくると、邪馬台国時代の近畿は、なお銅鐸の時代であったとする説も、十分成立しうるのではないか。

なお、**表5**にみえる「突線鈕式銅鐸《とっせんちゅうしきどうたく》」について『最新日本考古学用語辞典』（大塚初重・戸沢充則編、柏書房、一九九六年刊）は、つぎのように説明している。

「銅鐸四型式分類（菱環鈕式《りょうかんちゅうしき》・外縁付鈕式《がいえんつきちゅうしき》・扁平鈕式《へんぺいちゅうしき》・突線鈕式《とっせんちゅうしき》）中の最新型式。」

「（突線鈕式銅鐸は、）五型式に細分されており、……近畿を中心に分布する近畿式と東海を中心に分布する三遠式があるが、三遠式はやがて近畿式に吸収される。」

ただ、滋賀県野洲町（現在、野洲市）教育委員会の進藤武氏は、「三遠式銅鐸の成立は近畿式銅鐸にわずかに遅れて成立したとみられる」とする。（進藤武「近畿式銅鐸と三遠式銅鐸」〔『銅鐸から描く弥生時代』学生社、二〇〇二年刊所収〕参照。）

滋賀県野洲市の大岩山遺跡は、近畿式銅鐸と三遠式銅鐸とが、ともに出土している代表的な遺跡である。

要するに、「突線鈕式銅鐸」とは、「近畿式銅鐸」と「三遠式銅鐸」との二つの形式の銅鐸をさす。銅鐸の最末期の形式である。

表5　破砕銅鐸一覧表のうち、大阪府と奈良県

大阪府豊中市	利倉遺跡	突線鈕3（近畿Ⅱ）式	飾耳1	重弧文	水路（3号木組み遺構上層）	庄内～布留2式（下限）	×	折損、利倉南鈕片と同一個体か
大阪府豊中市	利倉南遺跡（第3次）	突線鈕2～3（近畿Ⅰ・Ⅱ）式	鈕片1	鋸歯文	第3遺構面上（北側に溝2あり）	庄内～布留2式（下限）	×	折損（歪みあり）、溝2から庄内甕出土
大阪府和泉市	池上・曽根遺跡	突線鈕（近畿）式	身部片2	突線文	溝（河道?）	庄内式	×	
大阪府八尾市	亀井遺跡	①突線鈕4（近畿Ⅲ）式か?／②扁平鈕式	①鰭端部1／②鈕片1	突線文／鋸歯文	①NR-3003／②SX-4001	①第Ⅴ-1様式（下限）／②須恵器（下限）	①②×	②は本来NR-3001に所属か（第Ⅵ-1様式下限）
奈良県田原本町	唐古・鍵遺跡（第77次）	扁平鈕or突線鈕1式	身部片1	袈裟襷文	包含層	第Ⅳ～第Ⅴ様式	×	青銅器工房区隣接。鋳造失敗品か?
奈良県桜井市	纒向遺跡	突線鈕3or4（近畿）ⅡorⅢ式	飾耳1	双頭渦文1／2	流路B上層砂層	7世紀末～8世紀前半	△（切断後研磨か?）	本来は庄内式期に所属か

佐原真によれば、銅鐸は鈕《ちゅう》（上部の紐・縄などを通す部分）の形式によって、「菱環鈕式《りょうかんちゅうしき》」「外縁付鈕式《がいえんつきちゅうしき》」「扁平鈕式《へんぺいちゅうしき》」「突線鈕式《とっせんちゅうしき》（近畿式・三遠式）」などに分けられる（図4参照）。


私は、佐原真の、「菱環鈕式」「外縁付鈕式」「扁平鈕式」「突線鈕式（近畿式・三遠式）」という鈕をもとにした銅鐸の分類は、卓見であると思う。

ただ、それは、どの形式の銅鐸がより古く、どの形式の銅鐸がより新しいかという相対編年をつかむ上での、すぐれた着想と考えるのである。あとでのべるように、銅のなかに含まれる鉛の同位体比も、鈕式の異なるごとに、異なる値を示す。客観的根拠をもって、妥当性を確かめうる。

問題点は、相対編年を、西暦年数に換算する絶対年代におきかえるさい、佐原真は、総じて、年代を古めに見つもりすぎているとみられることである。

そのようにみるべき根拠を示しうると、私は考える。


また、**写真2、図5**にみられるように、これらの銅鐸は、時代が下るにつれて大型化する傾向がみとめられる。

銅鐸銅原料の総量

ここで、銅鐸の銅原料が、どのていどの量になるか、ごく大ざっぱに推定してみよう。

滋賀県の野洲市《やすし》小篠原《こしのはら》大岩山出土の日本最大の近畿式銅鐸の、高さと重さとは、つぎのとおりである。

高さ　一三四・七センチ

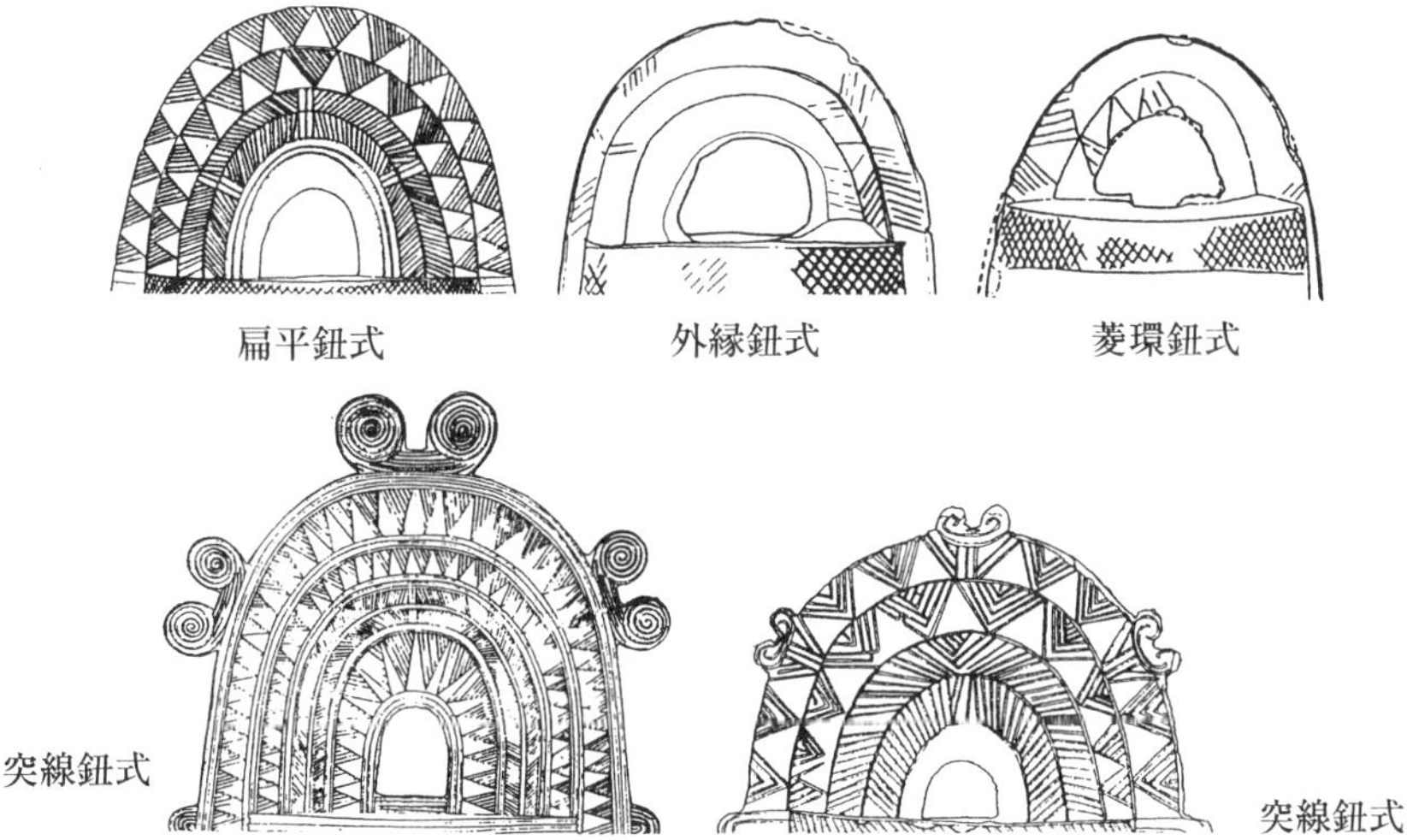

図４　佐原真の銅鐸編年では、鈕の形式によって銅鐸が分けられる（熊野正也・堀越正行著『考古学を知る辞典』［東京堂出版、2003年刊］による）。

重さ　四五・七キログラム

また、大阪府羽曳野市《はびきのし》西裏の西裏小学校校庭西出土の近畿式銅鐸の、高さと重さとは、つぎのとおりである。

高さ　八九・六センチ
重さ　一三・五キログラム

重さは、高さの大略三乗に比例するとして計算すれば、現在確実に出土地の判明している九十五個の近畿式銅鐸の総重量は、およそ**九二一キログラム**となる。

いっぽう、福島県会津若松市の会津人塚山古墳出土の三角縁神獣鏡の面径と重さとは、つぎのようになっている。

面径　二一・四センチ
重さ　九一七・五グラム

このようなデータから、重さは面径の三乗に比例するとして計算すれば、現在の三角縁神獣鏡の総出土数を、およそ五〇〇面とみて、三角縁神獣鏡の総重量は、**五一二キログラム**となる。

近畿式銅鐸だけで、その銅原料の総量は、三角縁神

写真２　銅鐸の形式（右より３点、写真提供：東京国立博物館）

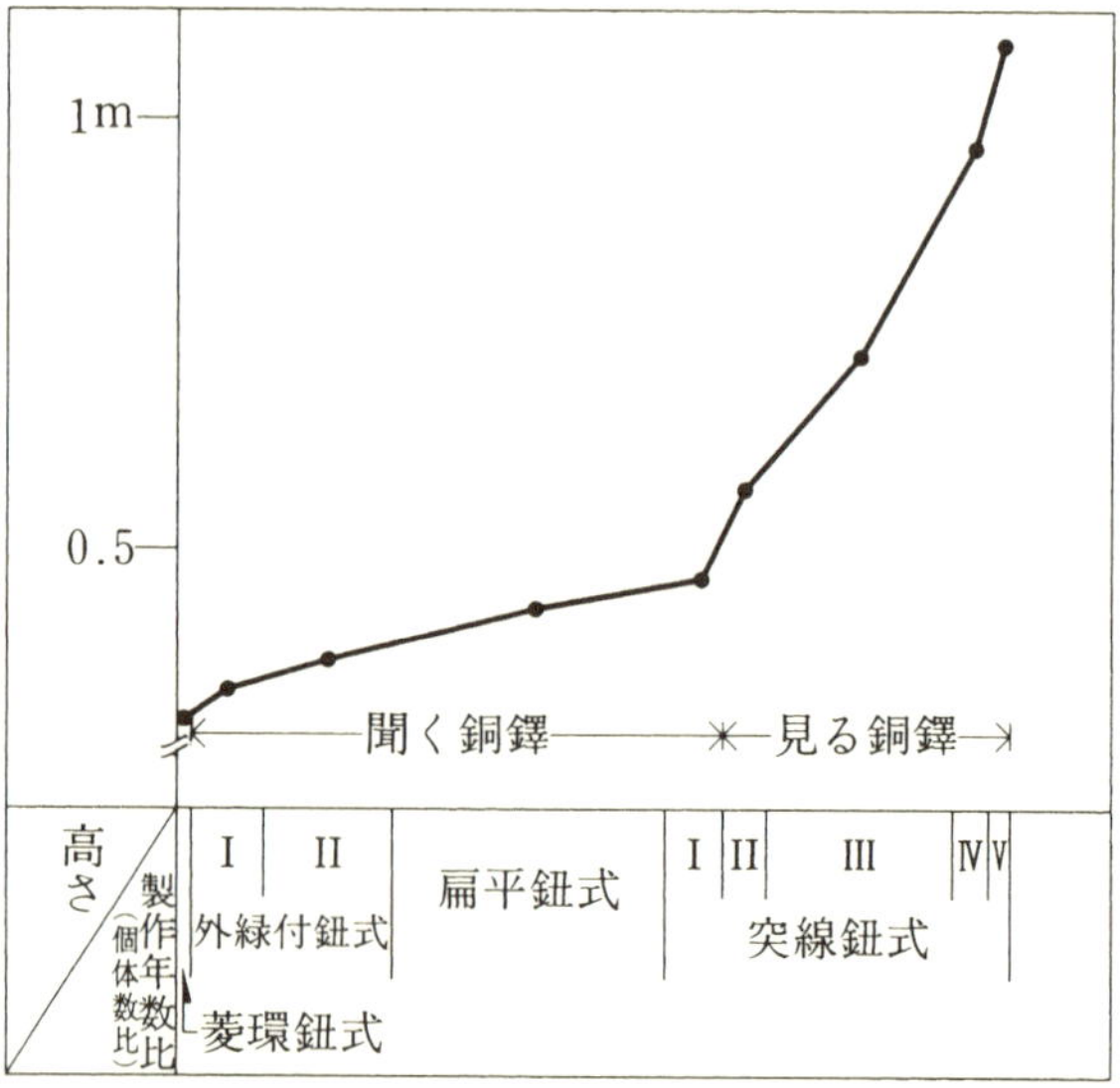

図５　銅鐸の大きさの変遷（『古代の日本５』角川書店による［一部改変］。）

獣鏡の銅原料の総量をはるかに上まわる。

最末期の銅鐸を、近畿式・三遠式銅鐸を、邪馬台国時代以後ごろのものとみてよい有力な実証的根拠がある。

最末期の銅鐸は、邪馬台国時代以後ごろのもの

国立歴史民俗博物館の館長であった考古学者の佐原真は、その著『祭りのカネ銅鐸』（講談社、一九九六年刊）のなかで、つぎのようにのべている。

「銅鐸のうち、新段階の三遠式・近畿式銅鐸や、日本製の小形鏡の大多数などの鉛同位体比は、ひじょうにせまい範囲にまとまっており、『まったく等しい』といってよいほどなので、同一の鉱山の鉛か、あるいは銅・錫・鉛を溶かして作った、同一の地金を使った可能性が大きい。」

まったく、そのとおりである。

ここで佐原真が、「日本製の小型鏡の大多数」とのべているものは、「小形仿製鏡第Ⅱ型」をおもにさす。

この小形の仿製鏡について、考古学者森浩一は、「語りかける出土遺跡（『邪馬台国のすべて』〔朝日新聞社刊〕所収）のなかで、つぎのようにのべている。

「『長宜子孫』（長く子孫によろし）という銘を書きました内行花文鏡が後漢の後半の代表的な鏡ですが、それが北九州での三世紀ごろと推定される墓から点々と出ております。しかし、中国鏡だけではとても、すでに広がりつつあった鏡に対する愛好の風習はまかないきれないとみえまして、北九州の社会では、（中略）邪馬臺国がどこかにあった時代に、直径が八センチ前後の小型の銅鏡を多量に鋳造しています。」

また、当時宮崎公立大学の教授であった考古学者、奥野正男氏は、その著『邪馬台国発掘』(PHP研究所刊)のなかで、つぎのようにのべている。

「いわゆる『倭国の大乱』の終結を二世紀末とする通説にしたがうと、九州北部では、この大乱を転換期とし、墓制が甕棺から箱式石棺に移行している。

つまり、この箱式石棺墓(これに土壙墓、石蓋土壙墓などがともなう)を主流とする墓制こそ、邪馬台国がもし畿内にあったとしても、確実にその支配下にあったとみられる九州北部の国々の墓制である。」

北九州において、邪馬台国時代の墓制は、箱式石棺墓を主流としていた。そして、箱式石棺墓からは、「長宜子孫」銘内行花文鏡や小形仿製鏡《ぼうせい》(「仿」は「倣」と同じで、「まねる」意味。仿製鏡は、中国の鏡をまねしてつくった鏡の意味)第Ⅱ型といわれる鏡が出土している。これらの鏡が、邪馬台国の時代に、北九州で行なわれていたことは、確実とみてよい。(卑弥呼がもらった鏡としてよく話題にのぼる三角縁神獣鏡は、確実な三世紀遺跡からの出土例がない。確実に主張できるのは、四世紀の古墳から出土している例が多い、ということである。)

そして、銅のなかに含まれる鉛の同位体比の分析から、最末期の銅鐸である近畿式・三遠式銅鐸は、北九州出土の小形仿製鏡第Ⅱ型と、原材料の銅が、同じ鉱山から出土したとみられるほど近いもので、同時期のものであることが、そうとうな確からしさでいえるのである。これについては、この本の「第Ⅱ部」で、ややくわしくのべる。つまり、最末期の銅鐸である近畿式・三遠式銅鐸は、邪馬台国時代ごろ、または、それ以後に行なわれていた。当時畿内は、銅鐸が行なわれていた時代であって、なお古墳時代・三角縁神獣鏡などの時代にはいっていなかった。

同じ銅原料を用いても、九州から畿内に原料が流れるのには、あるていどの時間的なズレ(タイム・ラグ)も考えられる。とすれば、畿内の終末期銅鐸の行なわれた時期として、三世紀後半も考えられるのである。

原田大六の卓見

北九州糸島市の平原遺跡を発掘したことで著名な原田大六は、すでに、一九六六年の段階で、その著『実在した神話』（学生社刊）のなかで、**写真3**を示し、つぎのようにのべている。

「わたしは、この四種の青銅器は本質的には同じ意味のものであると考えた。」

「『四種の青銅製祭器』は本質的には同類のものであり、偶有的に異なった形態を呈していたに過ぎなかったのである。」

原田大六ののべていることは、大略は、正しい。

すなわち、**写真3**に示されているもののうち、広形銅矛・広形銅戈・近畿式銅鐸は、「第Ⅱ部」でのべるように、銅に含まれている鉛の同位体比の測定値において共通性がある。

ただ**写真3**に示されているもののうち、「平形銅剣」は、鉛同位体比の測定値からみて、やや時代がさかのぼるとみられる根拠がある。

広形銅矛・広形銅戈・近畿銅鐸の銅原料には、同じ銅原料が用いられており、その銅原料は、北九州から来ているとみられる。同じ銅原料をもつ広形鋼矛・広形銅戈・小形仿製鏡第Ⅱ型などは、北九州を中心に分布する。

鉛の同位体比の結果などが、まだ知られていないころに、原田大六は、「この四種の青銅器は本質的には同じ意味のもの」「同類のもの」と指摘している。原田大六の見解は、卓見というべきである。

これらは、共通の文化、倭人の文化、日本語の祖語を話す人たちの文化を背景にもつとみられる。

原田大六が、**写真3**に示している銅鐸は、終末期の銅鐸（近畿式銅鐸）である。その銅原料は、北九州・「高天の原」方面から流れてきている。

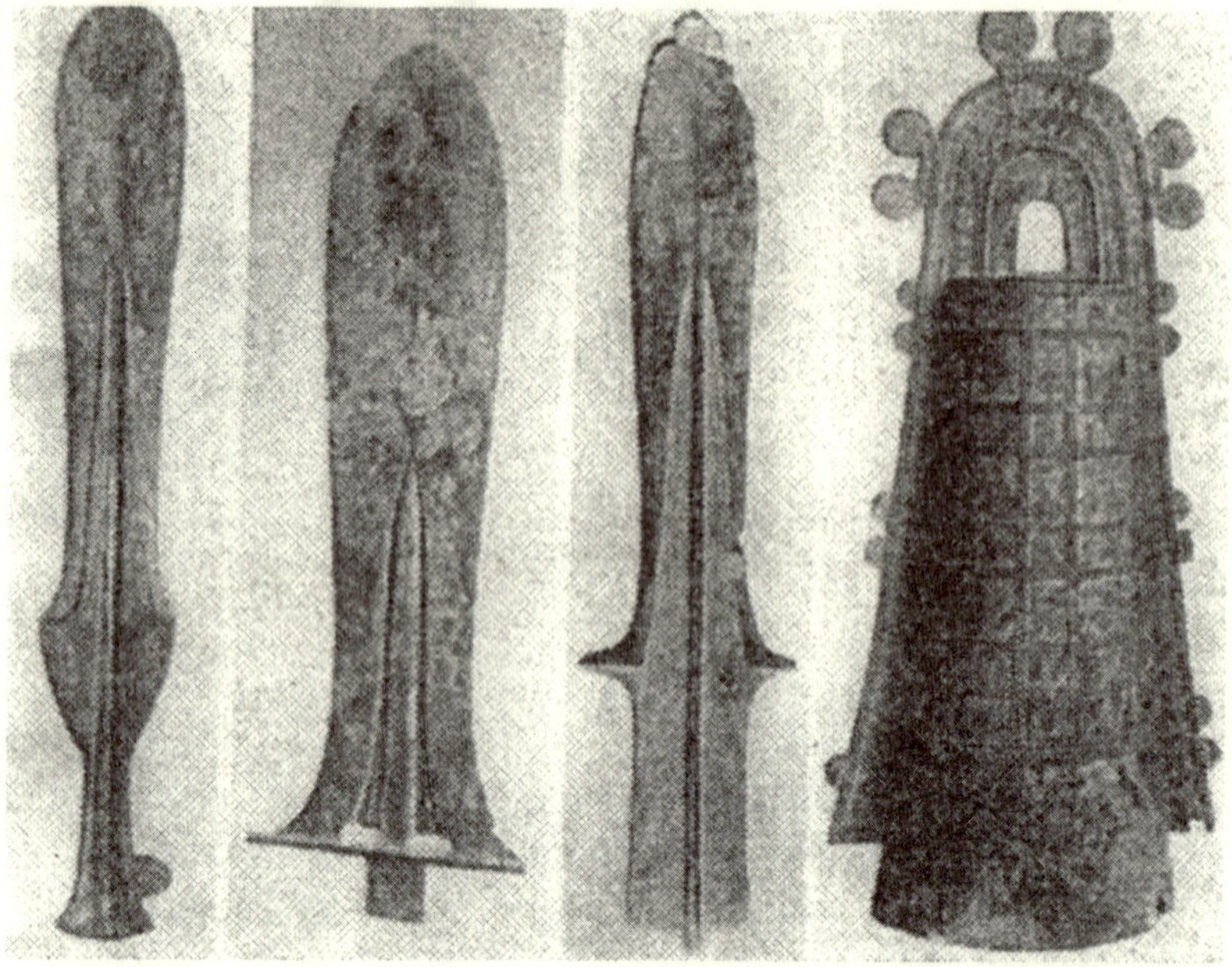

写真3　四種の青銅祭器（写真および説明は、原田大六による）

一見、形こそ違っているが、本質的に同じ目的のものである。農業共同体の農業に関係のある共同祭祀の祭具に使用されたものであろう。青銅器にひそむと考えられた魔力が、共同体の祭祀でうけとめたとき、このような文化が生まれたといってよかろう。（左より、広形銅矛・広形銅戈・平形銅剣・銅鐸）

銅鐸には、『魏志倭人伝』に記されているような「上に長く、下に短い弓」や、棟《むね》の長さが軒《のき》の長さより大きい逆さ台形▽の形をした屋根の家など、弥生時代あるいは、庄内式土器の時代の倭人の文化を示す絵が描かれている（このシリーズの拙著『日本民族の誕生』参照）。

その文化は、史書の、のちの時代にあらわれる東北地方の蝦夷《えみし》の文化（アーチェリー型の短弓文化をもつ）などと異なる。

銅鐸の出土地名表

これまでに出土した銅鐸の出土地などの情報を、かなり網羅的に集めたものに、つぎの①②のようなものがある。

① 島根県埋蔵文化財調査センター・島根県古代文化センター編『青銅器埋納地調査報告書Ⅰ（銅鐸編）』（二〇〇二年三月刊。**写真4**）。

② 難波洋三著『難波分類に基づく銅鐸出土地名表の作成』（二〇〇三年〜二〇〇六年度科学研究費補助金、基礎研究(c)研究成果報告書［二〇〇七年五月刊］）。

この本の以下の議論では、この①②の二つの報告書の記載をベースとして、統計的分析を行なう。ただ、この二つの報告書にのっていない次の二地点のものを加えた。

③ 二〇〇七年に、長野県で出土した銅鐸五点。

④ 二〇一五年に、兵庫県淡路島で出土した銅鐸七点。

写真4　「青銅器埋納地調査報告書Ⅰ（銅鐸編）」の表紙

さきの①と②の二つの報告書で、個々の銅鐸の分類判断が異なっているばあいがある。たとえば、愛知県小牧市出土の銅鐸を、①は「外縁付鈕1式」に分類する。しかし、②は、「外縁付鈕2式」に分類する。このようなばあい、以下の統計では、②の「難波分類」にしたがうこととした。ただし、どちらの分類基準にしたがっても、統計的にみた最終結果には、ほとんど変りがない。

表8、**図6**以下においては、出土地の不明なもの、または、「伝……」などとあって、

出土地の確かでないものは、すべてのぞいた。ただし、さきの④の兵庫県淡路島出土の銅鐸七点のばあいは原出土地に不明確さが残るが、比較的せまい範囲の地域からの出土物であることは確実とみられるので、以下の統計分析に加えた。

そしてさらに、「難波分類」でも、「外縁付鈕2式または扁平鈕式」などのように、分類の所属がはっきりしないものも、以下の表や図、統計からはずした。分類しなければ統計がとれないからである。ただし、所属がはっきりしないものの事例はすくない。

三つのグループ

銅のなかに含まれる鉛の同位体比によって、銅鐸は、大きくは、つぎの三つのグループに分けうる（鉛の同位体比については、この本の「第Ⅱ部」で説明する）。

(Ⅰ)　菱環鈕式銅鐸（初期銅鐸）
(Ⅱ)　外縁付鈕式銅鐸・扁平鈕式銅鐸（最盛期銅鐸）
(Ⅲ)　近畿式銅鐸・三遠式銅鐸（終末期銅鐸）

(Ⅰ)と(Ⅱ)と(Ⅲ)とは、たがいに、鉛の同位体比の値が異なっている。

いっぽう、この三つのグループの内部では、鉛の同位体比の値が、比較的近い。

(Ⅱ)のグループの内部の外縁付鈕式銅鐸と扁平鈕式銅鐸とは、鉛の同位体比の分布が、かなり近い。

(Ⅲ)のグループの内部の近畿式銅鐸と三遠式銅鐸とは、鉛の同位体比の分布が、ほぼ同じである。

(Ⅰ)のグループの菱環鈕式銅鐸のうち、確実に出土地のわかっているものは、**表6**にみられるように、八個である。そのうちわけは、島根県二個、兵庫県三個（うち、淡路島二個）、三重県、岐阜県、福井県各一個などの、合計八個である（表6、表7参照）。

(Ⅱ)のグループの銅鐸において、確実に出土地がわかっているものの出土数は、外縁付鈕式銅鐸九十三個（二〇〇七年長野県出土の5号銅鐸を含む。この5号銅鐸は、一応、外縁付鈕2式銅鐸とされているが、扁平鈕式古段階の可能性も残る、とされている。また、二〇一五年兵庫県淡路島出土の外縁付1式銅鐸六個をふくむ）、扁平鈕式銅鐸一二九個の、合計二二二個である。数からいうと、このグループに属する銅鐸の出土数がもっとも多い。ここから、このグループを「最盛期銅鐸」と名づけた。

(Ⅲ)のグループの銅鐸において確実に出土地がわかっているものの出土数は、近畿式銅鐸九十五個、三遠式銅鐸三十一個の、合計一二六個である。ただし、これ以外に、基本的にはこのグループに属するものとして、近畿式銅鐸と三遠式銅鐸とに分化する以前の銅鐸の、突線鈕1式銅鐸が、出土地の確実にわかっているもので、十四個ほど出土している。

なお、表6以下の地名表において、原報告書のページ数の欄の①は、島根県古代文化センター編の『青銅器埋納地調査報告書Ⅰ（銅鐸編）』（二〇〇二年刊）をさし、②は、京都国立博物館の難波洋三氏の『難波分類に基づく銅鐸出土地名表の作成』（二〇〇七年刊）をさす。

外縁付鈕1式銅鐸の県別分布

外縁付鈕1式の銅鐸のみをとりだしたばあいの出土地名表、および、その県別分布は、表8、図6のようになる。

この図6をみると、つぎのようなことがわかる。

(1)　島根県一県から全体のほぼ四割の二十三個が出土している。中国地方の島根・鳥取・岡山の三県から、

表6　菱環鈕式銅鐸の出土地名表

① 島根県埋蔵文化財調査センター・島根県古代文化センター編『青銅器埋納地調査報告書Ⅰ（銅鐸編）』（二〇〇二年三月刊）
② 難波洋三著『難波分類に基づく銅鐸出土地名表の作成』（二〇〇三年度～二〇〇六年度科学研究費補助金基礎研究(c)研究成果報告書』（二〇〇七年五月刊）

番号	出土県名	旧国名	出土地名	型式	文様	高さ（cm）	備考	原報告書のページ数
1	島根	出雲	出雲市菱川町神庭荒神谷遺跡	（菱環鈕2Ⅲ式）	4区袈裟襷文	23・8	荒神谷4号鐸。国宝。	②P4
2	島根	出雲	出雲市菱川町神庭荒神谷遺跡	菱環鈕1式（菱環鈕1Ⅰ式）	2区横帯文（横帯文）	21・7	荒神谷5号鐸。国宝。	①P117、②P4
3	兵庫	播磨	姫路市夢前町《ゆめさきちょう》神種字西川	菱環鈕2式（菱環鈕2Ⅰ式）	2区横帯文（横帯文）	35・5	岡崎忠雄旧蔵、焼失。	①P110、②P14
4	兵庫	淡路	洲本市中川原町清水二ツ石	菱環鈕1式（菱環鈕1Ⅰ式）	2区横帯文（横帯文）	24・2	竜泉寺は本興寺の末寺。重文。『淡路草』に図あり。	①P110、②P22
5	兵庫	淡路	南あわじ市松帆1号銅鐸	菱環鈕式（菱環鈕2Ⅰ式）	横帯文	26・6	舌を伴う。2号銅鐸（外縁付鈕1式銅鐸）を入れる。入れ子。	インターネット記者発表資料。
6	三重	伊勢	鈴鹿市高岡町東ノ岡高岡山遺跡	菱環鈕2式（菱環鈕2Ⅰ式）	横帯文		身の破片	①P105、②P37
7	岐阜	美濃	大垣市十六町中林	菱環鈕2式（菱環鈕2Ⅲ式）	4区袈裟襷文	25・7	外縁付鈕1式銅鐸とみる見解あり（佐原真・春成秀爾氏など）。	②P45

8	福井	越前	坂井市春江町井向島田	菱環鈕2式（菱環鈕2Ⅰ式）	4区袈裟襷文	47・4	井向2号鐸。3個出土とも伝える。各区画内に絵画。重文。	①P101、②P34
9	不明	不明	不明	菱環鈕1式（菱環鈕1Ⅰ式）	横帯文	22・3	東京国立博物館所有。東博35509号。	①P123
10	不明	不明	不明	菱環鈕式2Ⅱ式		23・8（鈕欠損）	辰馬402号鐸。（南あわじ市埋蔵文化財調査事務所では、高さ19・7cmとする。）	辰馬考古資料館、青木政幸氏
11	不明	不明	不明	菱環鈕2式（菱環鈕2Ⅰ式）	横帯文	23・7+（欠）	山川七左衛門旧蔵。辰馬考古資料館（辰馬428鐸）	①P122
12	不明	不明	不明	菱環鈕2式（菱環鈕2Ⅱ式）	4区袈裟襷文	30・2	明治大学4号鐸。（高さについての情報は明治大学）	南あわじ市埋蔵文化財調査事務所

表7　菱環紐式銅鐸の鋳型の出土地名表

1	京都	山城？丹後？	京都府向日市鶏冠井遺跡	銅鐸（菱環鈕式か外縁付鈕式）石製鋳型			河道。少数の弥生時代中期第Ⅱ様式を含む	
2	愛知	尾張	愛知県名古屋市西区朝日遺跡	菱環鈕1式鋳型片			2004年出土。朝日式期砂岩、復元高20～25cm	

表8　外縁付鈕1式銅鐸の出土地名表

番号	出土県名	旧国名	出土地名	型式	文様	高さ(cm)	重さ(kg)	備考	原報告書のページ数
1	福井	越前	坂井郡春江町井向島田	外縁付鈕1式末	2・3区流水文	55・2(55・5)	9・48	多種多様の絵画。3個出土とも伝える。各区画内に絵画。	①P101 ②P34
2	福井	越前	坂井市三国町米ケ脇	外縁付鈕1式	4区袈裟襷文	42・2			①P101 ②P34
3	長野	信濃	中野市柳沢	外務付鈕1式	流水紋	約22		銅鐸計5点、銅戈8点	本書156ページ参照
4	長野	信濃	中野市柳沢	外務付鈕1式	4区袈裟襷文	約22			
5	岐阜	美濃	大垣市十六町	外縁付鈕1式	4区袈裟襷文	25・7			①P101
6	愛知	尾張	一宮市大和町八王子遺跡	外縁付鈕1式	2区流水文(横型流水文?)	21・6	814・9		①P103 ②P38
7	滋賀	近江	守山市新庄町	外縁付鈕1式	2区流水文(横型流水文)	43・2	5・42	大坪正義旧蔵『聆濤閣集古帖』添付拓本	①P106 ②P31
8	京都	山城	京都市右京区梅ケ畑向ノ地町	外縁付鈕1式	4区袈裟襷文	23・1(22・4)	0・719		①P107 ②P28
9	京都	山城	京都市右京区梅ケ畑向ノ地町	外縁付鈕1式	4区袈裟襷文	25・8(23・7)	1・0235		①P107 ②P28
10	大阪	和泉	岸和田市神於町	外縁付鈕1式	2区流水文(横型流水文)	43・4	5		①P108 ②P26

11	兵庫	淡路	南あわじ市中ノ御堂	外縁付鈕1式	4区袈裟襷文	22・5		重文。8個出土という説あり。	①P110 ②P22
12	兵庫	淡路	南あわじ市慶野	外縁付鈕1式	4区袈裟襷文	33・0		重文	①P110 ②P22
13	兵庫	淡路	南あわじ市	外縁付鈕1式		22		美濃鈕式1個を含め7個同時出土	
14	兵庫	淡路	南あわじ市	外縁付鈕1式		22			
15	兵庫	淡路	南あわじ市	外縁付鈕1式		22			
16	兵庫	淡路	南あわじ市	外縁付鈕1式		22			
17	兵庫	淡路	南あわじ市	外縁付鈕1式		22			
18	兵庫	淡路	南あわじ市	外縁付鈕1式		32			
19	兵庫	摂津	伊丹市大阪国際空港（中村）	外縁付鈕1式	4区袈裟襷文	20・9（20・7）	0・9395		①P112 ②P23
20	兵庫	摂津	宝塚市中山荘園11—28	外縁付鈕1式	4区袈裟襷文	42・6	4・8		①P112 ②P23
21	兵庫	摂津	宝塚市中山荘園11—28	外縁付鈕1式	4区袈裟襷文	41・9	不明33・35		①P112 ②P23
22	兵庫	摂津	神戸市灘区桜ヶ丘（通称神岡）	外縁付鈕1式	2区流水文（横型流水文）	42・9		国宝	①P112 ②P23
23	兵庫	摂津	神戸市灘区桜ヶ丘（通称神岡）	外縁付鈕1式	2区流水文	42・4		国宝	①P112 ②P23
24	奈良	大和	北葛城上牧町高井	外縁付鈕1式	4区袈裟襷文	30・0		鈕の鰭部下端のみ断片	①P113 ②P27

25	奈良	大和	奈良市秋篠町	外縁付鈕1式	4区袈裟襷文	21・7	0・675	関保之助旧蔵。秋篠4号鐸とよぶ。	①P113 ②P27
26	奈良	大和	奈良市秋篠町	外縁付鈕1式	4区袈裟襷文？	22・2	0・630	奈良3（秋篠4号）と約25m離れて出土	①P113 ②P27
27	奈良	大和	御所市名柄	外縁付鈕1式末	横帯文・流水文	23・0	0・794	重文	②P27
28	和歌山	紀伊	和歌山市黒田南（太田黒田）	外縁付鈕1式	4区袈裟襷文	31・2			①P115 ②P20
29	鳥取	伯耆	東伯郡湯梨浜町小浜池ノ谷（泊）	外縁付鈕1式	2区流水文	42・7	5・774		①P116 ②P6
30	島根	出雲	簸川郡斐川町神庭荒神谷遺跡	外縁付鈕1式	4区袈裟襷文	23・7	0・8755	国宝	①P117 ②P4
31	島根	出雲	簸川郡斐川町神庭荒神谷遺跡	外縁付鈕1式	4区袈裟襷文	22・4	0・6053	国宝	①P117 ②P4
32	島根	出雲	簸川郡斐川町神庭荒神谷遺跡	外縁付鈕1式	4区袈裟襷文	23・7	0・9717	国宝	①P117 ②P4
33	島根	出雲	雲南市加茂町岩倉加茂岩倉遺跡	外縁付鈕1式	4区袈裟襷文	31・1	2・02	重文	①P117 ②P4
34	島根	出雲	雲南市加茂町岩倉加茂岩倉遺跡	外縁付鈕1式	4区袈裟襷文	31・1	2・26	重文	①P117 ②P4
35	島根	出雲	雲南市加茂町岩倉加茂岩倉遺跡	外縁付鈕1式	4区袈裟襷文	31・4	2・52（土付）	重文	①P117 ②P4

36	島根	出雲	雲南市加茂町岩倉加茂岩倉遺跡	外縁付鈕1式	4区袈裟襷文	30・6	2・00	重文		①P117 ②P4
37	島根	出雲	雲南市加茂町岩倉加茂岩倉遺跡	外縁付鈕1式	4区袈裟襷文	31・4	2・50	重文		①P117 ②P4
38	島根	出雲	雲南市加茂町岩倉加茂岩倉遺跡	外縁付鈕1式	4区袈裟襷文	30・7	2・28	重文		①P117 ②P4
39	島根	出雲	雲南市加茂町岩倉加茂岩倉遺跡	外縁付鈕1式	4区袈裟襷文	31・1	1・98	重文		①P117 ②P4
40	島根	出雲	雲南市加茂町岩倉加茂岩倉遺跡	外縁付鈕1式	4区袈裟襷文	30・6	2・26	重文		①P117 ②P4
41	島根	出雲	雲南市加茂町岩倉加茂岩倉遺跡	外縁付鈕1式	4区袈裟襷文	30・0	2・10	重文		①P117 ②P4
42	島根	出雲	雲南市加茂町岩倉加茂岩倉遺跡	外縁付鈕1式	4区袈裟襷文	31・3	2・14	重文		①P117 ②P4
43	島根	出雲	雲南市加茂町岩倉加茂岩倉遺跡	外縁付鈕1式	4区袈裟襷文	31・4	2・06	重文		①P117 ②P4
44	島根	出雲	雲南市加茂町岩倉加茂岩倉遺跡	外縁付鈕1式	4区袈裟襷文	31・3	2・22（土付）	重文		①P117 ②P5
45	島根	出雲	雲南市加茂町岩倉加茂岩倉遺跡	外縁付鈕1式	4区袈裟襷文	30・5	2・20	重文		①P117 ②P5
46	島根	出雲	雲南市加茂町岩倉加茂岩倉遺跡	外縁付鈕1式	4区袈裟襷文	31・4	2・16	重文		①P117 ②P5

47	島根	出雲	雲南市加茂町岩倉加茂岩倉遺跡	外縁付鈕1式	4区袈裟襷文	32・3	2・38	重文	①P117 ②P5
48	島根	出雲	雲南市加茂町岩倉加茂岩倉遺跡	外縁付鈕1式	4区袈裟襷文	31・6	1・94	重文	①P118 ②P5
49	島根	出雲	雲南市加茂町岩倉加茂岩倉遺跡	外縁付鈕1式	4区袈裟襷文	30・3	2・12	重文	①P118 ②P5
50	島根	出雲	雲南市加茂町岩倉加茂岩倉遺跡	外縁付鈕1式	4区袈裟襷文	31・0	1・92	重文	①P118 ②P5
51	島根	出雲	雲南市加茂町岩倉加茂岩倉遺跡	外縁付鈕1式	4区袈裟襷文	31・0	2・10	重文	①P118 ②P5
52	岡山	備作	勝田郡勝央町植月念仏塚	外縁付鈕1式	4区袈裟襷文	29・6		加茂岩倉36と同笵	①P119 ②P13

＊「外縁付鈕」とのみあるのは、含めていない。

合計二十六個、全体の四十六パーセントが出土している。

(2) 近畿地方（京都・大阪・滋賀・兵庫・奈良・和歌山・三重）から合計二十三個出土している。全体の約四十パーセントである。中国地方と近畿地方とで、全体の八十六パーセントが出土している。

(3) 四国からの出土例はみられない（初期銅鐸の菱環鈕式銅鐸も、四国からの出土例はみられない）。

外縁付鈕2式銅鐸の県別分布

つぎに、外縁付鈕2式の銅鐸のみをとりだしたばあいの出土地表、および、その県別分布を示せば、**表9**、

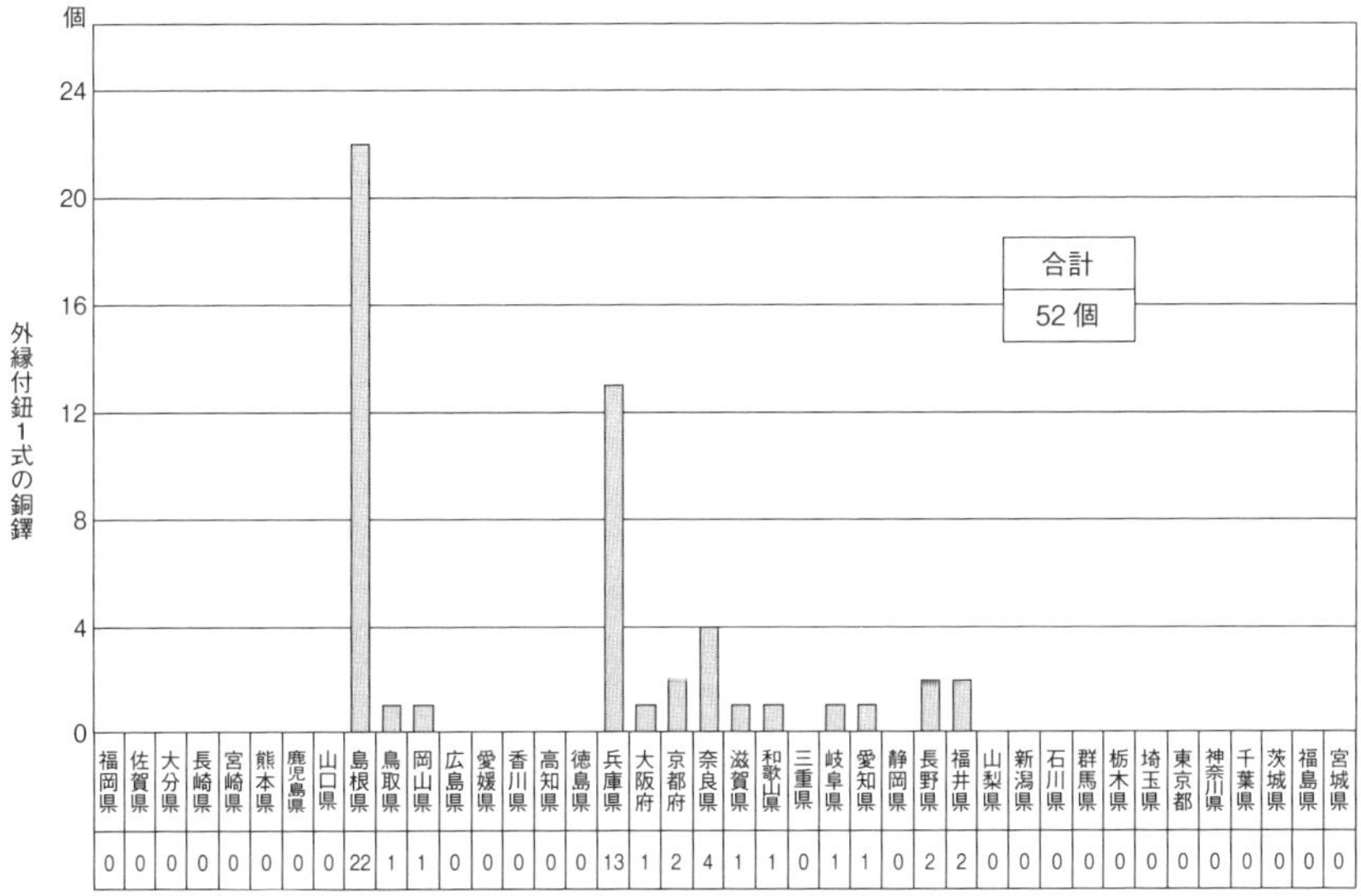

図6　県別　外縁付鈕1式の銅鐸の出土数

＊**表7**のうち、たとえば「番号6」の「(伝)（美濃国)」などのように、出土地が不確実なものは、**図6**の対象から除かれている。

図7のようになる。

この**図7**をみると、つぎのようなことがわかる。

(1)　島根県からの出土が、やはりもっとも多い。

(2)　ただ、中国地方の島根・鳥取二県の出土数の合計十三個は、全体の三十二パーセントである。外縁付鈕1式のばあいの四十六パーセントにくらべ、百分率がさがっている。

(3)　逆に、近畿地方は兵庫九個、大阪三個、京都二個、奈良二個、滋賀一個、三重二個の、合計十九個、全体の約四十六パーセントである。外縁付鈕1式のばあいの四十パーセントにくらべ、百分率があがっている。中国地方の三十二パーセントと、近畿地方の四十六パーセントとあわせれば、七十八パーセントとなる。これは、外縁付鈕1式のばあい八十六パーセントよりも、ややさ

表9　県別　外縁付鈕2式の銅鐸の出土地名表

番号	出土県名	旧国名	出土地名	型式	文様	高さ（cm）	重さ（kg）	備考	原報告書のページ数
1	長野	信濃	中野市柳沢	外縁付鈕2式	4区袈裟襷文	約20		銅鐸計5点、銅戈8点	本書156ページ参照
2	長野	信濃	中野市柳沢	外縁付鈕2式	4区袈裟襷文				
3	長野	信濃	中野市柳沢	外縁付鈕2式（扁平鈕式古段階の可能性も残る）	4区袈裟襷文				
4	愛知	尾張	小牧市北外山南屋敷	外縁付鈕2式	4区袈裟襷文	36・0			①P103 ②P38
5	三重	伊勢	鈴鹿市磯山町	外縁付鈕2式	4区袈裟襷文	39・4	3・623	区画内に双頭渦文	①P105 ②P37
6	三重	伊勢	津市神戸木ノ根	外縁付鈕2式	2区流水文（縦型流水文）	39・8＋（現39・8）	現4・246	恩智垣内山倭文伝と同范	①P105 ②P37
7	滋賀	近江	草津市志那町	外縁付鈕2式	4区袈裟襷文	12・6			P107
8	京都	山城	京都市右京区梅ヶ畑向ノ地町	外縁付鈕2式	4区袈裟襷文	現29・2	1・4225	入れ子埋納	①P107 ②P28
9	京都	山城	京都市右京区梅ヶ畑向ノ地町	外縁付鈕2式	4区袈裟襷文	22・4（現23・1）	1・503		①P107 ②P28
10	大阪	摂津	吹田市山田上センプ	外縁付鈕2式	4区袈裟襷文	45・5		鈕鋸歯文は東奈良2号鋳型に似る。	①P107 ②P23

11	大阪	摂津	豊中市桜塚原田神社境内	外縁付鈕2式	2区流水文 縦型流水文	32・0		我拝師山 東奈良R1鋳型と同笵	①P107 ②P24
12	大阪	河内	八尾市恩智垣内山	外縁付鈕2式	2区流水文 縦型流水文	44・3	6・800		①P108 ②P25
13	兵庫	但馬	豊岡市気比字溝口	外縁付鈕2式	2区流水文 横型流水文	45・9	6・260	再埋納か?	①P109 ②P8
14	兵庫	但馬	豊岡市気比字溝口	外縁付鈕2式	2区流水文 横型流水文	44・2（45・2）	4・938		①P109 ②P8
15	兵庫	但馬	豊岡市気比字溝口	外縁付鈕2式	3区流水文 横型流水文	44・8（現44・5）	6・120		①P109 ②P8
16	兵庫	但馬	豊岡市気比字溝口	外縁付鈕2式	縦型4区流水文 縦型流水文	44・3	6・110		①P109 ②P8
17	兵庫	淡路	南あわじ市倭文庄田笹尾	外縁付鈕2式	2区袈裟襷文 縦型流水文	44・5			①P111 ②P22
18	兵庫	摂津	神戸市東灘区森北町6丁目	外縁付鈕2式	2区袈裟襷文（4区袈裟襷文）	33・0	2・173		①P112 ②P23
19	兵庫	摂津	神戸市灘区桜ヶ丘（通称神岡）	外縁付鈕2式	2区流水文 横型流水文	45・2		上屋敷、加茂岩倉31 32・34と同笵	①P112 ②P23
20	兵庫	摂津	神戸市灘区桜ヶ丘（通称神岡）	外縁付鈕2式	4区袈裟襷文	31・4			①P112 ②P23

21	兵庫	丹波	丹波市春日町野上野宇野々間233	外縁付鈕2式	4区袈裟襷文	現20・8	復元高21・6		①P113 ②P29
22	奈良	大和	奈良市山町早田	外縁付鈕2式	2区流水文横型流水文	43・5		伝徳島市（徳島20）と同笵	①P113 ②P27
23	奈良	大和	生駒郡平郡町廿日山初香山遺跡	外縁付鈕2式	4区袈裟襷文	21・8			①P114 ②P27
24	和歌山	紀伊	御坊市湯川町小松原	（外縁付鈕2式）	4区袈裟襷文	21＋（現21）			①P114 ②P20
25	鳥取	因幡	八頭郡八頭町下坂東梶平	外縁付鈕2式	4区袈裟襷文	44・2			①P116 ②P7
26	鳥取	因幡	石美郡岩美町新井上屋敷	外縁付鈕2式	2区流水文（横型流水文）	43・3			①P116 ②P7
27	鳥取	因幡	鳥取市越路字丸山	外縁付鈕2式	2区流水文（横型流水文）	44・5		伝吉野川沿岸一の谷と同笵	①P116 ②P7
28	島根	出雲	松江市鹿島町佐陀本郷志谷奥遺跡	外縁付鈕2式	4区袈裟襷文	31・0＋		埋納坑	①P116 ②P4
29	島根	出雲	雲南市加茂町岩倉加茂岩倉遺跡	外縁付鈕2式	2区流水文（横型流水文）	43・5	5・98	重文	①P117 ②P4
30	島根	出雲	雲南市加茂町岩倉加茂岩倉遺跡	外縁付鈕2式	2区流水文（横型流水文）	45・1	4・10	重文	①P117 ②P4
31	島根	出雲	雲南市加茂町岩倉加茂岩倉遺跡	外縁付鈕2式	2区流水文（横型流水文）	44・0 復元	4・00	重文	①P117 ②P4

32	島根	出雲	雲南市加茂町岩倉加茂岩倉遺跡	外縁付鈕2式	4区袈裟襷文	44・5	5・62	重文	①P117 ②P4
33	島根	出雲	雲南市加茂町岩倉加茂岩倉遺跡	外縁付鈕2式	3区流水文（横型流水文）	44・6	4・18（土付）	重文	①P117 ②P4
34	島根	出雲	雲南市加茂町岩倉加茂岩倉遺跡	外縁付鈕2式	2区流水文（横型流水文）	45・3	4・54	重文	①P117 ②P5
35	島根	出雲	雲南市加茂町岩倉加茂岩倉遺跡	外縁付鈕2式	2区流水文（横型流水文）	45・3	4・16（土付）	重文	①P117 ②P5
36	島根	出雲	雲南市加茂町岩倉加茂岩倉遺跡	外縁付鈕2式	2区流水文（横型流水文）	44・6	3・92	重文	①P117 ②P5
37	島根	出雲	雲南市加茂町岩倉加茂岩倉遺跡	外縁付鈕2式	4区袈裟襷文	45・4	4・16（土付）	重文	①P117 ②P5
38	徳島	阿波	吉野川市川島町川島神後	外縁付鈕2式	2区流水文（横型流水文）	45・8（45・7）	3・28	加茂岩倉11と同笵追刻あり。	①P119 ②P18
39	香川	讃岐	観音寺市古川町南下一の谷遺跡	外縁付鈕2式	2区流水文（横型流水文）	45・8	4・347	豊田出土説あり	①P121 ②P16
40	香川	讃岐	坂出市加茂町明神原	外縁付鈕2式	4区袈裟襷文	35・8	2・7	内面突帯2条	①P121 ②P16
41	香川	讃岐	善通寺市吉原町我拝師山北面	外縁付鈕2式	2区流水文（縦型流水文）	29・8	19・7		①P121 ②P16

＊「外縁付鈕」とのみあるのは、含めていない。

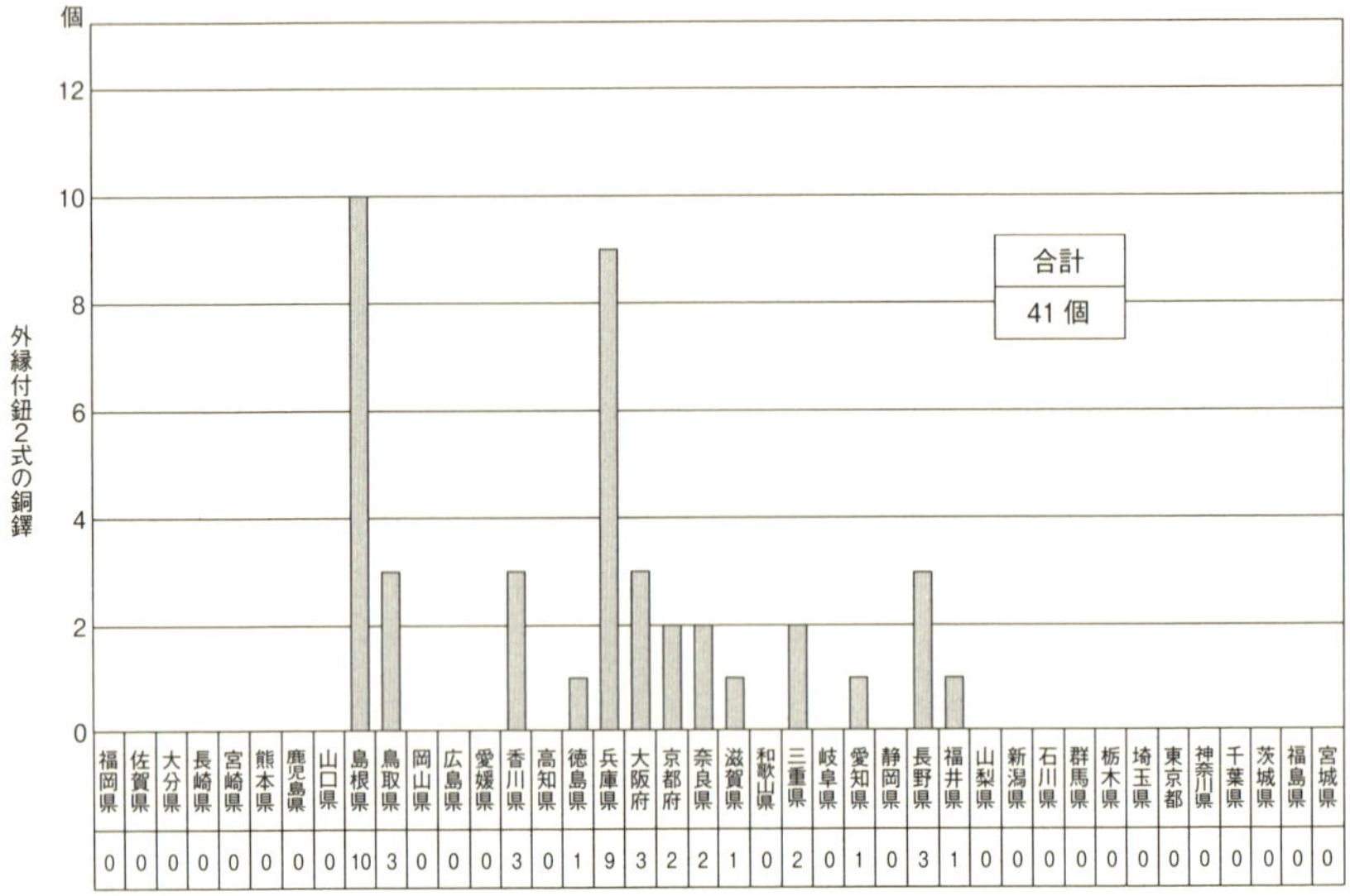

図７　県別　外縁付鈕２式の銅鐸の出土数

＊表８のうち、「(伝)（大石)」などのように、出土地が不確実なものは、図７の対象から除かれている。

がっている。出雲方面から、近畿方面へ、さらには、それ以外の地方へと、しだいに比重がうつっている。

(4)　四国の香川県から三個、徳島県から一個出土している。出雲文化の四国方面への波及がみられる。外縁付鈕1式と2式とを合計したものの県別の分布は、**図8**のようになる。

主たる分布地域は、島根県を中心とする中国地方と、兵庫県を最多出土県とする近畿地方である。

扁平鈕式銅鐸の県別分布

扁平鈕式銅鐸のみをとりだしたばあいの出土地名表、および、その県別分布は、**表10**、**図9**のようになる。

最盛期銅鐸（外縁付鈕1式・2式、および扁平鈕式銅鐸）合計二二二個のうち、扁平鈕式銅鐸は、半数以上の一二九個をしめる。

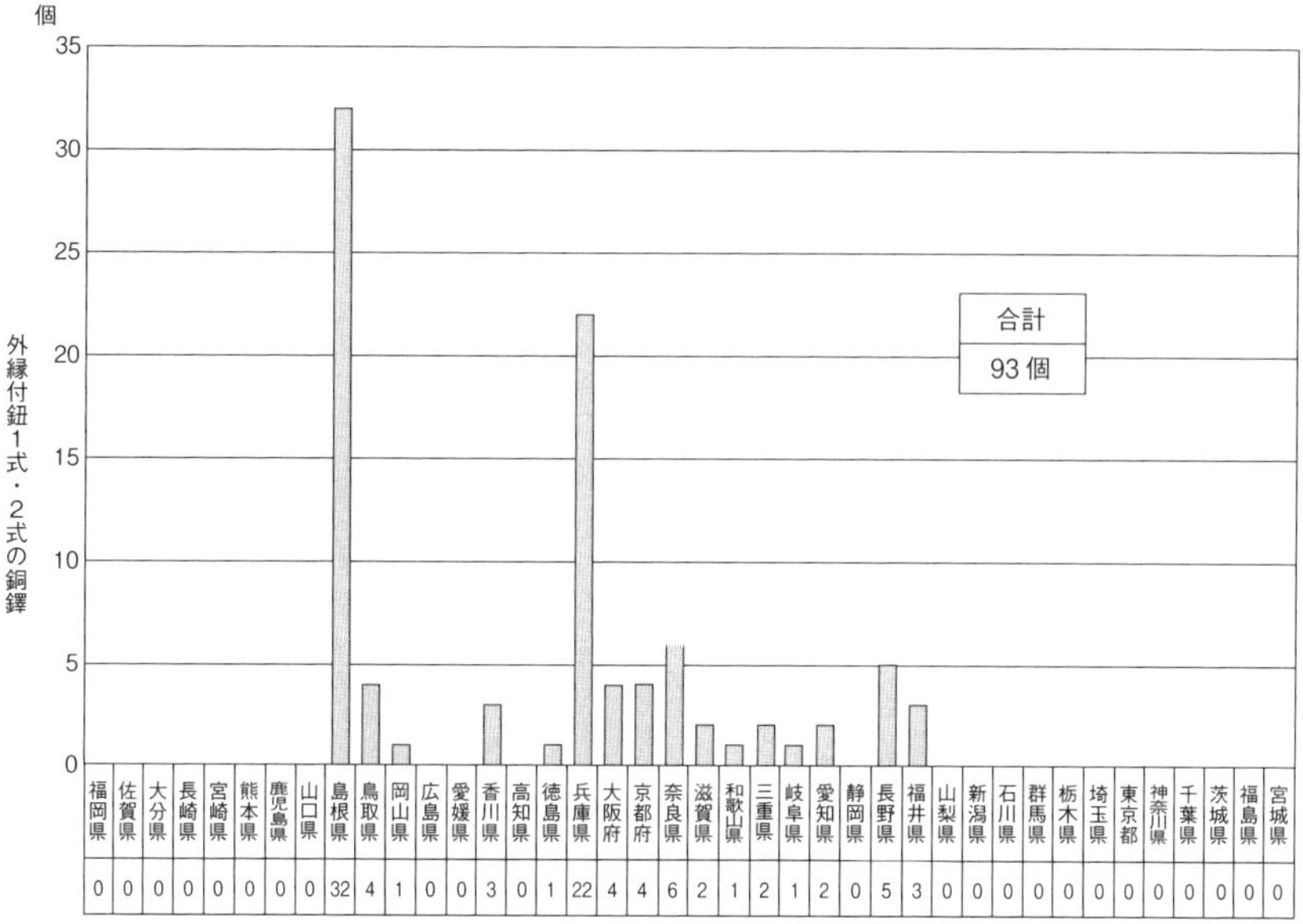

図8　県別　外縁付鈕1式・2式の銅鐸の出土数

扁平鈕式銅鐸が、もっとも多く出土しているのは、兵庫県である。

中国地方（島根・鳥取・岡山・広島）の出土数合計は、三十一個、全体の二十四パーセントをしめる。

いっぽう、近畿地方（兵庫・大阪・京都・奈良・滋賀・和歌山・三重）の出土数合計は、六〇個、全体の四十七パーセントをしめる。

全体のなかで、中国地方の出土数のしめる率は、外縁付鈕1式四十六パーセント→外縁付鈕2式三十二パーセント→扁平鈕式銅鐸二十四パーセントと、しだいに減少の傾向を示す。その分、他地域への浸透が進んでいるようにみえる。

外縁付鈕1式・2式、扁平鈕式の銅鐸をあわせた最盛期銅鐸全体の県別分布は、**図10**のようになる。

最盛期銅鐸全体でみるとき、出土数がもっとも多いのは、島根県で、つぎが兵庫県である。

最盛期銅鐸の震源地は島根県で、しだいに、

表10　扁平鈕式銅鐸の出土地名表

番号	出土県名	旧国名	出土地名	型式	文様	高さ（cm）	重さ（kg）	備考	原報告書のページ数
1	福井	若狭	三方上中《みかたかみなか》郡若狭町堤向山	扁平鈕2式（扁平鈕式新段階）	（6区袈裟襷文Ⅰ2式）	40・6	3・216		①P101 ②P33
2	福井	若狭	三方郡美浜町郷市南南伊夜山	扁平鈕2式（新段階）	6区袈裟襷文	43・0			①P101 ②P33
3	岐阜	美濃	岐阜市上加納	扁平鈕式（古段階）	4区袈裟襷文	現28（現27・0）	現1・060	菱環部無文	①P101 ②P45
4	岐阜	飛騨	下呂市萩原町上呂	扁平鈕式（古段階）	4区袈裟襷文	30		三遠式の先駆	①P101 ②P46
5	岐阜	飛騨	下呂市萩原町上呂	扁平鈕式（新段階）	6区袈裟襷文	31・5			①P101 ②P46
6	愛知	尾張	犬山市二ノ宮	扁平鈕式	4区袈裟襷文	33・6（1尺1寸）			①P103 ②P38
7	愛知	尾張	犬山市二ノ宮	扁平鈕式	4区袈裟襷文	30・3（1尺）			①P103 ②P38
8	愛知	三河	豊川市御津《みと》町《ちょう》広石	扁平鈕式（古段階）	全面1区流水文（横型流水文）	46（45・6）			①P104 ②P39
9	三重	伊勢	四日市市伊坂町重地山	扁平鈕式（新段階）	6区袈裟襷文	40・3（現40・3）			①P104 ②P37

10	三重	伊勢	津市白山町川口（風呂谷）	扁平鈕式（新段階）	6区袈裟襷文	約42（1尺4寸2分）			①P104 ②P37
11	滋賀	近江	蒲生郡竜王町山面高塚	扁平鈕2式（新段階）	6区袈裟襷文	31・5	1・180	入れ子埋納	①P107 ②P31
12	滋賀	近江	蒲生郡竜王町山面高塚	扁平鈕1式（古段階）	4区袈裟襷文	22・1	0・815	山面2号鐸型	①P107 ②P31
13	京都	山城	木津川市相楽台（相楽山）	扁平鈕式（新段階）	6区袈裟襷文（2式）	39・8	1・9	1対の耳	①P107 ②P28
14	京都	丹波	京都市右京区下弓削町	扁平鈕式（古段階）	4区袈裟襷文	（現18・4）	（現0・7918）		①P107 ②P29
15	京都	丹後	与謝郡与謝野町明石和田須代神社	扁平鈕式（新段階）	全面1区流水文（迷路派流水文）	45・7			①P107 ②P30
16	大阪	河内	南河内郡太子町山田鹿谷寺跡	扁平鈕式（新段階）	4区袈裟襷文	49（48・2）	4・426	区画内4頭渦文	①P108 ②P25
17	大阪	河内	南河内郡太子町太子茶臼山	扁平鈕式（新段階）	6区袈裟襷文	約39（41・5）			①P108 ②P25
18	大阪	河内	四条畷市	扁平鈕式（新段階）	6区袈裟襷文	42・3（42・0）		①は、「伝」とする	①P108 ②P25
19	大阪	河内	四条畷市	扁平鈕式（古段階）	4区袈裟襷文	31・5		①は、「伝」とする	①P108 ②P25

20	大阪	河内	八尾市恩智都塚山	扁平鈕式（新段階）	6区袈裟襷文	39・0		外縁付鈕2式、大阪、番号12銅鐸の出土地点と約60ｍ離れる。	①P108 ②P25
21	大阪	河内	門真市門真大和田	扁平鈕式（新段階）	4区袈裟襷文？	20・5			①P108 ②P25
22	大阪	河内	門真市門真大和田	扁平鈕式（新段階）	4区袈裟襷文	20・5			①P108 ②P25
23	大阪	河内	門真市門真大和田	扁平鈕式（新段階）	4区袈裟襷文	26・5			①P108 ②P25
24	大阪	河内	南河内郡太子町山田鹿谷寺跡	扁平鈕式（新段階）	6区袈裟襷文（4区袈裟襷文）	48・2		鈕上部を欠く。	①P108 ②P25
25	大阪	河内	南河内郡太子町磯長	扁平鈕式（新段階）	6区袈裟襷文（2式）	41・5		茶臼山九流谷銅鐸ともいう。	①P108 ②P25
26	大阪	和泉	泉南市信達岡中	扁平鈕式（新段階）	4区袈裟襷文	38・4			①P109 ②P26
27	大阪	和泉	堺市西区浜寺昭和町	扁平鈕式（新段階）	6区袈裟襷文	44・0			①P109 ②P26
28	大阪	和泉	岸和田市流木町	扁平鈕式（古段階）	4区袈裟襷文	（32・0）		鈕欠、復元高21～22cm	①P109 ②P26
29	大阪	河内	大阪市平野区平野町	扁平鈕式	6区袈裟襷文	42		伝河内出土銅鐸とされてきたもの。	①P109 ②P24

30	大阪	河内	八尾市春日町1丁目跡部遺跡	扁平鈕1式（古段階）	1区流水文（横型流水文）	46・6			①P109 ②P25
31	大阪	河内	堺市西区下田下田遺跡	扁平鈕式（新段階）	4区袈裟襷文	約22		河道の岸にはられたものか。	①P109 ②P26
32	兵庫	播磨	穴栗部一宮町閏賀《うるか》	扁平鈕式（新段階）	6区袈裟襷文	42・6（42・5）	2・626	一対の耳	①P110 ②P14
33	兵庫	播磨	加古川市八幡町上西条宇東沢（望塚）	扁平鈕式（新段階）	6区袈裟襷文	42・5			①P110 ②P14
34	兵庫	播磨	神戸市垂水区舞小坂3丁目（投上《なげし》）	扁平鈕式（新段階）	6区袈裟襷文	50・1			①P110 ②P14
35	兵庫	播磨	穴栗市山崎町青木字中田小谷	扁平鈕式（古段階）	4区袈裟襷文	31・7			①P110 ②P14
36	兵庫	淡路	南あわじ市広田中篠堂	扁平鈕式（新段階？）	6区袈裟襷文	約45（1尺5寸余）	700目		①P110 ②P22
37	兵庫	摂津	西宮市津門稲荷町	扁平鈕式（新段階）	6区袈裟襷文	41・5		戦災で大破	①P111 ②P23
38	兵庫	摂津	神戸市東灘区住吉町渦森台1丁目	扁平鈕式（新段階）	4区袈裟襷文	47・9	4・214	国宝	①P112 ②P23
39	兵庫	摂津	神戸市灘区桜ヶ丘町（通称神岡）	扁平鈕式（新段階）	4区袈裟襷文	42・0		国宝	①P112 ②P23
40	兵庫	摂津	神戸市灘区桜ヶ丘町（通称神岡）	扁平鈕式（新段階）	4区袈裟襷文	39・2		国宝	①P112 ②P23

41	兵庫	摂津	神戸市灘区桜ヶ丘町（通称神岡）	扁平鈕式（新段階）	6区袈裟襷文	63・7		国宝	①P112 ②P23
42	兵庫	摂津	神戸市灘区桜ヶ丘町（通称神岡）	扁平鈕式（新段階）	6区袈裟襷文	41・9		国宝	①P112 ②P23
43	兵庫	摂津	神戸市灘区桜ヶ丘町（通称神岡）	扁平鈕式（新段階）	6区袈裟襷文	42・2		国宝	①P112 ②P23
44	兵庫	摂津	神戸市灘区桜ヶ丘町（通称神岡）	扁平鈕式（新段階）	6区袈裟襷文	42・9		国宝	①P112 ②P23
45	兵庫	摂津	神戸市灘区桜ヶ丘町（通称神岡）	扁平鈕式（新段階）	6区袈裟襷文	42・8		国宝	①P112 ②P23
46	兵庫	摂津	神戸市灘区桜ヶ丘町（通称神岡）	扁平鈕式（新段階）	4区袈裟襷文	45・3		国宝	①P112 ②P23
47	兵庫	摂津	神戸市灘区桜ヶ丘町（通称神岡）	扁平鈕式（古段階）	4区袈裟襷文	21・9		国宝	①P112 ②P23
48	兵庫	摂津	神戸市灘区桜ヶ丘町（通称神岡）	扁平鈕式（新段階）	4区袈裟襷文	21・0		国宝	①P112 ②P23
49	兵庫	摂津	神戸市東灘区本山北町4丁目（生駒）	扁平鈕式（新段階）	6区袈裟襷文	53・2			①P112 ②P23
50	兵庫	丹波	丹波市春日町野上野字野々間233	扁平鈕式（新段階）	4区袈裟襷文	21・1（現21・1）		復元高21・6cm	①P113 ②P29
51	兵庫	摂津	神戸市東灘区本山南町8丁目	扁平鈕式（新段階）	4区袈裟襷文	18・1（現18・1）			①P113 ②P23

52	兵庫	摂津	神戸市東灘区青木遺跡	扁平鈕式（新段階）	4区袈裟襷文	現19・2			②P23
53	奈良	大和	奈良市秋篠町	扁平鈕式（古段階）	4区袈裟襷文	22・2	0・536	奈良3（秋篠4号、外縁付鈕1式）と約25㎝離れて出土	①P113 ②P27
54	奈良	大和	奈良市秋篠町	扁平鈕式（古段階）	4区袈裟襷文	21・2	0・615		①P113 ②P27
55	奈良	大和	五篠市火打町	扁平鈕式（新段階）	6区袈裟襷文	42・0			①P113 ②P27
56	奈良	大和	天理市竹之内町庵治山	扁平鈕式（新段階）	6区袈裟襷文	41・8		突線鈕1式の直前	①P113 ②P27
57	和歌山	紀伊	有田市千田（野井）	扁平鈕式（新段階）	6区袈裟襷文	43・7（43・6）			①P114
58	和歌山	紀伊	和歌山市吉里	扁平鈕式（新段階）	6区袈裟襷文	59・7		吉里銅鐸	①P114 ②P20
59	和歌山	紀伊	西牟婁郡白浜町中	扁平鈕式（新段階）	4区袈裟襷文	25・9		①は、「推西牟婁郡白浜町」とする	①P115 ②P20
60	和歌山	紀伊	有田市新堂石井谷	扁平鈕式（新段階）	6区袈裟襷文	41・4	2・258	新堂（大峯）銅鐸、一対の耳	①P114 ②P20
61	和歌山	紀伊	有田市新堂石井谷	扁平鈕式（古段階）	4区袈裟襷文	31・8	1・900		①P114 ②P20

62	和歌山	紀伊	御坊市湯川町丸山字朝日谷（亀山）	扁平鈕式（新段階）	4区袈裟襷文	22・2（現22・2）	現0・533	亀山（朝日谷）銅鐸	①P115 ②P20
63	和歌山	紀伊	御坊市湯川町丸山字朝日谷（亀山）	扁平鈕式（新段階）	4区袈裟襷文	16・4（現16・4）	現0・331		①P115 ②P20
64	和歌山	紀伊	御坊市湯川町丸山字朝日谷（亀山）	扁平鈕式（新段階）	4区袈裟襷文	15・5（22・5）	現0・333		①P115 ②P20
65	和歌山	紀伊	日高郡みなべ町晩稲（下ノ尾）	扁平鈕式（新段階）	4区袈裟襷文	22+（現22）		下の尾銅鐸	①P115 ②P20
66	和歌山	紀伊	田辺市中芳養平か峰	扁平鈕式（新段階）	4区袈裟襷文（6区袈裟襷文）	46・1	4・897	平ヶ峰（ヒロサ、林）銅鐸	①P115 ②P20
67	和歌山	紀伊	和歌山市弘西橘谷	扁平鈕式（新段階）	6区袈裟襷文	46・5		橘谷銅鐸、一対の耳	①P115 ②P20
68	和歌山	紀伊	和歌山市有本	扁平鈕式（古段階）	全面1区流水文	44・6		有本銅鐸	①P115 ②P20
69	鳥取	伯耆	東伯郡琴浦町八橋龍意宇王	扁平鈕式（古段階）	4区袈裟襷文	約30			①P115 ②P6
70	鳥取	伯耆	東伯郡北栄町米里倉合屋（ゾウゴヤ）	扁平鈕式（古段階）	4区袈裟襷文	約30		1958年焼失	①P115 ②P6
71	鳥取	伯耆	倉吉市小田字樋ノ口	扁平鈕式（古段階）	4区袈裟襷文	30・4		①は、「外縁鈕2式」とする	①P116 ②P6
72	鳥取	伯耆	倉吉市小田字樋ノ口	扁平鈕式（新段階）	4区袈裟襷文	44・3（44・2）			①P116 ②P6

73	鳥取	因幡	鳥取市高住宮ノ谷	扁平鈕式（新段階）	全面1区流水文（迷路派流水文高住型）	40・5			①P116 ②P7
74	鳥取	因幡	鳥取市青谷町青谷上寺地遺跡	扁平鈕式（新段階）	袈裟襷文	約7		破片	①P116 ②P7
75	島根	石見	邑智郡岩見町中野仮屋遺跡	扁平鈕式（新段階）	6区袈裟襷文（Ⅰa式）	42・5	2・763		①P116 ②P3
76	島根	石見	浜田市上府町城山山条遺跡	扁平鈕1式（古段階）	4区袈裟襷文	27・3	1・112		①P116 ②P3
77	島根	石見	浜田市上府町城山	扁平鈕式（古段階）	4区袈裟襷文	現4・7		①は、「外縁鈕2式」とする	①P116 ②P3
78	島根	出雲	松江市鹿島町佐陀本郷志谷奥遺跡	扁平鈕式（古段階）	4区袈裟襷文	16・3（現16・3）		重文	①P116 ②P4
79	島根	出雲	雲南市加茂町岩倉加茂岩倉遺跡	扁平鈕2式（新段階）	4区袈裟襷文	47・0	5・85	重文 入れ子埋納	①P117 ②P4
80	島根	出雲	雲南市加茂町岩倉加茂岩倉遺跡	扁平鈕2式（新段階）	6区袈裟襷文	46・6	5・70	重文	①P117 ②P4
81	島根	出雲	雲南市加茂町岩倉加茂岩倉遺跡	扁平鈕2式（新段階）	6区袈裟襷文	45・8	3・64	重文	①P117 ②P4
82	島根	出雲	雲南市加茂町岩倉加茂岩倉遺跡	扁平鈕1式（古段階）	2区流水文（横型流水文）	46・0	5・04	重文	①P117 ②P4
83	島根	出雲	雲南市加茂町岩倉加茂岩倉遺跡	扁平鈕2式（新段階）	4区袈裟襷文	47・7	4・50（土付）	重文	①P117 ②P4

84	島根	出雲	雲南市加茂町岩倉加茂岩倉遺跡	扁平鈕2式（新段階）	6区袈裟襷文	45・4	3・80	重文	①P117 ②P4
85	島根	出雲	雲南市加茂町岩倉加茂岩倉遺跡	扁平鈕2式（新段階）	4区袈裟襷文	47・5（47・55）	5・84	重文	①P117 ②P5
86	島根	出雲	雲南市加茂町岩倉加茂岩倉遺跡	扁平鈕2式（新段階）	4区袈裟襷文	46・9	5・32	重文	①P117 ②P5
87	島根	出雲	雲南市加茂町岩倉加茂岩倉遺跡	扁平鈕1式（古段階）	2区流水文（横型流水文）	45・1	4・26	重文	①P117 ②P5
88	島根	出雲	雲南市加茂町岩倉加茂岩倉遺跡	扁平鈕2式（新段階）	6区袈裟襷文	46・9	4・40	重文	①P117 ②P5
89	島根	出雲	雲南市加茂町岩倉加茂岩倉遺跡	扁平鈕2式（新段階）	4区袈裟襷文	47・4（47・35）	5・38	重文	①P118 ②P5
90	岡山	備中	井原市下稲木町金安山フカタ池ノ上寺屋敷	扁平鈕2式（新段階）	6区袈裟襷文（Ⅰb式）	43・6			①P118 ②P11
91	岡山	備中	井原市下稲木町兼安字明見	扁平鈕2式（新段階）	6区袈裟襷文（Ⅰa式）	44・3			①P119 ②P11
92	岡山	備中	井原市木之子町猿ノ森黒岩	扁平鈕2式（新段階）	12区袈裟隙們	42・5（42・7）	3・922	重文	①P118 ②P11
93	岡山	備前	岡山市藤井安仁神社裏山	扁平鈕1式（古段階）	4区袈裟襷文	31・2			①P118 ②P12
94	岡山	備前	倉敷市粒江種松山	扁平鈕式（古段階）	4区袈裟襷文	28・5	1・25		①P118 ②P12

95	岡山	備前	岡山市兼基鳥坂山	扁平鈕2式（古段階）	6区袈裟襷文	42・3			①P118 ②P12
96	岡山	備前	岡山市百枝月西畑	扁平鈕式（古段階）	4区袈裟襷文	29・8			①P119 ②P12
97	岡山	備前	岡山市百枝月西畑	扁平鈕式（古段階）	4区袈裟襷文				①P119 ②P12
98	岡山	備前	岡山市雄町137	扁平鈕式（古段階）	4区袈裟襷文	31・3			①P119 ②P12
99	広島	備後	世羅郡世羅町黒川下陰地	扁平鈕式（新段階）	4区袈裟襷文	28・0			①P119 ②P10
100	徳島	阿波	阿南市山口町長者ケ原	扁平鈕式（新段階）	4区袈裟襷文	64・25	6・62	①は、「伝」とする	①P120 ②P18
101	徳島	阿波	阿南市山口町長者ケ原	扁平鈕式（新段階）	6区袈裟襷文	41・0（現41・0）	現2・50	4頭渦文・赤彩、①は、「伝」とする	①P120 ②P18
102	徳島	阿波	吉野川市鴨島町上浦王子壇135-2	扁平鈕式（新段階）	6区袈裟襷文	34・7（現34・7）		区画内出土俀うちぬき	①P120 ②P18
103	徳島	阿波	板野郡上坂町神宅字山田98	扁平鈕式（新段階）	6区袈裟襷文	41・0	1・877		①P120 ②P18
104	徳島	阿波	阿南市椿町曲り	扁平鈕式（新段階）	6区袈裟襷文	42・4	2・9312		①P120 ②P18
105	徳島	阿波	阿南市椿町曲り	扁平鈕式（新段階）	6区袈裟襷文	身31（現34・3）	現1・4944	①は、型式「不明」とする	①P120 ②P18

106	徳島	阿波	小松島市立江町赤石勢合	扁平鈕式（新段階）	6区袈裟襷文	約36（現39・3）	現2・3054		①P120 ②P18
107	徳島	阿波	徳島市上八万町・星河内美田	扁平鈕式（新段階）	4区袈裟襷文	約30			①P120 ②P18
108	徳島	阿波	徳島市上八万町・星河内美田	扁平鈕式（新段階）	4区袈裟襷文	約30			①P120 ②P18
109	徳島	阿波	徳島市上八万町・星河内美田	扁平鈕式（新段階）	4区袈裟襷文	約30			①P120 ②P18
110	徳島	阿波	徳島市上八万町・星河内美田	扁平鈕式（新段階）	4区袈裟襷文	約30			①P120 ②P18
111	徳島	阿波	徳島市上八万町・星河内美田	扁平鈕式（新段階）	4区袈裟襷文	約30			①P120 ②P18
112	徳島	阿波	徳島市上八万町・星河内美田	扁平鈕式（新段階）	4区袈裟襷文	約30			①P120 ②P18
113	徳島	阿波	徳島市国府町屋野源田	扁平鈕式（新段階）	6区袈裟襷文	41・3	現2・214		①P120 ②P18
114	徳島	阿波	徳島市国府町矢野源田	扁平鈕式（新段階）	6区袈裟襷文				①P120 ②P18
115	徳島	阿波	徳島市入田市・安都真	扁平鈕式（古段階）	4区袈裟襷文	29・5（29・7）	1・2622		①P120 ②P18
116	徳島	阿波	徳島市入田市・安都真	扁平鈕式（古段階）	4区袈裟襷文	21・7（21・6）	0・5544		①P120 ②P18

117	徳島	阿波	徳島市入田市・安都真	扁平鈕式（新段階）	4区袈裟襷文	24・6（現24・7）	0・3594		①P120 ②P18
118	徳島	阿波	徳島市入田市・安都真	扁平鈕式（新段階）	4区袈裟襷文	身21	現0・1932		①P120 ②P18
119	徳島	阿波	徳島市名東町名東遺跡	扁平鈕式（新段階）	6区袈裟襷文	39・3	0・8778	埋納坑。方形周溝墓群の一角より出土。	①P121 ②P18
120	香川	讃岐	善通寺市大麻町大麻山	扁平鈕式（新段階）	6区袈裟襷文	40・2	1・92	シンネバエの1鐸とする説あり	①P121 ②P16
121	香川	讃岐	善通寺市仙遊町旧練兵場遺跡	扁平鈕式（新段階）	（6区袈裟襷文2式）			破片六個	②P16
122	香川	讃岐	木田郡三木町下高岡白山	扁平鈕式（新段階）	6区袈裟襷文	46（42・6）	2・3467		①P121 ②P16
123	香川	讃岐	高松市牟礼町源氏ヶ峰ノタバ	扁平鈕式（新段階）	6区袈裟襷文	39・1＋（現39・1）	1・38		①P121 ②P16
124	香川	讃岐	仲多度郡満濃町古墳	扁平鈕式	6区袈裟襷文			破片	①P121
125	香川	讃岐	綾歌郡綾川町陶内閣	扁平鈕式（古段階）	4区袈裟襷文	約30（29・7）			①P121 ②P16
126	香川	讃岐	三豊郡高瀬町羽方西ノ谷	扁平鈕式（新段階）	6区袈裟襷文	42・4	3・066		①P121 ②P16
127	香川	讃岐	小豆郡小豆島町安田	扁平鈕式（古段階）	4区袈裟襷文	31・2			①P121 ②P16

128	香川	讃岐	仲多度郡まんのう町吉野八幡神社	扁平鈕式（新段階）	6区袈裟襷文			身の破片二個	①P121 ②P16
129	高知	土佐	南国市大埇町田	扁平鈕式	6区袈裟襷文	約42・4	600目余		①P122 ②P16

東に浸透・進出していっているようにみえる。

近畿式銅鐸の県別分布

つぎに終末期銅鐸をとりあげる。

まず、近畿式銅鐸のみをとりだしたばあいの出土地名表、および、その県別分布は、**表11**、**図11**のようになっている。

近畿式銅鐸の出土数のもっとも多いのは滋賀県で、つぎが静岡県である。

ここで、つぎのようなことがいえる。

(1) 最末期の銅鐸（近畿式銅鐸・三遠式銅鐸）の銅原料は、北九州系のものである。北九州で多く出土する小形仿製鏡第Ⅱ型と鉛の同位体比が近い。この本の「第Ⅱ部」でくわしく論ずるが、ここから最末期銅鐸の年代をあるていど、推定できる。

(2) 滋賀県には、饒速日の命とともに天下った天《あめ》の御陰《みかげ》の命《みこと》（天津彦根《あまつひこね》の命《みこと》の児《みこ》。天照大御神の孫）系勢力が、早く進出していた（これについては、このシリーズの拙著『邪馬台国は99・9%福岡県にあった』の293ページ以下にくわしい）。

(3) 滋賀県野洲市の小篠原《こしのはら》からは、近畿式銅鐸十四個、三遠式銅鐸四個、突線鈕1式銅鐸四個、形式不明

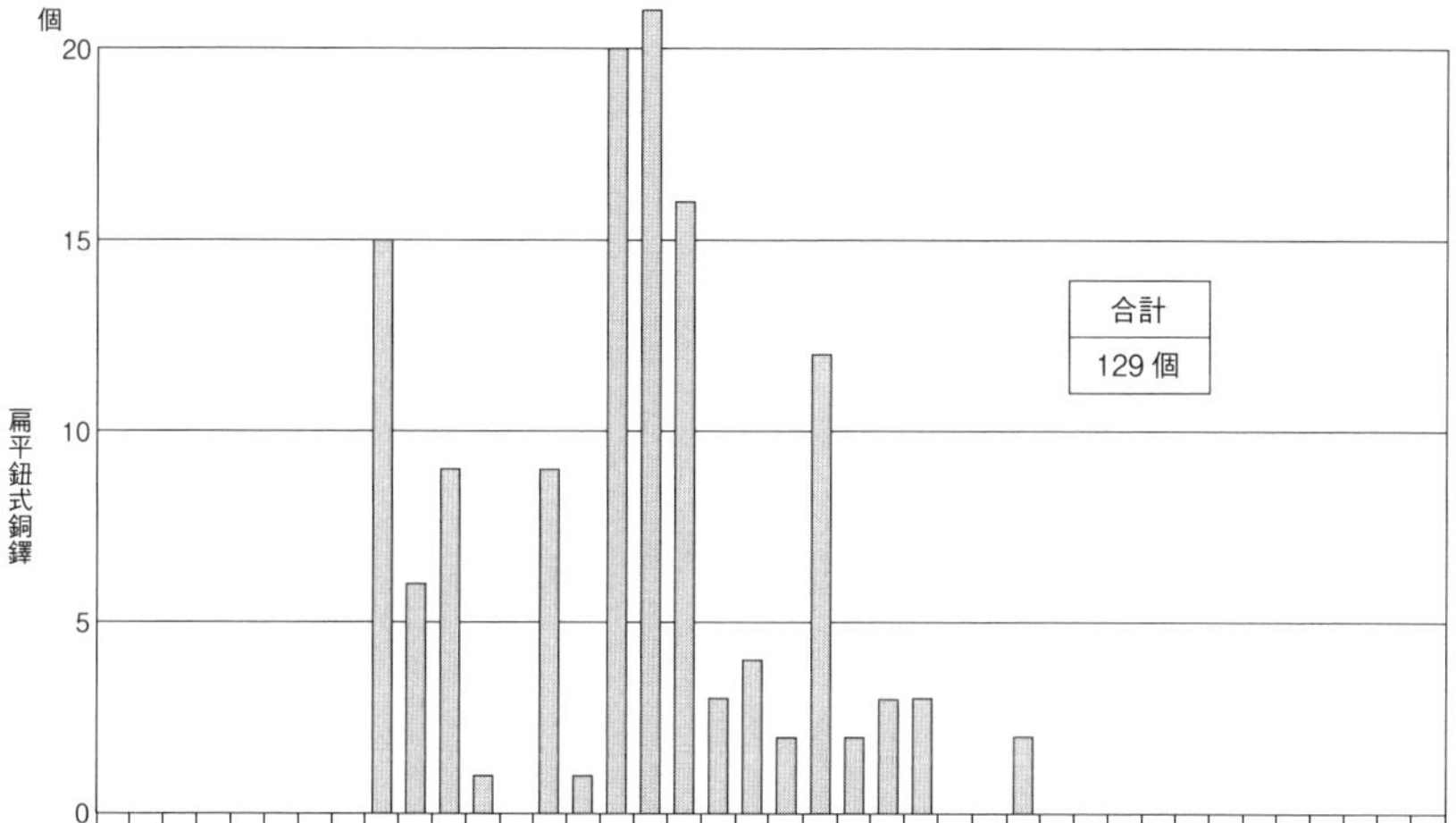

県	出土数
福岡県	0
佐賀県	0
大分県	0
長崎県	0
宮崎県	0
熊本県	0
鹿児島県	0
山口県	0
島根県	15
鳥取県	6
岡山県	9
広島県	1
愛媛県	0
香川県	9
高知県	1
徳島県	20
兵庫県	21
大阪府	16
京都府	3
奈良県	4
滋賀県	2
和歌山県	12
三重県	2
岐阜県	3
愛知県	3
静岡県	0
長野県	0
福井県	2
山梨県	0
新潟県	0
石川県	0
群馬県	0
栃木県	0
埼玉県	0
東京都	0
神奈川県	0
千葉県	0
茨城県	0
福島県	0
宮城県	0

図9　県別　扁平鈕式銅鐸の出土数

＊表9のうち、出土地が不確実なものは、図9の対象から除かれている。

一個などの大量の銅鐸が出土している（島根県の加茂岩倉遺跡につぐ、全国第二位の出土数）。

また、この地からは、三角縁神獣鏡も出土している。この地では、同一首長系譜の墓が、世代を追って出現しているようにもみえる。

銅鐸を保持した氏族が、やがて大和朝廷のなかにくみいれられ、ひきつづいて、三角縁神獣鏡を保持したようにもみえる。ここから、最末期の銅鐸と三角縁神獣鏡とのあいだには、それほど年代差がないようにもみえる。

三遠式銅鐸の県別分布

最末期銅鐸のうちの、「三遠式銅鐸」をとりあげる。

ここで、「三遠式」とは、旧国名の「三河《みかわ》（参河）の国」と「遠江《とおとうみ》の国」との頭の字をとって名づけられたものである。

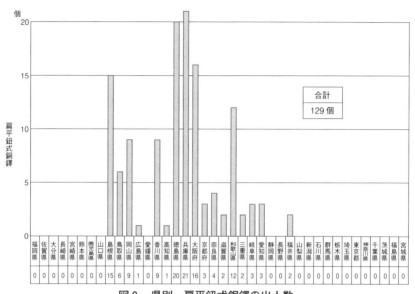

「遠江《とおとうみ》の国」は「遠淡海《とほつあはうみ》の国」のことである。

「遠淡海《とほつあはうみ》」は、都から遠い方の淡水湖という意味

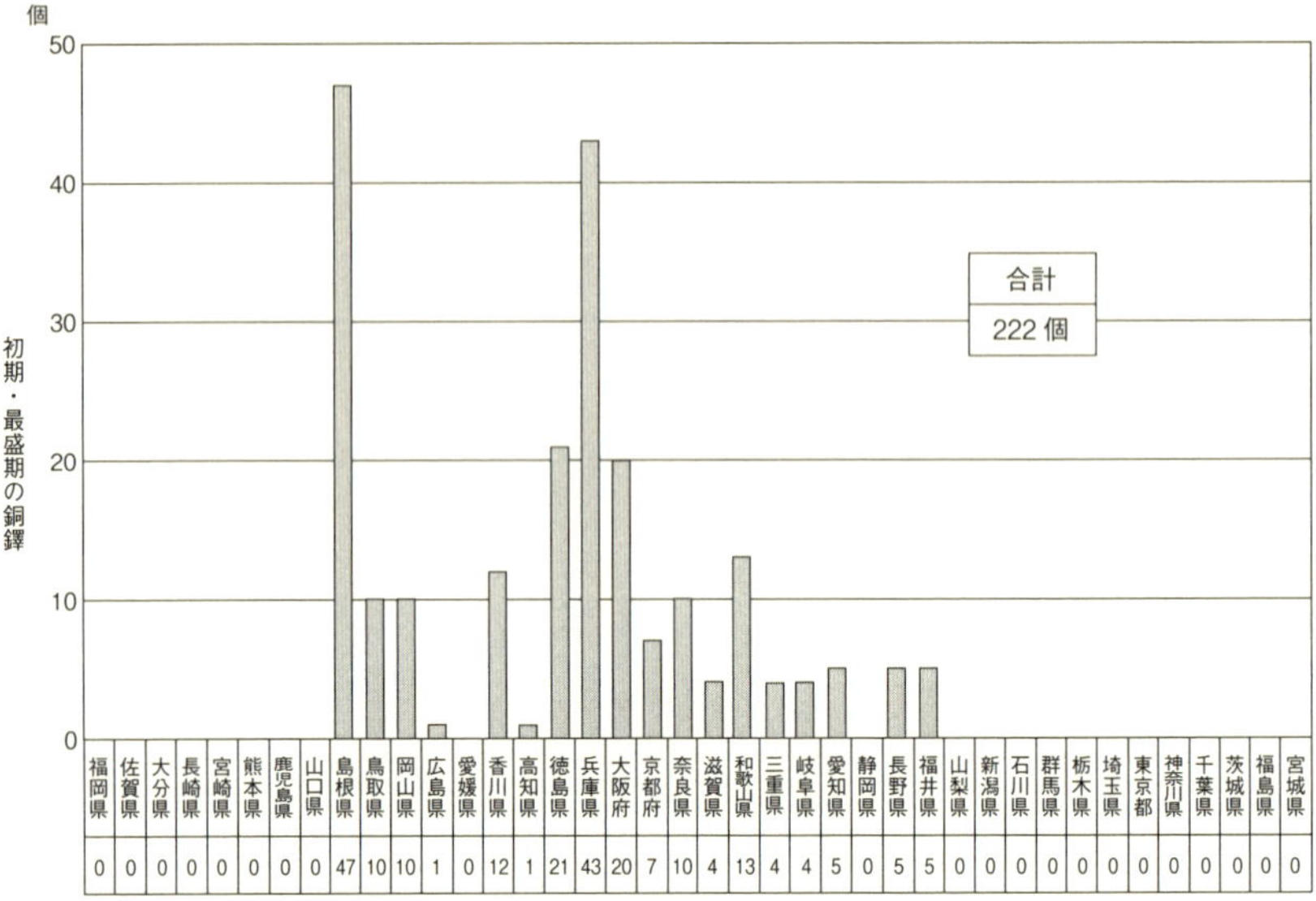

図10　県別　最盛期（外縁付鈕１式・２式、扁平鈕式）銅鐸の出土数

で、浜名湖《はまなこ》をさす。

都から近い方の淡水湖、「近淡海《ちかつあはうみ》（琵琶湖、近《おう》江《み》）」に対することばである。

80・81ページ**の地図2**に示したように、愛知県の尾張・三河と、静岡県の遠江とは、順に隣国である。

「三遠式銅鐸」のみをとりだしたばあいの出土地名表、および、その県別出土数は、**表12**、**図12**のとおりである。

静岡県の出土数がもっとも多い。静岡県からの出土数十六個は、三遠式銅鐸の全出土数三十一個の半数以上をしめる。

現在の静岡県は、昔の遠江《とおとうみ》の国《くに》、駿河《するが》の国《くに》、伊《い》豆《ず》の国《くに》からなる（86ページの**地図3**）

静岡県の旧国名別の分布では、「三遠式銅鐸」十六個は、静岡県西部の「遠江の国」からのみ出土し、静岡県中央部の「駿河の国」や、静岡県西部の「伊豆の国」からは、全く出土していない。

図12をみれば、静岡県のつぎに、「三遠式銅鐸」

表11　近畿式銅鐸の出土地名表

番号	出土県名	旧国名	出土地名	型式	文様	高さ（cm）	重さ（kg）	備考	原報告書のページ数
1	福井	若狭	三方上中郡若狭町向笠仏浦	突線鈕2式（近畿式A系列）	近畿ⅡA	現60			①P101 ②P33
2	福井	若狭	坂井市丸岡町高柳・下安田遺跡	（突線鈕3Ⅱb式〜5Ⅱ式）	近畿式			鈕の破片	②P34
3	岐阜	美濃	可児市《かにし》柿下（久々利）	突線鈕5式（突線鈕5Ⅱ式）	近畿ⅣC（近畿式C系列）	111・0			①P101 ②P45
4	岐阜	美濃	大垣市荒尾野・槍町荒尾南遺跡	（突線鈕3Ⅰb式〜5式）	近畿式	現長5		双頭渦文飾耳の破片	②P45
5	静岡	遠江	湖西市白須賀・鍛冶ヶ谷	突線鈕5式	近畿式	120（112・3）		鈕のみ現存	①P101 ②P41
6	静岡	遠江	湖西市白須賀・鍛冶ヶ谷	突線鈕5式	近畿式				①P101 ②P41
7	静岡	遠江	浜松市三ヶ日町釣・山田（分寸）	突線鈕4式	近畿ⅢA（近畿式A系列）	96・7	15・420	従来、分寸出土とするもの	①P101 ②P41
8	静岡	遠江	浜松市三ヶ日町日比沢・猪久保	突線鈕4式	近畿ⅡB（近畿式B系列）	96・0		埋納坑	①P102 ②P41
9	静岡	遠江	浜松市細江町中川・滝峰・七曲り	突線鈕3式（突線鈕3Ⅰb式）	近畿ⅡA（近畿式A系列）	（現）69・6			①P102 ②P41

10	静岡	遠江	浜松市細江町中川・不動平	突線鈕3式（突線鈕3Ⅰb式）	近畿ⅡA（近畿式A系列）	72・3			①P102 ②P41
11	静岡	遠江	浜松市南伊場町伊場遺跡梶子地点	突線鈕2～3式（突線鈕3Ⅰb式～3b式）	近畿式			鰭飾耳破片のみ	①P102 ②P41
12	静岡	遠江	浜松市細江町中川・穴ノ谷	突線鈕式（突線鈕3Ⅱa式）	近畿ⅡC（近畿式C系列）	59・0			①P102 ②P41
13	静岡	遠江	浜松市細江町中川・滝峰・才四郎谷	突線鈕3式（突線鈕2式）	近畿ⅡC（近畿式C系列）	72・7			①P102 ②P41
14	静岡	遠江	浜松市天竜川町松東遺跡	突線鈕3式（突線鈕3Ⅰa式～3Ⅱa式）	近畿Ⅱ（近畿式）	現長（6・6）		双頭渦文飾耳破片のみ。後世の土坑に混在	①P102 ②P41
15	静岡	伊豆	伊豆の国市田京・段遺跡	突線鈕式（突線鈕4式から5式）	近畿式			重弧文飾耳の破片を垂飾品とする	①P102 ②P44
16	静岡	駿河	沼津市我入道・藤井原遺跡	突線鈕3～5式（突線鈕3Ⅱa式～5Ⅱ式）	近畿式			双頭渦文飾耳の破片を垂飾品とする	①P103 ②P43

17	愛知	尾張	清洲市朝日遺跡	突線鈕5式（突線鈕3Ⅱa式～5Ⅱ式）	近畿式	現長5・4		双頭渦文飾耳のみ	①P103 ②P38
18	愛知	尾張	清洲市朝日遺跡	突線鈕3～5式（突線鈕3Ⅰa式～3Ⅱa式の可能性）	近畿式	現長6・9		双頭渦文飾耳のみ	①P103 ②P38
19	愛知	尾張	名古屋市見晴台遺跡	（突線鈕2式の可能性）	近畿式	現長2		双頭渦文飾耳の破片	②P38
20	愛知	三河	田原市西神戸町堀山田	突線鈕4式	近畿ⅢB（近畿式B系列）	76（現76・0）			①P104 ②P39
21	愛知	三河	田原市西神戸町堀山田	突線鈕4式	近畿式			双頭渦文飾耳のみ残存	②P39
22	愛知	三河	田原市伊川津椛	突線鈕5式（突線鈕5Ⅰ式）	近畿Ⅳ（近畿式）	（推）112		破砕銅鐸2個体分（196点）	①P105 ②P39
23	愛知	三河	田原市伊川津椛	突線鈕5式（突線鈕5Ⅱ式）	近畿Ⅳ（近畿式）	（推）124		破砕	①P105 ②P39
24	愛知	三河	豊川市御津《みと》町《ちょう》豊沢	突線鈕3Ⅰb式	近畿式（近畿式A系列）	66・8			①P105 ②P39
25	愛知	三河	豊橋市牛川町西側遺跡	突線鈕3Ⅰb～3Ⅱ式の可能性が高い	近畿式	復元径2・4～2・5		双頭渦文飾耳の破片	②P39

26	三重	伊賀	伊賀市比土	突線鈕4式（突線鈕3Ⅰb式）	近畿ⅢA（近畿式A系列）	124（125・5）			①P105 ②P36
27	三重	伊賀	伊賀市柏尾字湯舟	突線鈕4式	近畿ⅢC（近畿式C系列）	106・7	15・292		①P105 ②P36
28	三重	伊賀	伊賀市西場谷C遺跡	（突線鈕4式の可能性が高い）	近畿式	現長4・6		鰭下端の破片	②P36
29	三重	伊勢	津市高茶屋	突線鈕2式	近畿Ⅱ式（近畿式C系列）	66・5（66・3）		3個出土の可能性あり	①P105 ②P37
30	三重	伊勢	津市高茶屋	（突線鈕3Ⅰb式）	（近畿式A系列）	86・5	13・216		①P105 ②P37
31	三重	伊勢	鈴鹿市上野町一反通遺跡	突線鈕式（突線鈕3Ⅰa式～5Ⅰ式）	近畿式	現長3		鰭下端の破片	①P105 ②P37
32	三重	伊勢	伊勢市中村町桶子遺跡	（突線鈕3～5式）	近畿式	現長1・95		鰭の破片	②P37
33	滋賀	近江	大津市石山寺辺町	突線鈕4式（突線鈕3Ⅱa式）	近畿ⅢC（近畿式C系列）	90・9	3貫510目余	重文	①P106 ②P31
34	滋賀	近江	野洲市小篠原大岩山（第Ⅰ地点）	突線鈕5式（突線鈕5Ⅱ式）	近畿ⅣB（近畿式B系列）	134・7	45・476	重文 入れ子埋納	①P106 ②P31

35	滋賀	近江	野洲市小篠原大岩山（第Ⅰ地点）	突線鈕3式（突線鈕3Ⅰb式）	近畿ⅡA（近畿式A系列）	74・1	14・310	重文	①P106 ②P31
36	滋賀	近江	野洲市小篠原大岩山（第Ⅰ地点）	突線鈕3式（突線鈕3Ⅰb式）	近畿ⅡA（近畿式A系列）	70・2	9・30		①P106 ②P31
37	滋賀	近江	野洲市小篠原大岩山（第Ⅰ地点）	突線鈕3式（突線鈕2式）	近畿ⅡA（近畿式A系列）	69・0			①P106 ②P31
38	滋賀	近江	野洲市小篠原大岩山（第Ⅰ地点）	突線鈕3式（突線鈕3Ⅰb式）	近畿ⅡA（近畿式A系列）	72・7	10・50		①P106 ②P31
39	滋賀	近江	野洲市小篠原大岩山（第Ⅰ地点）	突線鈕3式（突線鈕3Ⅰa式）	近畿ⅡC（近畿式C系列）	59・6	6・083	重文	①P106 ②P31
40	滋賀	近江	野洲市小篠原大岩山（第Ⅰ地点）	突線鈕3式（突線鈕3Ⅰa式）	近畿ⅡC（近畿式C系列）	44・4			①P106 ②P31
41	滋賀	近江	野洲市小篠原大岩山（第Ⅰ地点）	突線鈕3式（突線鈕3Ⅰa式）	近畿ⅡC（近畿式C系列）	67・2	9・12		①P106 ②P31
42	滋賀	近江	野洲市小篠原大岩山（第Ⅰ地点）	突線鈕2式（突線鈕3Ⅰa式）	近畿ⅠA（近畿式C系列）	62・5			①P106 ②P31

43	滋賀	近江	野洲市小篠原大岩山（第Ⅰ地点）	突線鈕2式	近畿ⅠA（近畿式A系列）	53・8（67・2）			①P106 ②P31
44	滋賀	近江	野洲市小篠原大岩山（第Ⅱ地点）	突線鈕2式	近畿ⅠC（近畿式C系列）	55・2（58・4）	6・38	重文	①P106 ②P31
45	滋賀	近江	野洲市小篠原大岩山（第Ⅱ地点）	突線鈕3式（突線鈕3Ⅰa式）	近畿ⅡA（近畿式A系列）	57・7（53・7）	6・66	重文	①P106 ②P31
46	滋賀	近江	野洲市小篠原大岩山（第Ⅱ地点）	突線鈕3式（突線鈕3Ⅰb式）	近畿ⅡA（近畿式A系列）	68・5（55・0）	6・50		①P106 ②P31
47	滋賀	近江	野洲市小篠原大岩山（第Ⅱ地点）	突線鈕3式（突線鈕3Ⅰb式）	近畿ⅡC（近畿式A系列）	63・6（69・0）	約9・50	重文	①P106 ②P31
48	滋賀	近江	守山市古高町下長遺跡	突線鈕式	近畿式	（現長6・4）		古墳時代の溝。双頭渦文飾耳破片	①P107 ②P32
49	京都	山城	八幡市式部谷清水井	突線鈕3式（突線鈕3Ⅰa式）	近畿ⅡC（近畿式C系列）	66・0			①P107 ②P28
50	京都	丹後	与謝郡与謝野町比丘尼城	突線鈕5式（突線鈕5Ⅰa式）	近畿ⅣC（近畿式C系列）	107・0		文化年間に梅林寺梵鐘改鋳に際して鋳潰し	①P107 ②P30

51	京都	丹後	舞鶴市下安久匂ヶ崎	突線鈕3式（突線鈕3Ⅱa式）	近畿ⅡC（近畿式C系列）	62・4（現62・4）	現8・15 6	残欠	①P107 ②P30
52	大阪	摂津	高槻市天神山	突線鈕2式	近畿ⅡA（近畿式A系列）	60・5（63・7）			①P108 ②P24
53	大阪	摂津	箕面市如意ヶ谷	突線鈕3式（突線鈕3Ⅱa式）	近畿ⅡB（近畿式B系列）	85・5			①P108 ②P24
54	大阪	摂津	豊中市利倉遺跡	突線鈕3式（突線鈕2式か3Ⅰa式の可能性が高い）	近畿Ⅱ（近畿式）	現長2・09		飾耳小破片	①P108 ②P24
55	大阪	摂津	豊中市利倉南遺跡	突線鈕2式か3Ⅰ式	近畿式	現長4cm弱		鈕の破片	②P24
56	大阪	河内	羽曳野市羽曳野山	突線鈕4式（突線鈕3Ⅰb式か3Ⅱa式）	近畿ⅢC（近畿式B系列）	55＋（現55）復元高90		身下半を欠く。	①P108 ②P25
57	大阪	河内	羽曳野市西浦西浦小学校校庭西	突線鈕4式	近畿ⅢB（近畿式B系列）	89・5（89・6）	25	重文	①P108 ②P25
58	大阪	河内	八尾市亀井遺跡	突線鈕4式か5Ⅰ式	近畿式			鰭の破片	②P25
59	大阪	和泉	堺市菱木	突線鈕4式	近畿ⅢB	86・5			P109

60	大阪	和泉	和泉市池上町池上曽根遺跡	突線鈕4式か5式	近畿式	現長4・9		身の破片、軸突線あり	②P26
61	大阪	和泉	和泉市池上町池上曽根遺跡	突線鈕2式か3式	近畿式	現長4・7		身の破片	②P26
62	兵庫	播磨	宍粟市山崎町須賀沢	突線鈕4式	近畿ⅢC?（近畿式C系列）	約100（現3尺余）	4貫800目余	古図現存	①P109 ②P14
63	兵庫	播磨	佐用郡佐用町下本郷	突線鈕4式	近畿ⅢC?（近畿式C系列）	約100・5（4尺8分）	4貫750目余	古図現存	①P100 ②P14
64	兵庫	摂津	川西市満願寺町	突線鈕2式	近畿Ⅱ（近畿式B系列）	63（63・7）	2貫570匁		①P111 ②P23
65	兵庫	摂津	川西市加茂1丁目（栄根）	突線鈕5式（突線鈕5Ⅱ式）	近畿ⅣB（近畿式B系列）	107・6（復113・7）			①P111 ②P23
66	兵庫	但馬	豊岡市日高町久田谷	突線鈕5式（突線鈕5Ⅱ式）	（近畿式C系列）	100+（推100）		鐸身3分の1程度。破片117個	①P109 ②P8
67	兵庫	但馬	豊岡市九日市上町女代	突線鈕2式	近畿式	現長15		片側鰭部下端のみ断片	①P113 ②P8
68	奈良	大和	桜井市纏向遺跡	突線鈕3か4式（突線鈕3Ⅰb式～5Ⅱ式）	近畿Ⅱ式かⅢ式（近畿式）	渦文部現長4・2		双頭渦文飾耳のみ	①P113 ②P27

69	和歌山	紀伊	西牟婁郡上富田町岩崎（朝来）	突線鈕5式（突線鈕5Ⅱ式）	近畿ⅣC（近畿式C系列）	約120		大英博3号（扁平鈕6区袈裟）の可能性もあり。朝来（岩崎）銅鐸	①P114 ②P20
70	和歌山	紀伊	日高郡みなべ町西本庄（玉谷）	突線鈕3式（突線鈕3Ⅰ式？）	近畿ⅡC（近畿式C系列）	身49・4		玉銅鐸	①P114 ②P20
71	和歌山	紀伊	田辺市秋津町（岩倉山）	突線鈕3～5式	近畿Ⅱ～Ⅳ			岩倉山（矢田ヶ谷）銅鐸。大英博1号とする説や別の高さ約76cmの中型鐸とする説がある	①P114 ②P20
72	和歌山	紀伊	日高郡みなべ町西本庄雨乞山	突線鈕5式（突線鈕5Ⅰ式）	近畿ⅣB（近畿式B系列）	100・0	18・860	雨乞山銅鐸	①P114 ②P20
73	和歌山	紀伊	日高郡みなべ町西本庄	突線鈕4式？（突線鈕4式）	近畿ⅢC（近畿式C系列）	112・2 113・6	11・770	大久保山銅鐸	①P114 ②P20
74	和歌山	紀伊	日高郡日高町荊木向山	突線鈕3式（突線鈕3Ⅱb式）	近畿ⅡC（近畿式C系列）	82・2		向山（荊木）銅鐸	①P114 ②P20

75	和歌山	紀伊	日高郡日高町荊木向山	突線鈕3式（突線鈕3Ⅰb式）	近畿ⅡC（近畿式C系列）	84・5+（復88・6）	11・388		①P114 ②P20
76	和歌山	紀伊	日高郡みなべ町晩稲常楽	突線鈕2式	近畿ⅡB（近畿式B系列）	67・5	15・160	常楽（晩稲）銅鐸	①P114 ②P20
77	和歌山	紀伊	日高郡みなべ町晩稲（久地峠）	突線鈕2式（突線鈕3Ⅰa式）	近畿Ⅱ（近畿式A系列）	約60（現64・2）		久地峠銅鐸	①P115 ②P20
78	和歌山	紀伊	新宮市新宮権現山神倉神社ごとびき岩	突線鈕4式（突線鈕4式か5Ⅰ式）	近畿ⅢBかC（近畿式A系列）	約60（現64・2）		経塚遺物と混在。	①P115 ②P20
79	和歌山	紀伊	和歌山市田井ノ瀬	突線鈕4式	近畿ⅢC（近畿式C系列）	88+（現88）		紀ノ川（砂山）銅鐸ともいう。破損し、破片化している。	①P115 ②P20
80	和歌山	紀伊	田辺市秋津町山田代	突線鈕4式	近畿ⅢC（近畿式C系列）	109			①P115
81	和歌山	紀伊	田辺市三栖谷後口谷	突線鈕4式（突線鈕5Ⅱ式）	（近畿式C系列）				①P115 ②P21
82	鳥取	因幡	鳥取市青谷町青谷青谷上寺地遺跡	（突線鈕3Ⅰb式～5Ⅰ式）	近畿式			2区出土。身の破片	②P7

83	鳥取	因幡	鳥取市青谷町青谷青谷上寺地遺跡	（突線鈕4式か5式）	近畿式			4区出土。身の破片	②P7
84	鳥取	因幡	鳥取市青谷町青谷青谷上寺地遺跡	（近畿の新しい段階）	近畿式			5区出土。身の破片	②P7
85	島根	出雲	出雲市東海林町青木遺跡	（突線鈕3Ⅰa式の可能性）	近畿式	現長6・05		双頭渦文飾耳の破片	②P5
86	岡山	備中	岡山市高塚高塚遺跡角田調査区	（突線鈕2式か3式）	近畿式			身の破片	①P119 ②P11
87	岡山	備前	和気郡和気町和気寺屋敷	突線鈕2式	近畿ⅡA（近畿式A系列？）	62・4（2尺6分）	4貫	古図現存	①P118 ②P12
88	岡山	備前	玉野市沖海底	突線鈕式（突線鈕3Ⅰb式～3Ⅱ式の可能性）	近畿式	現長14・2		身の破片	①P119 ②P12
89	徳島	阿波	鳴門市大麻町檜・乾谷	突線鈕4式	近畿ⅢA（近畿式A系列？）	約93（2尺9寸5分）	2貫800目	拓本現存	①P119 ②P18
90	徳島	阿波	阿南市下大野町八貫渡	突線鈕4式か5式	近畿ⅢかⅣ式（近畿式C系列？）	28・3＋（現28・3）	現1・8243	鈕のみ現存。1886年出土説	①P120 ②P18

91	徳島	阿波	阿南市下大野町畑田583	突線鈕2式	近畿ⅡB（近畿式B系列）	54・2	6・30		①P120 ②P18
92	徳島	阿波	徳島市国府町矢野遺跡	突線鈕5式（突線鈕5Ⅰ式）	（近畿Ⅳ式）6区袈裟襷文（近畿式C系列）	97・8	17・5	重文	①P121 ②P19
93	高知	土佐	香美市土佐山田町楠目	突線鈕3式（突線鈕3Ⅰa式）	近畿ⅡA（近畿式A系列）	約70（復原約2尺2寸）		拓本あり	①P122 ②P17
94	高知	土佐	安芸市伊尾木切畑山	突線鈕4式?	近畿ⅢC（近畿式C系列?）	115			①P122 ②P17
95	高知	土佐	南国市田村正善	突線鈕2式	近畿ⅡA（近畿式A系列）	48（現48）			①P122 ②P17

の出土数の多いのは、愛知県である。愛知県は、東部が、昔の「三河の国」であり、西部が昔の「尾張の国」である（**地図2**参照）。

「三遠式銅鐸」の旧国名別の分布では、「遠江《とおとうみ》の国」から十六個、「三河の国」から六個、「尾張の国」から二個出土している（出土地不確実なものは除く）。尾張から遠江のあいだでは、西にいくほどへり、東にいくほどふえている（**地図2**）。

『先代旧事本紀』によれば、「遠淡海《とほつあふみ》の国」の国造《くにのみやつこ》については、「志賀《しが》の高穴穂《たかあなほ》の朝《みかど》（第十三代成務天皇）の御代《みよ》に、物部《もののべ》の連《むらじ》の祖《みおや》、伊香色雄《いかがしこを》の命《みこと》の児《みこ》・印岐美《いにきみ》の命《みこと》」を国造に定めた、とある。

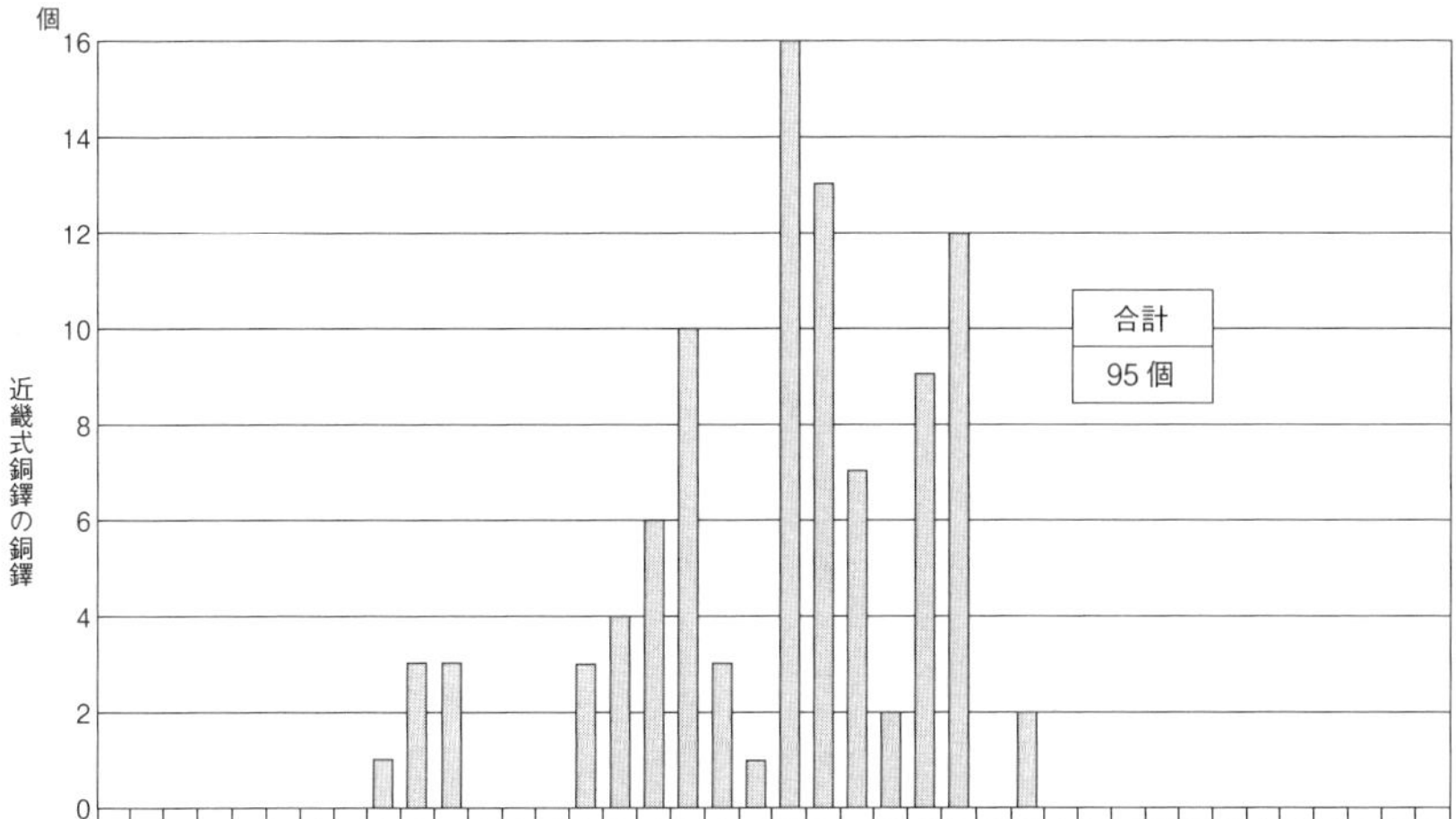

福岡県	佐賀県	大分県	長崎県	宮崎県	熊本県	鹿児島県	山口県	島根県	鳥取県	岡山県	広島県	愛媛県	香川県	高知県	徳島県	兵庫県	大阪府	京都府	奈良県	滋賀県	和歌山県	三重県	岐阜県	愛知県	静岡県	長野県	福井県	山梨県	新潟県	石川県	群馬県	栃木県	埼玉県	東京都	神奈川県	千葉県	茨城県	福島県	宮城県
0	0	0	0	0	0	0	0	1	3	3	0	0	0	3	4	6	10	3	1	16	13	7	2	9	12	0	2	0	0	0	0	0	0	0	0	0	0	0	0

図11　県別　近畿式銅鐸の出土数

国造は、地方官である。その国の支配者である。国造は、土着の豪族が任命されることが多かった。

物部氏は、饒速日の命の子孫である。

「三河の国」については、『先代旧事本紀』によれば、「志賀《しが》の高穴穂《たかあなほ》の朝《みかど》（第十三代成務天皇）の御代《みよ》に、物部《もののべ》の連《むらじ》の祖《みおや》、出雲《いづも》の色《しこ》の大臣《おほおみ》の五世《いつつぎ》の孫、知《ち》波夜《はや》の命《みこと》」を国造《くにのみやつこ》に定めたとある。

これも、饒速日の命の子孫である。

「尾張の国」については、『古事記』『日本書紀』は、天の火明の命が、尾張氏の祖先である、と記す。『先代旧事本紀』は、「天の火明の命」は、「饒速《にぎはや》日《ひ》の尊《みこと》」と同一の神であるという。

三遠式銅鐸は、饒速日の命の子孫系の氏族、物部系の氏族と強く関係しているようにみえる。

「近畿式銅鐸」と「三遠式銅鐸」とをあわせた、最末期の銅鐸の県別出土数は、**図13**のようになる。

静岡県の出土数がもっとも多く、滋賀県がそれにつぎ、愛知県がさらにつづく。

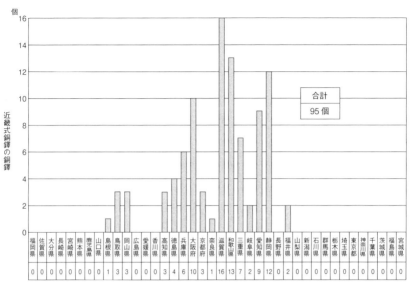

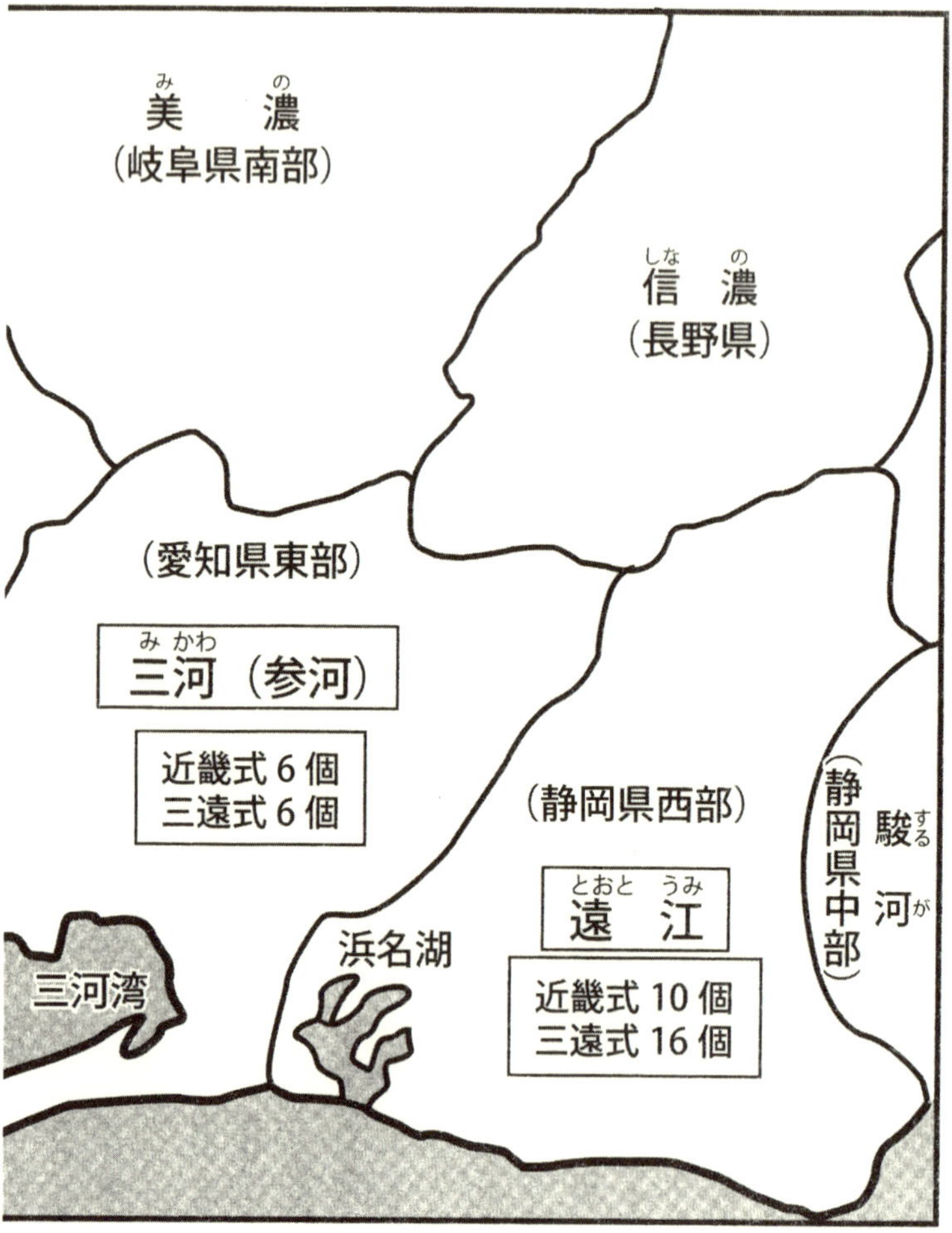

存在する場所と終末期銅鐸出土数

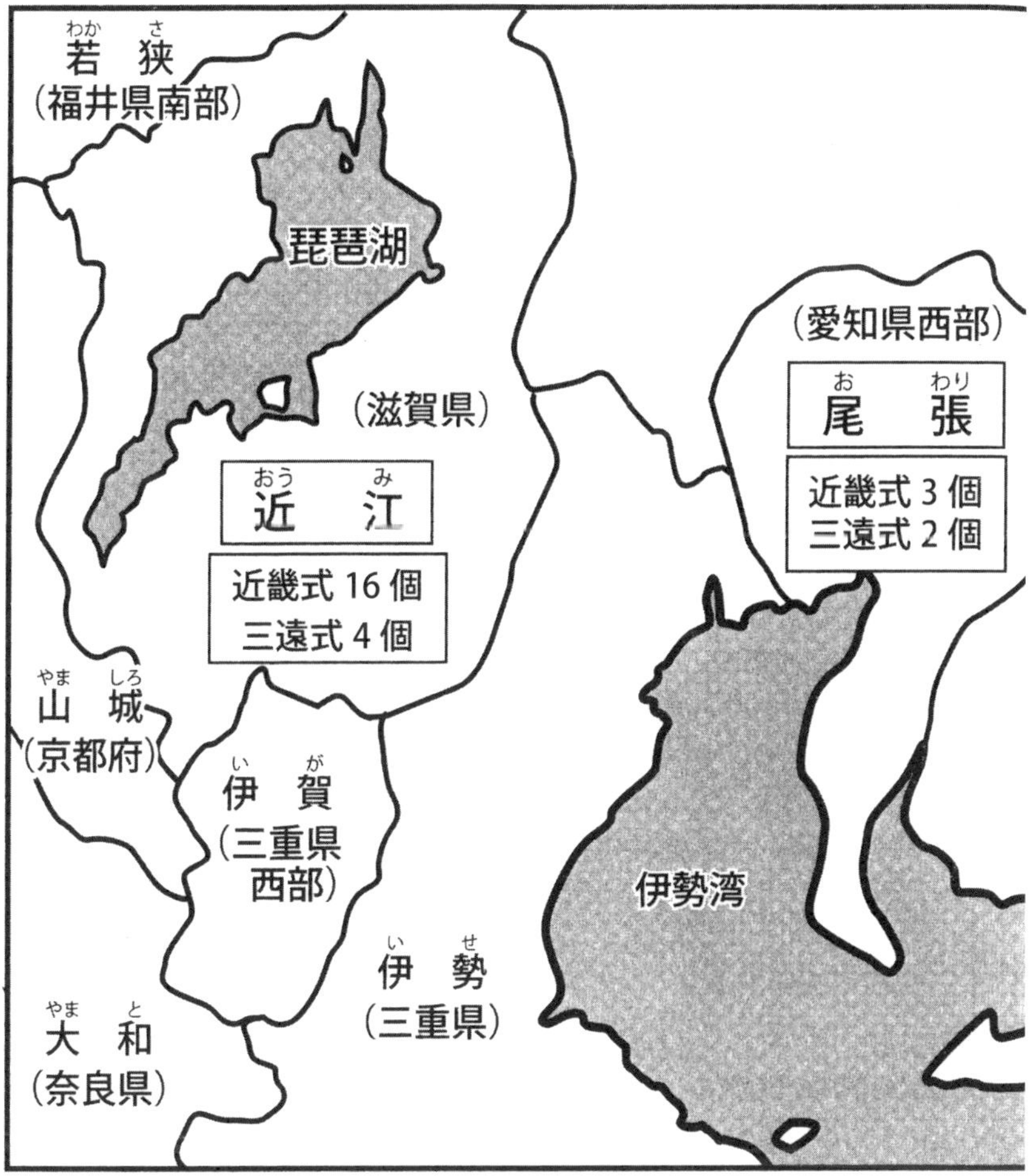

地図 2　旧国・尾張、三河、遠江の

表12　三遠式銅鐸の出土地名表

番号	出土県名	旧国名	出土地名	型式	文様	高さ（cm）	重さ（kg）	備考	原報告書のページ数
1	長野	信濃	塩尻市柴宮	突線鈕3式	三遠式	64・2		埋納坑	①P101 ②P47
2	静岡	遠江	掛川市長谷・小出ヶ谷	突線鈕2式か3式	三遠式	60（2尺余）	10斤10両		①P101 ②P41
3	静岡	遠江	浜松市三方原	突線鈕3式	三遠式	58・8			①P101 ②P41
4	静岡	遠江	浜松市三ヶ日町釣・荒神山	突線鈕3式	三遠式	74・2	10・570		①P101 ②P41
5	静岡	遠江	浜松市三ヶ日町釣・荒神山	突線鈕3式	三遠式	57・6			①P101 ②P41
6	静岡	遠江	浜松市芳川町ツツミドオリ	突線鈕3式	三遠式	64・6	8・325	入れ子埋納	①P102 ②P41
7	静岡	遠江	浜松市細江町中川・岡地・船渡	突線鈕3式	三遠式	56・1			①P102 ②P41
8	静岡	遠江	浜松市細江町中川・岡地・船渡	突線鈕2式	三遠式	64・8			①P102 ②P41
9	静岡	遠江	浜松市細江町中川・悪ヶ谷	突線鈕3式	三遠式	62・9	7・920	鳥と鹿の絵あり	①P102 ②P41

10	静岡	遠江	浜松市細江町小野・日向郷	突線鈕3式	三遠式	現46・7（現46・6）	3・147	従来、堂道出土とするもの。鳥の絵あり	①P102 ②P41
11	静岡	遠江	浜松市和田町永田・木船	突線鈕3式	三遠式	81・2	12・532	鳥の絵あり	①P102 ②P41
12	静岡	遠江	浜松市和田町永田・木船	突線鈕3式	三遠式	70・6（現71・2）	11・293	鈕上部欠	①P102 ②P41
13	静岡	遠江	浜松市堀江町中川・滝峰・七曲り	突線鈕3式	三遠式	推65			①P102 ②P41
14	静岡	遠江	浜松市都田町前原前原Ⅷ遺跡	突線鈕2式	三遠式	68・5（67・3）		埋納坑	①P102 ②P41
15	静岡	遠江	磐田市敷地西の谷	突線鈕3式	三遠式	68・5	9・310	鳥の絵あり	①P102 ②P41
16	静岡	遠江	磐田市敷地西の谷	突線鈕3式	三遠式	62・7			①P102 ②P41
17	静岡	遠江	磐田市敷地西の谷	突線鈕3式	三遠式	77・1		埋納坑	①P102 ②P41
18	愛知	尾張	春日井市神領町屋敷田	突線鈕3式	三遠式	推定90以上			①P103 ②P38
19	愛知	尾張	名古屋市瑞穂区軍水町中根	突線鈕3式	三遠式	83・2（81・4）	約17	重文	①P103 ②P38
20	愛知	三河	岡崎市洞町		三遠式				①P103 ②P39

21	愛知	三河	豊川市平尾町源祖	突線鈕3式	三遠式	72・7（73・2）	10・490		①P104 ②P39
22	愛知	三河	豊川市小坂井町《こざかいちょう》伊奈松間	突線鈕3式	三遠式	74・3	12・160		①P104 ②P39
23	愛知	三河	豊川市小坂井町《こざかいちょう》伊奈松間	突線鈕3式	三遠式	81・0	21・700		①P104 ②P39
24	愛知	三河	豊川市小坂井町《こざかいちょう》伊奈松間	突線鈕3式	三遠式	81・5	25・810		①P104 ②P39
25	愛知	三河	豊田市手呂町	突線鈕3式	三遠式	98（97・7）			①P104 ②P39
26	三重	伊勢	津市野田	突線鈕4式（突線鈕3式）	横帯文・三遠式	64・5	2貫630匁	『和訓栞』『銅鐸考』	①P105 ②P37
27	滋賀	近江	野洲市小篠原大岩山（第Ⅰ地点）	突線鈕3式（突線鈕2式）	三遠式	50・8	7・476	重文	①P106 ②P31
28	滋賀	近江	野洲市小篠原大岩山（第Ⅱ地点）	突線鈕2式	三遠式	47・5	4・82	重文	①P106 ②P31
29	滋賀	近江	野洲市小篠原大岩山（第Ⅱ地点）	突線鈕3式	三遠式	78・7	約17・00	重文	①P106 ②P31
30	滋賀	近江	野洲市小篠原大岩山（第Ⅱ地点）	突線鈕3式	三遠式	80・6	13・80	重文	①P106 ②P32
31	京都	丹後	舞鶴市下安久匂ヶ崎	突線鈕3式	三遠式	現30		残欠	①P107 ②P30

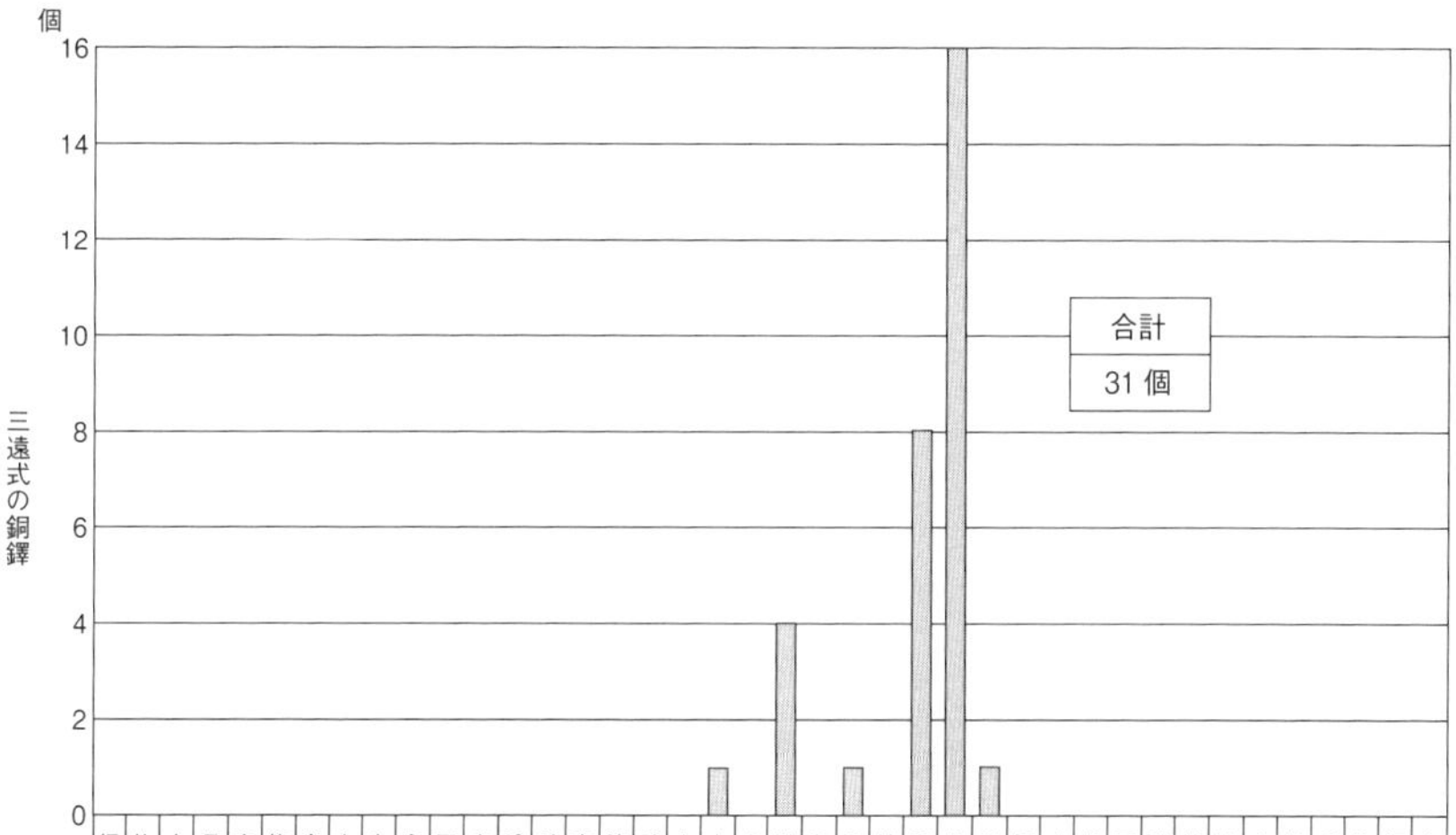

福岡県	佐賀県	大分県	長崎県	宮崎県	熊本県	鹿児島県	山口県	島根県	鳥取県	岡山県	広島県	愛媛県	香川県	高知県	徳島県	兵庫県	大阪府	京都府	奈良県
0	0	0	0	0	0	0	0	0	0	0	0	0	0	0	0	0	0	1	0

滋賀県	和歌山県	三重県	岐阜県	愛知県	静岡県	長野県	福井県	山梨県	新潟県	石川県	群馬県	栃木県	埼玉県	東京都	神奈川県	千葉県	茨城県	福島県	宮城県
4	0	1	0	8	16	1	0	0	0	0	0	0	0	0	0	0	0	0	0

図12　県別　三遠式銅鐸の出土数

島根県と静岡県との対比

銅鐸の分布する地域のうちの、西のはての島根県と、東のはての静岡県とを対比させてみよう。

図14をご覧いただきたい。

図14の左は、銅鐸を形式別にみたばあい、全国の出土数のなかで、島根県がどれだけの割合（パーセント%）をしめるかを示したものである。

たとえば、「外縁付鈕1式」の銅鐸は、全国で五十二個出土している。そのうちの二十二個は、島根県から出土している。すなわち、島根県からの出土率（%）は、四十二・三%である。

「外縁付鈕2式」は、全国で四十一個出土している。そのうちの十個は、島根県から出土している。島根県からの出土数は、二十四・四パーセントである。

図14をみると、つぎのようなことがわかる。

(1)　出土率（%）が、右にいくほど、島根県のばあいは減少し（順に大略半減していき）、静岡県のばあいは増大する（大略四倍増する。）

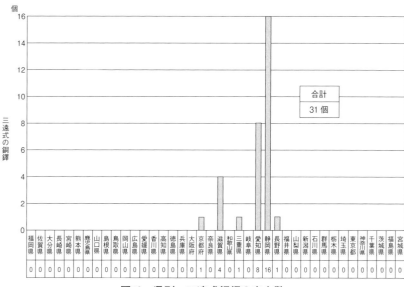

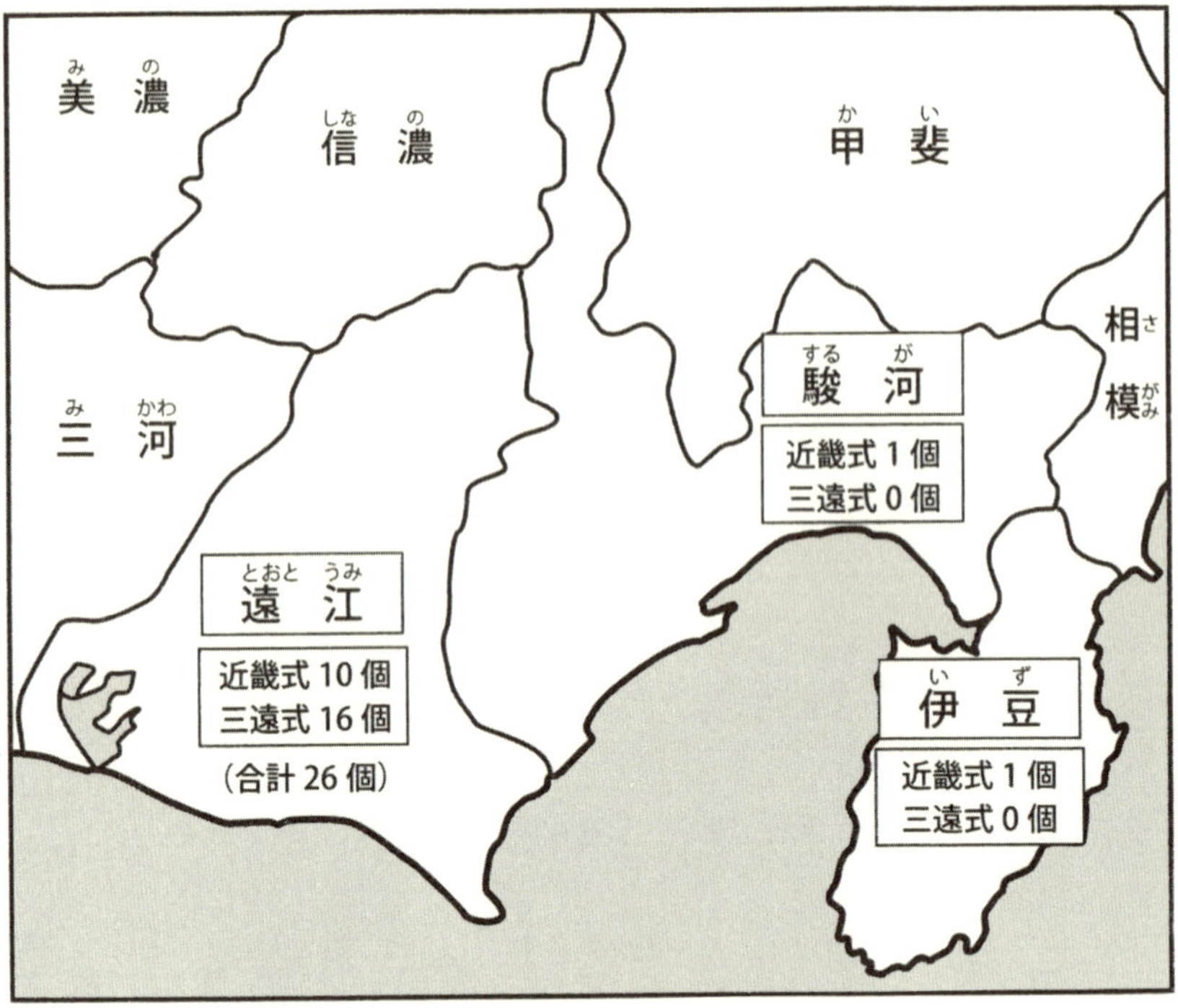

地図 3　静岡県の旧国と終末期銅鐸の出土数

(2)　島根県からの出土数、あるいは出土率（%）がほぼ0《ゼロ》になる時期（扁平鈕式から近畿式への移行期）と、静岡県からの出土率（%）が上むきになる時期とが一致している。

(3)　「最盛期銅鐸」と「終末期銅鐸」とは、銅原料が異なっていることが、銅に含まれる鉛の同位体比の分析からわかっている（これについては、「第Ⅱ部」で、ややくわしく説明する）。「終末期銅鐸」の銅原料は、広形銅矛、広形銅戈、小形仿製鏡第Ⅱ型など、北九州出土の青銅器の銅原料と同種のものである。そこで、この銅原料を、「北九州系銅原料」と名づけよう。

「最盛期銅鐸」の銅原料は、荒神谷《こうじんだに》遺跡出土の三五八本の銅剣などの銅原料に近い。そこで、いまこの銅原

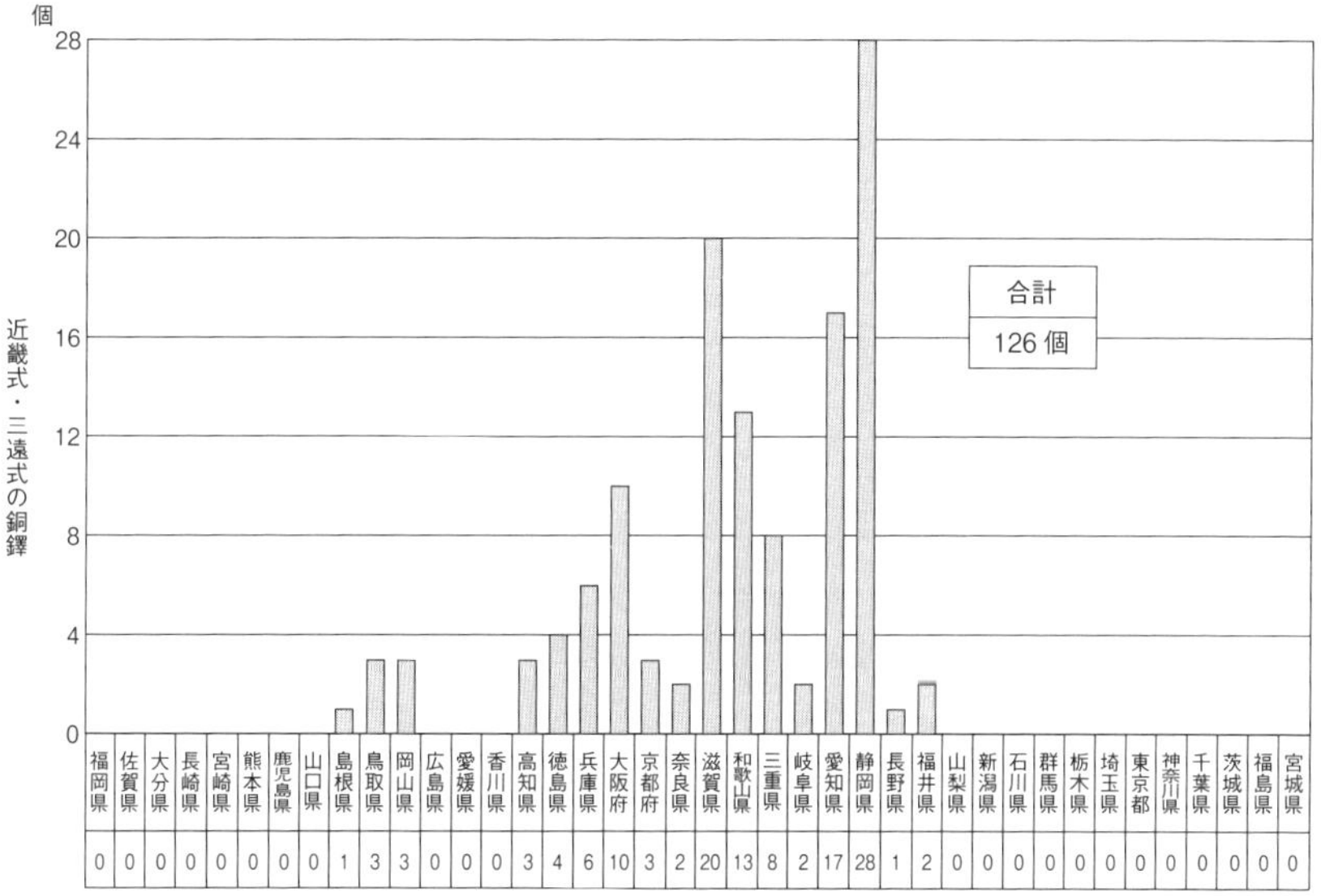

図13　県別　近畿式・三遠式銅鐸の出土数

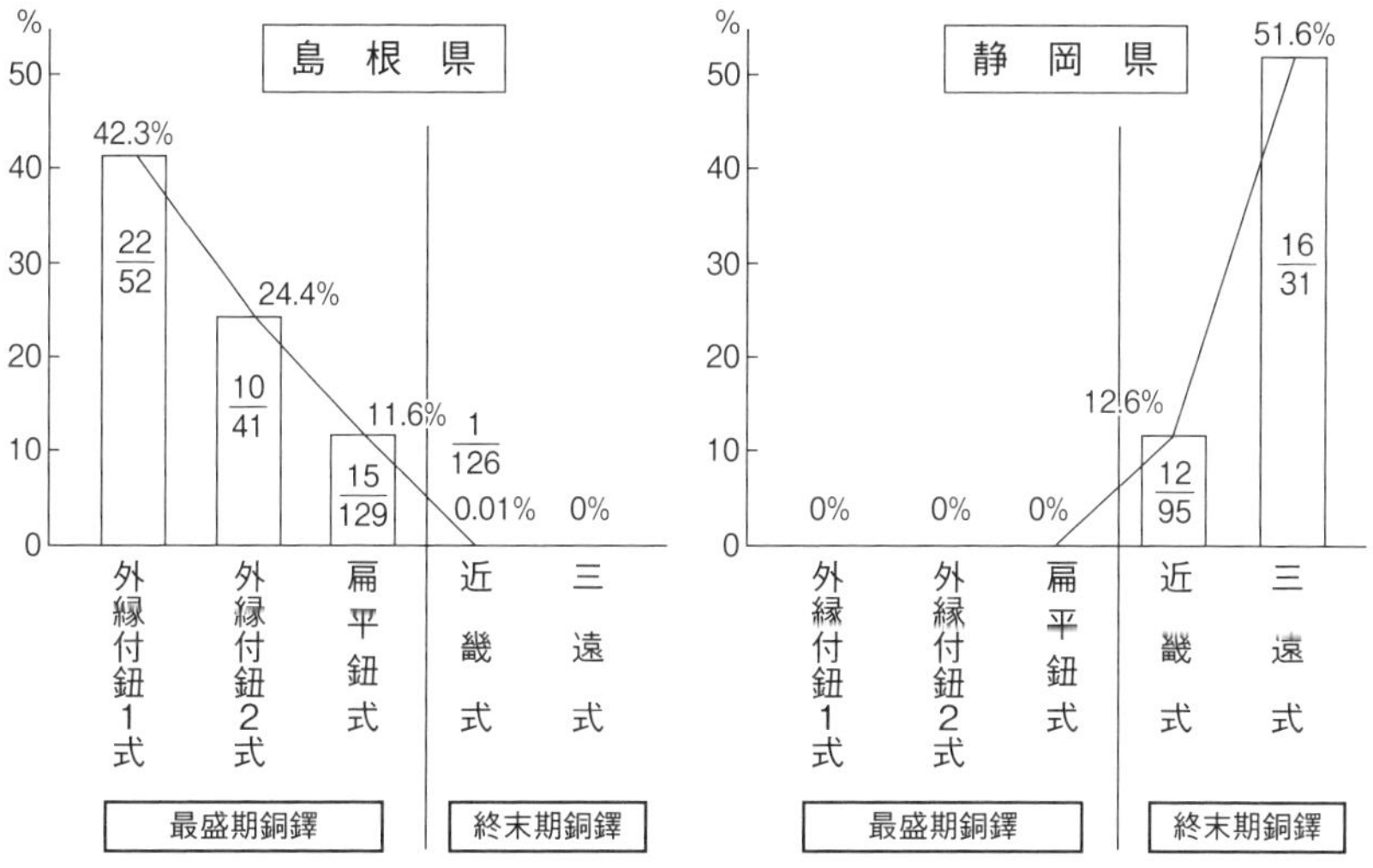

図14　島根県と静岡県との対比

表13　遺跡別（島根県・兵庫県のばあい）、旧国別（静岡県のばあい）の銅鐸出土状況

県名（国名）	遺跡名	外縁付鈕1式	外縁付鈕2式	扁平鈕式	近畿式	三遠式	註
島根（出雲）	神庭荒神谷遺跡	4例	0例	0例	0例	0例	他に、菱環付鈕式1例
兵庫（淡路）	南あわじ市出土	6	0	0	0	0	他に、菱環付鈕式1例
島根（出雲）	加茂岩倉遺跡	19	9	11	0	0	扁平鈕1式2例 扁平鈕2式9例
兵庫（摂津）	桜ヶ丘（神岡）遺跡	2	2	10	0	0	
滋賀（近江）	大岩山銅鐸出土地	0	0	0	14	4	他に、突線鈕1式4例
静岡（駿河：静岡県中央部）		0	0	0	1	0	
静岡（伊豆：静岡県東部）		0	0	0	1	0	
静岡（遠江：静岡県西部）		1	0	0	10	16	
静岡県全体		1	0	0	12	16	

料を、かりに「出雲系銅原料」とよぶことにしよう。すると、「扁平鈕式銅鐸」から「近畿式銅鐸」への移行期は、出土率の変化からみての移行期であるとともに、「出雲系銅原料」から、「北九州系銅原料」へという銅原料の移行期でもあることになる。

なお、「北九州系銅原料」「出雲系銅原料」は、ともに、もともとは中国産の銅原料を輸入して用いたもので、中国での産地の違う銅原料を、わが国においてブレンドしたため、違いが生じたものとみられる。ここでとりあつかっている銅鐸は、すべて国産品であって、輸入品ではない。中国から輸入された銅原

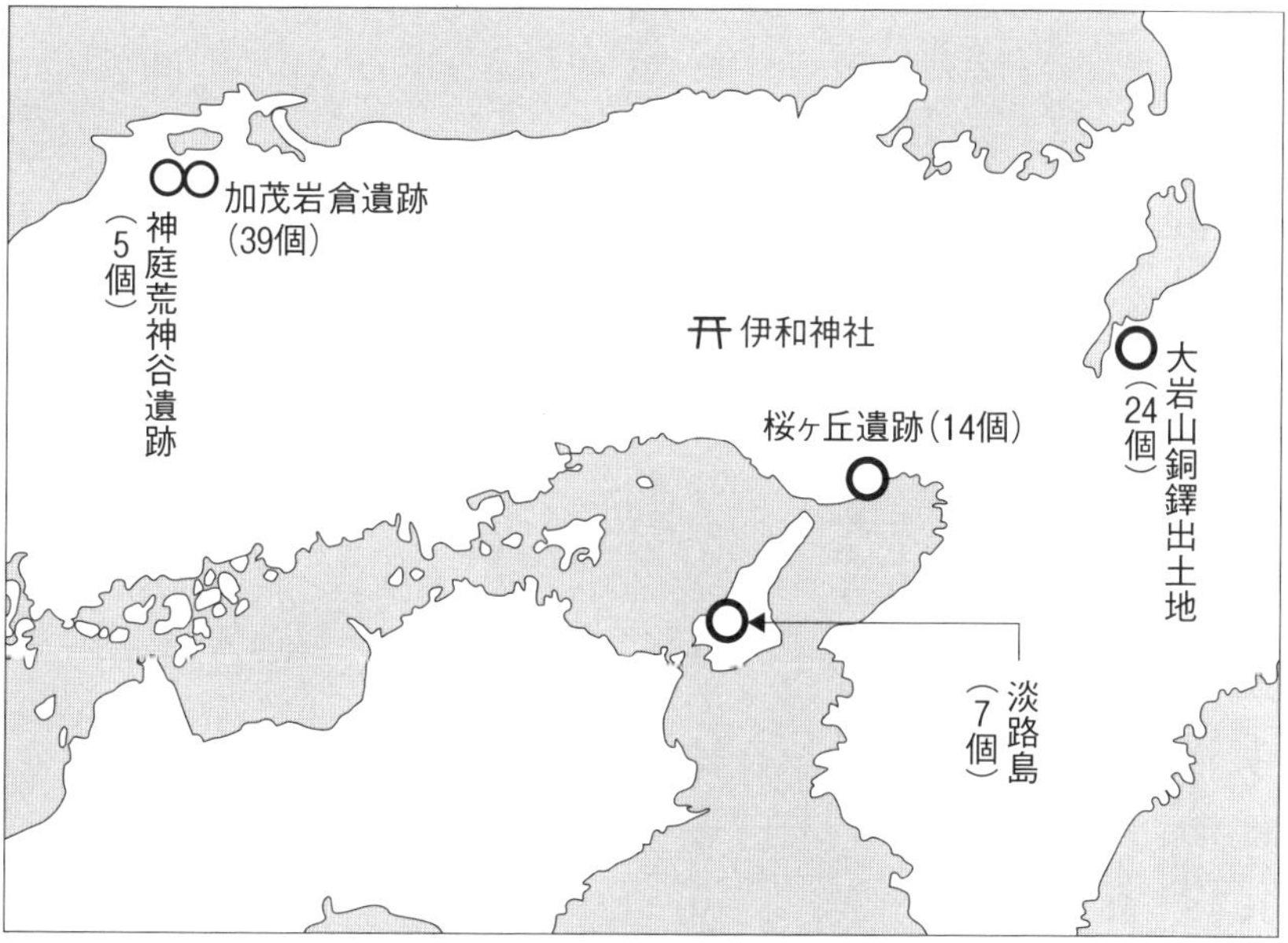

地図4　銅鐸大量出土地と伊和神社

料をもとに、わが国でつくられたものとみられる。

表13をご覧いただきたい。

表13は、島根県、兵庫県のばあいは、加茂岩倉遺跡など、銅鐸を大量に出土した遺跡（**地図4**参照）の銅鐸の出土状況をみたもの、静岡県のばあいは、旧国別に、銅鐸の出土状況をみたものである。

この**表13**をみても、島根県と静岡県との出土状況の違いがわかる。

いま、『先代旧事本紀』によって、国造の系譜をみると、出雲の国、伯耆《ほうき》の国（鳥取県西部）は、「天《あま》の穂日《ほひ》の命《みこと》系」、静岡県のばあいは「饒《にぎ》速日《はやひ》の命《みこと》系」であることがわかる。

すなわち、つぎのとおりである。

(1)　**［出雲《いづも》の国造《くにのみやつこ》］**「瑞籬《みづがき》の朝《みかど》（第十代崇神天皇）の御世に、天《あま》の穂日《ほひ》の命《みこと》の十一世の孫・久怒《くぬ》の命《みこと》を、国造《くにのみやつこ》に定め賜《たま》ふ。」

(2)　**［波伯《ははき》の国（伯耆《ほうき》の国、鳥取県西部）の国《くにの》**

造《みやつこ》】「志賀《しが》の高穴穂《たかあなほ》の朝《みかど》（第十三代成務天皇）の御世《みよ》に、（出雲《いづも》の臣《おみ》［天《あま》の穂日《ほひ》の命《みこと》を祖とする氏族］の祖《みおや》、名《みな》は二井《ふたい》の宇迦諸忍《うかもろおし》の神狭《かむさ》の命《みこと》の十世《とつぎ》の孫《みまご》の）兄多毛比《えたもひ》の命《みこと》の児《みこ》・大八木《おほやき》の足尼《すくね》を国造《くにのみやつこ》に定め賜《たま》ふ。」

(3) **【静岡県の珠流河《するが》（駿河）の国造《くにのみやつこ》】**「志賀《しが》の高穴穂《たかあなほ》の朝《みかど》（第十三代成務天皇）の御代《みよ》に、物部《もののべ》の連《むらじ》の祖《みおや》、大新川《おほにひかは》の命《みこと》の児《みこ》、片堅石《かたかたし》の命《みこと》を以《も》て、国造《くにのみやつこ》に定め賜《たま》ふ」

(4) **【静岡県の伊豆《いず》の国造《くにのみやつこ》】**「神功皇后《じんぐうこうごう》の御代《みよ》に、物部《もののべ》の連《むらじ》の祖《みおや》・天《あま》の蓺桙《ぬぼこ》の命《みこと》の八世《やつぎ》の孫《みまご》・若建《わかたけ》の命《みこと》を以《も》て、国造《くにのみやつこ》に定め賜《たま》ふ。」

(5) **【静岡県の遠淡海《とほつあふみ》（遠江《とおとうみ》）の国造《くにのみやつこ》】**「志賀《しが》の高穴穂《たかあなほ》の朝《みかど》（第十三代成務天皇）の御代《みよ》に、物部《もののべ》の連《むらじ》の祖《みおや》、伊香色雄《いかがしこを》の命《みこと》の児《みこ》・印岐美《いにきみ》の命《みこと》を以《も》て、国造《くにのみやつこ》に定め賜《たま》ふ。」

最盛期銅鐸の県別出土地図

最盛期銅鐸（外縁付鈕1式・2式、扁平鈕式銅鐸）の県ごとの出土数を、地図上に示せば、**地図5**のようになる。

仮説にもとづき、この**地図5**を、出雲勢力（大国主の命勢力）の影響圏地図と名づける。

この**地図5**において、つぎのことを記しておく。

(1) 地図の上で、縦線のはいっている島根・兵庫・徳島は、最盛期銅鐸の、もっとも出土数の多い上位三県である。

(2) ○《マル》のなかに記されている数字は、最盛期銅鐸の出土数である。

(3) この**地図5**に示したもの以外に、初期銅鐸の菱環鈕式銅鐸があるが、それを加えても、全体的傾向はさして変わらない。

(4)「最盛期銅鐸」の出土数の多い上位三県、島根・兵庫・徳島は、全体のなかで地理的に、西に片よっている。

地図5が、大国主の神の名で伝えられる出雲勢力の主権者の、最大影響範囲であるとすれば、じつに広い範囲にわたっていることになる。

文字どおり、「大きな国の主」にふさわしい存在であることになる。

終末期銅鐸の県別出土地図

「終末期銅鐸」(近畿式銅鐸・三遠式銅鐸)の県ごとの出土数を、地図上に示せば、**地図6**のようになる。

仮説にもとづき、この**地図6**を、饒速日の命勢力の影響圏地図と名づける。

縦線のはいっている滋賀・愛知・静岡の三県は、「終末期銅鐸」の出土数の、もっとも多い三県である。

○《マル》のなかの数字は、「終末期銅鐸」の出土数である。

この**地図6**をみれば、つぎのようなことがわかる。

(1)全体的にみると、**地図5**と、**地図6**とは、大略重なっている。重ならないのは、西の広島・香川と、東の静岡の、合計三県である。

(2)「終末期銅鐸」の出土数の多い上位三県、静岡・愛知・滋賀は、全体のなかで、東に片よっている。「最盛期銅鐸」の出土数の多い上位三県と、「終末期銅鐸」の出土数の多い上位三県とは、地理的に重ならない。

(3)「終末期銅鐸」がもっとも多く出土している静岡県からは、「最盛期銅鐸」は、まったく出土していない。静岡県は、饒速日の命勢力のあらたな進出地といえそうである。

土数（タテ線の県は、出土数の大きい３県）

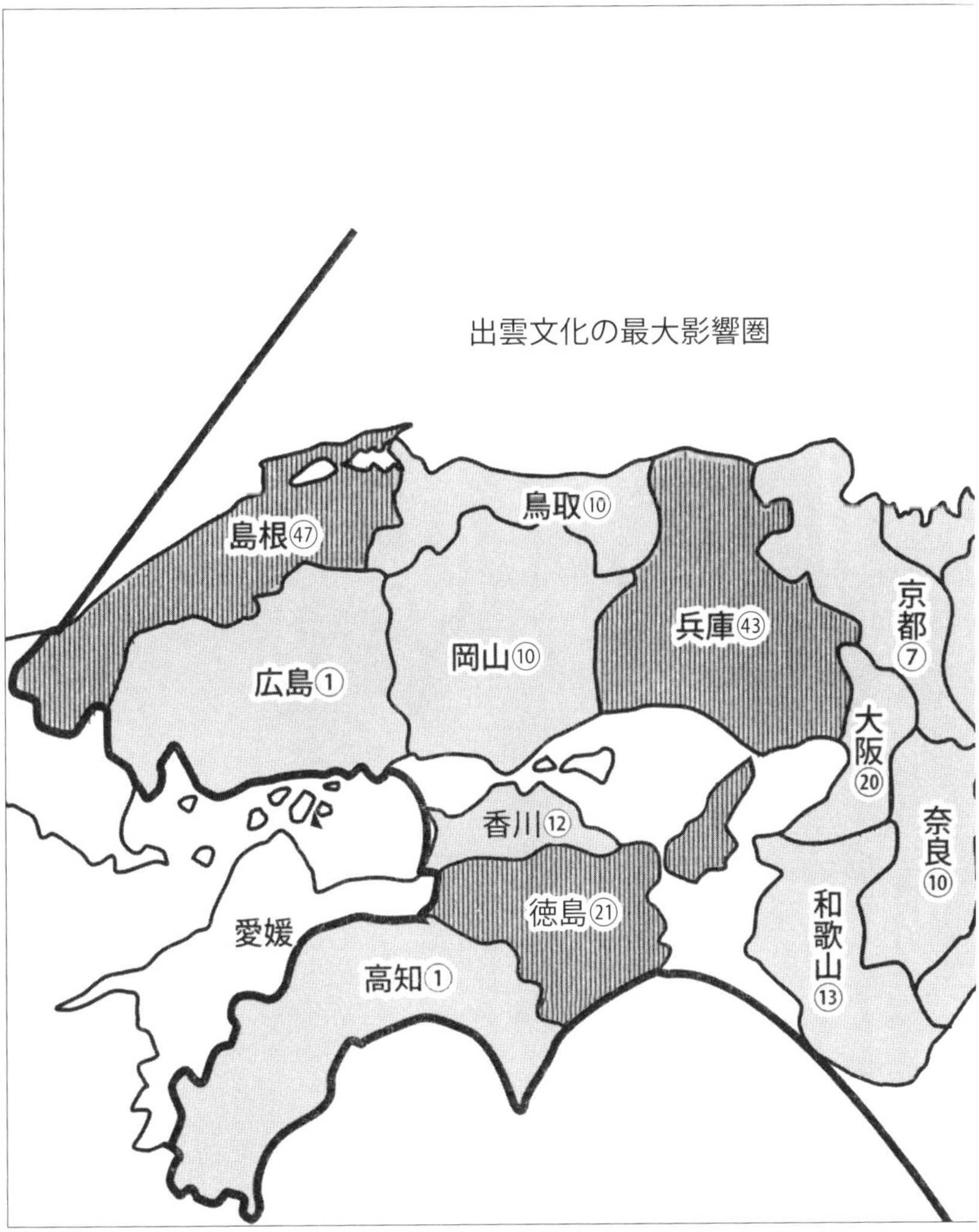

地図5　最盛期（外縁付鈕1式・2式、扁平鈕式）銅鐸の県別出

テ線の県は、出土数の大きい３県）

地図6　終末期（近畿式・三遠式）銅鐸の県別出土数（タ

(4) 逆に、「最盛期銅鐸」がもっとも多く四十七個も出土している島根県からは、「終末期銅鐸」は、わずか一個しか出土していない。静岡県と島根県とは、かなり極端な両極をなしている。

(5) 島根県からは、「最盛期銅鐸」が、全国トップの四十七個も出土しているにもかかわらず、「終末期銅鐸」の出土は貧困である。「終末期銅鐸」はわずか一個出土しているにすぎない。

これは、饒速日の命勢力が、出雲（島根県）、鳥取県方面へ天下った天《あめ》の穂《ほ》日《ひ》の命《みこと》勢力の主権をおかさないようにしたため、とみることができよう。

饒速日の命系勢力は、かつての大国主の命の勢力圏、影響圏をかなりゆずってもらっている。あらたに、強く進出しているのは、静岡、愛知、滋賀など、東の方面である。

「終末期銅鐸」は、近畿方面へ天下った饒速日《にぎはやひ》の命《みこと》系の人々が、北九州からもちこんだ銅原料（広形銅矛など同類の原料）をもちい、土地の伝統をうけつぎ、あらたに製作した銅鐸である、と考えられる。

そしてのちの、第二次の邪馬台国勢力の東遷である神武天皇の東遷によって、銅鐸文化は、破棄されたのであろう。

全体を地図上でまとめれば……

以上の**地図5**と**地図6**とを、一つの地図にまとめれば、**地図7**のようになる。

ただし、この**地図7**では、初期銅鐸の「菱環鈕式銅鐸」も加えた。

縦線は、「初期・最盛期銅鐸」が四個以上出土する地域。

横線は、「終末期銅鐸」が四個以上出土する地域。
格子線は、「初期・最盛期銅鐸」と「終末期銅鐸」とが、ともに四個以上出土する地域である。
傾向として、左（西）にいくほど、「初期・最盛期銅鐸」の率が大きくなる。右（東）にいくほど、「終末期銅鐸」の率が大きくなる。

そして、上（北）にいくほど、「初期・最盛期銅鐸」の率が大きくなる。下（南）にいくほど、「終末期銅鐸」の率が大きくなる。縦線の県は、格子線の県をふくめ、隣りあわせで、地域的に連続的である。横線の県は、格子線の県をふくめ、隣あわせで連続的である。

全体的にみて、縦線・横線の重なりあう格子線の県の面積が、かなり大きい。

また、**地図7**をみれば、奈良県が、比較的「終末期銅鐸」、すなわち、饒速日の命系勢力におかされていない地域であることも注目される。奈良県は、「初期・最盛銅鐸」、すなわち、大国主の命系勢力が強かった地域である。のちに、奈良県にはいった神武天皇は、この地の大国主の命系の女性と結婚し、第二代の綏靖天皇を生んだことを、『古事記』『日本書紀』は、伝えている。

「式内社」の分布

『季刊邪馬台国』122号所載の論文に、伊藤友一氏の「式内社《しきないしゃ》から見る大国主《おおくにぬし》と天火明《あまのほあかり》・饒速日《にぎはやひ》の勢力範囲」がある。「式内社」は、九二七年成立の『延喜式《えんぎしき》』の「神名帳《じんみょうちょう》」に記載されている神社である。神社としての格式が高い。

この論文において、伊藤友一氏は、佐伯有義校訂編集の神紙全書第一輯（思文閣刊）所載の『神名帳考証《じんみょうちょうこうしょう》』により、**地図8**のような地図と、**表14**とを示しておられる。式内社の分布である。

★西の島根県と東の静岡県を、両極とする形で分布する。全体的にみて、西（左）のほうに、「初期・最盛期銅鐸」の比重がかかり、東（右）のほうに、「終末期銅鐸」の比重がかかる。また、上（北）にいくほど「初期・最盛期銅鐸」の率が大きくなり、下（南）にいくほど、「終末期銅鐸」の率が大きくなる傾向がみとめられる。縦線の県は、格子線の県をふくめ隣り合わせで、地域的に連続的である。横線の県は格子線の県をふくめ隣り合わせで連続的である。

縦線・横線重なり合う格子線の県の面積が、かなり大きい。

「終末期銅鐸」との県別分布

地図 7　「初期・最盛期銅鐸」と

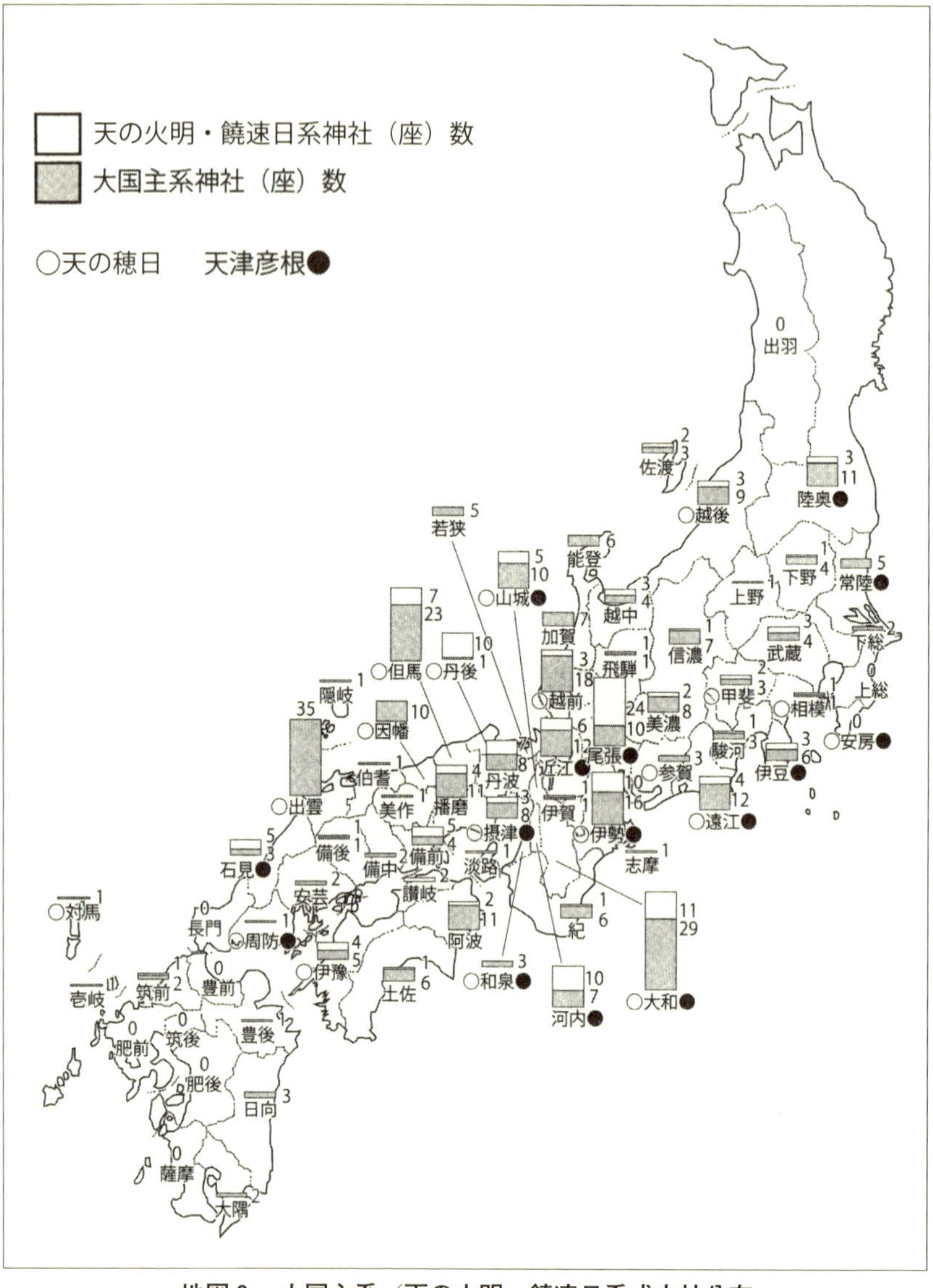

地図８　大国主系／天の火明・饒速日系式内社分布

表14　主要祭神別神社（座）数

大国主系	天火明・饒速日系	天穂日	天津彦根	神魂・高魂・天児屋	総計*
361	155	38	31	93	3065

＊宮中36座、神祇宮西院23座、御巫祭神８座を除く

この**地図8**をよく見ると、島根県（出雲の国、隠岐《おき》の国）、鳥取県（伯耆《ほうき》の国、因幡《いなば》の国）、広島県（備後《びんご》の国、安芸《あき》の国）では、大国主《おおくにぬし》の神《かみ》を祭神とする式内社のみがあって、天《あめ》の火明《ほあかり》の命《みこと》、饒速日《にぎはやひ》の命《みこと》を祭神とする式内社がないことがわかる。

これは**地図7**において、島根県、鳥取県、広島県においては、「初期・最盛期銅鐸」が、「終末期銅鐸」（近畿式銅鐸、三遠式銅鐸）よりも優勢な地域であることと傾向を同じくする。

これは、同一の、つぎの理由によるとみられる。

(1)　天の穂日の命素勢力は、島根県を中心とする地域に天下り、大国主の命の勢力をうけついだ。

(2)　饒速日《にぎはやひ》の命の勢力は、はじめ大阪を中心とする地域に天下り、東へのびたが、島根県を中心とする天の穂日の命系勢の主権をおかすことはほとんどなかった。

以上のようにみてくると、おぼろげではあるが、銅鐸の分布は、神話・伝承の伝えるところと、かなりよく一致しているといえるであろう。

そして、**地図5**、**地図7**の銅鐸出土の全範囲は、かつて存在した大国主の命王国の影響した範囲を示しているようにみえるのである。

三角縁神獣鏡は、さらに東北へ進出

ここで、参考のために、**地図7**の銅鐸の分布の北限の、さらに外の県で、のちの三角縁神獣鏡が出土している県を、斜線で示すと、**地図9**のようになる。

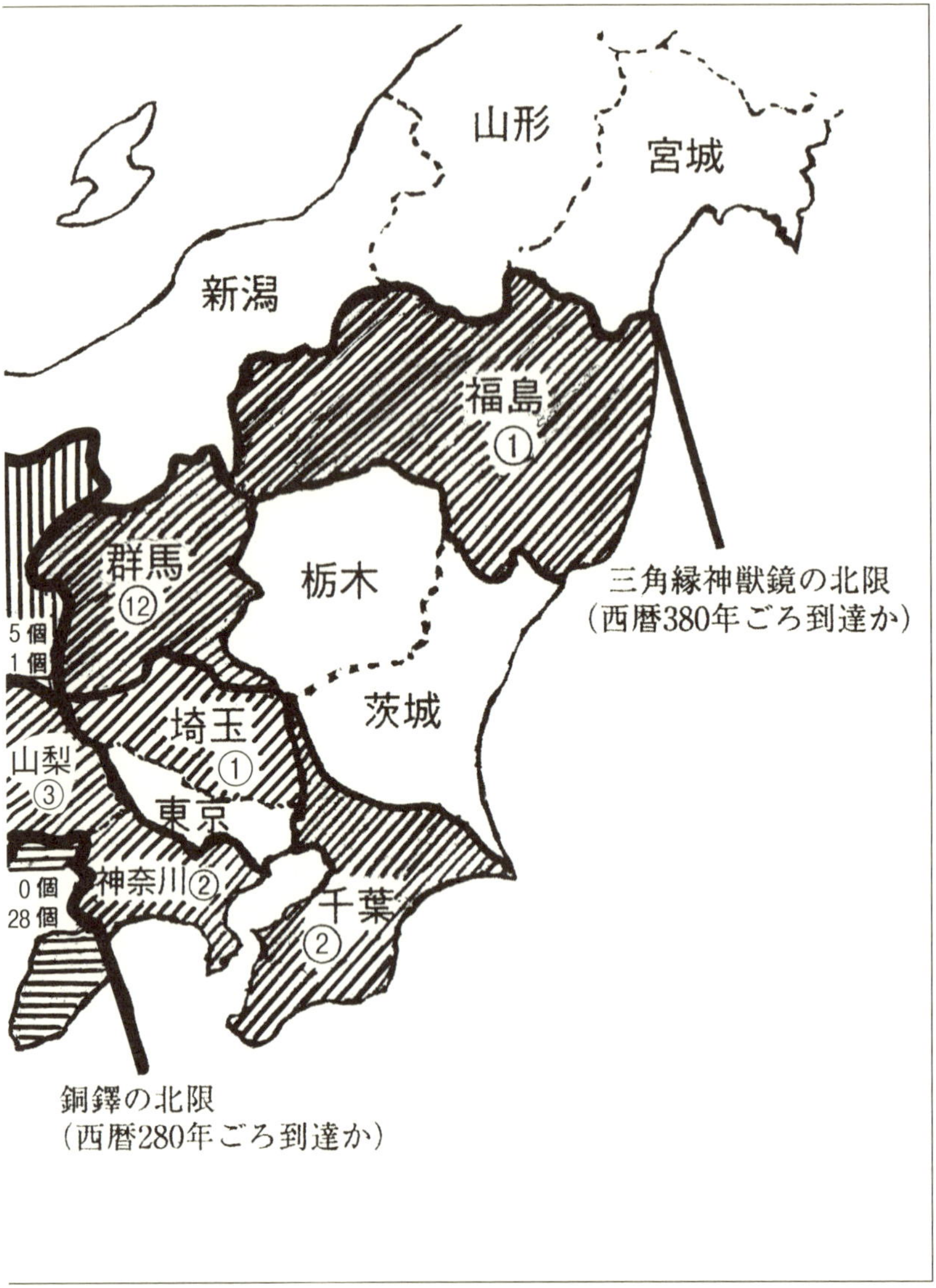

北限は、銅鐸の北限をこえる

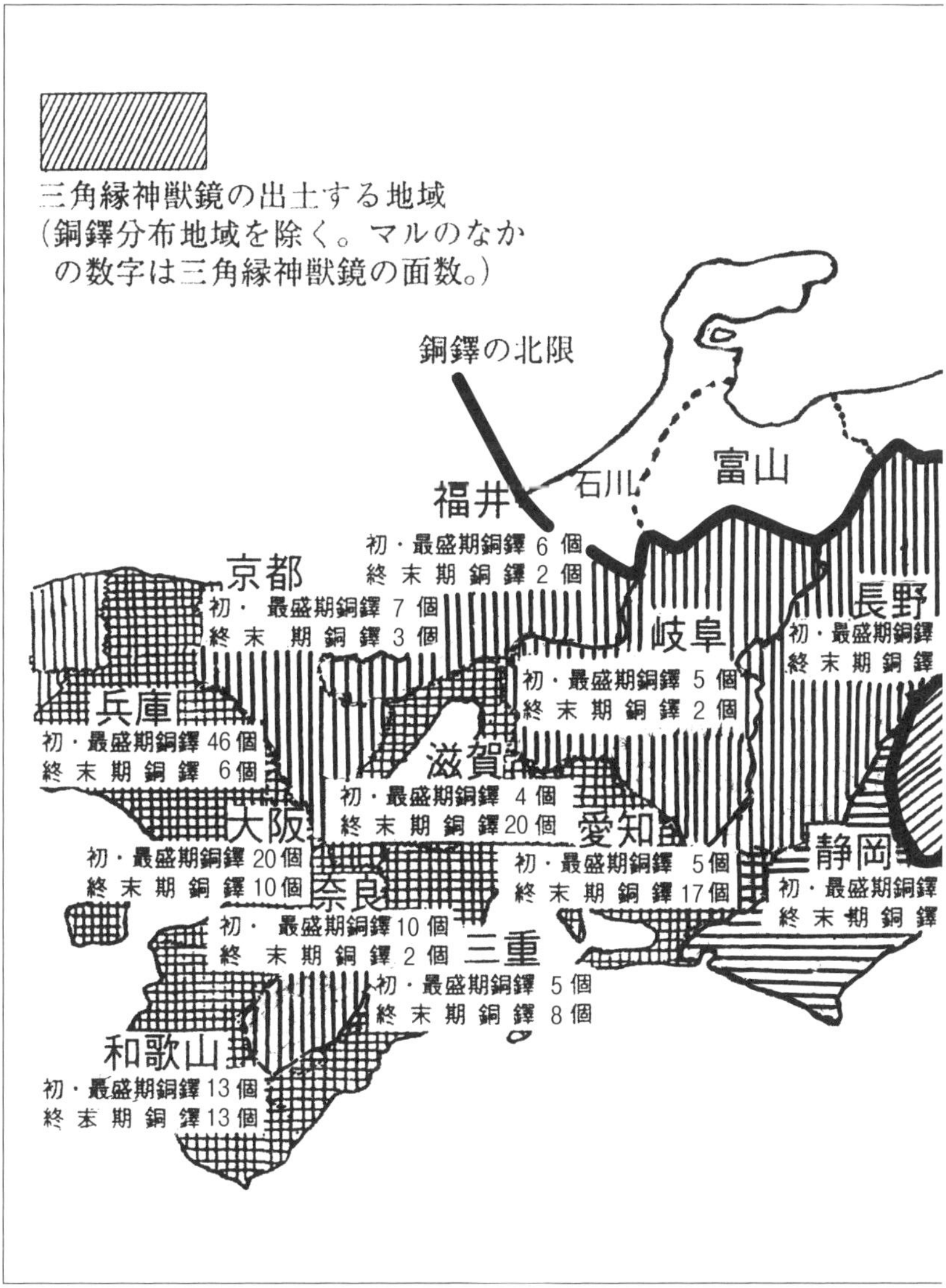
三角縁神獣鏡の出土する地域
(銅鐸分布地域を除く。マルのなか
の数字は三角縁神獣鏡の面数。)
銅鐸の北限
福井
石川
富山
初・最盛期銅鐸 6 個
終末期銅鐸 2 個
京都
初・最盛期銅鐸 7 個
終末期銅鐸 3 個
岐阜
初・最盛期銅鐸 5 個
終末期銅鐸 2 個
長野
初・最盛期銅鐸
終末期銅鐸
兵庫
初・最盛期銅鐸 46 個
終末期銅鐸 6 個
滋賀
初・最盛期銅鐸 4 個
終末期銅鐸 20 個
大阪
初・最盛期銅鐸 20 個
終末期銅鐸 10 個
愛知
初・最盛期銅鐸 5 個
終末期銅鐸 17 個
静岡
初・最盛期銅鐸
終末期銅鐸
奈良
初・最盛期銅鐸 10 個
終末期銅鐸 2 個
三重
初・最盛期銅鐸 5 個
終末期銅鐸 8 個
和歌山
初・最盛期銅鐸 13 個
終末期銅鐸 13 個

地図 9　「三角縁神獣鏡」の

銅鐸の分布地域で、しかも、三角縁神獣鏡が出土している地域は、地図9では示されていない。

地図9をみれば、三角縁神獣鏡のあらたな進出地域は、おもに関東である。

このあらたな三角縁神獣鏡の分布地域は、のちの四世紀の日本武《やまとたける》の尊《みこと》の東征地域とかなり重なりあう。

『日本書紀』によれば、景行天皇の皇子の日本武の尊が、東夷を討ちに行くときに、現在の岡山県の地の出身の吉備《きび》の武彦《たけひこ》が景行天皇によって随従を命じられた。

この吉備の武彦は、群馬県と長野県とのさかいの碓日坂《うすひざか》で、日本武の尊と分かれて越《こし》の国にまわり、美濃で合流し、伊勢から天皇のもとに、復命に帰っている。また、『日本書紀』によれば、吉備の武彦の娘の吉備の穴戸《あなと》の武媛《たけひめ》は、日本武の尊の妃にもなっている。

考古学者の小林行雄によれば、三角縁神獣鏡の同じ鋳型でつくった鏡（同型鏡）は、関東に達しているものは、また、吉備にも多いという（『古墳の話』岩波新書）。岡山市に存在する湯迫《ゆば》の備前車塚古墳から発見された十三枚の鏡の中には、三角縁神獣鏡の同型鏡が、八種九枚もあり、そのうち四面の同笵鏡は、関東地方に分散して、発見されているものである。

このようなことから、小林行雄はのべている。

「同笵（型）鏡の分配を考えるばあいに、ただ地方にあって分配をうけたもののほかに、積極的に分配に参加協力したものの存在を認める参考にはなろう。」

「こういう事実がある以上、吉備の豪族が東国の経営に参画したという伝承を持っていることも、もっとものことだと思われる。」

特定の大量銅鐸出土地をとりあげると……

ここで、特定の大量銅鐸出土地をとりあげ、大量銅鐸出土地において、各形式の銅鐸がどのような割合（%）で出土しているかを、みてみよう。

すると、**図15**～**図18**のようになる（ただし、**図18**は参考図。**図18**は、個々の特定の遺跡についてのデータではない。三河の国と遠江の国との二つの国から出土したものをまとめたデータである。**図18**をみると、この二つの国では、最盛期銅鐸は、ほとんど出土していない。）。

これらの図を見ると、大量銅鐸出土遺跡においては、西へいくほど、外縁付1式の割合が増し、東へいくほど、三遠式銅鐸の割合が大きくなる傾向がみとめられる。

そして、大量銅鐸を出土した特定個々の遺跡をみると、初期・最盛期銅鐸（菱環鈕式銅鐸・外縁付鈕式銅鐸・扁平鈕式銅鐸）と、終末期銅鐸（近畿式・三遠式銅鐸）とは、ほとんど共存することがないようにみえる。

この顕著な傾向は、88ページの**表13**でも、読みとれる。

このことは、大阪府や、和歌山県などのように、最盛期銅鐸も終末期銅鐸も、ともにかなり出土する地域においても、個々の特定の遺跡をとれば、最盛期銅鐸と終末期銅鐸とが、共伴するケースはあまりないであろうことをうかがわせる。大阪府や和歌山県では、大量銅鐸出土地が、現在のところあまりないので、そのことが現状では、目だたず検証できないが。

つまり、初期・最盛期銅鐸は時期的にやや早く、埋納されることがほとんど終わり、終末期銅鐸はその後にあらたに興り、やや新しく埋納されたもののようにみえる。

一九九九年に東京、大阪、島根で行なわれた「古代出雲展」の図録『古代出雲文化展』（島根県教育委員会・朝日新聞社編、朝日新聞社刊）に**地図10**のような地図が示されている。

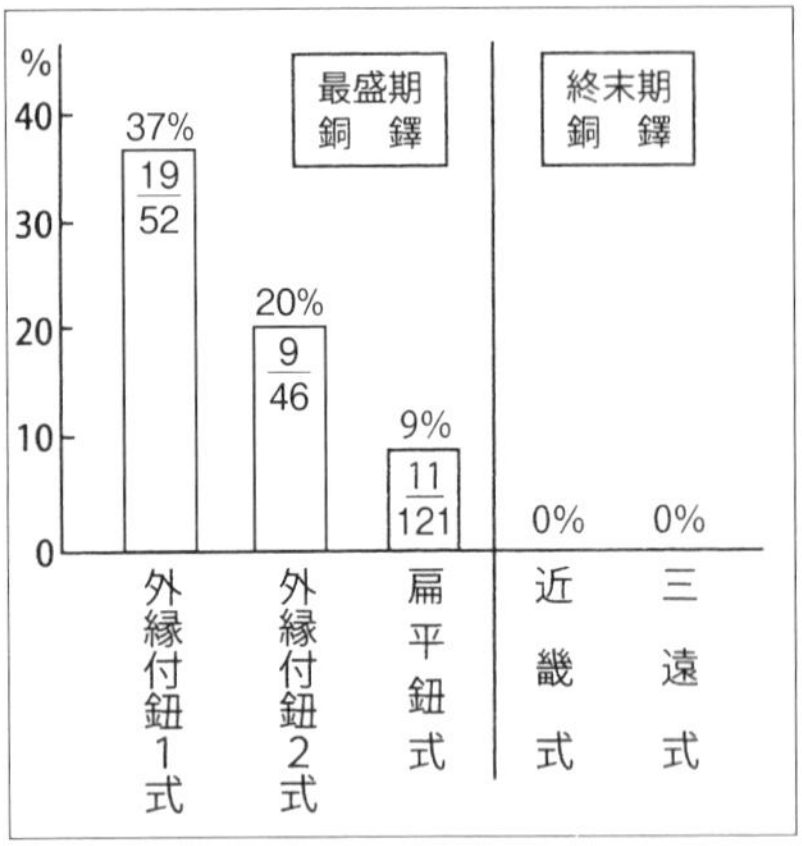

図15　島根県・加茂岩倉遺跡

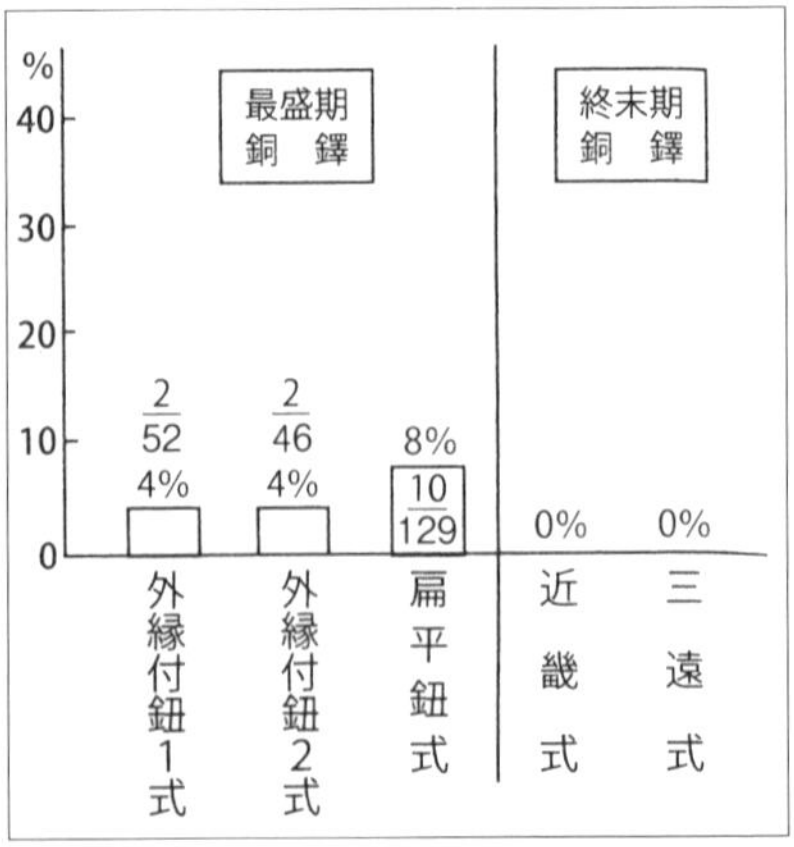

図16　兵庫県・桜ヶ丘（神岡）遺跡

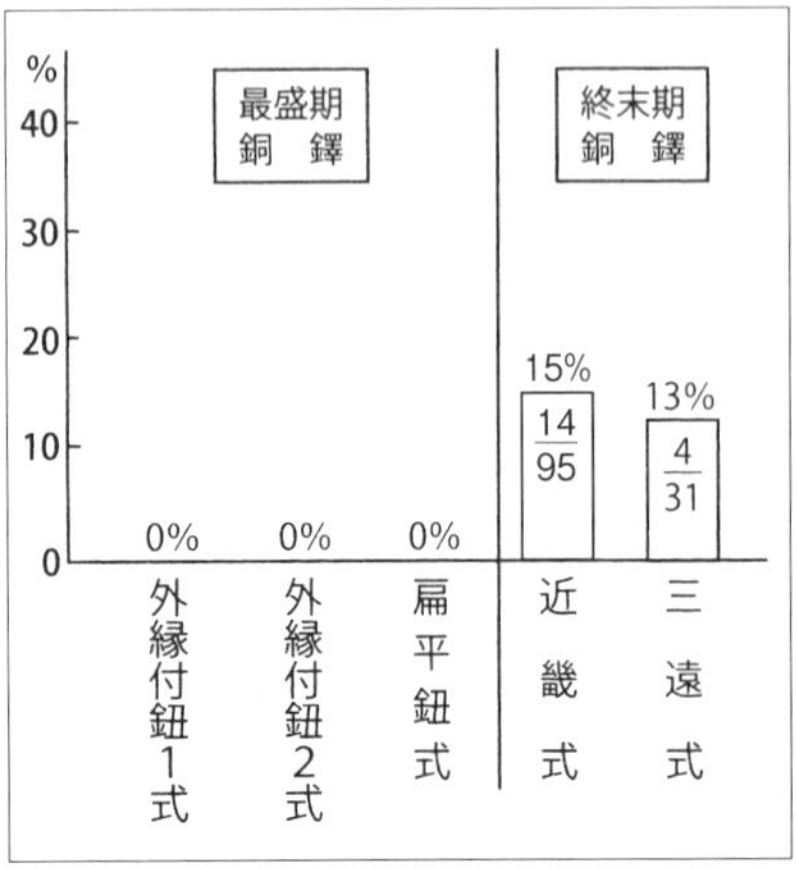

図17　滋賀県・野洲・大岩山遺跡

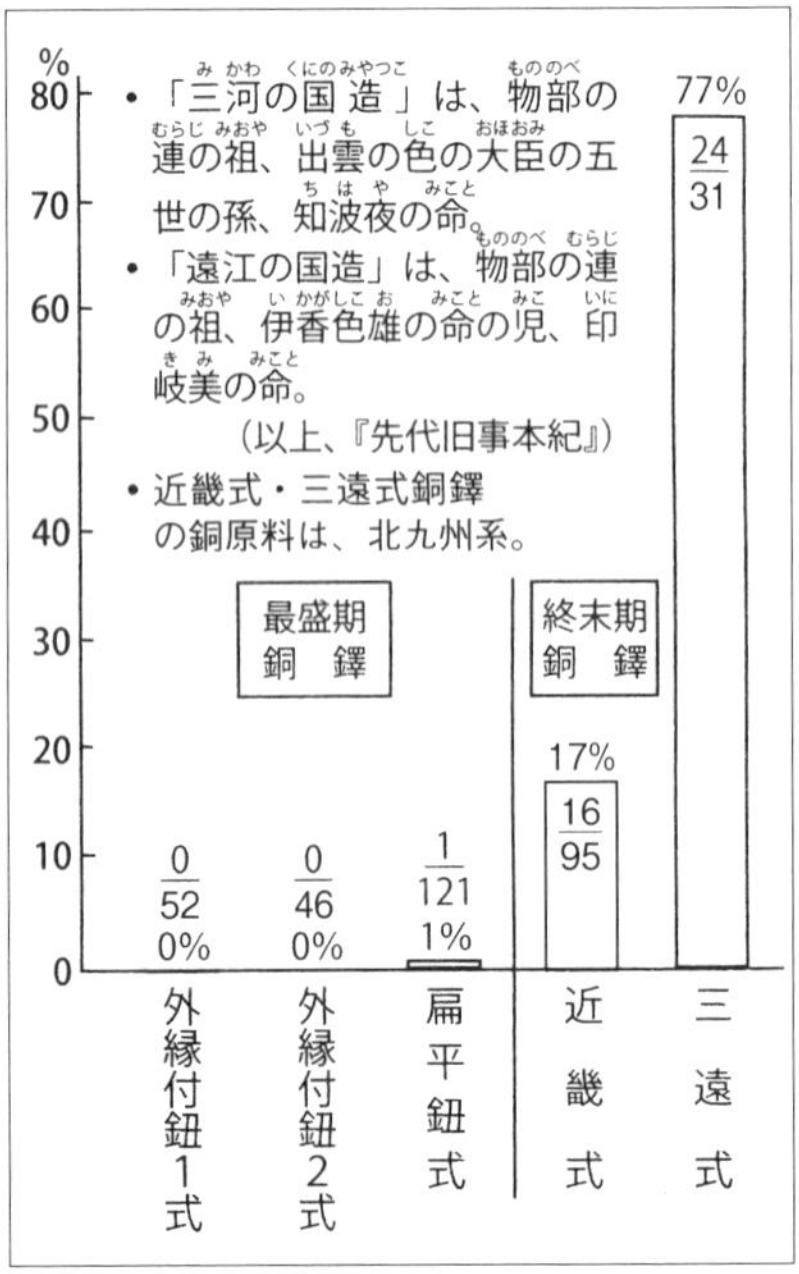

図18　三河の国と遠江の国合計

これこそが、邪馬台国時代あるいは、それ以後の西暦二五〇年～三〇〇年ごろの状況を示しているのではないか。

すなわち、

(1)　**地図10**にみえる北部九州の広形銅矛、近畿の近畿式銅鐸、東海の三遠式銅鐸は、鉛同位体比からみて、銅原料が同じである。北九州系の銅原料である。そして、その銅原科は、北九州から、近畿、東海へと流れている。

(2)　これらの銅原料は、また、北九州からきわめて数多く出土する小形仿製鏡第Ⅱ型の銅原料ともほぼ同じである。

(3)　小形仿製鏡第Ⅱ型は、甕棺から出土することは、かなりまれで、甕棺墓の時代のつぎの箱式石棺墓時代の遺跡からほとんど出土する。

小形仿製鏡によって、これらの遺物の年代をほぼ知りうる。その年代は、三世紀中ごろの邪馬台国時代から、西暦三〇〇年ごろまでである。

この鉛同位体比問題は、「第Ⅱ部」で、ややくわしく検討する。

銅鐸の形式は時代とともに変化している

前ページの**図15**の島根県加茂岩倉遺跡のばあいをみればわかるように、鋳造年代が異なるとみられる「外縁付鈕1式」「外縁付鈕2式」「扁平鈕式」の銅鐸が、同じ遺跡から出土している。

そして、それらのなかには、大きい銅鐸のなかに小さい銅鐸をいれるという「入れ子式」の形で埋納されている例が、いくつかみられる。

の各地域のシンボル
による。)

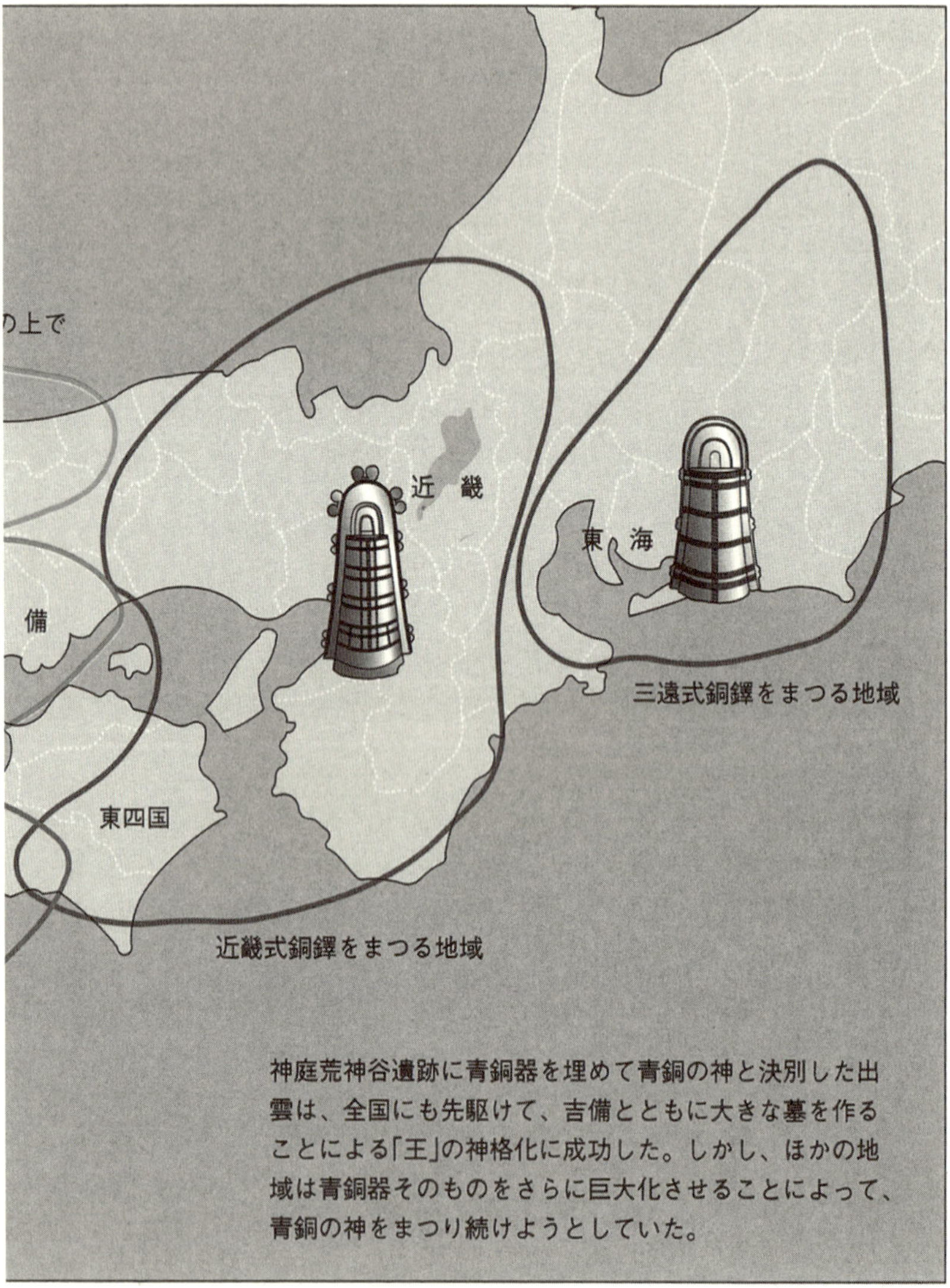

の上で
近畿
東海
備
東四国
三遠式銅鐸をまつる地域
近畿式銅鐸をまつる地域
神庭荒神谷遺跡に青銅器を埋めて青銅の神と決別した出雲は、全国にも先駆けて、吉備とともに大きな墓を作ることによる「王」の神格化に成功した。しかし、ほかの地域は青銅器そのものをさらに巨大化させることによって、青銅の神をまつり続けようとしていた。

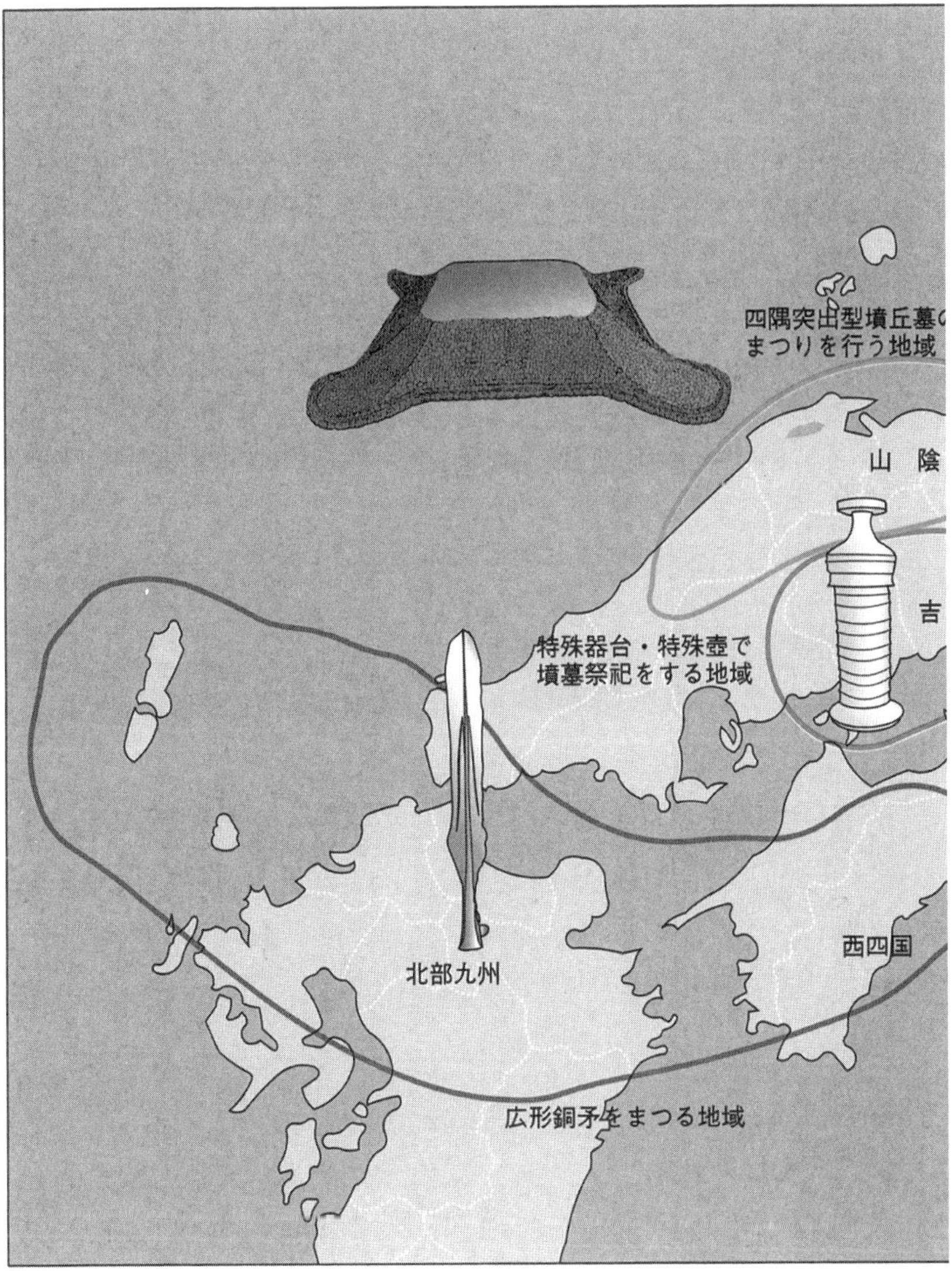

地図10　弥生時代後期
（『古代出雲文化層』［島根県教育委員会・朝日新聞社編、朝日新聞社、1997年刊］

その入れ子関係をしらべれば、**表15**のようになる。

表15をみれば、つぎのようなことがわかる。

(1) はいっている方の銅鐸は、十五例中に例外がなく、ことごとく外縁付鈕1式のものである。

(2) はいっている銅鐸は、ことごとく、高さが三〇センチ前半である(その平均値は三一・一センチ)。

(3) いれている銅鐸は、外縁付鈕2式(七例)、扁平鈕1式(二例)、扁平鈕2式(六例)である。

(4) いれている銅鐸の高さは、ことごとく、四〇センチ台である。その平均値は、つぎのとおり。

外縁付鈕2式(七例)…四四・七センチ

扁平鈕1式(二例)…四五・六センチ

扁平鈕2式(六例)…四七・一センチ

全　体(一五例)…四五・八センチ

(5) ここでも、外縁付鈕1式から、扁平鈕2式にうつるにつれ、銅鐸が、しだいに大型化していることがわかる(30ページの**写真2**、**図5**参照)。

加茂岩倉遺跡出土の銅鐸の同笵関係をふくめた入れ子関係は、**図19**のようになる。

外縁付鈕1式の銅鐸と扁平鈕式銅鐸などとは、鋳造時期は異なっていても、埋納時期は、同じであったことになる。

ここで、もう一度たずねてみよう。

古い外縁付鈕1式銅鐸は、親の世代から、子の世代へと伝世されていたのであろうか。

それともなんらかの理由により、外縁付鈕1式銅鐸も、扁平鈕式銅鐸も、ほぼ同時に鋳造され、ほぼ同時に埋納されたのであろうか。

表15　加茂岩倉遺跡出土銅鐸入れ子関係（いれている銅鐸とはいっている銅鐸）

いれている銅鐸			はいっている銅鐸			［備考］
番号	型式	高さ（cm）	番号	型式	高さ（cm）	入れ子関係が推定のもの
1号	扁平鈕　2式	47.0	4号	外縁付鈕1式	31.1	推定
2号	外縁付鈕2式	43.5	3号	外縁付鈕1式	31.1	
5号	外縁付鈕2式	45.1	6号	外縁付鈕1式	31.4	
8号	扁平鈕　2式	46.6	9号	外縁付鈕1式	31.4	
11号	外縁付鈕2式	44.0	12号	外縁付鈕1式	30.7	
13号	外縁付鈕2式	44.5	14号	外縁付鈕1式	31.1	
15号	扁平鈕　1式	46.0	16号	外縁付鈕1式	30.6	
18号	扁平鈕　2式	47.7	19号	外縁付鈕1式	31.3	
26号	扁平鈕　2式	46.9	27号	外縁付鈕1式	31.4	
28号	扁平鈕　1式	45.1	7号	外縁付鈕1式	30.6	
29号	扁平鈕　2式	46.9	30号	外縁付鈕1式	32.3	
31号	外縁付鈕2式	45.3	39号	外縁付鈕1式	31.0	
32号	外縁付鈕2式	45.3	33号	外縁付鈕1式	31.6	
35号	扁平鈕　2式	47.4	36号	外縁付鈕1式	30.3	
37号	外縁付鈕2式	45.4	38号	外縁付鈕1式	31.0	

＊入れ子関係の情報は、難波洋三氏作成「加茂岩倉遺跡・出土銅鐸一覧」（『加茂岩倉遺跡・銅鐸の謎』［島根県加茂町教育委員会編、南川三治郎撮影、河出書房新社、1997年刊］所収）による。

これは、やはり鋳造には、年代差があり、外縁付鈕銅鐸は、総じて古く鋳造され、扁平鈕銅鐸は、やや新しく鋳造されたものとみるべきであろう。

そのように考えられるのは、つぎのような理由による。

(1)　88ページの**表13**をみると、島根県の神庭《かんば》荒神谷《こうじんだに》遺跡《いせき》や兵庫県の南あわじ市からは、外縁付鈕1式銅鐸が、四個あるいは六個出土している。そして、これらの遺跡からは、外縁付2式の銅鐸も扁平鈕式銅鐸も出土していない。逆に、これらの遺跡からは、鉛同位体比も異なり、あきらかに古い時代のものである菱環付鈕1式の銅鐸が出土している。

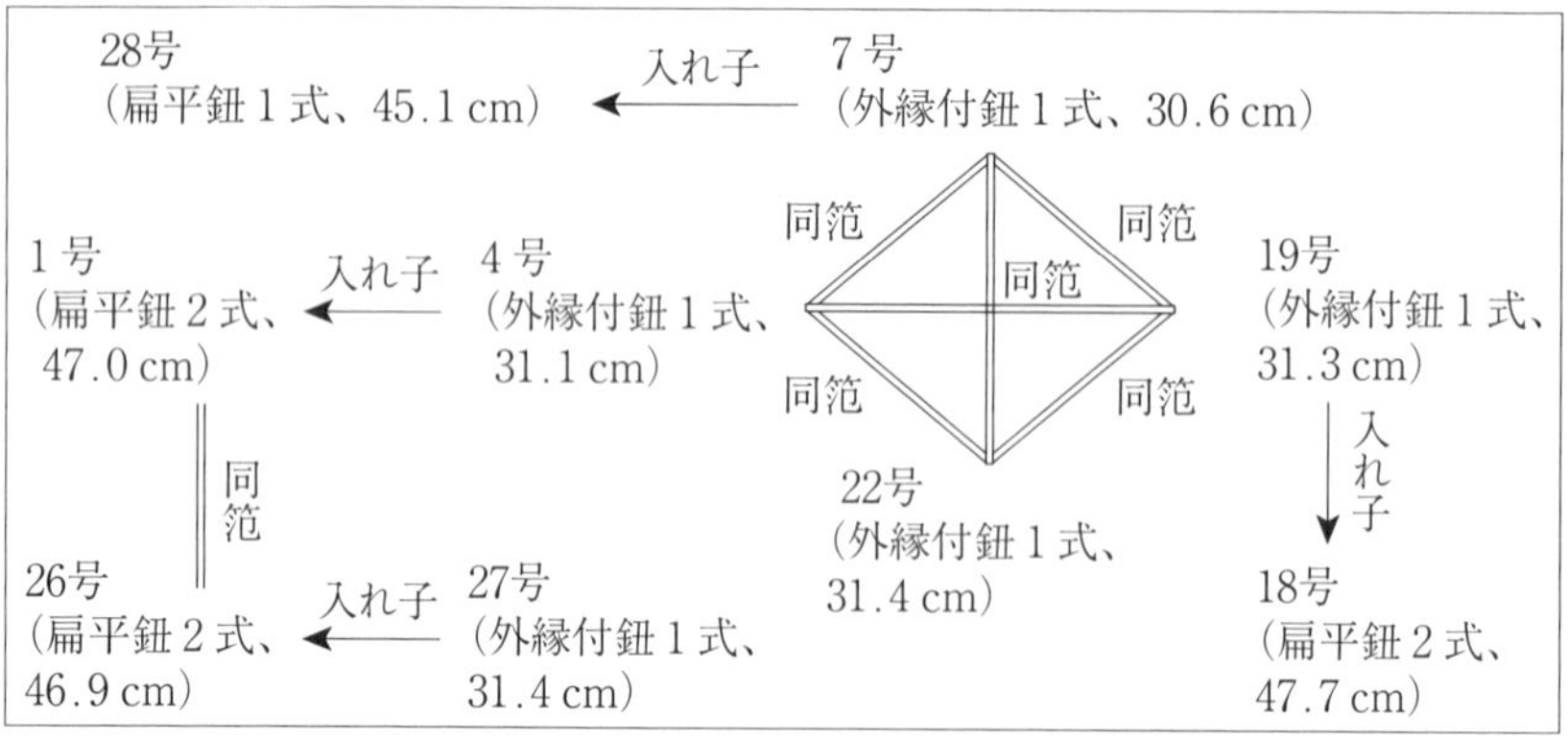

図19　加茂岩倉遺跡出土銅鐸の同笵《どうはん》・入れ子関係

外縁付鈕1式は、やはり、外縁付鈕2式や扁平鈕式にくらべ、やや古いのであろう。

そして、この菱環付鈕1式の例を見れば、銅鐸は伝世されている例があることになる。

(2)「外縁付鈕1式」→「外縁付鈕2式」→「扁平鈕式」→「近畿式」→「三遠式」の順が、あるていど鋳造の時代順と関係があるものとしてみよう。

すると、106ページの**図15**〜**図18**をみればほぼあきらかに、遺跡の場所が東にうつるにつれ、古い形式の銅鐸の出土率(%)がへり、新しい形式の銅鐸の出土率がふえている。

やはり、銅鐸の形式の変化は、年代の経過や、大きさの変化と関係しているようにみえる。

では、銅鐸の変化に、どのていどの年数をみつもるべきであろうか。

特定の形式の銅鐸の存続期間は……

銅鐸のばあいではないが、同じく青銅の、鏡のばあいをみてみよう。鏡のばあいのほうが、年代資料が豊富である。

表16をご覧いただきたい。

表16は、中国の洛陽市の郊外の焼溝《しょうこう》の地から出土した鏡の年代別分布をみたものである。報告書『洛陽焼溝漢墓』にのっている。

この**表16**をみれば「昭明鏡」という型式の鏡は、前漢中期（紀元前六四～紀元前三三）から、王莽代（紀元後七～紀元後三九）まで、まずは、五〇年～七〇年ていどは用いられているようにみえる。

ところで、**表17**をご覧いただきたい。これは、**表16**のデータに、さらに、洛陽の西郊漢墓のデータを加えたものである。

これでみると昭明鏡は、前漢中期の第二期（紀元前六四～紀元前三三）から、後漢の中期（紀元後七六～紀元後一四六）まで、用いられていることになっている。**表17**によれば、昭明鏡の存続期間は、ゆうに一〇〇年はこえることになる。

くわしいデータは、ここでは示さないが、わが国でも、画文帯神獣鏡や、三角縁神獣鏡は、五〇年～一〇〇年の期間は、用いられているようにみえる。

土器のばあい、一つの型式の存続期間は、ふつう二〇年～三〇年ていどとみられている。鏡の種類にもよるが、土器の一型式の存続期間にくらべ、鏡のばあいの一型式の存続期間は、ずっと長いようにみえる。

銅鐸のばあいも、土器にくらべれば、一型式の存続期間は、長いとみてよいであろう。

それにしても、外縁付鈕1式、外縁付鈕2式、扁平鈕式などの銅鐸が、いっしょに埋納されているばあい、外縁付鈕1式の伝世期間は、長くみて、二五〇年ていどまりではなかろうか。

銅鐸は、威信財

ここで、銅鐸、とくに、終末期銅鐸が、なんのために作られたのかを考えてみよう。

表16　洛陽焼溝漢墓の時期別出土鏡

推定実年代	前漢中期（前一一八～前六五）	前漢中期（前　六四～前三三）	前漢晩期（前　三二～後　六）	王莽（後　七～後三九）	後漢前期（後　四〇～後七五）	後漢中期（後　七六～後一四六）	後漢晩期（後一四七～後一九〇）
流行時代	第一期	第二期	第三期		第四期	第五期	第六期
鏡型＼件数			後期	前期			
草葉文鏡	1						
星雲鏡	4	3					
日光鏡		3	8	5			
昭明鏡		3	10	6			
(1)変形四螭文鏡			9	2			
(2)四乳鏡			3	1	2		
(3)連弧文鏡				1			
(4)規矩鏡				4	3	2	
(5)雲雷文鏡						4	
(6)夔鳳文鏡						1	
(7)長宜子孫鏡						1	5
(8)四鳳鏡							1
(9)人物画像鏡							1
(10)変形四葉鏡							2
(11)三獣鏡							1
鉄鏡							7

註（日本での銘鏡）
(1)四虵（虺）鏡　(2)四乳四禽文鏡、八禽文鏡、方格四乳鏡などを含む　(3)「日光鏡」「昭明鏡」を除く異体字銘の連弧文「日有喜」銘鏡、連弧文「清（精）白」銘鏡の類
(4)方格規矩（四神）鏡　(5)雲雷文内行花文鏡　(6)菱鳳鏡　(7)「長宜子孫」銘内行花文鏡　(8)四鳳鏡　(9)人物画像鏡　(10)獣首鏡　(11)盤竜鏡

『洛陽焼溝漢墓』（中国科学院考古研究所編、科学出版社、1989年刊）および、奥野正男「内行花文鏡とその仿製鏡」（『季刊邪馬台国』32号）による。第六期に属する墓の陶器に、西暦170年（建寧３年）、190年（初平元年）にあたる年を朱で記したものがあった。

表17　洛陽焼溝漢墓・西郊漢墓における漢鏡の変遷

鏡の種類	出土数の合計	前漢			王莽～後漢早期	後漢		
		中期		晩期		早期	中期	晩期
		第一期（前一一八～前六五）	第二期（前六四～前三三）	第三期前期（前三二～後六）	第三期後期（後七～後三九）	第四期（後四〇～後七五）	第五期（後七六～後一四六）	第六期（後一四七～後二二〇）
四乳草葉文鏡	2	1		1				
内行花文星雲鏡	8	4	4					
日光鏡	52		9	27	13		3	
昭明鏡	60		10	28	16	3	3	
清白鏡系	3			2	1			
四乳虺竜文鏡	33			12	10	6	5	
方格規矩鏡	59				19	14	25	1
細線式獣帯鏡	5			1	3	1		
四乳鏡	11			1	4	3	3	
四葉座内行花文鏡	8						8	
蝙蝠座内行花文鏡	6						1	5
半肉彫式獣帯鏡	1							1
単夔鏡	1							1
獣首鏡	2							2
双頭竜文鏡	2						1	1
環状乳神獣鏡	1							1

①　焼溝漢墓では118面、西郊漢墓では175面の銅鏡が出土している。蟠螭《ばんち》文鏡《もんきょう》などの鏡や、時期を特定できない鏡が若干あり、それらは表に含んでいない。そのため出土総数とは一致しない。

②　焼溝漢墓の各期の年代については、次のようにまとめられている（蔣1959）。

第一期（前漢中期）	武帝～宣帝	前118年～前65年
第二期（前漢中期）	宣帝・元帝	前64年～前33年
第三期前期（前漢晩期）	成帝～平帝	前32年～後６年
第三期後期（新・後漢早期）	王莽・光武帝	後７年～後39年
第四期（後漢早期）	光武帝・明帝	後40年～後75年
第五期（後漢中期）	章帝～順帝	後76年～後146年
第六期（後漢晩期）	桓帝～献帝	後147年～後220年

（出典：高倉洋彰・田中良之共編『AMS 年代と考古学』［学生社、2011年刊］）

87ページの図14にみられるように、「最盛期銅鐸」が、まったく出土しない静岡県から「終末期銅鐸」が、もっとも数多く出土するのは、なぜか。

当時、青銅器文化のおよんだ東のはての静岡県から、もっとも多くの「終末期銅鐸」が出土するのはなぜか。

銅鐸は、「祭器」であるとする見方がある。しかし、たんなる「祭器」とみるだけでは、説明がつかないであろう。

「終末期銅鐸」の製作使用目的は、つぎのようなものであったと、私は考える。

「終末期銅鐸は、新しい、高度の文化の到来を示し、視覚化するシンボルであった。土地の人々を威服させ、文化的にとてもかなわないと実感させるための道具であった、といってもよい。

そのためにこそ、より大形化させ、より装飾性を加え、より高度の技術を用いてみせる必要があった。

また、数も多ければ多いほどよかった。

『日本書紀』によれば、欽明天皇の時代に、百済から金銅の仏像が到来する。欽明天皇は、踊りよろこびのべる。

『百済からたてまつられた仏像の相貌は、端正で荘厳である（きらぎらし）。いまだかつてみたことがない。』

仏像が、文化的な衝撃をもたらしている。仏像は、祭具といえば祭具であるが、それとともに、高度な文化の存在を示している。静岡県で用いられた銅鐸も同じことである。のちの時代に、巨大な古墳がつくられるが、これも、巨大な権力の存在を視覚化したものといえる。人民を威服させる力をもちえた。

現代では、実感しにくくなっているが、これと似たような話は、古代においては、どこの国でもあった。

中国の漢の劉邦《りゅうほう》の時代に、丞相の蕭何《しょうか》が、長安に未央宮《びおうきゅう》を造営した。

劉邦が、長安にはいったとき、未央宮が、あまりに壮麗であるので、蕭何に怒っていった。

『天下がおののき、戦争に苦労すること数年、その帰趨《きすう》もわからないのに、こんな度はずれた宮殿をつくるとは、どうしたことか。』

蕭何が答えていった。

『できるだけ壮麗に造り、威光を示さなければ、天下はしたがわず、平定することはできないのです。』

テレビもマスコミもない時代、権力は視覚化される必要があった。人々の話の種となる材料が、必要であったのである。

94・95ページの**地図6**、98・99ページの**地図7**にみられるように、畿内の中央といえる奈良県に、終末期銅鐸がすくないのはなぜであろうか。

奈良県をとりかこむ和歌山県、大阪府、滋賀県などからは、かなりな終末期銅鐸が出土しているのである。

奈良県は、大和朝廷がはじまってから、大発展をとげた地域であると私は思う。三世紀の邪馬台国時代は、なお辺鄙な場所であったようである。

見せびらかすための『威信財』であり、権力のシンボルである銅鐸を、静岡県などの『前線』におくる必要もあったのであろう。

自衛隊は、北海道や沖縄に多くおき、東京都にはそれほどおかない。『前線』で、武力を用いずして相手を伏させる緊急の必要があったとみられる。

当時、兵器の生産や性能の向上よりも、銅鐸の製作と技術の向上にはげんだかのようにさえみえるのは、このような事情があったとみられる。あやしい金色の光を燦然《さんぜん》と放つ銅鐸は、金属をはじめてみる人々に、はげしい衝撃を与えたのである。奈良国立文化財研究所の田中琢《みがく》氏は、古い銅鐸を『聞く銅鐸』、新しい銅鐸を『見る銅鐸』とよび分けた。ただ、佐原真・春成秀爾共著の『出雲の銅鐸』によれば、『三遠式』の銅鐸は、鳴らしたという。『終末期銅鐸』は、『見る銅鐸』というよりも、むしろ『見せる銅鐸』であった。あるいは、『聞かせる銅鐸』であった。」

大国主の命伝承と銅鐸

つぎに、最盛期銅鐸が、あるていど、大国主の命伝承と関係しているようにみえる例をあげておこう。

(1)　島根県で、大量銅鐸の出土した加茂岩倉遺跡は、『出雲国風土記』にみえる大原郡の神原《かむはら》の郷《さと》、または、そのとなりの屋代《やしろ》の郷の地とみられている（**地図11参照**。神原の郷は、現在の島根県雲南市加茂町の西半部。屋代《やしろ》の郷は、加茂町の東半部）。

『出雲国風土記』の「神原の郷」の条に、この地は、大国主の命が、「神宝を積み置いたところ」とある。神宝を銅鐸と考えれば、ぴったりのようにもみえる。（これについては『朝日新聞』一九九六年十一月十一日夕刊の記事参照。）

これは、かなり重要なことではないか。

『出雲国風土記』にみえる「御財《みたから》（神宝）」に、神原郷にある神原神社古墳から出土した景初三年銘の三

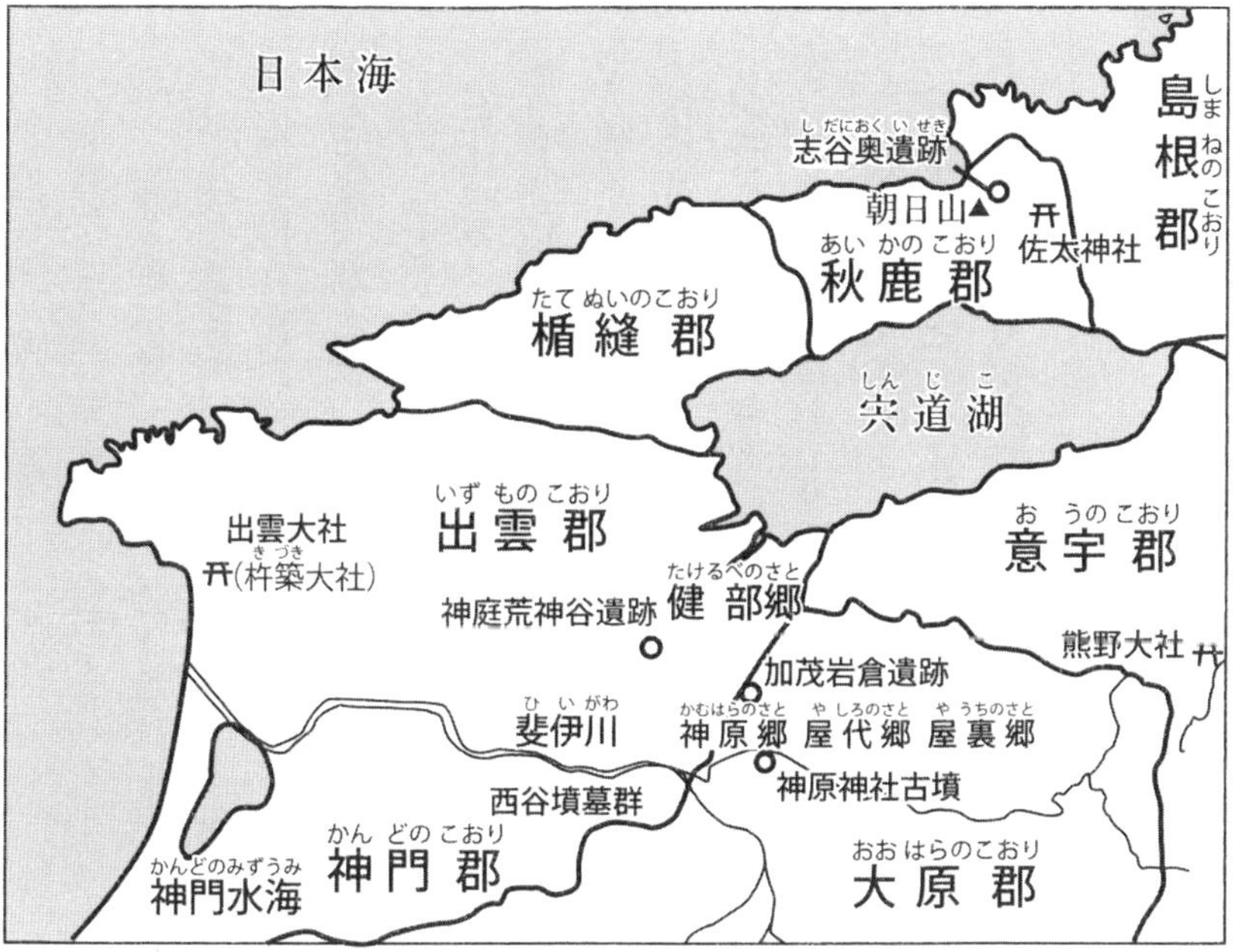

地図11　加茂岩倉遺跡の出土地点

神原郷《かむはらのさと》、屋代郷《やしろのさと》、屋裏郷《やうちのさと》の場所比定は、『古代地名大辞典』（角川書店、1999年刊）による。

＊斐伊川《ひいがわ》は、むかしは、この地図のように、神門水海《かんどのみずうみ》にそそいでいた。現在、斐伊川は、宍道湖《しんじこ》にそそいでいる。

角縁神獣鏡をあてる見解がある。しかし、「神宝」には、三角縁神獣鏡をあてるよりも、銅鐸をあてるほうが妥当である。それは、おもに、つぎの三つの理由による。

(a)　神原神社古墳は、四世紀の崇神天皇時代ごろの築造とみられる。物語上、神武天皇よりもまえの時代になっている大国主の命時代の神宝と結びつけるのは、時代があわない。銅鐸ならば、前後の時代があう。

(b)　神原神社古墳から、三角縁神獣鏡がたくさん出土したのなら、「積み置いた」という表現が、適切である。しかし、鏡は、一面だけである（他に、素環頭大刀・鉄剣・鉄鏃などが出土）。
銅鐸のほうは、数が多く、「積み置いた」という感じである。
（c）「積み置いた」という表現は、保管すべきところに、まとめておいた、という感じである。加茂岩倉遺跡の銅鐸のばあいは、その表現にあてはまる。しかし、神原神社古墳のばあいは、墓の副葬品としておさめたのであって、「積み置いた」とは、すこし、ニュアンスが異なる。
（2）『出雲国風土記』によれば、島根県雲南市加茂町の東半部にあたる屋代郷《やしろのさと》でも大国主の命が活動していたことになっている。すなわち、大国主の命が、この地に矢場を築いて、弓を射たところなので、「矢代《やしろ》」といったが、神亀三年（七二六）に文字を、「屋代」にあらためたという。
（3）加茂岩倉遺跡は、島根県雲南市の「加茂町」にある。「加茂町」には「加茂神社」もある。古代に、「加茂」という氏族があった。加茂氏は、大国主の命の後裔氏族である。雲南市加茂町の加茂神社も、大国主の命の子の「八重事代主《やえことしろぬし》の命《みこと》」を祭神とする。おそらく、この地には、大国主の命の後裔とされている氏族が、住んでいたのであろう。
（4）神庭荒神谷遺跡《かんばこうじんだにいせき》からも、銅鐸六個、銅剣三五八本、銅矛十六本などが出土している。この地は、むかしの健部郷《たけるべのさと》の地である。
『出雲国風土記』に、天の穂日の命の子孫をこの地の健部《たけるべ》に定めたという記事がある。古代において、この地が、なんらかの重要性を、もっていたのであろう。

兵庫県での例

別の例をあげてみよう。

播磨の国は、現在の兵庫県南西部である。
播磨の国に、「伊和《いわ》神社」（兵庫県宍粟市《しそうし》一宮町《いちのみやちょう》須行名《すぎょうめ》）がある。
九二七年成立の『延喜式《えんぎしき》』の「神名帳《じんみょうちょう》」の条では、「伊和坐大名持御魂神社《いわのおおなもちみたまじんじゃ》」とされている。

この伊和神社は、播磨の国の「一《いち》の宮《みや》」であった。「一の宮」は、その国で、由緒があり、信仰のあつい神社で、その国で第一位のものである。

宍粟市《しそうし》一宮町《いちのみやちょう》閏賀《うるか》の、伊和神社の裏山からは、明治四一年（一九〇八）に、最盛期銅鐸の扁平鈕式銅鐸が出土している。55ページの**表9**の番号32のものである。

この銅鐸の出土地は、距離的に「伊和神社」のすぐ近くである。「伊和神社」の西にある。

考古学者の直良信夫《なおらのぶお》は、論文「閏賀《うるか》発見の銅鐸とその出土状態」（『考古学研究』2―2、一九二八年）のなかで、つぎのようにのべる。

「伊和大神鎮座の直後の山麓において、一個の銅鐸が発見されたことは、また注目すべき問題である……。」

伊和の大神の名は、『播磨国風土記』に、たびたびみえる。『播磨国風土記』では、宍禾郡《しさわぐん》の雲箇《うるか》（宇留加《うるか》）の里でも伊和の大神が活動したことになっている。

また、『播磨国風土記』の「伊和《いわ》の村《むら》」の条に、「もとの名は、神酒《みわ》である」と記されている。

さらに、『播磨国風土記』には「伊和の大神の子、伊勢津比古《いせつひこ》の命・伊勢津比売《いせつひめ》の命」ともある。

そして、『播磨国風土記』では、「大汝《おおなむち》の命《みこと》」「葦原《あしはらの》志許乎《しこお》の命《みこと》」の名も、しばしばみえる。

これらのことからみて、「伊和の大神」は、大国主の神と、大略重なる神とみてよいであろう。

すなわち、つぎのとおりである。

(1)『延喜式』にみえる「伊和坐大名持御魂神社」の「大名持《おおなもち》」は、「大己貴《おお（あ）なむち》の命《みこと》」「大穴持《おお（あ）なもち》の命《みこと》」「大《おお》穴牟遅《（あ）なむじ》の神《かみ》」「大汝《おおなむじ（ち）》の神《かみ》」とも通じるもので、大国主の神の別名である。

(2)「伊和《いわ》」が「神酒《みわ》」に通じるとすれば、奈良県桜井市の三輪《みわ》にある「大神神社《おおみわじんじゃ》」の祭神が「大物主の大神」（大国主の命の和魂《にぎみたま》とされる）であることとむすびつく。

(3) 伊勢津彦を、伊和の大神の子とすれば、伊勢津彦を、大国主の神の子とする説と重なりあう。帝国大学（のちの東京大学）教授であった栗田寛《くりたひろし》は、『国造本紀考《こくぞうほんぎこう》』という本をあらわし、その「相模《さがみ》国造」の項で、伊勢津彦の命を大己貴《おおなむち》（大国主）の命の子とする。

また、『播磨国風土記』では、伊和の大神は、葦原《あしはら》の志許乎《しこお》の命《みこと》（大国主の命の別名）と、しばしば、ほとんど同じような行動をし、同じような神格をもつ神として描かれている。たとえば、「伊和の大神、国占《くにし》めましし時に」「葦原の志許乎の命、国占めましし時に」など。

播磨の国も、もともとは、大国主の命の勢力圏、影響下にあったのであろう。

出雲から、奈良県、三重県、兵庫県、和歌山県にかけて、広く大国主の命に関する話が、古典の記事で、分布しているようにみえる。

そして、その分布と重なるように、扁平鈕式銅鐸などの最盛期の銅鐸が、分布しているようにみえる。

さらに、大阪府、京都府南部、滋賀県、兵庫県東部、和歌山県などでは、その上にかぶさるように、饒速日の命や、饒速日の命とともに畿内に天下った天津彦根の命の子孫氏族に関する伝承が、古典の上でも分布しているようにみえる。

そして、饒速日の命や天津彦根の命の子孫氏族の分布する地域は、近畿式銅鐸や、三遠式銅鐸などの終末期銅鐸が、分布しているようにみえる。

近畿式銅鐸や三遠式銅鐸の銅原料には、北九州におもに分布する小形仿製鏡や、広形銅矛、広形銅戈と同じ銅原料の用いられていることが、銅にふくまれる鉛の同位体比の分析からわかっている。

近畿式銅鐸や、三遠式銅鐸の銅原料は、ほぼあきらかに、北九州からもたらされているのである。

饒速日の命にひきいられて東遷した集団は、北九州から銅原料をもたらし、東遷先の文化伝統をうけつぎ、新式の銅鐸を鋳造していたようにみえる。そして、その勢力は、さらに、愛知県、静岡県などに及んでいるようにみえる。

饒速日の命の東遷は、邪馬台国本体の東遷伝承か

私は、『古事記』『日本書紀』などにみえる「高天の原」は、北九州地方にあったと考える。そして、それは、北九州にあった邪馬台国についての、おぼろげな伝承であろうと考える。

卑弥呼なども、天照大御神のような形で伝承されたと考える。

当時、高天の原勢力は、出雲へ、近畿へ、南九州へと、各地に、その勢力を扶植《ふしょく》していた。一種の帝国主義的な政策をとっていたようにもみえる。

このばあい、饒速日の命の近畿方面への東遷は、北九州にあった邪馬台国本体の東遷を伝えるものであろうか。それとも、邪馬台国の本体は北九州にとどまり、一部派遣勢力が、近畿方面へ東遷したのであろうか。

私は、饒速日の命の東遷は、邪馬台国本体の東遷に、かなり近かったと考える。

そう考えうる理由を、以下にのべる。

『古事記』『日本書紀』『新撰姓氏録』『先代旧事本紀』などの文献は、さまざまな形で、高天の原勢力が各

地に天下ったことを伝えている。

系図的に描いた**図20**をご覧いただきたい。

この**図20**において、四角の枠□でかこんだ神々は『先代旧事本紀』において「饒速日《にぎはやひ》の尊《みこと》」とともに天下ったとされる神々である。

また、瓊瓊杵《ににぎ》の尊《みこと》（邇邇芸の命）と、天《あめ》の忍日《おしひ》の命《みこと》（大伴氏の祖先神で、高皇産霊《たかみむすび》の尊《みこと》の子）とが、南九州に天下ったというは話は『古事記』『日本書紀』にみえる。

天照大御神の弟の須佐《すさ》の男《お》の命《みこと》や、天照大御神の子の天《あめ》の穂日《ほひ》の命《みこと》が、出雲へ下ったという話も、『古事記』『日本書紀』にみえる。

しかし、高天の原で活躍した神々のなかで、『古事記』『日本書紀』『新撰姓氏録』『先代旧事本紀』のいずれの文献でも、天降ったとはされていない神々がいる。

図20に、［残留神］として示した天照大御神、高皇産霊《たかみむすび》の尊《みこと》、忍穂耳《おしほみみ》の命《みこと》、万幡豊秋津媛《よろずはたとよあきづひめ》、思金《おもいかね》の神《かみ》の五神である。

これら五柱《いつはしら》の神々は、邪馬台国の本体として、北九州に残留したのであろうか。

しかし、これら五柱の［残留神］の子孫が、その後、豪族として北九州で活躍したという話が、あまりない。

わずかに、高皇産霊《たかみむすぎ》の尊《みこと》の孫の宇佐津彦《うさつひこ》が、神武天皇の時代に、宇佐の国（大分県宇佐市付近）の国造に任命されているていどである。

『古事記』によれば、神武天皇の皇子の神八井耳《かんやいみみ》の命《みこと》（第二代綏靖天皇の兄）は、九州の火《ひ》（肥）の君（のちの肥前・肥後の地の豪族）、大分《おおきた》の君（今の大分県大分郡の地の豪族）、阿蘇の君（今の熊本県阿蘇郡の地の豪族）、筑紫の三家《みやけ》の連《むらじ》（筑前の国那珂郡三宅《みやけ》郷の地をふくむ那津《なのつ》の官家《みやけ》［大和朝廷の直轄領を管理した氏族などの祖先］）であると記している。『先代旧事本紀』にも、神八井耳の命は、「火（肥）の国造《くにのみやっこ》」「大分の国造」「阿蘇の国造」などの祖とする記事がある。

『阿蘇家伝』によれば、神八井耳の命の子の、健磐龍《たけいわたつ》の命《みこと》は、筑紫平定のために九州に派遣され、阿蘇神社の祭神となり、阿蘇神社の大宮司の阿蘇の君の祖となっている。

ただ、これらは、神武天皇が、大和にはいってのちにおきたことである。

神八井耳の命は神武天皇と大和の女性とのあいだに生まれた皇子である。

九州各地の主な支配者は、比較的早く、神武天皇系におきかわっているようにもみえる。

のちに、継体天皇の時代に、筑紫の国造《くにつくり》磐井《いわい》が反乱をおこした。この磐井をだした筑紫の国造家は、第八代孝元天皇の皇子の、大彦の命の子孫とされる。［残留神］の子孫ではない。

高天の原の［残留神］の子孫は、時代とともに、力を失い、のちに、大和朝廷に吸収されていったようにみえる。

南九州のばあいも、神武天皇が南九州から出発して大和にむかったのち、南九州で神武天皇系の残留氏族が、それなりの力をふるっていたようにはみえない。

わずかに、海幸彦《うみさちびこ》の名で伝えられる瓊瓊杵《ににぎ》の尊《みこと》の子の火闌降《ほのすそり》の命《みこと》の子孫が、隼人《はやと》の祖となったなどの話が『日本書紀』にみえる。『古事記』にも、邇邇芸《ににぎ》の命《みこと》の子の火照《ほでり》の命《みこと》が隼人《はやと》吾田《あだ》の君《きみ》の祖になったという記事がみえる。

『新撰姓氏録』にも「阿多隼人《あたのはやと》は、富乃須佐利《ほのすさり》の命《みこと》の後裔である。」とある。阿多（吾田）は、鹿児島県西部の地名である。

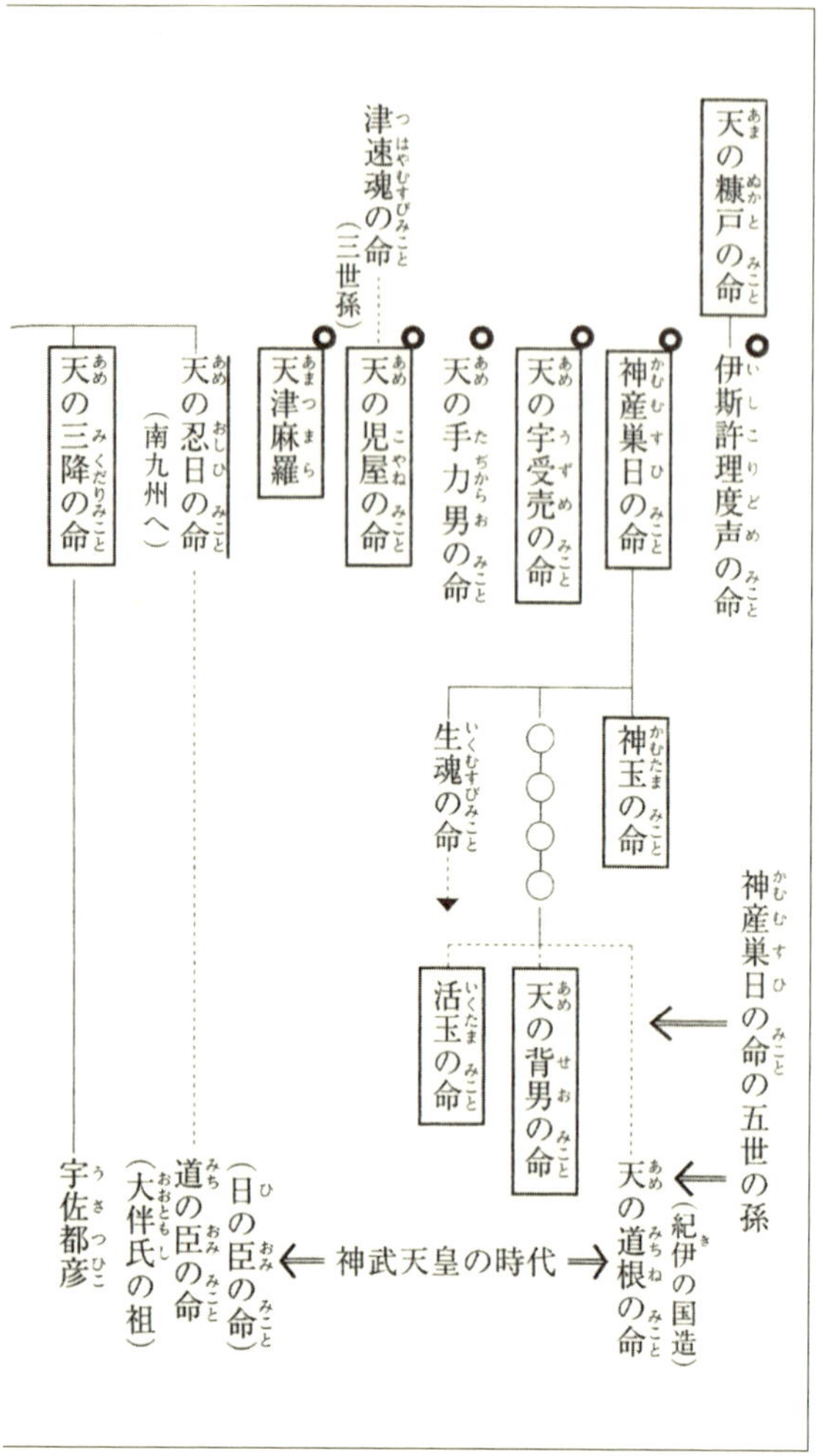

神々

天下ったとされる神々

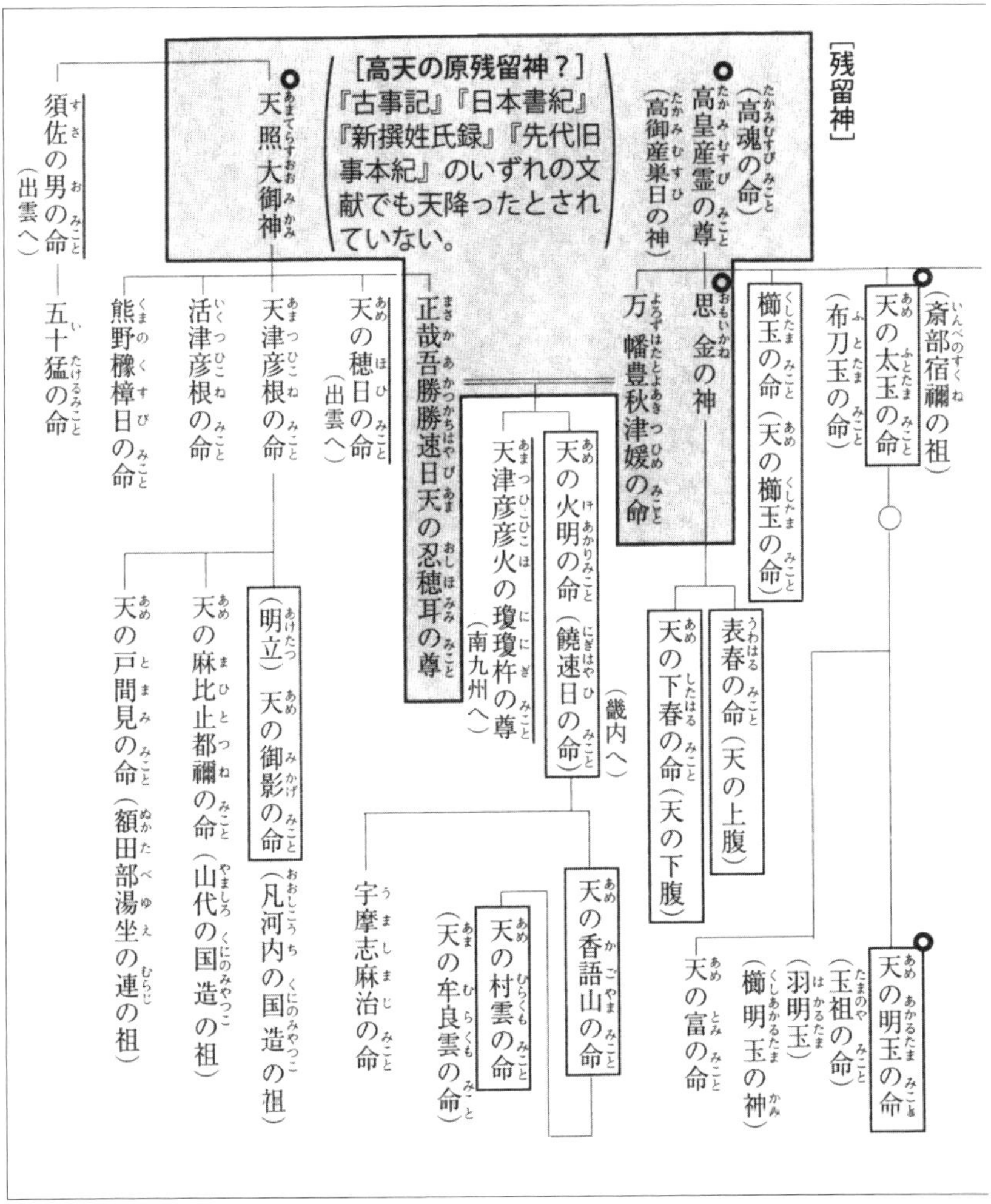

図20　天下った神々と残留した

＊四角の枠でかこんだ神々は、『先代旧事本紀』において、「饒速日の尊《にぎはやひのみこと》」とともに

＊神名の右肩に○があるのは、『古事記』の天の石屋戸《いわやと》の段前後に名の見える神々。

＊傍線のあるのは、「南九州」または「出雲」へ天下った神々。

しかし、吾田隼人は、南九州において、とくに強い支配権をもった氏族のようにはみえない。朝廷における有力豪族というわけでもない。

むかし、「東遷」ということばと、「東征」ということばについて、議論の行なわれたことがあった。「東遷」ということばと「東征」ということばを区別するばあい、「東遷」というのは「本拠地」そのものを「遷《うつ》す」ことをさし、「東征」というのは、「本拠地」は遷さずに、「遠方を目ざしていくこと」あるいは「敵を討《う》つこと」を意味する。目的が達せられれば、「本拠地」に帰還することとなる。

饒速日の命や神武天皇が、本拠地を遷している点では、「東征」よりも、「東遷」、あるいは「遷都」に近い。

また、別の面から考えてみよう。

神功皇后は、第十四代仲哀天皇の皇后である。天皇の死後、みずから兵をひきいて、新羅におもむく。

神功皇后ついての話は、邪馬台国問題とも関係する。『日本書紀』の編纂者は、『魏志倭人伝』にみえる卑弥呼に、神功皇后をあてはめている。

『日本書紀』の編纂者は、『魏志倭人伝』を、くわしく検討したはずである。

そして、魏の使いが、邪馬台国へ来たルートを考え、ごく大まかにいって、そのルートを逆にたどるような形で、神功皇后が、朝鮮半島に出兵した形に描いているようにみえる。

そのため、『日本書紀』の「神功皇后紀」には、『魏志倭人伝』にみられる国名にあるていど対応する地名が、系統的にあらわれているようにみえる。

表18のとおりである。

そして、『日本書紀』は、「山門《やまと》の県《あがた》」で、土蜘蛛《つちぐも》の田油津媛《たぶらつひめ》を誅したことなどを記す。また、すぐそのま

表18 『日本書紀』『古事記』の神功皇后条の地名と、『魏志倭人伝』の国名との対応

『日本書紀』「神功皇后紀」	『古事記』「神功皇后記」	『魏志倭人伝』
山《やま》門《と》の県《あがた》	—	邪《や》馬《ま》台《たい》国《こく》
宇《う》瀰《み》	宇《う》美《み》	不《ふ》弥《み》国《こく》
灘《な》	—	奴《な》国《こく》
伊《い》覩《と》の県《あがた》	伊《い》斗《と》の村《むら》	伊《い》都《と》国《こく》
松《ま》浦《つら》の県《くに》・梅《め》豆《ず》邏《ら》の国《くに》	末《まつ》羅《ら》の県《あがた》	末《まつ》羅《ら》国《こく》
和《わ》珥《に》の津《つ》	—	対《つし》馬《ま》国《こく》

〔註〕「山門《やまと》」の「門《と》」は、「乙類のト」であり、「邪馬台《やまと》」の「台《と》」は、「甲類のト」で音がちがうと、よくいわれる。しかし、上代（奈良時代）において、「甲類のト」と「乙類のト」との区別は、それほど厳密ではなかった。たとえば、『播磨国風土記《はりまのくにふどき》』において、「大和《やまと》」のことを「山投《やまと》」と記している。「大和《やまと》」の「ト」は、「乙類のト」であり、「山投《やまと》」の「投《と》」は「甲類のト」であるが、流用されている。『時代別国語大辞典　上代編』（三省堂刊）も、「ド（ト）の音は上代において早く、甲類、乙類の間に乱れを生じたものの一つである。」（「やど」の項）と記す。

えのところで、「安《やす》」（筑前の国夜須郡）にいたったことや、荷持田《のとりた》の村《ふれ》（筑前国夜須郡野鳥村〔福岡県朝倉市秋月町野鳥の地〕とみられる）の、羽白《はじろ》熊鷲《くまわし》をほろぼしたことなどを記している。

現在の朝倉郡（甘木・朝倉地方）は、また、のちに、斉明天皇が、新羅とたたかうために、大本営をもうけた場所である。

この地は、斉明天皇、神功皇后、田油津姫《たぶらつひめ》、さらには、天照大御神や卑弥呼などの、何人もの女性のイメージが、重なりあって、揺曳《ようえい》する場所である。

ここに、羽白熊鷲《はじろくまわし》や田油津媛などの名があらわれるが、**図20**の〔残留神〕の後裔氏族のような形ではえがかれていない。（羽白熊鷲や田油津姫

［人を、たぶらかす姫の意味とみられる］は、［残留神］の後裔であったが、神功皇后に敵対したため、『日本書紀』では、過小に描かれているのかもしれない。しかし、［残留神］の後裔かもしれないと考えるのは、想像の域をでない。）

神武天皇が、若い日に南九州の女性と結婚して、手研耳《たぎしみみ》の命《みこと》を生んだ。成人していた手研耳の命は、神武天皇の東征を助けた。

畿内大和にはいった神武天皇は、あらたに大和出身の女性と結婚する。そして、その大和の女性との間に生まれたのちの綏靖《すいぜい》天皇は、手研耳の命を殺して、第二代の天皇位についた。

南九州の人々は、その話を聞いて、綏靖天皇や大和朝廷に心服する気持ちには、なれなかったであろう。

饒速日の命や、神武天皇が、九州を、やや放棄に近い形であとにしたため、のちに、景行天皇や、倭建《やまとたける》の命《みこと》や、神功皇后などによる九州再征討が必要とされたのであろう。

和歌山県における三層構造

島根県と静岡県とを、西と東の両極とし、その間の諸府県は、つぎの三つの層の濃淡により特徴づけられる。

［第1層］ 出雲文化の層

［第2層］ 天《あめ》の穂《ほ》日《ひ》の命《みこと》、または、饒速日《にぎはやひ》の命《みこと》によってもたらされた北九州系文化の層。

［第3層］ 神武天皇によってもたらされた南九州文化の層。

大阪府、京都府、兵庫県、滋賀県、奈良県、三重県などの状況については、このシリーズの拙著『邪馬台国は99・9%福岡県にあった』において、あるていどくわしくのべた。以下では、和歌山県と長野県とをとりあげて、さきの三つの層が、どのように重なっているかをみてみよう。

和歌山県における［第1層］出雲文化の層

和歌山県における「出雲文化」の伝播の状況を、つぎの三つの項にわけて、みてみよう。

(1) 伝承上の物語にみられる出雲文化。

(2) 銅鐸にみられる出雲文化。

(3) 地名の伝播にみられる出雲文化。

まず、(1)の伝承上の物語にみられる出雲文化をとりあげる。

『古事記』によれば、大国主の命は若い日に、兄弟の八十神《やそがみ》の迫害をうける。迫害をのがれるために、「木《き》の国《くに》（紀伊の国、和歌山県）」の大屋毘古《おおやびこ》のもとに行ったことになっている。

『日本書紀』では、素戔《すさ》の嗚《お》の尊《みこと》の子の五十猛《いたける》の神、大屋津姫《おおやつひめ》の命《みこと》、枛津姫《つまつひめ》の命《みこと》の三神が、樹木の種子《たね》を分布させるために、「紀伊の国（和歌山県）」にわたったとしている。

『日本書紀』は、五十猛《いたける》の命《みこと》について、「紀伊の国に所坐《まします》大神これなり。」とも記す。

『延喜式』の神名帳《じんみょうちょう》には、紀伊の国の名草郡《なくさぐん》の神社に、伊太祁曽《いたきそ》神社、大屋都比売《おおやつひめ》神社、都麻都比売《つまつひめ》神社を記している。

『先代旧事本紀』は、大屋彦《おおやひこ》の神《かみ》は、五十猛《いたける》の神の別名とする。本居宣長も、『古事記伝』のなかで、『古事記』にみえる「大屋毘古」は、素戔《すさ》の嗚《お》の尊《みこと》の子の五十猛《いたける》の命《みこと》の別名としている。

『日本書紀』についての注釈書『釈日本紀』には、伊太祁曽《いたきそ》神は、五十猛の神のことであるとする説が、紹介されている。五十猛の神、大屋彦の神、伊太祁曽神は、同神とみてよいようである。

現在、和歌山市伊太祁曽《いたきそ》に伊太祁曽《いたきそ》神社（祭神大屋毗古《おおやびこ》の命《みこと》）、和歌山市宇田森に大屋津比売神社、和歌山市平屋に枛津比売《つまつひめ》神社がある。

また、和歌山市に「伊達神社《いたて》」がある。祭神は、五十猛の命《いたけるみこと》である。イタテ神も、五十猛の命のこととみられている。「伊達神社」は、『延喜式』に記されているいわゆる「式内社」で、神社の格式は高い。

『古事記』では、大国主の神が、比較的簡単に「木の国」に行ったように記している。

つぎに、⑵の銅鐸にみられる出雲文化をとりあげる。

和歌山県における銅鐸の出土状況は、つぎの**表19**のようになっている。

すなわち、出雲文化系とみられる「最盛期銅鐸」も、北九州出身とみられる饒速日の命系文化の「終末期銅鐸」の「近畿式銅鐸」も、かなり出土しているのである。

「扁平鈕式銅鐸」が十二個「近畿式銅鐸」が、十三個出土している。

出雲文化の終わりのころに、饒速日の命系文化がおき、ともに、銅鐸という形式をとり、文化の継承があったことを思わせる。

つぎに、さきの⑶の地名の伝播にみられる出雲文化をとりあげよう。

わが国の地名学をきりひらいた鏡味完二《かがみかんじ》は、その著『日本地名学』（科学編）（日本地名学研究所、一九五七年刊）のなかで、「出雲の国」と「紀伊の国」との、地名の相似関係について、つぎのようにのべる。

「はやく地名の相似関係に着眼したのは、本居宣長で、その『古事記伝』において、出雲と紀伊の両地間にそれが見られるという。（本居）氏は神社も引合に出している。それによると、つぎ（**表20**）のようになる。

名草郡には地名としても、加太がある。同（本居）氏はまた『貞観儀式《じょうがんぎしき》』に『出雲国造と紀伊国造とを委任する』ことが載っていることを指摘している。筆者はこの両地になお次の対地名があることを付記しておく。（**表21**）」（カッコ内は安本記。）

表19　和歌山県における銅鐸出土状況

	銅鐸型式	出土数	計
銅鐸最盛期	外縁付鈕１式	１個	13個
	外縁付鈕２式	0	
	扁平鈕式	12	
銅鐸終末期	近畿式	13	11
	三遠式	0	

表20　相似地名の対比（出雲：紀伊）No.1

出雲地方	Kumano 熊野	Miho 美保	Awasima 粟島 （伯耆）	Hayatama 速玉神社 （宇意郡）	Daté 伊達神社 （宇意郡）	Kata 加多神社 （大原郡）
紀伊	Kumano 熊野	Miho 三穂	Awasima 粟島 名草郡加太神社の別名	Hayatama 早玉神社 （牟婁郡）	Daté 伊達神社 （名草郡）	Kata 加太神社 （名草郡）

表21　相似地名の対比（出雲：紀伊）No.2

出雲地方	日ノ御碕 （岬の名）	比田 （能義郡の村の名）	出雲郷 （能義郡の村の名）
紀伊	日ノ御崎 （岬の名）	日高 （日高郡）	出雲（村）と出雲崎（岬） （潮ノ岬半島にあり）

この鏡味完二の文章において、まず、本居宣長の『古事記伝』の文章が引用されている。

本居宣長の『古事記伝』のもとの文章では、つぎのようになっている。現代語訳して示す。

「出雲の国と木《き》の国（紀伊の国）とでは、通じるところが多い。まず、『古事記』は、伊邪那美《いざなみ》の命《みこと》を、出雲の国と伯伎《ほうき》（伯耆）の国とのさかいの比婆《ひば》の山に葬ったとある。いっぽう、『日本書紀』では、伊弉冉《いざなみ》の尊《みこと》を、紀伊の国の熊野の有馬の村に葬ったとある。（同じ、イザナギの命《みこと》の葬地がいっぽうの『古事記』では、出雲の国となっており、いっぽう『日本書紀』では、紀伊の国になっている。）

また、熊野という地名が、出雲の国にも紀伊の国にもある。（出雲に、熊野大社がある。紀伊に熊野本宮本社、熊野速玉大社、熊野那智大社などがある。）

出雲の国の意宇《おう》郡に、速玉《はやたま》神社があり、紀伊の国の牟婁《むろ》郡の熊野に、速玉《はやたま》神社がある。

出雲の国の意宇郡に、韓国伊達《いたて》神社があり、紀伊の国の名草郡に、伊達《いたて》神社がある。

出雲の国の大原郡に加多神社があり、紀伊の国の名草郡に加太神社がある。

これらは、同じ名である。

これらはみな、五十《い》猛《たける》の神、大屋《おおや》津《つ》姫《ひめ》の命《みこと》、抓《つま》津《つ》姫《ひめ》の命《みこと》の三神が、出雲の国から紀伊の国にうつりわたられたときのことにもとづくのであろう。『日本書紀』に、『紀伊の国に、渡《わた》したてまつる。』と記されているのも、須佐《すさ》の男《お》の命《みこと》が、三神を、出雲の国から紀伊の国へ渡した、ということである。」

また、鏡味完二は、さきの引用文のなかで、本居宣長が、『貞観《じょうがん》儀式《ぎしき》』に、「出雲《いずもの》国造《くにのみやつこ》と紀伊《きの》国造《くにのみやつこ》とを委任する」とある文章を引用しているとする。これは本居宣長が、『古事記伝』のなかで、つぎのようにのべているのにもとづく。

「さて、今の代（江戸時代）まで、国造（の子孫が、ずっとつづいて）が残っているのは、出雲の国と紀伊の国とだけである。なかでも、出雲の国造《くにのみやつこ》の（系譜の）ことは、よく知られている。この二つの国造《くにのみやつこ》は、むかしから、他の国とは異なっていたのであろうか。『貞観《じょうがん》儀式《ぎしき》』に、国造を委任するということをのせている。」

なお、『貞観儀式』は、平安時代前期にできた文献で、朝廷の儀式の順序、手つづきを記したものである。

和歌山県における［第2層］饒速日の命によってもたらされた文化の層

つぎに、饒速日の命によってもたらされたとみられる文化の層をとりあげる。

建御雷《たけみかづち》の神《かみ》が出雲の大国主の神に、国譲りをせまったときに帯びていた霊剣の名を、「布都《ふつ》の御魂神《みたまがみ》」という。この剣《つるぎ》のことを、佐士布都《さじふつ》の神、甕布都《みかふつ》の神、平国《くにむけ》の剣、韴霊《ふつのみたま》とも記す。

この剣は、神武天皇東征のさい、熊野の高倉下《たかくらじ》を介して、神武天皇にさずけられた。そして、この剣が熊野平定のさいに霊威を示した。

『先代旧事本紀』によれば、神武天皇は、即位後、物部氏の遠祖の宇摩志摩治《うましまじ》の尊《みこと》（饒速日《にぎはやひ》の尊《みこと》の子）に、その神剣を奉祀させた。石上神宮《いそのかみじんぐう》（奈良県天理市）の社伝によれば、崇神天皇の七年に、物部の連《むらじ》の祖の伊《い》香色雄《かがしこお》の命《みこと》が、勅を奉じて、宮中から石上《いそのかみ》の高庭《たかにわ》にうつしたという。現在、石上神宮《いそのかみじんぐう》の祭神は、布都《ふつ》の御魂《みたま》の大神《おおかみ》である。

神武天皇東征神話における熊野高倉下をめぐる伝承では、『古事記』によると、大和の国をめざす神武天皇の一行が、賊の抵抗にあって、紀伊の国の熊野に迂回したさい、それを助けたのが、「熊野の高倉下」であったという。同様の伝承が『日本書紀』の神武天皇即位前紀にも「熊野高倉下」としておさめられている。この神武天皇を助けた高倉下は、ともに「熊野」の地名を冠していることから、熊野固有の神であったと思われる。

大正・昭和の時代の日本史学者であった太田亮《おおたあきら》（立命館大学教授など）は、その著『姓氏家系大辞典』（角川書店一九六三年刊）のなかで、およそつぎのようにのべている。

「高倉下《たかくらじ》は、『先代旧事本紀』の『天孫本紀』で、饒速日《にぎはやひ》の尊《みこと》の『児《みこ》、天《あま》の香語山《かごやま》の命《みこと》、天降りたまう。名は手栗彦《たくりひこ》の命《みこと》、またの名は高倉下《たかくらじ》の命《みこと》』とある。

高倉下を天の香語山の命と同一人とし、尾張氏の祖先とする『先代旧事本紀』の記事は信じがたいが、高倉下が神武天皇にたてまつった神剣は、すなわち布都《ふつ》の大神であって、物部氏の氏神である。このことを思えば、高倉下を饒速日の尊の子とする伝説は捨てるわけにはいかない。」

高倉下と熊野《くまの》の国造《くにのみやつこ》との関係は必ずしもはっきりしないが、『古代地名大辞典』（角川書店、一九九九年刊）は、「紀伊国《きいのくに》」の項でつぎのように記す。

「熊野国造《くまのくにのみやつこ》は、物部氏と祖（饒速日の命）を同じくし、神武天皇の東征に助力したと伝えられる熊野の高倉下の子孫という伝承をもち、牟婁郡の地を支配していたと考えられる。」

「熊野国造」については、『先代旧事本紀』の「熊野国造」の項に、つぎにようにある。

「志賀《しが》の高穴穂《たかあなほ》の朝《みかど》の御世《みよ》（第十三代成務天皇の時代）に、饒速日の命の五世の孫、大阿斗《おおあと》の足尼《すくね》を、国造《くにのみやつこ》に定めたまう。」

また、『新撰姓氏録』の山城国《やましろのくに》神別の氏族として、「阿刀《あと》の宿禰《すくね》」がみえ、つぎのように記されている。

「石上朝臣《いそのかみのあそん》と同じき祖《おや》、饒速日の命の孫、味饒田《うましにぎた》の命《みこと》の後裔である。」

さきの「大阿斗《おおあと》の足尼《すくね》」と「阿刀《あと》の宿禰《すくね》」とは関係があるとみられるが、いずれにしても饒速日の命の子孫である。

また、饒速日の命と関係があるとみられる近畿式銅鐸が、さきの**表19**にみられるように、和歌山県から十三個出土している。

さらに、和歌山県の郡名などに北九州の地名と対応するものがあることは、つぎの**表22**のとおりである（**地図12**参照）。

表22　北九州の地名と和歌山県の郡名との対応

北九州地方	怡土《いと》郡 伊都国 （福岡県）	那珂《なか》郡 （福岡県）	基肄《きい》郡 （佐賀県）	日田《ひた》郡 （大分県）	奈草《なぐさ》 （大分県玖珠町）
紀伊	伊都《いと》郡	那珂《なか》郡	紀伊《きい》の国	日高《ひたか》郡	名草《なくさ》郡

和歌山県における［第3層］神武天皇によってもたらされた南九州文化の層

神武天皇によってもたらされたと考えられる南九州文化の層を考えてみよう。

和歌山市秋月に、「日前《ひのくま》・国懸《くにかかす》神宮」がある。音読して「ニチゼン・コクケン神宮」とも呼ばれている。「日前・国懸神宮」は、伊勢神宮とならんで、天照大御神の御魂代《みたましろ》（神の霊の代わりとなる鏡など）をまつる神社である。

日前神宮と国懸神宮との祭神の区別ははっきりしないが、近世の『紀伊国名所図会《きいのくにめいしょずえ》』などでは、日前神宮は鏡、国懸神宮は日矛《ひほこ》をまつるとする。

『日本書紀』に、天照大神《あまてらすおおみかみ》が弟の素戔嗚《すさのお》の尊《みこと》の乱暴に怒り、天の石窟《いわや》にこもった話が記されている。

天照大神が、天石窟《あまのいわや》にこもったので、天地が暗くなった。

そこで、神々は天高市《あまのたけち》に集まって、天照大神の姿をかたどったものをつくって、天照大神をまねきだそうということになる。石擬姥《いしこりどめ》が鍛冶職となり作ったものが、日矛と鏡であると考えられる。

『古語拾遺《こごしゅうい》』によれば、はじめに鋳造した鏡は不本意なものであった。これが紀伊の国の日前神宮《ひのくまじんぐう》にまつられている鏡である。二度目に鋳造したものは美麗であった。これは伊勢神宮にまつられることになった。

鏡などが、日前神宮《ひのくまじんぐう》にまつられることになった事情に関係する話が、『日本の神々　神社と聖地6』（白水社、一九八六年刊）の「日前・国懸神宮」の項にのっている。

そこにつぎのようにある。

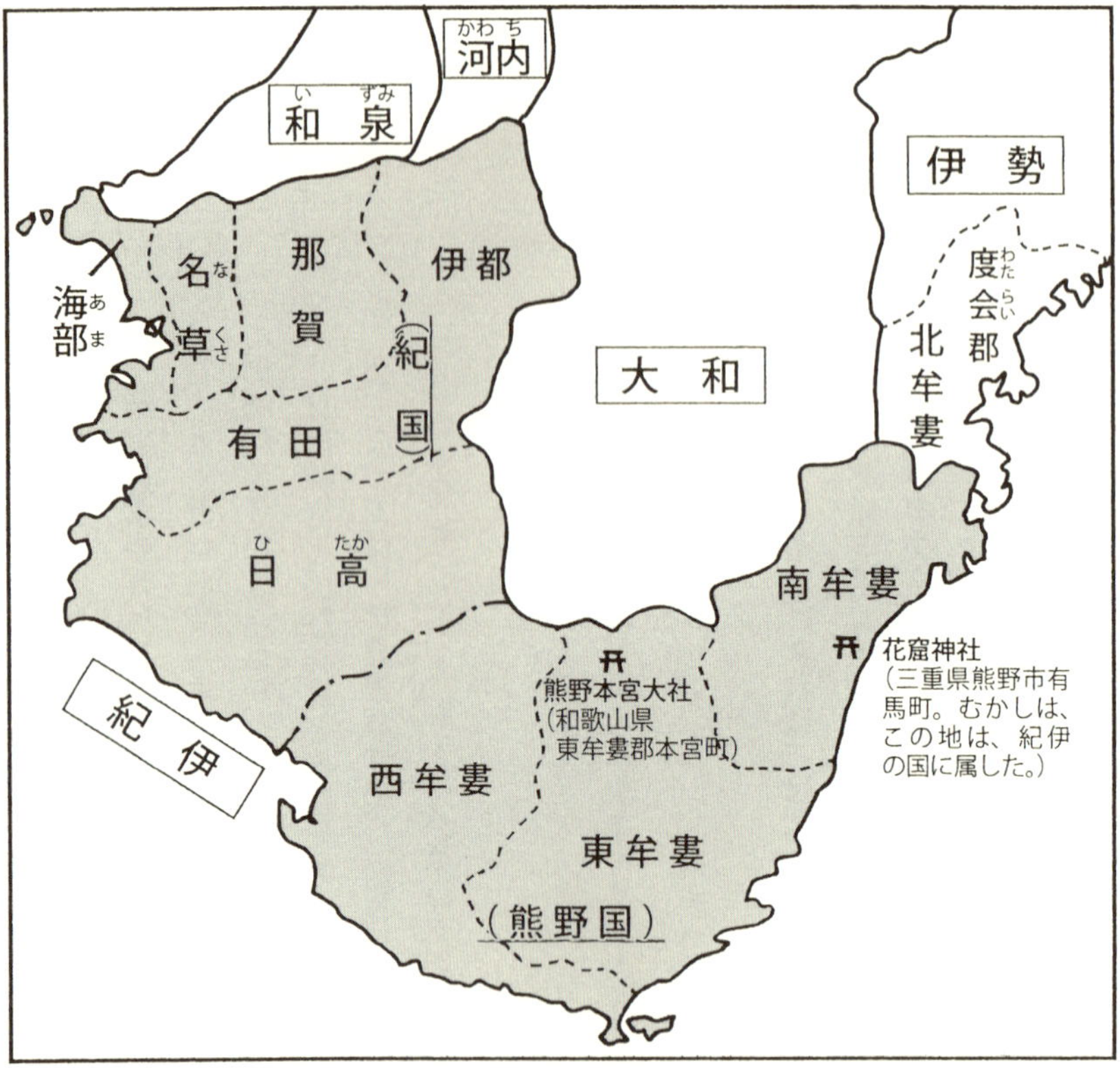

- 東牟婁・西牟婁・南牟婁・北牟婁の4つの郡は、もとは1つで「牟婁郡」といった。
  牟婁郡は、紀伊の国に属した。
  現在、東牟婁と西牟婁は、和歌山県に属し、南牟婁と北牟婁は三重県に属する。
  県の分け方と昔の国の分け方とが、合致していない。
- 「紀伊の国」は、さらにむかしは、「紀国《きのくに》」と「熊野国《くまのこく》」とにわかれていた。
  「熊野国」は、大略、のちの「牟婁郡」(東・西・南・北の牟婁の地)にあたり、「熊野《くまのの》国造《くにのみやつこ》」が支配していた。
  「紀国造《きのくにのみやつこ》」(紀直《きのあたい》)の支配する「紀国」は、「熊野国」をのぞく地域で、伊都・那珂・名草・有田・日高あたりとみられる。

地図12　紀伊の国の郡名

「日前神宮に伝わる古記録『日前国懸《ひのくまくにかかす》両大神宮本紀大略』によると、ホノニニギの天孫降臨のとき、右の二つの神宝を紀伊国造の祖天道根命《あめのみちねのみこと》に託して日向の高千穂宮にまつらせたが、それらは神武東征のみぎりに再び天道根命に託され、天道根命は天皇の軍とともに、難波に到ったとき、これと別れて紀伊国名草郡加太浦《かたのうら》に到った。そして加太浦から木本《きもと》に移り、さらに名草郡毛見《けみ》郷に到り、琴浦《こしのうら》の海中の岩上に日前・国懸の神として二つの神宝を奉祭した。ところが崇神天皇五十一年に豊鋤入姫命《とよすきいりひめのみこと》が天照大神の御霊を奉じて名草浜宮に遷幸して三年間滞溜したとき、日前・国懸の両大神も琴浦の岩から名草浜宮に遷り、さらに垂仁天皇十六年に浜宮から万代宮《よろずよのみや》に遷座した。これが今の宮地であるという。」

ここにつぎのような地名があらわれる。

(1)　加太浦《かたのうら》
(2)　木本《きもと》
(3)　名草郡《なくさぐん》毛見《けみ》郷
(4)　琴浦《ことのうら》
(5)　名草浜宮
(6)　万代宮《よろずよのみや》

これらの場所を地図上に示せば**地図13**、**地図14**のようになる。

市販のふつうの道路地図に、関連地名がかなりくわしくのっていることに、すこしおどろく。伝承がまずつくられ、関連地名がつくられたとみるよりも、やはりその土地になんらかの伝承があったのではないか。

これまでの［第1層］出雲文化の層や、［第2層］饒速日の命によってもたらされた文化の層に関連する

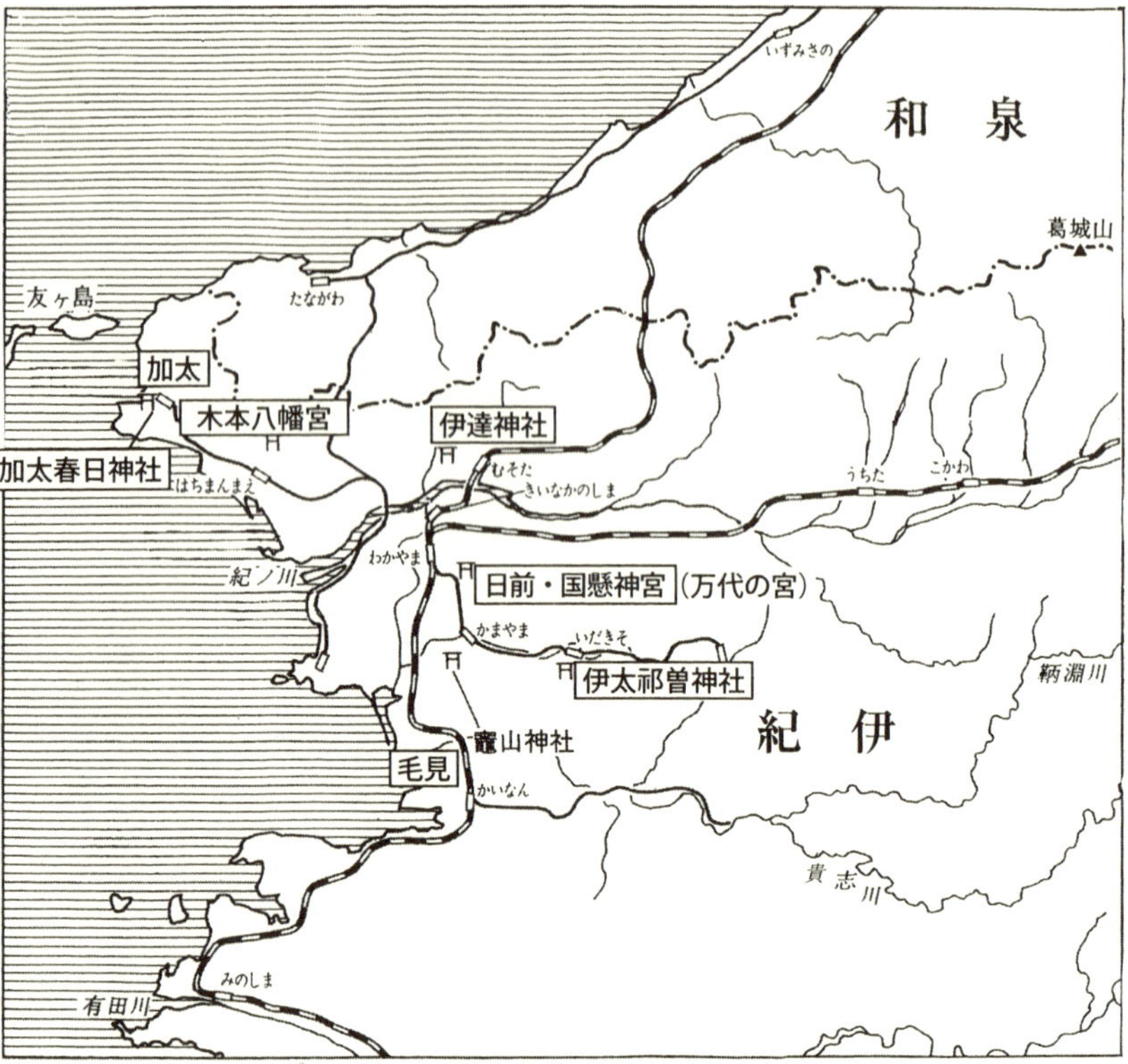

地図13　加太《かた》・木本《きもと》・毛見《けみ》を示す地図

（『日本の神々　神社と聖地６』［谷川健一編、白水社、1986年刊］所載の地図に加筆して作成。）

青銅器は、銅鐸であったが、この［第3層］神武天皇によってもたらされた層に関連するのは鏡である。青銅の鏡とみられる。

　また、紀伊の国の地名と南九州の地名とに対応するものがあることについては、まず、鏡味完二が『日本地名学』の中で、南九州の日向と紀伊の国の熊野との相似地名として**表23**のようなものを示している。そして、鏡味完二はのべる。

「kuma と Moro（Muro）と Sanu は、その地形のうえでも相似的である。」

　鏡味完二は、つぎのようにものべる。

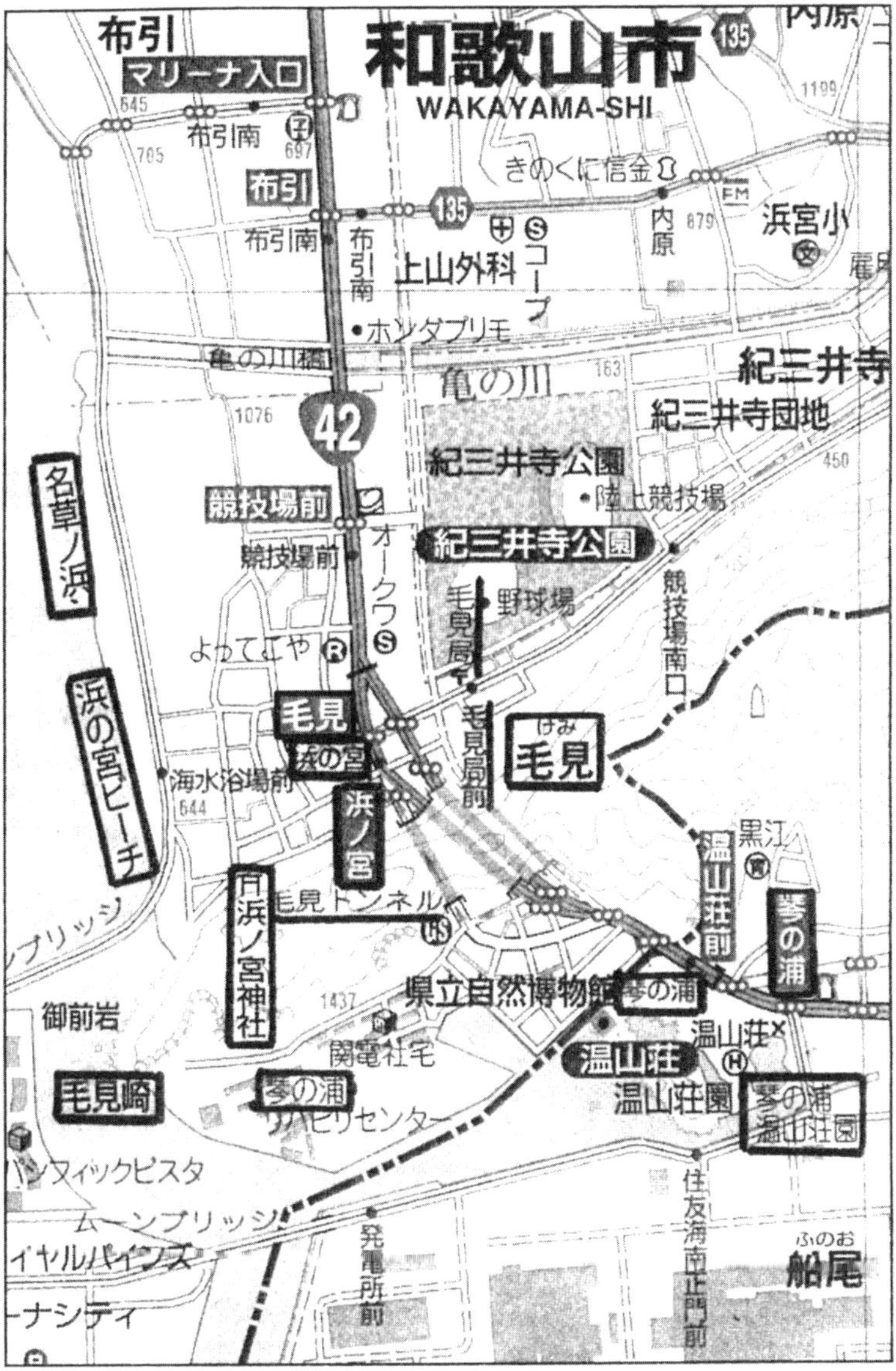

地図14　毛見《けみ》・琴の浦・名草の浜ふきんの地図
（『和歌山県』［県別マップル道路地図、昭文社、2005年刊］により作成。）

表23　相似地名の対比（日向：熊野）

日向	Kuma 熊県・今の球磨川・熊本	Moro 諸県《もろかた》・ 今の諸県郡	Sanu 狭野・今も佐野・狭野神社	Naka 那珂郡
熊野	Kumano 熊野・今の熊野郡 （川・灘・裏）	Muro 今の牟《む》婁《ろ》郡	Sanu 狭野（今はなし）	Naka 那珂郡

「（宮崎県）延岡市の南に伊鈴《いすず》川（五十鈴川）があり、伊勢の五十《い》鈴《すず》川と対比されるし、この両地は、神話的に、古代文化史的意義においても相似関係がある。『日本書紀』に、神武天皇の皇后を『五十《い》鈴媛《すずひめ》』とあり、伊勢神宮を、『いすずの宮』といい、その地を流れる川を『いすず川』といった。『いすず』という地名は、同類がほとんどなく、『五万分の一地図』には上述の二例があるのみである。聖地の地名として、早く用いられたので、その適用をはばかったものらしい。」

「薩摩半島に阿多村があり、旧名は吾田《あだ》（多）である。これは、神代史に出てくる重要な地名であるが、吉田（東伍）博士の『読史地図』の第1図にも、磐余《いわれ》の西方に、阿太の地名が記されている。現在ここは大阿太村で、吉野川に沿った農村である。紀伊の有田も、古名は『安太』である。」

「吾田」については、吉田東伍も、『大日本地名辞書』（冨山房刊）のなかで、つぎのようにのべる。

「考えるに大和にも、阿陁《あだ》の地名があって、その『陁』をにごる。阿陁の二《ふた》見《み》は『新撰姓氏録』に、『二見の首《おびと》は、火《ほ》の闌降《すそり》の命《みこと》の裔孫』としているから、筑紫（九州）の地名から移り、遠く大和の地名となったのであろうか。」

（原文は文語文）

鏡味完二のこれらの文章のなかにでてくる五十鈴川、佐野、安太《あだ》（吾田）などを中心に、南九州と紀伊半島を中心とする地の地名の類似を示せば、**地図15**のようになる。

相対的にいって、同じような場所に同じような地名のあることがわかる。

また、南九州と紀伊半島の場合、左右対称になるような形でも、類似地名がみられる。

鏡味完二があげている「熊《くま》（球磨《くま》）」「牟妻《むろ》（諸《もろ》）」を中心に、その類似を示せば**地図16**のようになる。

鏡味完二は『日本地名学』の中で、つぎのようにものべている。

「『日本の地名には割合に同種の古代地名が多く、その多い原因が偶然ではなく、必然に歴史的に順序があって、持ち運ばれてきた結果となったものと解せられる。』（折口信夫《おりくちしのぶ》博士による）著者はここで、上代の二大文化地域であった北九州と近畿との間に、地名の相通ずるものが著るしく目立って存在する事実を指摘し、伝うる所の神武天皇御東征の暗示する、民団の大きい移動に、その基因を求めようと考える。」

「西村嘉助《にしむらかすけ》教授（地理学者、のち東北大学教授）も『地名はその存続性の強いことによって、歴史地理学の第一級の資料となる場合が多い』（一九五二）と述べている。要するに地名は、その発生当時の特殊の意味をもっており、一度土地に根を下ろすと、容易にその位置や語根が失われないままで残るから、地名は遠い過去を物語る化石となり、古い方言を探る手がかりとなる。」

「地名の相通ずる」のは、「民団の大きい移動」に基因するのであろう。そして、「地名は遠い過去を物語る化石」となる、という。地名は古代を考える上での重要な手がかりを与えてくれるようにみえる。

以上、和歌山県のばあいを例として述べた。島根県と静岡県のあいだの他の府県も「出雲系文化」「天穂日の命、饒速日の命系文化」「神武天皇系文化」の三層の濃淡によって、記述することができる。

以下では、長野県のばあいをみてみよう。

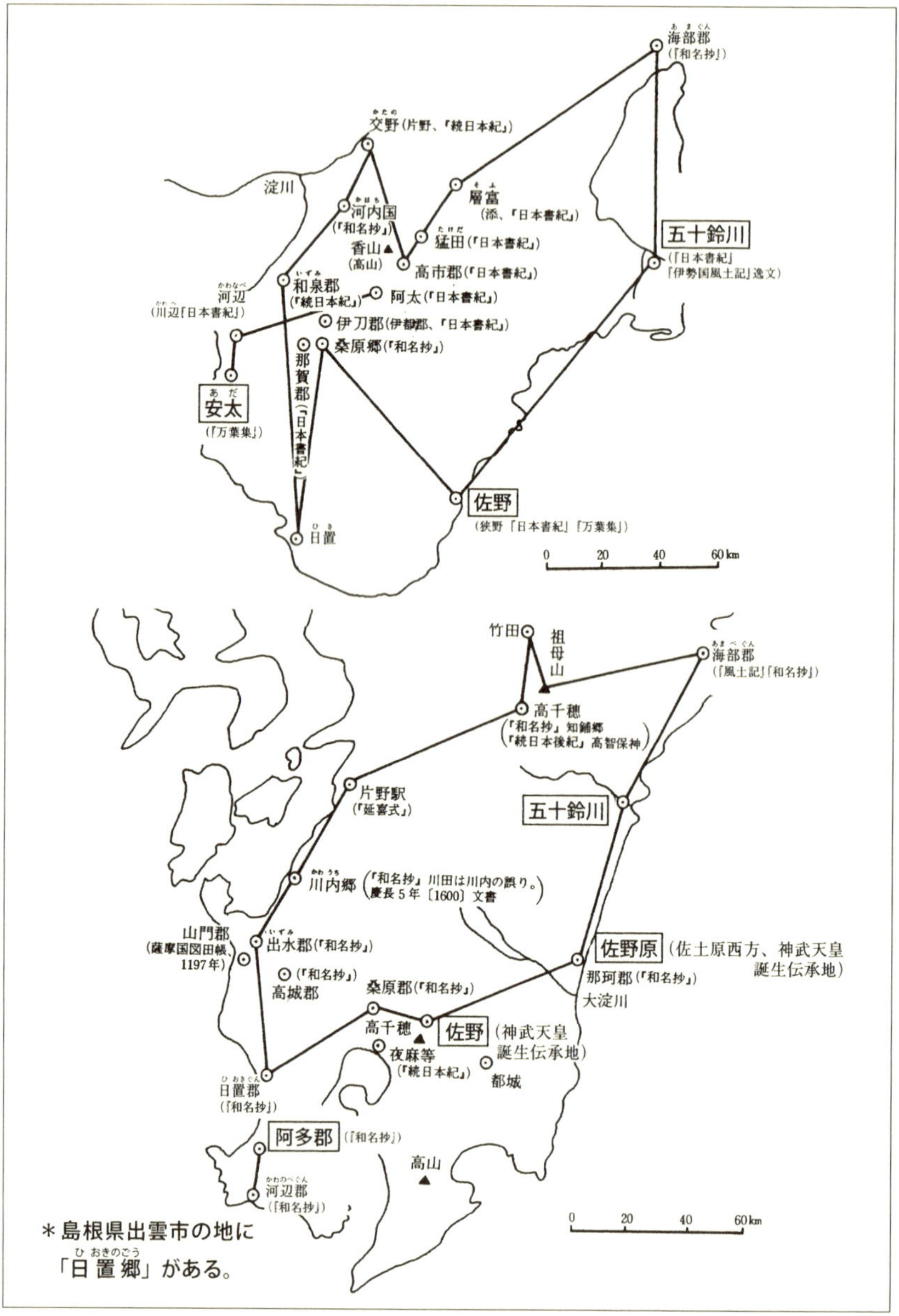

地図15　南九州と紀伊半島を中心とする地名の類似

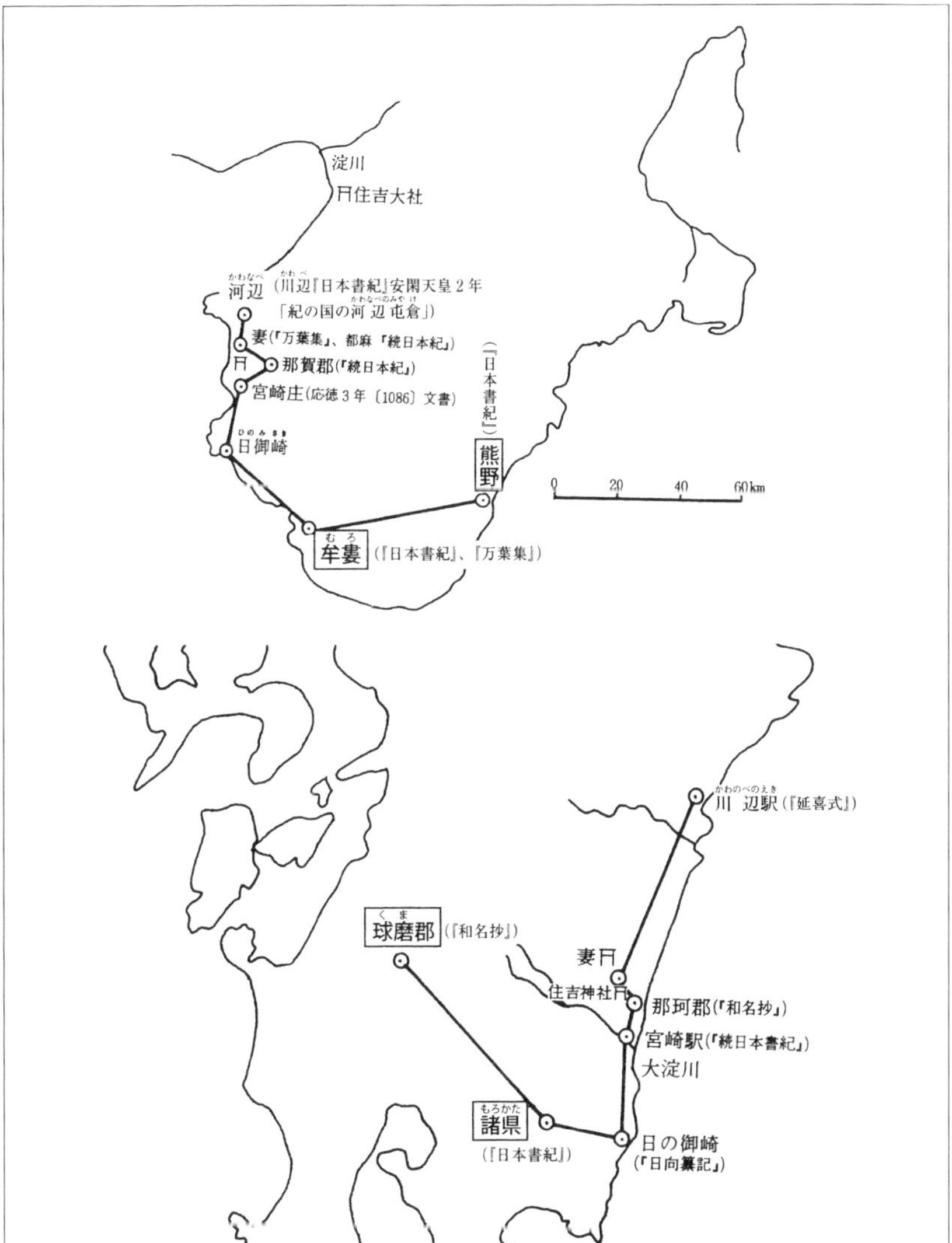

地図16　対称的に並ぶ類似地名

日本神話の「国譲り」の話にみえる信濃（長野県）

『古事記』にみえる出雲神話の国譲りの話の内容は、およそ、つぎのようなものである。

「高天《たかま》の原《はら》の天照大御神らは、大国主《おおくにぬし》の神《かみ》に出雲の国を譲れとせまる。

第一回の使者として、天《あめ》の菩比《ほひ》の神《かみ》をつかわす。しかし、この神は、大国主の神にこびへつらって、三年たっても復命しない。

第二回目の使者として、天《あめ》の若日子《わかひこ》をつかわす。この神は、大国主の神の娘の下照比売《したてるひめ》と結婚し、八年たっても、復奏しなかった。そればかりか、高天の原のほうへむかって矢をはなった。高天の原の高木の神（高御産巣日《たかみむすび》の神《かみ》が、その矢をつきかえすと、天の若日子は、その矢にあたって死んだ。

第三回目の使者として、建御雷《たけみかずち》の神《かみ》をつかわす。建御雷の神は、出雲の国の伊那佐《いなさ》の小浜《おばま》に下りいたり、大国主の神らと談判交渉する。建御雷の神は、大国主の神の子の建御名方《たけみなかた》の神《かみ》と力くらべをする。建御名方の神は、力くらべに敗れ、信濃《しなの》（長野県）の諏訪湖《すわこ》の地ににげ、その地をでないことをちかってゆるされた。大国主の神は、国を譲り、みずからが鎮まる大宮殿をたててもらい、隠退する。」

建御名方の神は、現在も長野県の諏訪大社の祭神である。

日本神話にみえる高天の原は、北九州方面をさすようにみえる。

『古事記』『日本書紀』では、出雲の国譲りの話は、「葦原《あしはら》の中国《なかつくに》」を平定する話になっている。

たとえば、『古事記』では、つぎのように記されている。

「高御産巣日《たかみむすひ》の神と天照大御神との御命令でもって、天の安の河原《かわら》に、八百万《やおよろず》の神《かみ》を集め、思金《おもいかね》の神（高御産巣日の神の子）に考えさせて、『この葦原の中国は、私（天照大御神）の子がおさめるべき国として、委任した国である。この国には、荒々しい国《くに》つ神（土着の神）がたくさんいると考えられる。どの神をつかわして平定をしようか。』とおっしゃった。」

そして、第一回目の使者、天の菩比の神を、大国主の神のところへつかわすのである。

この「葦原の中国」とは、どの範囲をさすのだろうか。

まず、『古事記』上巻（神話の巻）には、「葦原の中国」という地名は、十三回でてくる。十三の文例を見ると、『古事記』神話の範囲では、「葦原の中国＝出雲の国」とみてさしつかえないようにみえる。すくなくとも、「葦原の中国」の主要な地域は、「出雲の国」と重なるようにみえる。

ところが、大国主の神が領していた「葦原の中国」が、もともとは、出雲ばかりでなく、さらに畿内大和の地をもふくんでいたとみられる根拠が、いくつもある。

つぎに、それをのべよう。

(1)『古事記』の中巻の、神武天皇の巻に神武天皇が東征し、熊野村《くまののむら》（現在の和歌山県新宮市《しんぐうし》新宮《しんぐう》の地）にいたったとき、高倉下《たかくらじ》という人の夢のなかで、天照大御神・高木《たかぎ》の神（高御産巣日《たかみむすひ》の神）が、つぎのようにのべたという記事がある。

「葦原の中国は、ひどくさわがしいようである。私の子どもたち（神武天皇たち）は、難渋しているようである。」

ここの葦原の中国は、あきらかに、出雲をさしていない。和歌山県から奈良県のあたりをさしているようにみえる。

(2)『日本書紀』の「崇神天皇紀」に「大和《やまと》の国を造成された大物主《おおものぬし》の神《かみ》」（大物主の神は、大国主の神の別名。原文は、「倭成《やまとな》す大物主《おおものぬし》」）とある。畿内の大和の国を作ったのは、大国主の神であるような言い方である。

また、『日本書紀』の「垂仁天皇紀」では、大国主の神のことを、「倭《やまと》の大神《おおかみ》」「大倭《やまと》の大神《おおかみ》」などと記している。「崇神天皇紀」ではまた、「倭《やまと》の大国魂《おおくにたま》の神《かみ》（大国玉の神とも記す。大国主の神のこと）」を、はじめは、崇神天皇の宮殿のなかに祭っていたことを記している。やはり、「大国魂の神（大国玉の神）」に「倭《やまと》の」という形容詞がついている。畿内大和のもともとの領有者が、大国主の神であることを示しているような書き方である。『出雲国風土記』の意宇《おう》郡《ぐん》母理《もり》の郷《さと》の条には、つぎのような文がある。

「天の下を造成された大神である大穴持《おおなもち》の命《みこと》（大国主の神）がのべた。

『私が造り、領有統治する国は、皇孫《すめみま》の命《みこと》（天神の子孫）が平らかにお治めになるようにと、統治権をおゆずり申しあげましょう。ただ、出雲の国は、私の鎮座する神領地としていただいて、垣のような青山にとり囲まれて、主権の標示としての玉を置いていただき、保持し、鎮座しておりましょう』」

このようなことから、皇学館大学の田中卓《たなかたかし》氏の、出雲族の根拠地は、かつて大和であり、出雲は、出雲族が追われた場所であるとするような見解も、でてくるのである（『日本国家の成立と諸氏族』（田中卓著作集2）所収「古代出雲攷《こう》」国書刊行会刊）。

『古事記』の神代の巻では、八千矛《やちほこ》の神《かみ》（大国主の神の別名）が、地方に行くことを、「幸行」と記し、八千矛の神の正妻の須勢理毗売《すせりびめ》の命《みこと》を、「后《きさき》」とも記している。天皇あつかいの表記である。また、『出雲国風土記』では、大国主の神の子の阿遅須枳高日子《あじすきたかひこ》の命《みこと》に関係して、「阿遅須枳高日子の命の后《きさき》、天《あめ》の御梶日女《みかじひめ》の命《みこと》」とあり、ここでも、「后」の文字がつかわれている。

(3) 大国主の神は、統治権を皇孫にゆずるまでは、かなり広い地域の、天皇的存在だったのではないか。

新任の出雲の国造《くにのみやつこ》が、天皇に奏上する祝詞《のりと》の「出雲の国の造《みやつこ》の神賀詞《かむよごと》」のなかに、つぎのようなことばがある。

「大国主の神を媚《こ》び鎮《しず》めていたとき、大国主の神が言った。
『皇孫《すめみま》が、鎮まりおられるであろう大和《やまと》の国。』
そして、大国主の神の和魂《にぎみたま》（やわらぎ静まる方面の魂）を、大神神社《おおみわ》（奈良県磯城郡の三輪山にある）に鎮座させ、大国主の神の子の阿遅鉏日子根《あじすきひこね》の命《みこと》の魂を、高嶋神社（奈良県南葛城山にある）に鎮座させ、同じく大国主の神の子の事代主《ことしろぬし》の命《みこと》の魂を雲梯《うなで》神社（奈良県高市郡にある）に鎮座させ、賀夜奈流美《かやなるみ》の命《みこと》の魂を、飛鳥《あすか》神社に鎮座させ、皇孫の守り神としてたてまつった。そして、そののちに、大国主の神は、出雲大社に鎮《しず》まった。」

この文では、むしろ、大和の国をたてまつったような感じになっている。

(4)

『古事記』『日本書紀』の神代の巻に、大国主の神の和魂《にぎみたま》を、畿内大和にある「御諸山《みもろやま》」にまつる話がでてくる。これは、大神《おおみわ》神社のことである。「御諸山」は、『古事記』神代の巻にでてくる唯一の、畿内大和（奈良県）の、具体的地名である。

また、『古事記』神代の巻には、大国主の神が、出雲の国から「倭国《やまとのくに》」（大和《やまと》の国。奈良県）にむかおうとする話がでてくる。

いずれも、神武天皇東征以前の話である。

(5)

大国主の神に関する話をみると、戦いの話は、ほとんどない。いちじるしく多いのは婚姻譚である。

大国主の神は、多くの女性と結ばれた。大国主の神を縁結びの神とするのも、この神が艶福家であったためであろう。

しかし、大国主の神の結婚は、単なる結婚ではなく、結婚を通して、政治勢力を大きくするねらいが、かなりあったようである。

大国主の神の結婚の相手の居住地をみると、その範囲はひろい。『古事記』その他に記載されているもので、居住地のわかるものを地図上に描くと、**地図17**のようになる。畿内も、ふくまれている。

『古事記』によれば、大国主の神と結ばれた女性のひとりに、高志《こし》（越）の国の沼河姫《ぬなかわひめ》の命《みこと》がいる。沼河姫は、高志（越）の国（新潟県）の沼川《ぬなかわ》に住んでいた。

高志《こし》の国の沼河比売《ぬなかわひめ》の名は、『古事記』『出雲国風土記』に記載がある。高志の国の沼河は、越後の国頸城《くびき》郡《ぐん》沼川郷。現在の、糸魚川市《いといがわし》一之宮の地である。この地の「姫川」は、翡翠《ひすい》の原石の産出地である。

平安時代の初期にできた『先代旧事本紀』は、信濃国《しなののくに》（長野県）諏方郡諏方《すわぐんすわ》神社（現在の諏訪《すわ》大社）にまつられている建御名方《たけみなかた》の神は、沼河比売の子であると記す。すなわち、『先代旧事本紀』の「地祇本紀」に、「大国主の神は高志《こし》の沼河姫《ぬなかわひめ》をめとり、一人の子をえた。建御名方《たけみなかた》の神《かみ》。信濃の国（長野県の諏方郡諏方神社《すわぐんすわじんじゃ》）に鎮座する神である。」と記されている。諏訪大社は、諏訪湖の湖畔にある（**地図18**）。信濃の国（長野県）の諏訪大社の地は、高志の国の沼河に、比較的近い（**地図17**）。

この『先代旧事本紀』の記載が、なんらかの根拠をもつとすれば、建御名方《たけみなかた》の神《かみ》は、建御雷《たけみかづち》の神《かみ》との力くらべに敗れて、母の沼河比売の出身地の方面へ逃げこんだことになる。

また、糸魚川市ふきんの産出の翡翠が、出雲（島根県）からも出土している。

大国主の神と沼河比売との結婚譚は、大国主の神が、翡翠によって力をもつ勢力と結びついたという伝承なのであろう。

大国主の神の根拠地が、本来出雲にあり、大和地方をも領して、そこにも宮殿があったものなのか、それとも、大国主の神の根拠地が、本来大和にあったものなのかは、説のわかれるところである。

私は、『古事記』にのべられている須佐《すさ》の男《を》の命《みこと》が、大国主の神に与えたことば、

「お前は、大国主の神となり、俺の娘の須世理毘売《すせりびめ》を正妻として、宇迦《うか》の山（出雲の国宇賀郷の地）のふもとに宮殿をつくって、そこに居住せよ。」

を尊重し、大国主の神の根拠地は、やはり出雲にあったと考えたい。なにしろ、出雲は、多量の銅鐸や、三五八本の銅剣などの出土した地である。その地に、それなりの勢力が存在したと考える。

ただ、大国主の神の支配下、あるいは影響下にあったのは、出雲の国ばかりでなく、畿内にもおよぶ、かなり広大な地域であったようにみえる。それは、すでにのべたように、初期・最盛期銅鐸（菱環鈕式銅鐸・外縁付鈕1式銅鐸・外縁付鈕2式銅鐸・扁平鈕式銅鐸）の分布範囲とも重なりあう。

大国主の神の勢力範囲は、中心地は出雲の国であるにしても、のちの畿内大和の地までおよぶ、そうとうに広い範囲であるとみられる。

出雲には、高天《たかま》が原《はら》（北九州とみられる）から、天の忍穂耳命の弟の天《あめ》の菩比《ほひ》の命《みこと》が、天下っている。天の菩比の命は、出雲の国造《くにのみやつこ》の祖先である。

『古事記』『日本書紀』では、くわしいことは省略されているが、畿内方面へは、天孫系の邇芸速日《にぎはやひ》の命《みこと》が、天下っている。

邇芸速日の命の降臨は、神武天皇の東征前に行なわれたものであり、出雲の国譲りのあとで行なわれたようである。そして邇芸速日の命の降臨は、平安時代の初期にできた『先代旧事本紀』に、かなりくわしく記されている。

つまり、大国主の命の勢力の主要な根拠地とみられる出雲と畿内には、「国譲り」のあと、天照大御神の子孫が二人天下りしている。「天孫降臨」している。

出雲に下った天《あめ》の菩比《ほひ》の命《みこと》と大和に下った邇芸速日《にぎはやひ》の命《みこと》とは、血統からいって、「世が世であれば」、天皇

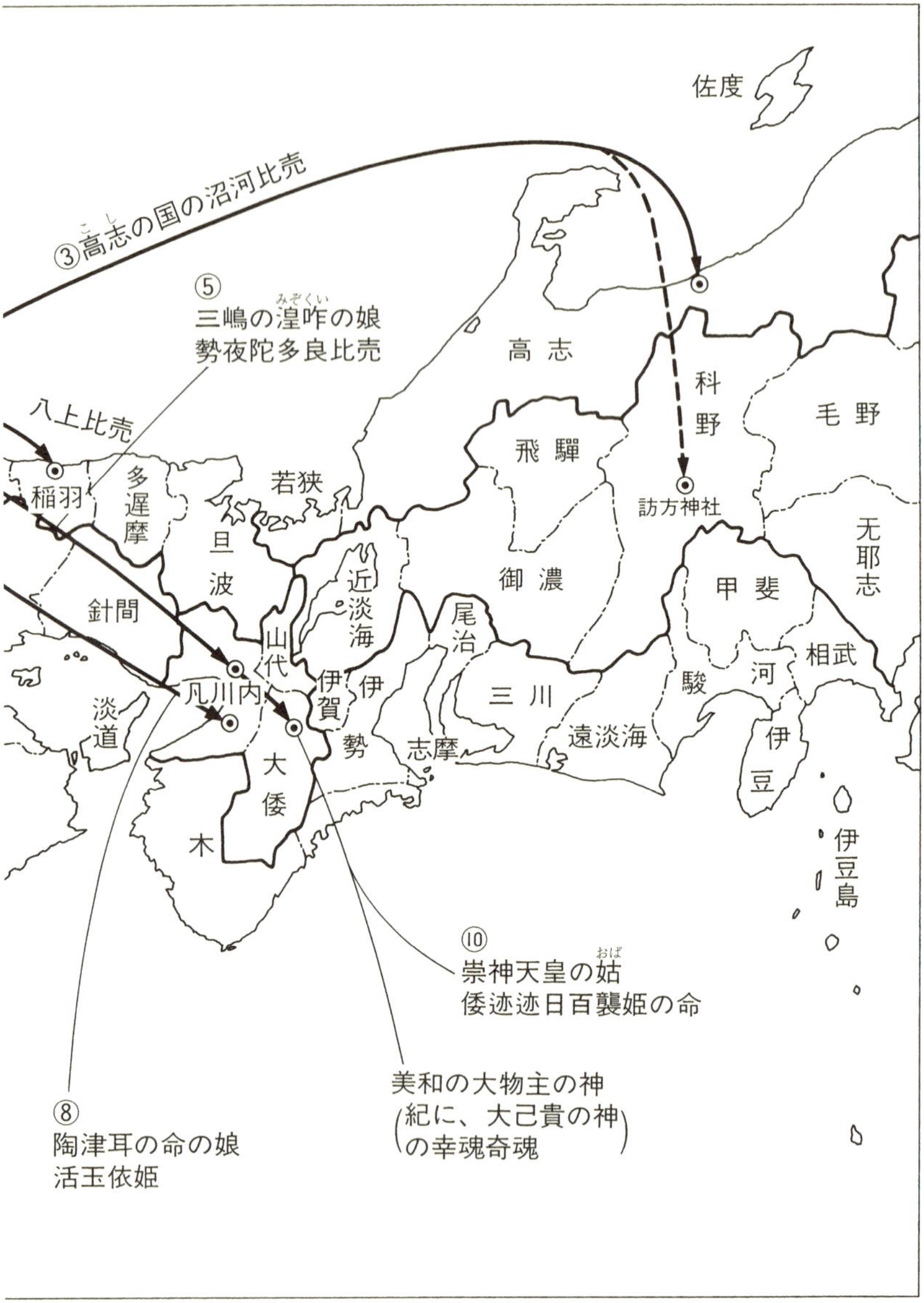
佐度
③高志《こし》の国の沼河比売
⑤
三嶋の湟咋《みぞくい》の娘
勢夜陀多良比売
八上比売
高 志
科
野
毛 野
飛 驒
訪方神社
稲羽
多
遅
摩
若狭
旦
波
近
淡
海
御 濃
甲 斐
无
耶
志
針間
山
代
尾
治
相武
駿
河
伊
賀
伊
勢
三 川
凡川内
淡
道
志摩
遠淡海
伊
豆
大
倭
木
伊
豆
島
⑩
崇神天皇の姑《おば》
倭迹迹日百襲姫の命
美和の大物主の神
(紀に、大己貴の神
の幸魂奇魂)
⑧
陶津耳の命の娘
活玉依姫

神の通婚範囲

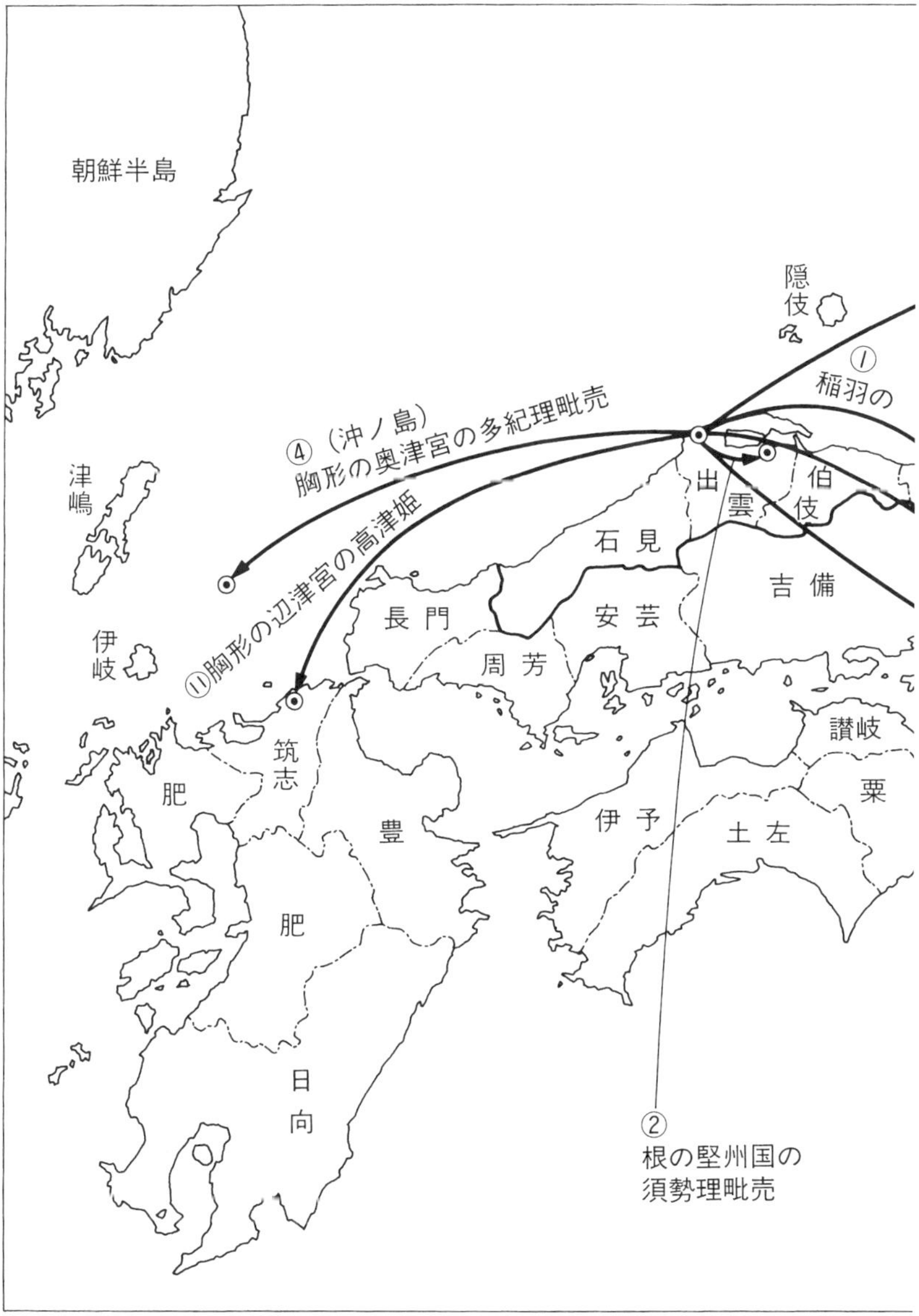
朝鮮半島
隠伎
①
稲羽の
④（沖ノ島）
胸形の奥津宮の多紀理毗売
津嶋
出雲
伯伎
⑪胸形の辺津宮の高津姫
石見
吉備
長門
安芸
伊岐
周芳
讃岐
筑志
肥
粟
豊
伊予
土左
肥
日向
②
根の堅州国の
須勢理毗売

地図17　大国主の

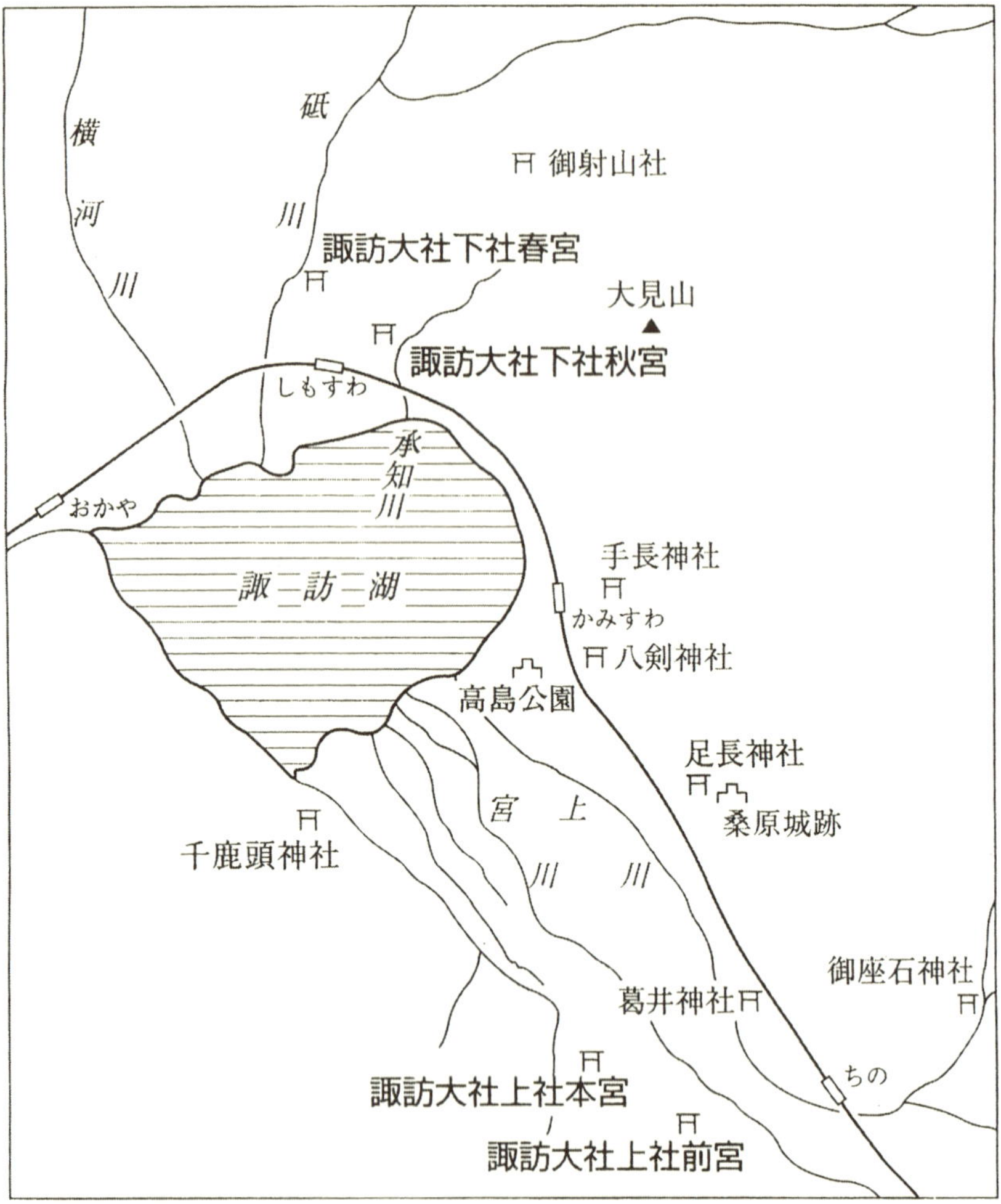

地図18　諏訪大社の場所（谷川健一編『日本の神々　9』〔白水社刊〕による）

家の祖先になったとしても、おかしくはない存在なのである。

南九州に天降った勢力の子孫が、のちの大和朝廷つまり天皇家につながったために、出雲に天降った天の菩比の命や、畿内に天降った邇芸速日《にぎはやひ》の命《みこと》の話の印象が、薄れただけのようにみえる。

長野県中野市から二〇〇七年に出土した銅鐸

長野県中野市から、二〇〇七年に、五個の銅鐸が出土している。

これについては、つぎのような文献にくわしい。

(1)　広田和穂（長野県埋蔵文化財センター）「新発見の銅鐸・銅戈と信濃最大級の礫床《れきしょう》木棺墓群―長野県中野市柳沢遺跡の新たな成果―」「日本考古学会第68回例会」（二〇一〇年三月二〇日）

(2)　広田和穂「長野県中野市柳沢遺跡の発掘調査」（『考古学雑誌』第96巻、第3号、二〇一二年。この報告文は、『季刊邪馬台国』〔123号、二〇一四年十月刊〕に転載されている。）

(3)　長野県埋蔵文化財センター『中野市柳沢遺跡』（二〇一二年刊）

このうちの、(1)の資料に、中野市から出土した五個の銅鐸について、つぎのように記されている。

銅鐸

1号　外縁付鈕1式。流水文。身の上半は青銅器埋納坑より出土。身の下半の破片は廃土探索により発見。両者は接合し、およその全体像が確認できた。高さ約22㎝。舞内面で長方形の型持の一部を確認。鰭には外向鋸歯文がある。

2号　外縁付鈕1式。四区袈裟襷文。廃土探索により出土。破片を接合して略《ほぼ》完形となる。高さ約22㎝。舞内面で長方形の型持の一部を確認。裾には蕨《わらび》手文《てもん》、鰭には内向鋸歯文と渦巻文がある。

3号　外縁付鈕2式。四区袈裟襷文。廃土探索により出土。身の下部片は上部片と接合しない。鰭には内向鋸歯文と飾耳が確認できる。太い隆線で横方向の「U」字状に張り出したと推測される。

4号　外縁付鈕2式。四区袈裟襷文。廃土探索により出土。破片を接合して一部を確認。舞の内面で長方形の型持を確認。中央短軸方向に2つ配置したと考えられる。身の上部片には袈裟襷文を確認。縦帯が横帯を切る。

5号　外縁付鈕2式（扁平鈕式古段階の可能性も残る）四区袈裟襷文。廃土探索により出土。破片を接合して一部を確認。高さ約20㎝。鈕は一部を確認。文様は腐食や剥離等で不明瞭。身は袈裟襷文がわずかに確認できる。下辺横帯付近の破片には一部鋳掛が認められる。レントゲン観察により足がかりも確認されている。鋸歯文と斜格子文が補刻される。

このように、長野県の中野市の柳沢遺跡からは、「初期・最盛期銅鐸」に属するものが、五個出土しているのである。

この資料には、中野市の柳沢遺跡からは、八個の銅戈が出土したことも記されている。

柳沢遺跡のある中野市の位置を地図上に示せば、**地図19**のとおりである。

中野市の近くには、建御名方の神をまつる健御名方富命彦神別神社《たけみなかたとみのみことひこかみわけじんじゃ》が、飯山市や長野市にある。

中野市は沼河比売のいた場所である糸魚川《いといがわ》市ふきんにも、かなり近い（**地図19**）。

出土した銅鐸も、出雲系の銅原料でつくられているであろうと推定される「初期・最盛期銅鐸」である。

神話の話のすじに、かなりよく合っている出土品である。

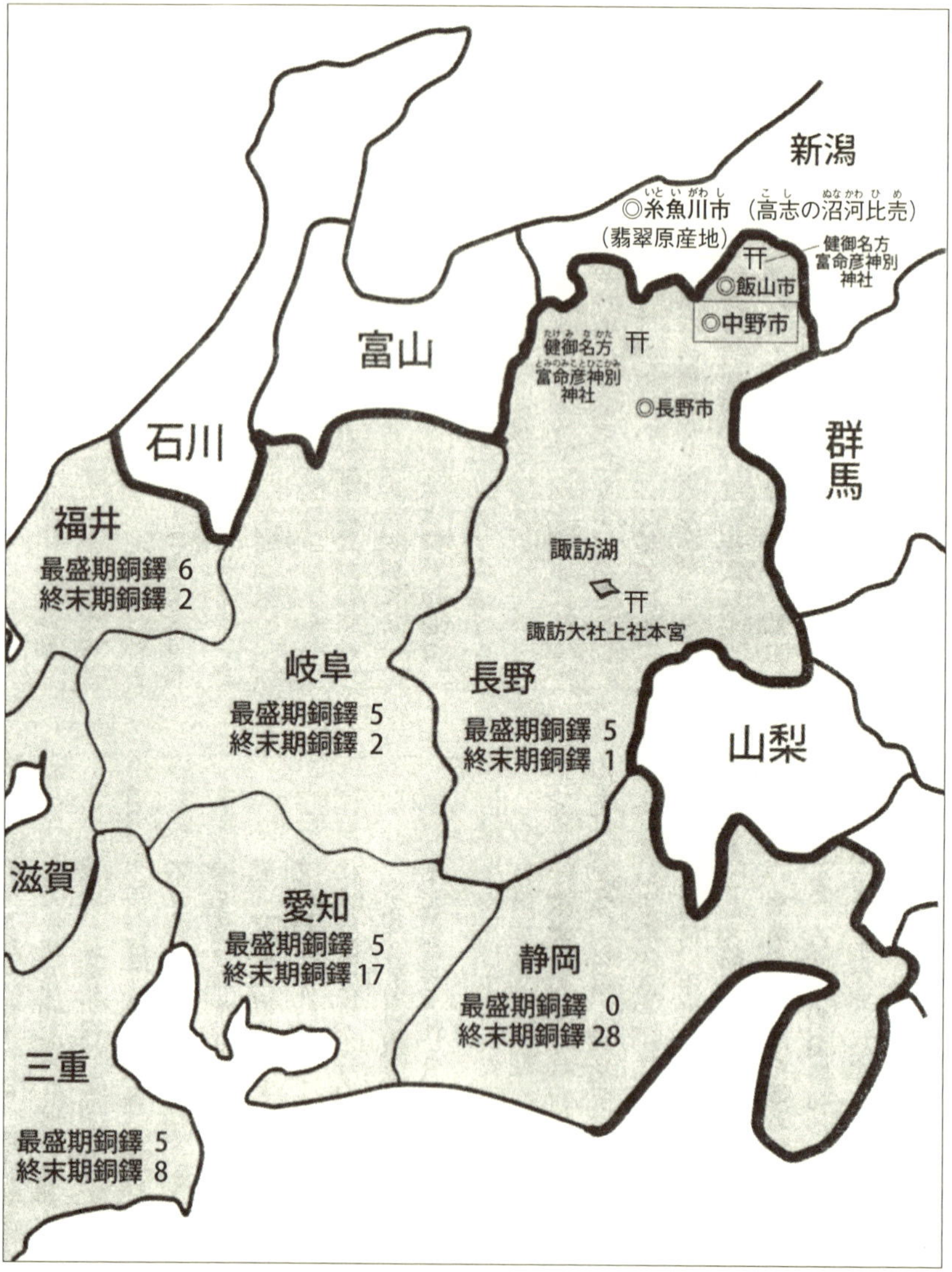

地図19　5個の銅鐸を出土した長野県中野市（柳沢遺跡）の位置

第Ⅱ部　鉛同位体比が解き明かす銅鐸世界の全容

●銅鐸の年代が、鉛同位体比によってわかる●

新潟県糸魚川《いといがわ》市の市役所のまえの奴奈川姫《ぬなかわひめ》とその子の建御《たけみ》名方《なかた》の神《かみ》の像

大国主の神は、高志《こし》（越《こし》）の国の奴奈川姫《ぬなかわひめ》（沼河姫《ぬなかわひめ》）と結ばれる。沼河の地は、翡翠《ひすい》の原石の産出地である。大国主の神と沼河姫とのあいだの子が、建御名方《たけみなかた》の神であると、『先代旧事本紀《せんだいくじほんぎ》』は記す。

建御名方の神は、出雲で国譲りのさい、建御雷《たけみかずち》の神《かみ》との力くらべに破れ、母の国の近くの信濃《しなの》の国（長野県）に逃げこむ。

庄内式土器の時代のころまで（およそ、西暦三〇〇年のころまで）の、青銅器のなかに含まれる銅の同位体比は、時代とともにきわめて規則的に変化する。このことを利用すれば、各型式の銅鐸が行なわれた年代などを定めることができる。

また、これを利用して、北九州の青銅器と、出雲や畿内の青銅器との相互関係、時代的並行関係などを知ることができる。

時代は動く

私の編集している『季刊邪馬台国』の120・121・122号に、穴沢咊光《わこう》氏の「梅原末治論」が連載された。梅原末治は、大正・昭和時代の大考古学者である。

『季刊邪馬台国』122号に掲載された連載の第3回において、穴沢咊光氏はのべる。

「現在まで、日本考古学主流のやってきたことは、さながら梅原的研究戦略の踏襲であり、これに無反省であれば、ついには晩年の梅原のように八幡《やわた》の藪《やぶ》知らずのようなデータの森の中で迷子になるだけであろう。」

「筆者（穴沢氏）の知人のある外国人の考古学者はいう。日本考古学はデータで窒息しつつある。日本人は非常に細かで精密な研究はするが、研究の枠組や問題点の中にある重要性に目を向けようとはしない。日本人は常に同じような問題点に固執し、まるでそれ以外に問題とすべき点がないかのような態度をとりつづける。」

梅原末治は、精密な観察と記録の能力をもつ天才であった。

ただ、どこまでも、個々の遺物、遺跡などの観察と記録であった。古代の歴史や社会の体系的な研究はほとんど行なわなかった。

穴沢氏は、『季刊邪馬台国』121号でのべる

「厳格経験主義に徹した記述の学者だった梅原にとっては、データ（資料）がすべてであった。彼の学問とはデータをどこからか仕入れてきて発表する以外にはタネもシカケもなく、それ以外に特別な方法も方向もなかったのだ。」

例をあげよう。古代の個々の動物の骨を、精密に観察記録するだけでは、「進化論」という、全体を俯瞰《ふかん》

する物語性と生産性をもった「理論」はでてこない。

精密な観察・記録は必要である。それは、科学への最初の一歩である。しかし、そこから「さらに一歩飛躍する」なにかがなければ「理論」はでてこない。梅原末治には、そのなにかが欠けていた。精密な観察と記録、それは、結局、テクニック、技術である。真の学問や科学にまでとどいていないのではないか。

近年、考古学も、他の分野と同じく発掘記録などのデータの量が激増し、いわゆるビッグ・データの時代にはいっている。

穴沢咊光氏は、『季刊邪馬台国』122号でさらにのべる。

「研究方法も『モノを一つ一つ丹念に観察し、実測し、写真や拓本をとり、その形態や装飾をアタマにたたきこむだけではダメなのであって、青銅器は成分の鉛同位体比を測り、鉄器はX線検査、土器は胎土分析、石器は使用痕の研究、木器は年輪年代の測定、動植物遺存体は専門家の鑑定、遺跡の土は土壌分析と花粉分析を行ない、その結果を総合しなければ本当のことはよくわからない』といった時代になった。資料の激増によって、梅原のやったように自分の頭脳をデータベース化していたのでは追いつかなくなり、碩学の頭脳と資料のファイルに代わってコンピューターが登場し、『考古学資料に関する情報ネットワークの開発によって、学界共通のデータベースには夥しい資料が登録され、そこから引き出される情報がただちに研究資料となる』という情報革命の時代が必ず到来するであろう。そういう時代に、考古学の最新課題となるのは、いろいろの情報をいかに総合して過去を復原するかという考古資料の解釈理論であり、『考古学は報告書や図録を出版するだけが能じゃない』といわれるようになるだろう。こういう時代になって、日本考古学が梅原のやったように『資料の語ることだけがおのずから結論となる』という厳格経験主義に拘泥《こうでい》し続けるならば、国際学界からは『事実を積み上げるばかりで、その説明を試みない』と『峻烈な非難を浴びせられる』であろう。」

「大量の情報をいかに処理して過去を復原するかが大きな課題となってきた。」

個々のデータの精密な観察記録にとどまらず、同種のデータについての「大量の情報」を処理し、「いろいろな情報を総合して、過去を復原する」ためには、統計学・確率論などは、最有力な方法となりうる。

これは考古学にかぎらず、他の分野でも、同じような情況がおきている。

たとえば、榎木英介《えのきえいすけ》著『嘘と絶望の生命科学』（文春新書、文藝春秋、二〇一四刊）に、つぎのような文がある。

「バイオ研究が歪む原因として、統計学の知識、経験不足が大きいことが指摘されている。

薬の薬効も、生命現象も、非常に複雑な要素が関係しており、クリアカットに（明快な形で）成果が出ないことが多い。薬で言えば、効き目には個人差が大きく、Aさんには効いてもBさんには効かず、Cさんには副作用が出た、といった個々による反応性の違いがある。同じ人に同じ薬を投与しても、毎回同じ反応がでるわけではない。データは当然ばらつきが大きくなる。

個々の反応から効き目を明らかにするには、統計学が強力な力を発揮する。年齢、性別、身長、体重をはじめとする個々の要素やデータのばらつきを統計学的に処理することで、薬や治療法が効いているかといったことが分かるからだ。

ところが、日本のバイオ研究者、とくに医学者は統計学にあまりに疎い。」

文献学の分野でも、同じような情況がみられる。

たとえば、中国の中州古籍出版社というところから、一九八九年に、北京図書館金石組編の『北京図書館蔵中国歴代石刻拓本匯編《かいへん》』という、全一〇一巻の、厖大な資料が刊行されている。第一巻の「戦国・秦漢」編にはじまり、第一〇〇巻の「中華民国・付偽満州国」編で終る。第一〇一巻は、「索引」である。

石に刻まれたたとえば墓誌などの拓本《たくほん》（文字の上に紙をあて、上から墨でたたいて写しとったもの）の、厖大な写真集である。

つぎのような問題を考えてみよう。

わが国に『法華経義疏《ほけきょうぎしょ》』とよばれる文献がある。『妙法蓮華経《みょうほうれんげきょう》』の註釈書である。聖徳太子の親筆とされている。

いっぽう、聖徳太子の親筆であることを疑う見解もある。聖徳太子の存在そのものを疑う見解すらある。

聖徳太子（五七四〜六二二）は、中国の王朝でいえば、ほぼ、隋の時代（五八一〜六一九）に活躍した人である。中国に遣隋使を派遣している。

『法華経義疏』に用いられている字体や書体は、隋の時代のものにあっているのか？

それはほぼあっている。

字体には、時代によって変化するものがある。

たとえば、「寿」という字を第二次大戦以前には、もっぱら「壽」と書いた。この字は、昔は「士《さむらい》が、フエ一本口に寸《す》」といっておぼえた。現代とは、字体が異なっている。ただ、現代でも「壽」の字体が用いられることはある。隋の時代には、『北京図書館蔵中国歴代石刻拓本匯編』によれば「壽」のような字体がみられる。「フエ」の「エ」の部分が、「口」または「中」になっている。

そして、『法華経義疏』でも、この「壽」の字体がみられる。隋の時代のつぎの唐の時代も、「壽」の字がみられる。これを、どう評価すべきか。

字体の時代的変遷などは、一時期に、一気《いっき》に変化するものではない。統計的に検討する必要がある。

この本の「第Ⅱ部」では、銅にふくまれる鉛の同位体比の問題をとりあげる。

じつは、鉛の同位体比についても、すでに、厖大といえるほどの測定値の蓄積がみられる。そこから、なにが読みとれるのか、考えてみるべき段階にいたっている。

銅鐸を中心とする青銅器の銅原料には、時代とともに一定の方向に変化する強い傾向がみられる

庄内式ごろ以前の青銅器の原料を、銅鐸を中心にみていくと、ほとんど法則的といってもよいほどの、はっきりとした傾向性、規則性がみとめられる。この傾向性、規則性をもとにすれば、銅鐸や諸青銅器の「年代」を推定することができる。

国立歴史民俗博物館の館長であった考古学者の佐原真は、銅鐸を鈕《ちゅう》（上部の縄などを通す部分）の形式によって、つぎのようにわけた。

(1)　菱環鈕式《りょうかんちゅうしき》
(2)　外縁付鈕式《がいえんつきちゅうしき》（1式・2式）
(3)　扁平鈕式《へんぺいちゅうしき》（1式・2式）
(4)　突線鈕式《とっせんちゅうしき》（近畿式・三遠式）

このうち、(1)の菱環鈕式の銅鐸は、もっとも古い時代の銅鐸とみられる。また、(4)の近畿式・三遠式銅鐸は、時代的に、もっとも新しい段階の銅鐸であるとみられる。

「第Ⅰ部」ですでにのべたところであるが、これらの銅鐸は、大きくは、つぎの二つのグループにわける

ことができるようにみえる。

(A) 初期・最盛期銅鐸（出雲系銅鐸）

(1) 菱環鈕式銅鐸

(2) 外縁付鈕1式銅鐸

(3) 外縁付鈕2式銅鐸

(4) 扁平鈕式銅鐸

このうち、とくに(2)(3)は、島根県からの出土がもっとも多い。

(4)の扁平鈕式銅鐸は、近畿地方からの出土が多いが、この扁平鈕式銅鐸も、島根県（出雲）方面から、拡散してきたようにみえる。島根県の加茂岩倉遺跡では、扁平鈕式の銅鐸のなかに、外縁付1式の銅鐸が、入れ子式にはいり、同時出土している。「埋納時期」の同時性を示している。

また、(A)の初期・最盛期銅鐸は、大国主の命の活動の伝承地から出土していることが多い。たとえば、大量の銅鐸が出土した出雲の加茂岩倉遺跡《かもいわくらいせき》は、『出雲国風土記《いずものくにふどき》』にみえる「神原《かんばら》の郷《さと》」ふきんである。

「神原の郷」については、『出雲国風土記』に大国主の命が、「神宝を積み置いたところ」と記されている。

(B) 終末期銅鐸（北九州由来銅原料銅鐸）

(1) 近畿式銅鐸《きんきしきどうたく》

(2) 三遠式銅鐸《さんえんしきどうたく》

(B)の終末期銅鐸は饒速日《にぎはやひ》の命《みこと》の子孫の人々が、のちの時代に国造《くにのみやつこ》になっている地域（とくに静岡県）や、饒速日の命とともに畿内に天下ったとされる人々の活動している地域（滋賀県など）から出土していることが多い。

この「第Ⅱ部」では、(A)の初期・最盛期銅鐸と、(B)の終末期銅鐸とでは、変化の方向には、共通の一定性がありながら、用いられている銅の原料が異なってきていることを、データをあげ、ややくわしくお話ししてみようと思う。(A)の初期・最盛期銅鐸では、出雲系の銅原料が用いられている。(B)の終末期銅鐸では、北九州系の銅原料が用いられている。しかし、銅原料は、一定の方向に向けて変化してきており、その変化の方向性においては、連続性がある。なぜ、このようなことがおきたのか。

鉛同位体比の研究

銅の生産地や青銅器の制作年代を、あるていど知ることができる研究に、銅のなかに含まれている鉛についての研究がある。

鉛には、質量（乱暴にいえば地球上ではかったばあいの重さ）の異なるものがある。鉛は、四つの、質量の違う原子の混合物である。その混合比率（同位体比）が産出地によって異なる。鉛には、質量数が、二〇四、二〇六、二〇七、二〇八のものがある。つまり、四つの同位体（同じ元素に属する原子で、質量の違うもの）がある。鉱床の生成の時期によって、鉛の同位体の混合比率が異なる。いわば、黒、白、赤、青の四種の球があって、その混合比率が、産出地によって異なるようなものである。

鉛同位体比研究の重要な意味は、青銅器に含まれる鉛の混合率の分析によって、青銅器の制作年代を、あるていど推定する手がかりが与えられることである。

とくに、質量数二〇七の鉛と二〇六の鉛との比（Pb-207/Pb-206　Pbは鉛の元素記号をあらわす）を横軸にとり、質量数二〇八の鉛との比（Pb-208/Pb-206）を縦軸にとって、平面状にプロットすると、多くの青銅器がかなり整然と分類される。
それによって、青銅器の制作年代など考えることができる。
すなわち、古代の青銅器は、大きくはつぎの三つに分類される（**図21**参照）

(1) **「直線L」の上にほぼのるもの**　もっとも古い時期のわが国出土の青銅器のデータはこの直線の上にほぼのる。「直線L」の上にのる青銅器またはその原料は、雲南省銅あるいは中国古代青銅器の銅が、燕の国（**地図20**参照）を通じて、わが国に来た可能性がある。細形銅剣、細形銅矛、細形銅戈、多鈕細文鏡、菱環鈕式銅鐸などは、「直線L」の上にのるグループに属する。

「直線L」の上にのる鉛を含む青銅器を、数多くの鉛同位体比の測定値を示した馬渕久夫氏（東京国立文化財研究所名誉研究員、岡山県くらしき作陽大学教授）らは、朝鮮半島の銅とするが、数理考古学者の新井宏氏は、くわしい根拠をあげて、雲南省銅あるいは中国古代青銅器銅とする（新井宏著『理系の視点からみた「考古学」の論争点』〔大和書房、二〇〇七年刊〕参照）。

(2) **「領域A」に分布するもの**　甕棺から出土する前漢・後漢式鏡、箱式石棺から出土する「長宜子孫」銘内行花文鏡、小形仿製第Ⅱ型、そして、広形銅矛、広形銅戈、近畿式・三遠式銅鐸などは、「領域A」に分布する。弥生時代の国産青銅器の多くも、この領域にはいる。

(3) **「領域B」に分布するもの**　三角縁神獣鏡をはじめ、古墳から出土する青銅鏡の大部分は「領域B」にはいる。ほぼ、西暦三〇〇年ごろから四〇〇年ごろに築造されたとみられる前方後円墳から出土する鏡の多くは、この領域にはいる。

客観的な事実は、以上のようなものとみられる。

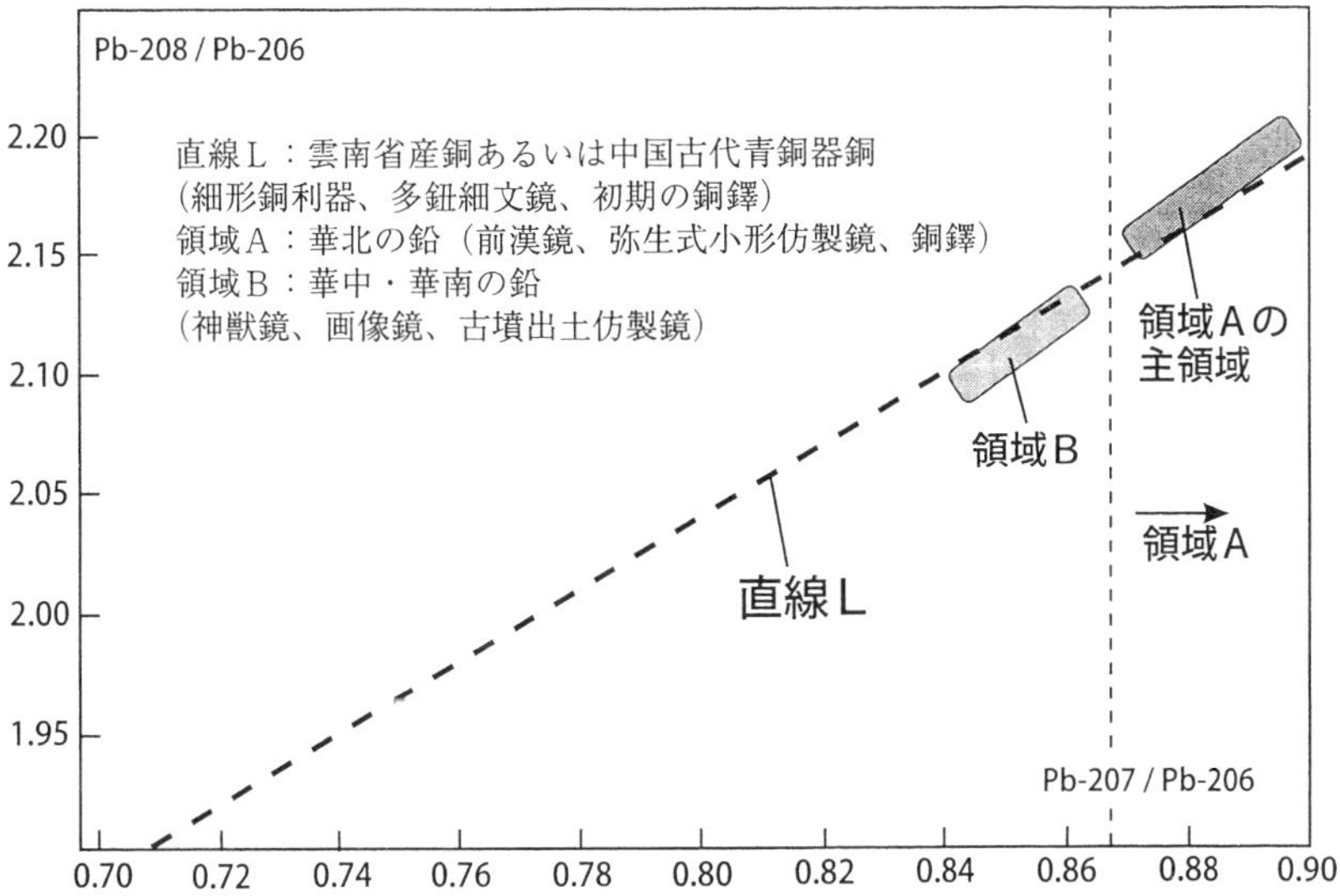

図21　日本出土青銅器の鉛同位体比分布

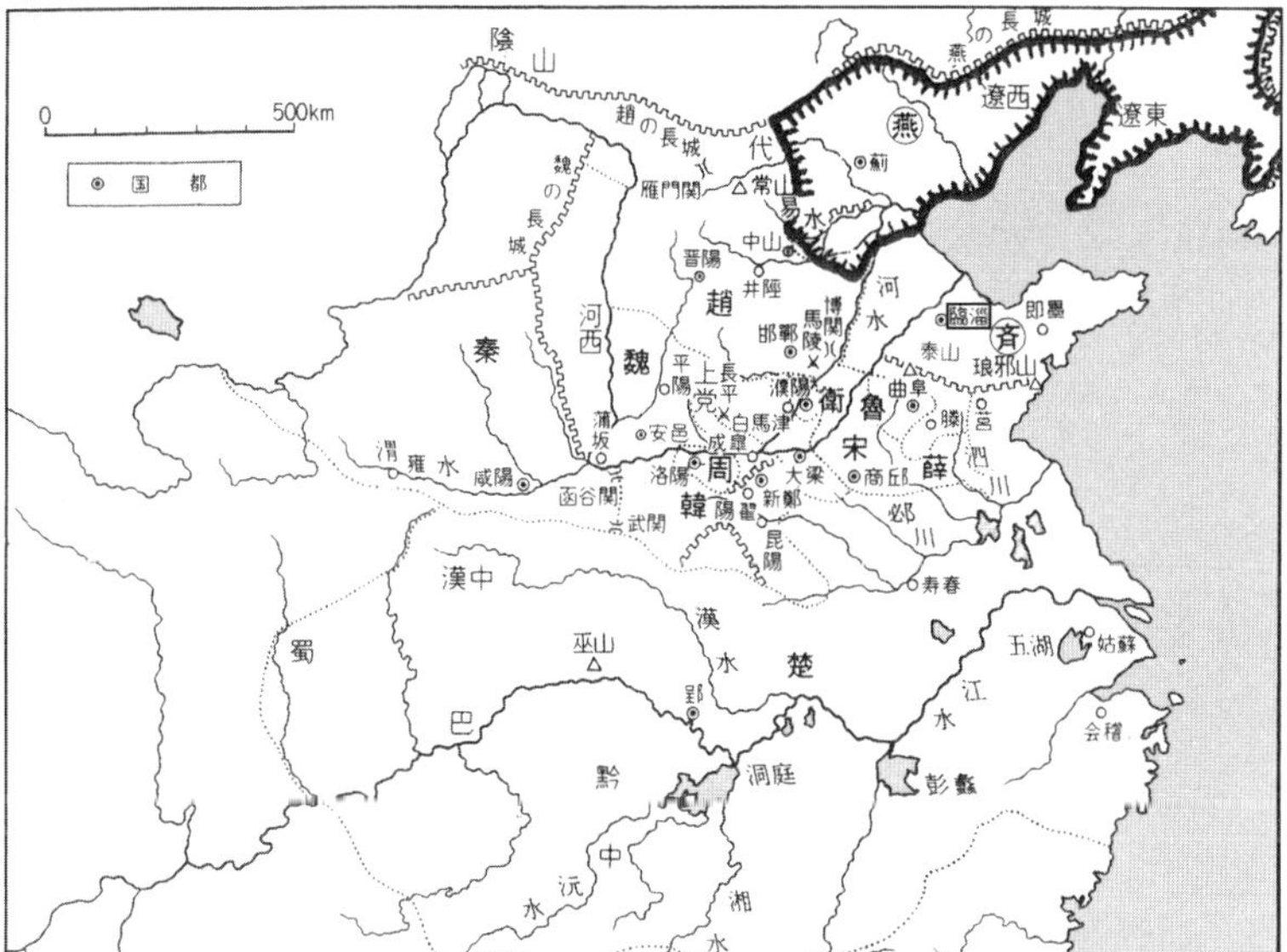

地図20　中国・戦国時代（紀元前４～紀元前３世紀）の燕の領域
（『東洋史辞典』［東京創元社、1990年刊］をもとに作図。）

「細形銅剣」「細形銅矛」「細形銅戈」の鉛同位体比

この本では、「銅鐸」の謎の解明に焦点をおいている。

そのさいの出発点というか、基準となるのが、「細形銅剣」「細形銅矛」「細形銅戈」の鉛同位体比である。「細形銅剣」「細形銅矛」「細形銅戈」は、わが国から出土する青銅器のうち、もっとも古い時代に出土するものである。おもに、北九州から出土する。

多くの青銅器の鉛同位体比の測定値をまとめて掲載しているものに、『考古資料大観6　弥生・古墳時代　青銅・ガラス製品』（小学館、二〇〇三年刊）がある。

この『考古資料大観6』に収録されているデータから、「細形銅剣」「細形銅矛」細形銅戈」に関するデータをすべてとりだす。そのPb-207/Pb-206とPb-208/Pb-206との値を示せば、**表24**、**表25**、**表26**のようになる。

これらのデータをグラフ上にプロットすれば**図22**のようになる。ただし、**図22**では、**表24**などで「伝……」となっているものや「出土地不詳」となっているものなどは、プロットされていない。

図22をみれば、「細形銅剣」「細形銅矛」「細形銅戈」がほぼ「直線L」の上にのる形で、広い範囲に分布していることがわかる。

「直線L」の上にのる形で、広い範囲に分布するもので、わが国から出土するものとしては、つぎのようなものがある。

(1)　細形銅剣（**表24**、**図22**）
(2)　細形銅矛（**表25**、**図22**）
(3)　細形銅戈（**表26**、**図22**）

(4)　多鈕細文鏡（「第Ⅲ部」でとりあげる）
(5)　菱環鈕式銅鐸（あとの表28、図26）
(6)　外縁付鈕1式銅鐸（あとの表29、図27）
おそらくは、これらは、比較的近い時期に製作されたものであろう。

新井宏氏提出の仮説

鉛同位体比について、きわめて多くの測定を実施された馬渕久夫氏らは、「直線L」の上にほぼのるものを、「朝鮮半島産」とされた。これに対し、数理考古学者の新井宏氏は「直線L」の上にのるものは、殷・周などの、中国古代青銅器につながるもので、中国の雲南省産のものであろう、とする。

この新井宏氏の指摘は、きわめて重要な指摘である。そこで、私も新井宏氏が用いられたのと別のデータによってチェックしてみた（図23）。

たしかに図23でも、新井宏氏が示すデータでも「直線L」は、朝鮮半島のもの（図24の「鉛鉱石論文」とある「▫」印のもの）よりも殷代の青銅器や中国奥地の四川省の広漢市の三星堆遺跡（地図21参照）出土の青銅器に近い。

しかし、四川省は、日本からはるかに遠くはなれている。なぜ、こんな現象がおきているのであろうか。

新井宏氏は、この現象について、その著『理系の視点からみた「考古学」の論争点』（大和書房、二〇〇七年刊）のなかで、有力な仮説を提出している。

すなわち、新井宏氏は、つぎのようにのべる。

「燕国将軍・楽毅《がくき》が斉から奪った宝物類が原料

表24 「細形銅剣」の鉛同位体比

番号	出土地	Pb-207/Pb-206	Pb-208/Pb-206
1	福岡市博多区板付田端	0.8438	2.1119
2	福岡市博多区板付田端	0.8384	2.0832
3	福岡市博多区板付田端	0.7915	1.9876
4	福岡市博多区板付田端	0.8372	2.0936
5	福岡市西区吉武遺跡群高木地区100号甕棺墓	0.7915	2.0326
6	福岡市西区吉武遺跡群高木地区115号甕棺墓	0.8459	2.1024
7	福岡市西区吉武遺跡群高木地区116号甕棺墓	0.8861	2.1772
8	福岡市西区吉武遺跡群高木地区117号甕棺墓	0.8532	2.1286
9	福岡市西区吉武遺跡群高木地区１号木棺墓	0.8890	2.1820
10	福岡市西区吉武遺跡群高木地区２号木棺墓	0.8498	2.1094
11	福岡市西区吉武遺跡群高木地区３号木棺墓（西側）	0.8261	2.0843
12	福岡市西区吉武遺跡群高木地区３号木棺墓（東側）	0.7623	1.9846
13	福岡市西区吉武遺跡群高木地区４号木棺墓	0.8826	2.1622
14	福岡市西区吉武遺跡群88号甕棺墓	0.7138	1.9074
15	福岡市西区吉武遺跡群樋渡単独出土（甕棺副葬）	0.8268	2.0863
16	福岡市西区吉武遺跡群樋渡75号甕棺墓	0.8876	2.1811
17	福岡市西区吉武遺跡群樋渡77号甕棺墓	0.8685	2.1497
18	福岡市西区吉武遺跡群大石地区１号木棺墓	0.8260	2.0509
19	福岡市西区吉武遺跡群大石地区５号木棺墓	0.8472	2.1083
20	福岡市西区吉武遺跡群大石地区甕棺墓140号	0.7121	1.8952
21	福岡市西区野方久保遺跡25号甕棺墓	0.8269	2.0802
22	福岡市西区野方久保遺跡５号甕棺墓	0.8498	2.1164
23	福岡市博多区比恵28号甕棺	0.8326	2.1027
24	（細形銅剣［再加工品］）福岡市西区今宿横浜遺跡	0.8530	2.1092
25	福岡県田川市糒上の原	0.7705	1.9962
26	福岡県筑紫野市隈・西小田第３地点109号甕棺	0.8807	2.1717

27	福岡県筑紫野市隈・西小田（C-16）	0.8933	2.1835
28	福岡県春日市須玖岡本	0.8360	2.0855
29	福岡県春日市須玖岡本15号甕棺	0.8207	2.0663
30	福岡県春日市春日原キャンプ	0.7077	1.8148
31	福岡県朝倉郡筑前町（旧夜須町）峯遺跡367号甕棺	0.8215	2.0727
32	福岡県糸島市二丈町吉井	0.8406	2.1031
33	福岡県糸島市井原赤崎	0.8544	2.1274
34	福岡県糸島市向原（上町）	0.8008	2.0420
35	佐賀県鳥栖市柚比町柚比本村遺跡 S1148甕棺墓	0.8435	2.1075
36	佐賀県多久市南多久町牟田辺遺跡71号甕棺墓	0.7906	2.0201
37	佐賀県武雄市釈迦寺遺跡 SJ279甕棺墓	0.7691	1.9600
38	佐賀県神埼郡吉野ヶ里町目達原古墳群中瓢箪塚墳丘下甕棺	0.8355	2.0881
39	佐賀県神埼郡吉野ヶ里町吉野ヶ里遺跡 SJ1054甕棺墓	0.8982	2.1963
40	佐賀県神埼郡吉野ヶ里町吉野ヶ里遺跡 SJ1056甕棺墓	0.8963	2.1804
41	佐賀県神埼郡吉野ヶ里町吉野ヶ里遺跡田手二本黒木地区 SJ100甕棺墓		
	⑴剣身部	0.8515	2.1174
	⑵柄部	0.8515	2.1171
42	長崎県対馬市峰町タカマツノダン遺跡箱式石棺墓	0.8738	2.1588
43	大分県日田市吹上遺跡１号木棺墓	0.8456	2.1033
44	山口県下関市大字富任久保（梶栗ノ浜）	0.8017	2.0422
45	山口県下関市大字富任久保（梶栗ノ浜）	0.7684	1.9829
46	伝　島根県松江市竹矢町	0.8726	2.1467
47	伝　島根県内	0.8021	2.0403
48	岡山県岡山市飴浦通称山本ノ辻	0.8594	2.1198
49	出土地不詳	0.8511	2.1194
50	韓国（伝　慶尚道）	0.8181	2.0697
51	韓国（伝　慶尚道）	0.8711	2.1537

表25 「細形銅矛」の鉛同位体比

番号	出土地	Pb-207/Pb-206	Pb-208/Pb-206
1	福岡県福岡市博多区板付田端遺跡	0.8350	2.0972
2	福岡県福岡市博多区板付田端遺跡	0.8639	2.1372
3	福岡市福岡市博多区板付田端遺跡	0.8109	2.0205
4	福岡県福岡市南区野間門ノ浦	0.8476	2.1131
5	福岡県福岡市西区吉武遺跡群高木地区Ｍ３号木棺墓	0.7665	2.0104
6	福岡県旧筑紫郡	0.8212	2.0715
7	佐賀県唐津市久里小学校敷地	0.8226	2.0682

表26 「細形銅戈」の鉛同位体比

番号	出土地	Pb-207/Pb-206	Pb-208/Pb-206
1	福岡県福岡市西区吉武遺跡群高木地区３号木棺墓	0.8203	2.0742
2	福岡県福岡市西区吉武遺跡群大石地区甕棺墓70号	0.8465	2.1114
3	佐賀県鳥栖市柚比町字安永田	0.8666	2.1402
4	佐賀県三養基郡みやき町北尾遺跡甕棺	0.8260	2.0744
5	大分県大分市滝尾岩屋遺跡	0.8655	2.1354
6	大分県日田市吹上遺跡４号甕棺	0.8362	2.0923
7	群馬県富岡市八木連西久保９号住居跡	0.8772	2.1669

（このような現象が起きたのは、）おそらく中国の中原地方などで宝物類として伝世された青銅器が、なんらかの理由で再溶解された状況を想定するのが、最も理解しやすい。貴重な青銅器なら五百年以上伝世された可能性が十分にあるのは、奈良時代の青銅器が多数残っているのをみればよくわかる。そのように考えると、その入手時期として最も可能性の高いのは、『史記』が伝える燕の昭王二十八年（前二八四年）の斉・臨淄《りんし》（菑）（**地図20参照**）の攻撃である。これは燕が楚と三晋《さんしん》（晋の後継国とみられる戦国時代の趙、魏、韓の国）と秦と連衡し、一時的にに都臨淄を陥落させた事件であるが、そのさいに伝世の宝物類を戦利品等として入手している。『史記』はその『楽毅列伝』

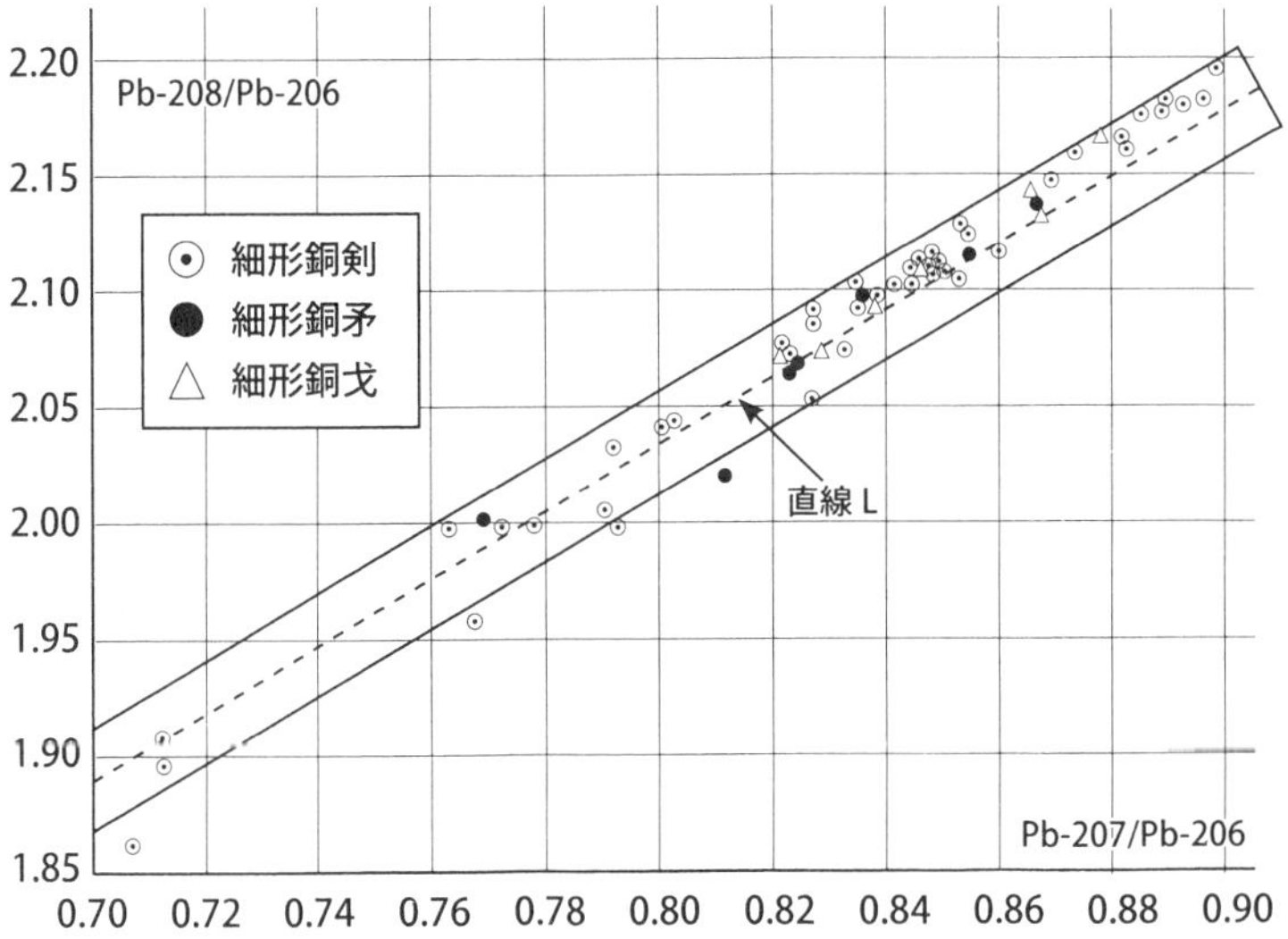

図22　「細形銅剣」「細形銅矛」「細形銅戈」の鉛同位体比分布

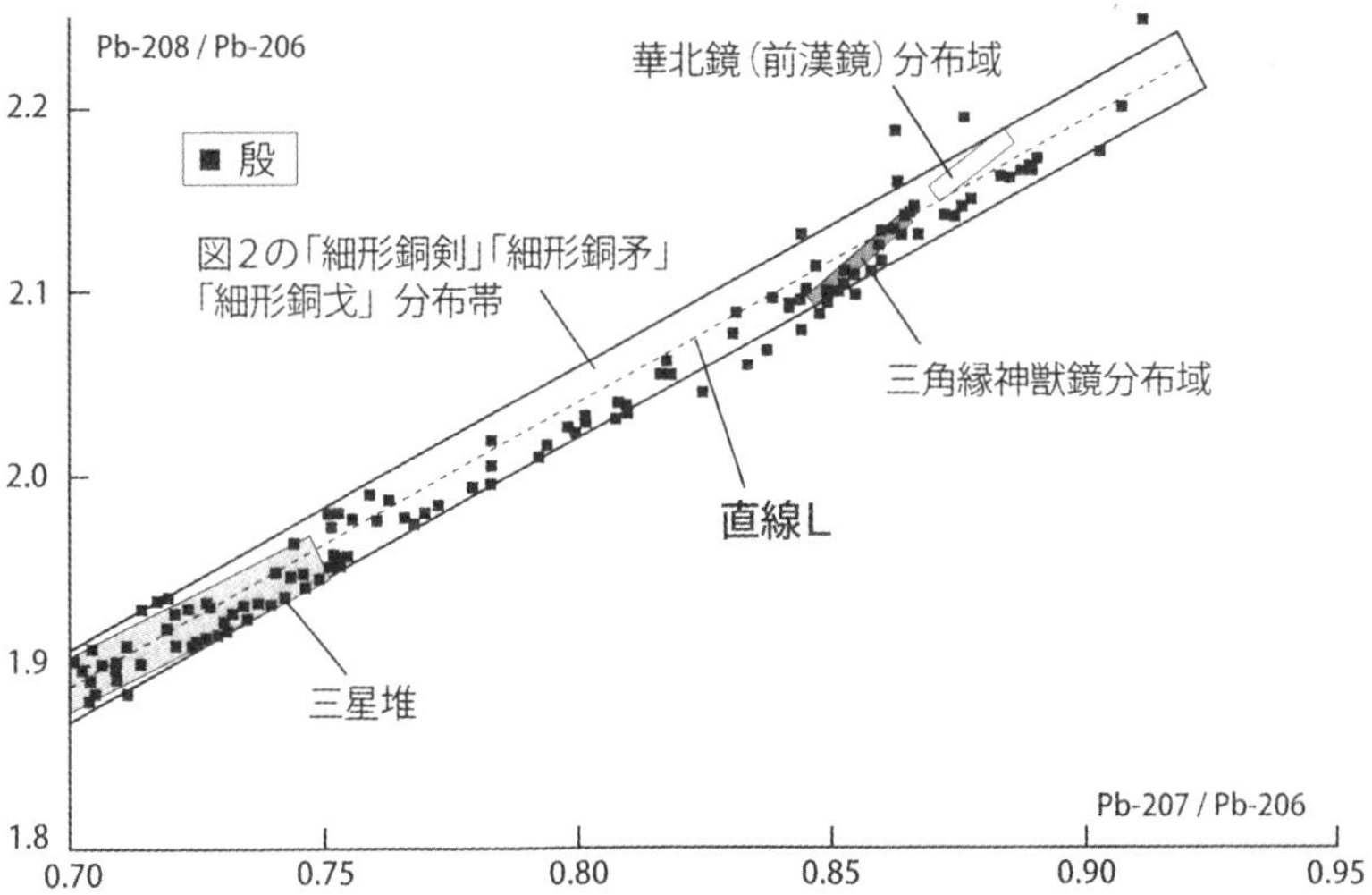

図23　殷代の青銅資料が分布する鉛同位体比領域

東京国立博物館編集・発行『中国北方系青銅器』（2005年刊）所載の図にもとづき作図。

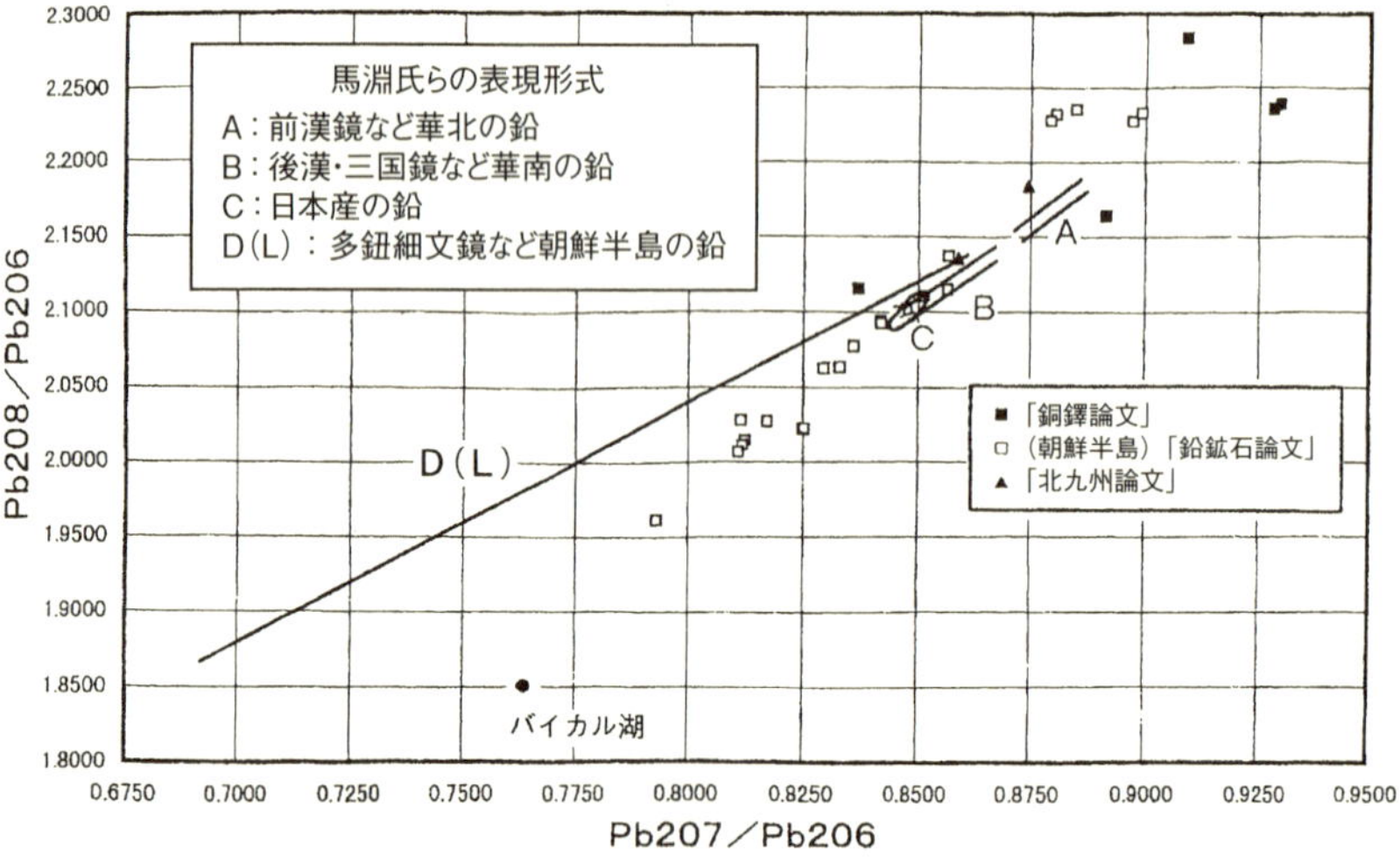

図24　朝鮮半島鉛鉱石の鉛同位体比（馬淵氏らの測定）

新井宏「鉛同位体比による青銅器の鉛産地推定をめぐって」（『考古学雑誌』第85巻、第２号〔2001年１月刊〕。）

において、燕国の将軍・楽毅が斉の首都臨淄を陥《お》とし、斉の宝物類を根こそぎ奪って昭王のもとに送り届けたことを『楽毅攻入臨菑、尽取斉宝財物祭器輸之燕（楽毅は臨淄に攻めいり、斉の宝財物をことごとく取って、これを燕にはこんだ）』と伝えている。また同じく『史記』の『田敬仲完世家』も、莒《きょ》に逃れた斉の湣王《びんおう》を救援にきた楚の淖歯《とうし》が、逆に湣王を殺したさいに、燕の将（楽毅）と宝物を山分けしたことも伝えている。おそらく、その前々年（前二八六年）に斉は安徽省・河南省にあった宋を滅ぼし併合しているので、そのときの戦利品もそこには含まれていたに違いない。このような理解は、全体的にみて、整合的であり、無理がない。すなわち、貴重な伝世の青銅器の入手であるなら、この昭王の時以外を想定することは困難である。逆にいえば、商周期の鉛同位体比をもつ青銅器が、五百年以上もたってから燕や朝鮮半島、日本に現れた現象を説明できる仮説は、現在のところ右記の想定以外には全く見出すことが困

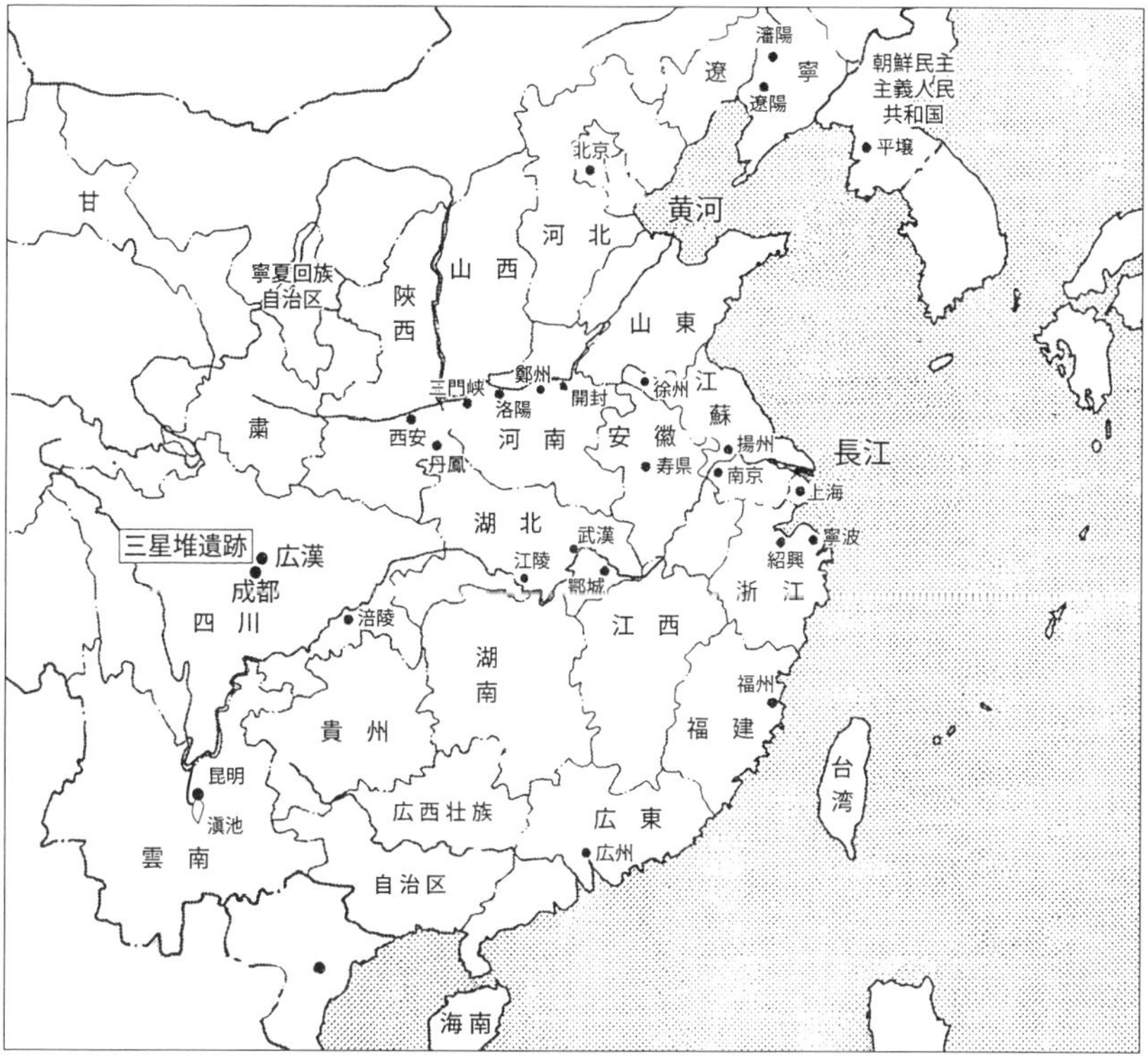

地図21　三星堆遺跡は、四川省にある

難なのである。」

新井氏の提出した仮説が正しいとすると、わが国で、細形銅剣・細形銅矛・細形銅戈が登場するのは、西暦紀元前二八四年以後でなければならないことになる。

燕の貨幣といわれる明刀銭《めいとうせん》が、朝鮮半島南部やわが国の沖縄県那覇市から出土している（確実さに欠けるが、広島県三原市からも出土したといわれる）。これも、燕の文化の伝播を物語っている。

なお、燕が秦によって滅ぼされ紀元前二二二年（図25参照）の一年まえの、紀元前二二三年（図25参照）に、中国南部の楚が、やはり秦によって滅ぼされている。

楚が滅びるまえは、かつての呉・越の国は、楚の領域内になっていた。

呉の滅亡は、紀元前四七三年、越の滅亡は紀元前三三四年である。呉は越によって滅ぼされ、越は楚によって滅ぼされた。

楚はおよそ百年ほど、長江（揚子江）のきわめて広い流域を版図としていた。三星堆遺跡のあった成都のふきんも、楚の領域にはいっていた。四川省や雲南省あたりの銅が、揚子江を通じて、一時期、上流から下流にもたらされ、さらには、わが国にもたらされた可能性も、一応は考えられる。

そう考えたとしても、四川省や雲南省の銅が、燕を通じてわが国にきたと考えたばあいと、時期的にはそれほど変わらないことになる。

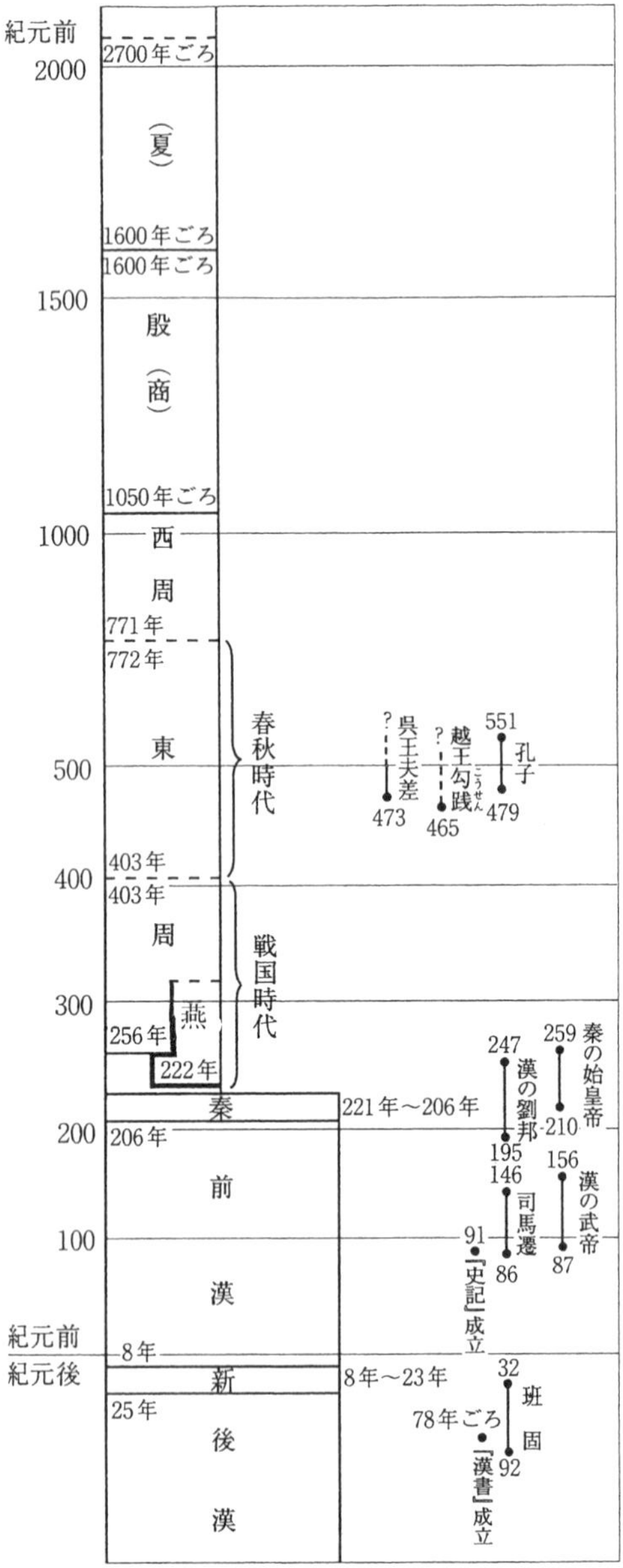

図25　後漢ごろまでの中国

ただ、「直線L」の上にのる形の分布をする「多鈕細文鏡」が、かつての燕に国の領域や朝鮮半島から日本にかけて分布するところをみれば、わが国に最初にあらわれる青銅器の銅原料は、燕の国の方面から流れてきたとみてよいであろう。

「細形銅剣」「細形銅矛」「細形銅戈」などが、わが国のもっとも古い青銅器であることの根拠

ここで、「細形銅剣」「細形銅矛」「細形銅戈」などが、わが国で行なわれた青銅器のうち、最も古い時代のものであることを示す根拠をあげておこう。

表27をご覧いただきたい。**表27**は二〇一一年になくなった考古学者、橋口達也著の『甕棺と弥生時代年代論』（雄山閣、二〇〇五年刊）にのせられている表の一部である。ただし、表中の太ワクは安本が付した。

表27をみれば、甕棺から出土している副葬品が、甕棺の時期によってかなりはっきりと、つぎの二つにわかれていることがわかる。

(1)　初期の形式の甕棺では、細形銅剣（十六例）、細形銅矛（五例）、細形銅戈（三例）、多鈕細文鏡などが出土している。

(2)　それよりあとの形式の甕棺からは「昭明鏡」「清白鏡」「日光鏡」などの、いわゆる前漢鏡や鉄が出土しはじめる。

そして、あとで示すように、細形銅剣などと、昭明鏡・清白鏡・日光鏡などとは、鉛同位体比からみて、銅の原料が、異なっているとみるべき根拠がある。

細形銅剣などの原料は、中国の戦国時代の燕の地の方面から来た可能性があり、昭明鏡などの原料は、前漢時代の華北の西安、洛陽あたりの方面から来た可能性が強い（**図25**参照）。

表27　副葬品をもつ主要甕棺

甕棺番号	甕棺の型式と時期	舶載青銅器		鉄器	
		鏡	武器	武器	その他
中・寺尾 K 2	KⅠb式				
〃 K17	KⅠb式				
金隈 K103	KⅠb式				
有田 K 2	KⅠc式		細形銅戈 1		
飯倉唐木	KⅠc式		細形銅剣 1		
宇田汲田 K18	KⅠc式		細形銅剣 1		
〃 K32	KⅠc式		細形銅剣切先 1		
板付田端	(KⅠc式)		細形銅剣 3		
			細形銅矛 3		
金海 K 3	KⅡa式か		細形銅剣 2		
宇田汲田 K 6	KⅡb式		細形銅剣 1		
〃 K11	KⅡb式		細形銅剣 1		
〃 K12	KⅡb式	多鈕細文鏡	細形銅剣 1		
〃 K17	KⅡb式		細形銅剣 1		
〃 K38	KⅡb式				
〃 K41	KⅡb式		中細銅矛 1		
〃 K58	KⅡb式		細形銅剣 1		
〃 K61	KⅡb式		細形銅剣 1		
〃 K64	KⅡb式				
切通 K 4	KⅡb式		細形銅剣 1		
須玖(1929)K15	KⅡc式		細形銅剣 1		
宇田汲田 K129	KⅡc式		細形銅剣 1		
須玖(1929)K15	KⅢa式		細形銅剣 1		
須玖(1962)K15	KⅢa式		細形銅戈 1		
宇田汲田 K37	KⅢa式		中細銅矛 1		
〃 K112	KⅢa式				
立岩 K28	KⅢb式	重圏「昭明」銘鏡 1			素環頭刀子 1
〃 K35	KⅢb式	重圏「久不相見」銘鏡 1		剣 1、戈 1	
立岩 K10	KⅢc式	連弧文「清白」銘鏡1、連弧文「日有喜」銘鏡2、重圏「清白」銘鏡1、重圏「精白」銘鏡1、重圏「姚皎」銘鏡1		剣 1	鉇 1

〃　K34	KⅢc式	連弧文「日光」銘鏡1		戈1	
〃　K39	KⅢc式	重圏「久不相見」銘鏡1		剣1	
三雲　K2	KⅢc式	連弧文「日光」銘鏡＋α 小形星雲鏡1			
丸尾台	(KⅢc式)	連弧文「日光」銘鏡3		小刀1	
二塚山　K15	KⅢc式	連弧文「清白」銘鏡1			
桜馬場	(KⅣa式)	方格規矩四神鏡1 方格規矩渦文鏡1		刀片	
東宮裾　K1	KⅣa式			(剣あり)	
二塚山Ⅱ　K46 二塚山Ⅱ　K76	KⅣb式 KⅣb式	小形仿製渦文鏡1 連弧文「昭明」銘鏡1		矛1	
三津　K104	KⅣc式	流雲文縁五獣鏡1		素環頭太刀	
祇園山　K1	KⅤf式	画文帯神獣鏡1			刀子
須玖（1899）		草葉文鏡、重圏四乳葉文鏡、星雲鏡、重圏「精白」銘鏡、同「清白」銘鏡、重圏「日光」銘鏡、連弧文「清白」銘鏡など前漢鏡33～35面	細形銅剣1 〃　破片3 中細銅矛5 細形銅戈		
三雲　K1		重圏素文鏡、四乳雷地文鏡、重圏渦文帯「精白」銘鏡、重圏「清白」銘鏡、連弧文「清白」銘鏡など前漢鏡35面	有柄式細形銅剣1 中細銅矛2 細形銅戈1	(鉄鏃)	
井原ヤリミゾ（天明年間）		方格規矩鏡21＋α		(刀剣類)	

橋口達也著『甕棺と弥生時代年代論』（雄山閣、2005年刊）による。

このように、同じ甕棺時代の青銅器でも、時代差がみられるのである。

「菱環鈕式銅鐸」の鉛同位体比

以上のべて来たことをベースにして、銅鐸について考えてみよう。

まず、最初期の銅鐸である「菱環鈕式銅鐸」については、鉛同位体比の測定されている例が、はなはだすくない。

『考古資料大観6』(小学館、二〇〇三年刊)に示されているのは、**表28**の四例にすぎない。しかも、この四例のうち三例は、出土地が不詳である。出土地が確かなものは、島根県の荒神谷遺跡出土の一例だけである。

ただ、「菱環鈕式銅鐸」は、大きさも小さく、あまり見ばえのする銅鐸ではない。「出土地不詳」のものも、後世の偽造物である可能性は小さいとみられる。

表28の四つのデータを、**図22**のうえに重ねて描けば、**図26**のようになる。

「菱環鈕式銅鐸」は、「細形銅剣」「細形銅矛」「細形銅戈」の仲間とみて違和感のない鉛同位体比を示している。

「外縁付鈕1式銅鐸」の鉛同位体比

『考古資料大観6』により、「外縁付鈕1式銅鐸」の鉛同位体比を書きぬけば、**表29**のようになる。

表29の測定値を**図26**のような形でプロットすれば、**図27**のようになる。

ただし、**図27**においては、**表29**のうち、「出土地不詳」のものや「伝　岡山市足守」のように「伝……」とあるものは、プロットされていない。**図27**においては、「菱環鈕式銅鐸」もプロットされているが、**表28**

表28　「菱環鈕式銅鐸」の鉛同位体比

番号	県名	出土地	資料名	Pb-207/Pb-206	Pb-208/Pb-206
1	島根	出雲市斐川町荒神谷遺跡	荒神谷５号銅鐸	0.8278	2.0805
2	不詳	不詳	出土地不詳銅鐸	0.8223	2.0612
3	不詳	不詳	出土地不詳銅鐸	0.8593	2.1338
4	不詳	不詳	出土地不詳銅鐸	0.8567	2.1206

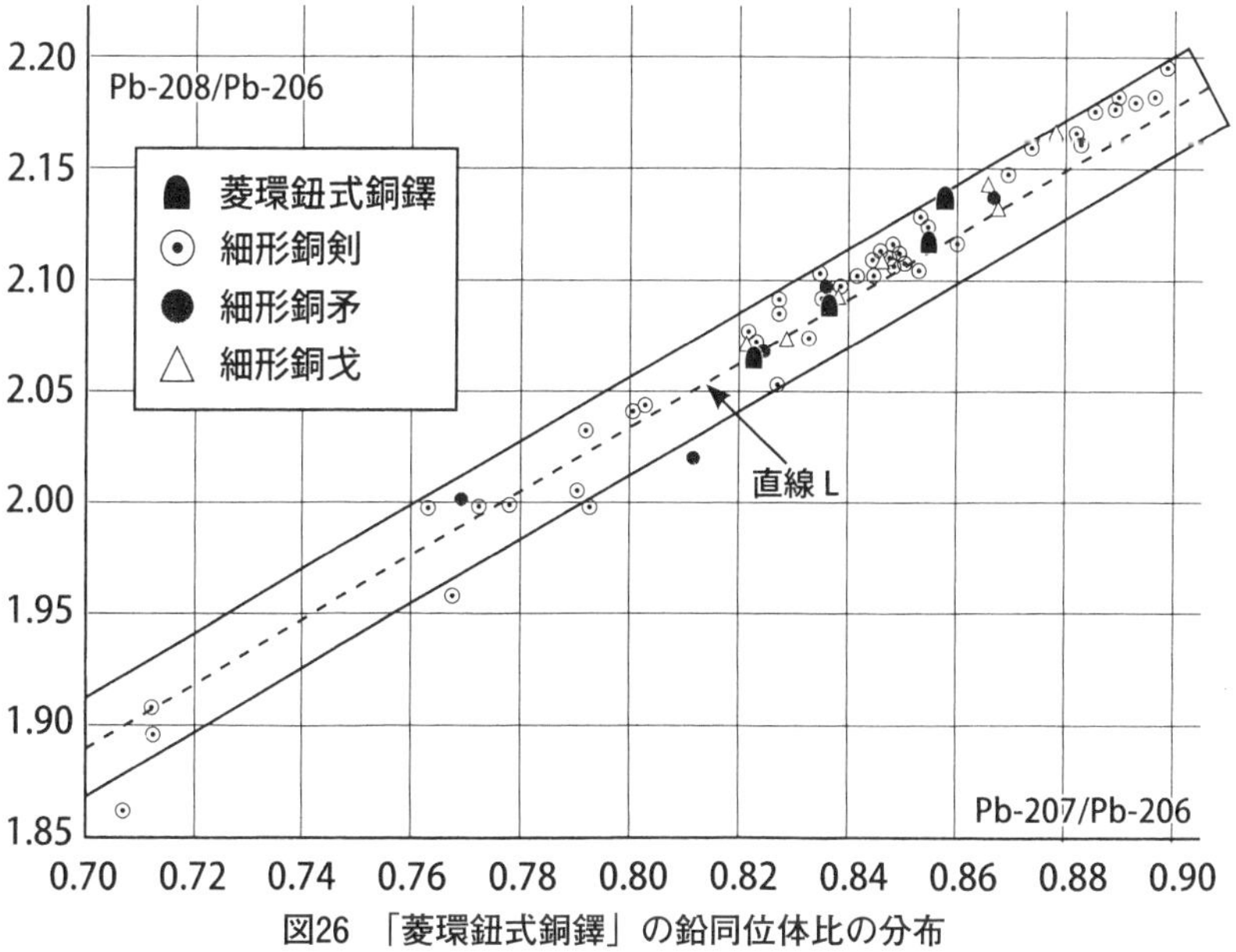

図26　「菱環鈕式銅鐸」の鉛同位体比の分布

表29　外縁付鈕１式銅鐸の鉛同位体比

番号	県名	出土地	資料名	Pb-207/Pb-206	Pb-208/Pb-206
1	島根	松江市八雲町熊野	熊野銅鐸	0.8780	2.1669
2	島根	出雲市斐川町荒神谷遺跡	荒神谷１号銅鐸	0.8690	2.1537
3	島根	出雲市斐川町荒神谷遺跡	荒神谷２号銅鐸	0.8283	2.0812
4	島根	出雲市斐川町荒神谷遺跡	荒神谷３号銅鐸	0.8451	2.1078
5	島根	出雲市斐川町荒神谷遺跡	荒神谷４号銅鐸	0.8271	2.0749
6	島根	出雲市斐川町荒神谷遺跡	荒神谷６号銅鐸	0.7992	2.0315
7	鳥取	東伯郡湯梨浜町大字小浜字池ノ谷	泊銅鐸（測定値に何種類かあり）	0.8432 0.8433 0.8430 0.8434	2.1050 2.1045 2.1052 2.1052
8	岡山	伝　岡山市足守	足守銅鐸	0.8774	2.1678
9	兵庫	神戸市東灘区森北町	桜ヶ丘１号銅鐸	0.8312	2.0860
10	兵庫	神戸市東灘区森北町	桜ヶ丘２号銅鐸	0.8387	2.0959
11	兵庫	伊丹市中村	中村銅鐸	0.8321	2.0869
12	兵庫	豊岡市気比字溝谷	気比３号銅鐸	0.8806	2.1725
13	奈良	奈良市秋篠町	秋篠４号銅鐸	0.8427	2.1031
14	奈良	御所市名柄字田中	名柄銅鐸	0.8798	2.1715
15	奈良	不詳（奈良県内）	伝　大和国銅鐸	0.8772	2.1661
16	滋賀	守山市新庄町	新庄１号銅鐸	0.8308	2.0859
17	滋賀	伝　滋賀県	伝　近江国銅鐸	0.8798	2.1733
18	愛知	一宮市大和町八王子遺跡	八王子銅鐸	0.8123	2.0569
19	福井	坂井市春江町井向島田	井向１号銅鐸	0.8427	2.1034
20	不詳	不詳	出土地不詳銅鐸	0.8234	2.0749
21	不詳	不詳	出土地不詳銅鐸	0.8186	2.0609
22	不詳	不詳	出土地不詳銅鐸	0.8296	2.0814
23	不詳	不詳（同一銅鐸の異なる部位の測定値とみられる）	⑴出土地不詳銅鐸（本体）	0.8313	2.0848
			⑵出土地不詳銅鐸（後世補修）	0.8874	2.1383
			⑶出土地不詳銅鐸（鋳掛け）	0.8859	2.1369
24	不詳	不詳	伝　伊谷銅鐸	0.8250	2.0728
25	不詳	不詳	出土地不詳銅鐸	0.8772	2.1661
26	不詳	不詳	出土地不詳銅鐸	0.8205	2.0681
27	不詳	不詳	出土地不詳銅鐸	0.8762	2.1629

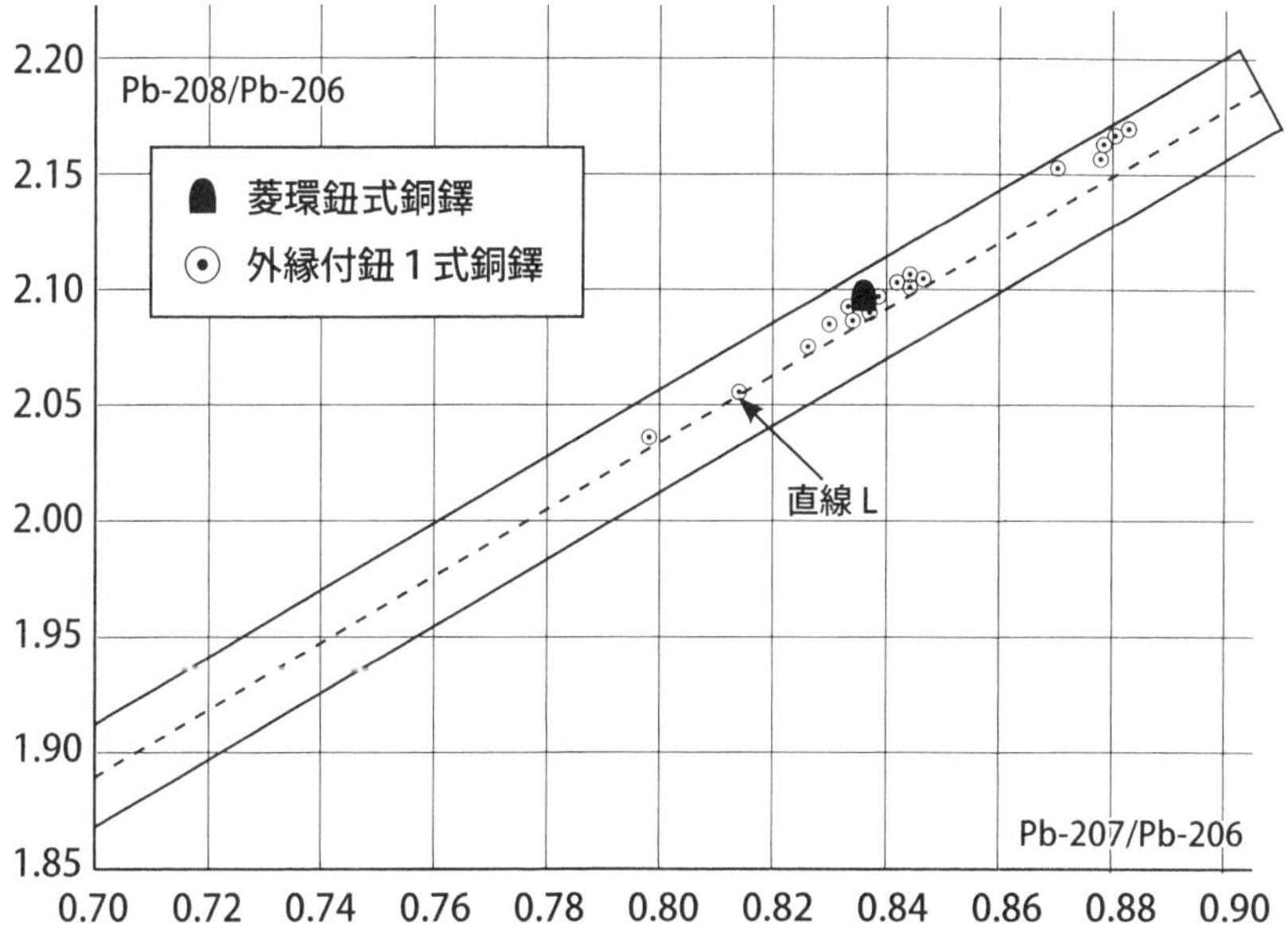

図27　「外縁付鈕１式銅鐸」の鉛同位体比の分布

のうち、「出土地不詳」のものは、プロットされていない。

「外縁付鈕1式銅鐸」の鉛同位体比も、大略「細形銅剣」などの鉛同位体比とほぼ近い鉛同位体比分布を示しているようにみえる。

ただ、「外縁付鈕1式銅鐸」の鉛同位体比が、「細形銅剣」などの鉛同位体比にくらべ、多少、上下、左右がつまり、中心に近よる傾向がみとめられるようにもみえる。

あるいは、「細形銅剣」などのタイプの銅を溶融し、「外縁付鈕1式銅鐸」をつくったため、極端な値が、平均化され、中心による傾向を生じたものか。

「外縁付鈕2式銅鐸」の鉛同位体比

「外縁付鈕1式銅鐸」のばあいと同様にして、『考古資料大観6』により、「外縁付鈕2式銅鐸」の鉛同位体比を書きぬけば、**表30**のようになる。

表30の測定値を、これまでと同じように図示す

表30　外縁付鈕２式銅鐸の鉛同位体比

番号	県名	出土地	資料名	Pb-207/Pb-206	Pb-208/Pb-206
1	島根	松江市鹿島町志谷奥遺跡	志谷奥１号銅鐸	0.8836	2.1724
2	香川	観音寺市古川町南下	古川町（一ノ谷）銅鐸	0.8737	2.1598
3	徳島	徳島市川内町榎瀬	榎瀬銅鐸	0.8733	2.1592
4	徳島	吉野川市川島町川島神後	(1)川島神後銅鐸（本体）	0.8714	2.1583
			(2)川島神後銅鐸（鋳掛け）	0.8712	2.1573
5	兵庫	神戸市東灘区森北町	森坂下銅鐸	0.8779	2.1648
6	兵庫	神戸市東灘区桜ヶ丘町	桜ヶ丘３号銅鐸	0.8938	2.1856
7	兵庫	神戸市東灘区桜ヶ丘町	桜ヶ丘12号銅鐸	0.8808	2.1723
8	兵庫	豊岡市気比字溝谷	気比１号銅鐸	0.8666	2.1463
9	兵庫	豊岡市気比字溝谷	気比２号銅鐸	0.8805	2.1711
10	兵庫	豊岡市気比字溝谷	気比３号銅鐸	0.8809	2.1728
11	兵庫	豊岡市気比字溝谷	気比４号銅鐸	0.8899	2.1816
12	兵庫	南あわじ市倭文	倭文銅鐸	0.8778	2.1662
13	大阪	岸和田市流木町	流木１号銅鐸	0.8779	2.1697
14	大阪	八尾市恩智	恩智垣内山銅鐸	0.8786	2.1658
15	滋賀	伝　滋賀県	伝　近江国銅鐸	0.8760	2.1657
16	三重	津市大字神戸字木ノ根	神戸銅鐸	0.8821	2.1720
17	三重	鈴鹿市磯山町	磯山銅鐸	0.8775	2.1671
18	不詳	不詳	銅鐸	0.8760	2.1631
19	不詳	不詳	出土地不詳銅鐸	0.8780	2.1660
20	不詳	不詳	(1)出土地不詳銅鐸（本体）	0.8760	2.1623
			(2)出土地不詳銅鐸（鋳掛け）	0.8785	2.1684

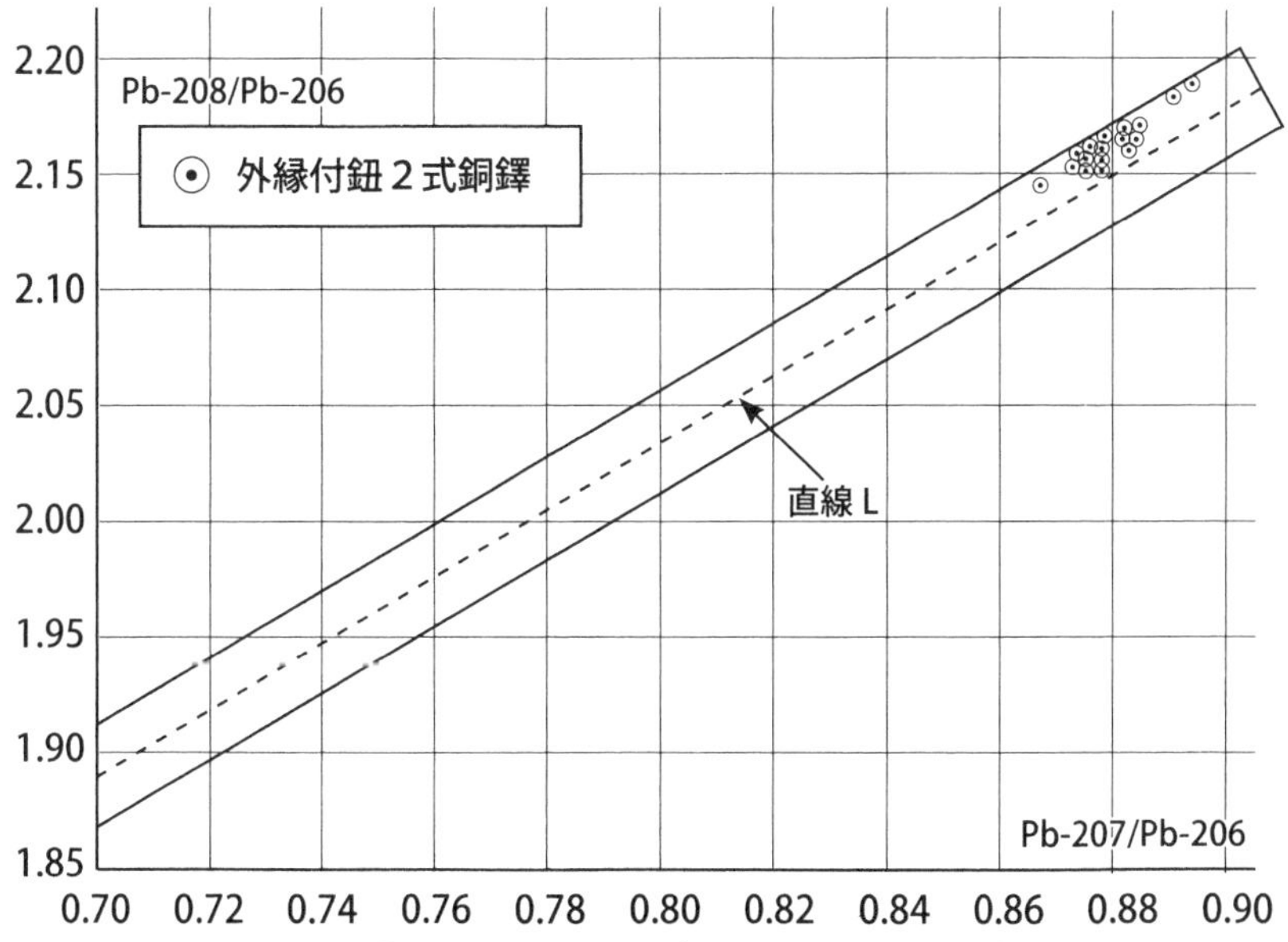

図28　「外縁付鈕２式銅鐸」の鉛同位体比の分布

れば、**図28**のようになる。

図28をみれば、「外縁付鈕2式銅鐸」の鉛同位体比の分布は、あきらかに、これまでのものと異なっている。**図28**では、右の上のほうに、大きくかたよっている。

「外縁付鈕2式銅鐸」と「外縁付鈕1式銅鐸」との間には断層がある。

なにがおきたのであろうか。

いま、**図28**と175ページの**図23**とを、よく見くらべてみよう。「外縁付鈕2式銅鐸」の鉛同位体比は、**図23**「華北鏡（前漢鏡）分布域」と、かなり重なっているようにみえる。

「外縁付鈕2式銅鐸」は、中国から、「華北鏡（前漢鏡）」に用いられたような銅原料が、あらたにもたらされ、それが用いられたものであろうか。

180・181ページの**表27**をみると、北九州において、同じ甕棺の時代でも、前半においては、「細形銅剣」「細形銅矛」「細形銅戈」が、副葬品として出土している。後半においては、「昭明鏡」「清白鏡」「精白鏡」「日有喜鏡」「日光鏡」「久不相見鏡（久しくあい見《まみ》えず鏡）」などの前漢鏡が、副葬品として出土していることがわかる。

そこで、『考古資料大観6』により、「昭明鏡」「清白鏡」「精白鏡」「日有喜鏡」「日光鏡」「久不相見鏡」の鉛同位体比を書きぬけば、**表31**のようになる。

表31の値を図示すれば、**図29**のようになる。

図28の「外縁付鈕2式銅鐸」についてのものと、**図29**の「前漢鏡」についてのものとを見くらべるならば、いずれも、右の上のほうに大きくかたより、かつ、密集する部分が、ほぼ重なりあう。

いっぽうは、銅鐸についてのものであり、いっぽうは、鏡についてのものである。いっぽうは、50ページの**図7**のように、島根県を中心に分布するものであり（ただし、鉛同位体比の測定されているものは、**表30**のように、兵庫県など、近畿地方のものが中心）、いっぽうは**表31**からもうかがえるように、福岡県・佐賀県など、北九州地方に分布するものである。

青銅器の型式も、分布する地域も、大いに異なるが、「外縁付鈕2式銅鐸」と「前漢鏡」とは、ほぼ同じ銅原料が用いられているようにみえるのである（なお、あとで説明する211ページ**図36**も参照のこと）。

「外縁付鈕2式」の段階で、「前漢鏡」とほぼ同じような、華北の銅が、かなりもたらされるようになったとみてよいであろう。「前漢鏡」の鉛同位体比との大略の一致で、「外縁付鈕2式」の銅鐸の年代を考える手がかりが、あるていど与えられることになる。

「前漢鏡」の年代

ここで、**表32**をご覧いただきたい。**表32**は、115ページの**表17**を「日光鏡」「昭明鏡」「清白鏡系」を強調す

表31　前漢鏡の鉛同位体比

番号	資料名	出土地	Pb-207/Pb-206	Pb-208/Pb-206
1	「昭明鏡」	福岡県福岡市博多区宝満尾遺跡土壙墓	0.8718	2.1582
2	「日光鏡」	福岡県福岡市西区丸尾台遺跡甕棺墓	0.8721	2.1594
3	「日光鏡」	福岡県福岡市早良区有田遺跡第117次	0.8745	2.1624
4	連弧文「日有喜」銘鏡	福岡県飯塚市立岩遺跡10号甕棺	0.8748	2.1611
5	重圏「昭明鏡」	福岡県筑紫野市隈・西小田第13地点23号甕棺墓	0.8782	2.1706
6	重圏文鏡「明光」	福岡県春日市須玖岡本遺跡	0.8751	2.1581
7	重圏「清白鏡」	福岡県春日市須玖岡本遺跡	0.8756	2.1649
8	連弧文「清白鏡」	福岡県春日市須玖岡本遺跡	0.8826	2.1748
9	連弧文「清白鏡」「恐而」	福岡県春日市須玖岡本遺跡	0.8796	2.1707
10	「日光鏡」	福岡県春日市須玖岡本遺跡	0.8767	2.1672
11	「昭明鏡」「似」	福岡県春日市須玖岡本遺跡	0.8771	2.1661
12	「昭明鏡」	福岡県春日市須玖岡本遺跡	0.8750	2.1612
13	連弧文「清白鏡」	福岡県朝倉郡筑前町（旧夜須町）峯遺跡10号甕棺	0.8718	2.1574
14	連弧文「日光鏡」	福岡県朝倉郡筑前町（旧夜須町）峯遺跡10号甕棺	0.8737	2.1650
15	連弧文「清白」銘鏡	福岡県糸島市三雲南小路１号甕棺墓	0.8442	2.1153
16	連弧文「清白」銘鏡	福岡県糸島市三雲南小路１号甕棺墓	0.8614	2.1438
17	連弧文「清白」銘鏡	福岡県糸島市三雲南小路１号甕棺墓	0.8735	2.1617
18	連弧文「清白」銘鏡	福岡県糸島市三雲南小路１号甕棺墓	0.8702	2.1593
19	連弧文「清白」銘鏡	福岡県糸島市三雲南小路１号甕棺墓	0.8692	2.1561

20	重圏斜格雷雲文帯「精白」銘鏡	福岡県糸島市三雲南小路１号甕棺墓	0.8756	2.1642
21	重圏「清白」銘鏡	福岡県糸島市三雲南小路１号甕棺墓	0.8724	2.1627
22	連弧文「昭明」銘鏡	福岡県糸島市三雲南小路２号甕棺墓	0.8629	2.1453
23	連弧文「日光」銘鏡	福岡県糸島市三雲南小路２号甕棺墓	0.8792	2.1731
24	連弧文「昭明鏡」	佐賀県神埼郡吉野ヶ里町石動四本松遺跡32号甕棺墓	0.8687	2.1544
25	「昭明鏡」	佐賀県三養基郡上峰町二塚山遺跡76号甕棺墓	0.8757	2.1507
26	連弧文「清白鏡」	佐賀県三養基郡上峰町二塚山遺跡15号甕棺墓	0.8802	2.1772
27	昭明鏡	佐賀県武雄市北方椛島山遺跡１号石棺墓	0.8825	2.1717

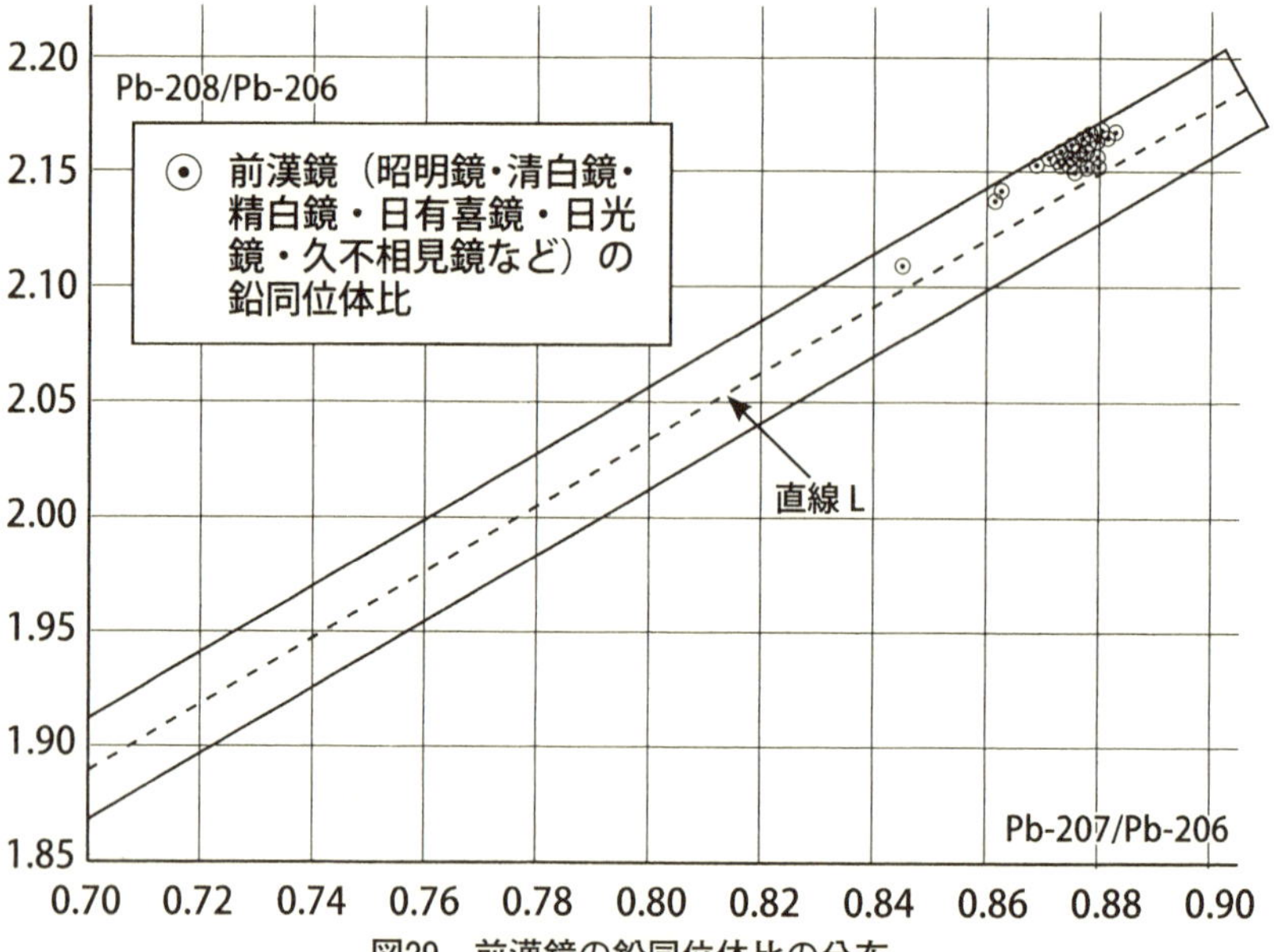

図29　前漢鏡の鉛同位体比の分布

表32　洛陽焼溝漢墓・西郊漢墓における漢鏡の変遷

鏡の種類	出土数の合計	前漢			王莽～後漢早期	後漢		
		中期		晩期		早期	中期	晩期
		第一期（前一一八～前六五）	第二期（前六四～前三三）	第三期前期（前三二～後六）	第三期後期（後七～後三九）	第四期（後四〇～後七五）	第五期（後七六～後一四六）	第六期（後一四七～後二二〇）
四乳草葉文鏡	2	1		1				
内行花文星雲鏡	8	4	4					
日光鏡	**52**		**9**	**27**	**13**		**3**	
昭明鏡	**60**		**10**	**28**	**16**	**3**	**3**	
清白鏡系	**3**			**2**	**1**			
四乳虺竜文鏡	33			12	10	6	5	
方格規矩鏡	59				19	14	25	1
細線式獣帯鏡	5			1	3	1		
四乳鏡	11			1	4	3	3	
四葉座内行花文鏡	8						8	
蝙蝠座内行花文鏡	6						1	5
半肉彫式獣帯鏡	1							1
単夔鏡	1							1
獣首鏡	2							2
双頭竜文鏡	2						1	1
環状乳神獣鏡	1							1

① 焼溝漢墓では118面、西郊漢墓では175面の銅鏡が出土している。蟠螭《ばんち》文鏡《もんきょう》などの鏡や、時期を特定できない鏡が若干あり、それらは表に含んでいない。そのため出土総数とは一致しない。

② 焼溝漢墓の各期の年代については、次のようにまとめられている（蔣1959）。

第一期（前漢中期）	武帝～宣帝	前118年～前65年
第二期（前漢中期）	宣帝・元帝	前64年～前33年
第三期前期（前漢晩期）	成帝～平帝	前32年～後６年
第三期後期（新・後漢早期）	王莽・光武帝	後７年～後39年
第四期（後漢早期）	光武帝・明帝	後40年～後75年
第五期（後漢中期）	章帝～順帝	後76年～後146年
第六期（後漢晩期）	桓帝～献帝	後147年～後220年

（出典：高倉洋彰・田中良之共編『AMS 年代と考古学』［学生社、2011年刊］）

る形にして、いまいちど、ここにかかげたものである。

この表32をみれば、「日光鏡」「昭明鏡」「清白鏡系」などは、中国においては、前漢中期（紀元前六四〜紀元前三三）ごろからあらわれはじめ、後漢中期ごろまでの、主流をなす鏡であることがわかる。

「外縁付鈕2式銅鐸」は、「第I部」でのべたように、島根県（出雲）を中心に分布する。

中国の銅が出雲にいたるまでに、あるていどの時間的なずれ（タイム・ラグ）を考えなければならないであろう。

また、つぎのような事実なども、考えあわせる必要がある。

(1) 中国に、「洛陽晋墓」とよばれる墓群がある。この墓群は、中国の西晋時代（二六五〜三一六）の墓である。発掘され、報告書が出ている（「洛陽晋墓的発掘」『考古学報』2、一九五七年、中国・科学院考古研究所編、中国・科学出版刊）。

報告書によれば、総数五十四基の墓から、二十四面の銅鏡が出土している。そのなかに、「日光鏡」「昭明鏡」の、前漢時代の鏡が、それぞれ一面ずつ出土している。「洛陽晋墓」からは、晋の太康八年（西暦二八七）、元康九年（二九五）、永寧二年（三〇二）の墓誌がでている。つまり、「前漢鏡」が、数百年にわたって伝世され、西暦三〇〇年ごろまで用いられていたケースがある。

(2) 佐賀県の杵島郡北方町《きたがたまち》（現在、武雄市《たけおし》）の椛島山《かばしまやま》遺跡の1号石棺墓から、「昭明鏡」が出土している（189・190ページの表31の番号27の鏡）。この鏡は、箱式石棺から出土している。甕棺墓時代のつぎの時代の墓で、三世紀代までくだることが考えられる。

このようなことから、「前漢鏡」と共通する銅を用いているとみられる外縁付鈕2式の銅鐸も「埋納年代」としては、三世紀ごろまでくだる可能性も考えられる。

鋳造年代と埋納年代とが異なることがあり、青銅器は、土器などよりもずっと長いあいだ伝世したり、同一の型式がたもたれたりすることがある。

「扁平鈕式銅鐸」の鉛同位体比

つぎに、「扁平鈕式銅鐸」の鉛同位体比をしらべてみよう。『考古資料大観6』により、「扁平鈕式銅鐸」の鉛同位体比を書きぬけば、**表33**のようになる。

この測定値を図示すれば、**図30**のようになる。

この**図30**をみれば、「扁平鈕式銅鐸」は、「外縁付鈕2式銅鐸」や「前漢鏡」と同じく、右上のせまい範囲にかたまっていることがわかる。

扁平鈕式銅鐸のばあい、同じような値の鉛同位体比を示すものが多い。**図30**のような形で描こうとするとうまく書けない。点を重ねれば黒くなってしまう。重ねないようにすれば、前に記した点のまわりにプロットするしかなく、不正確になる。

そこで**図30**の右上の部分を、うんと拡大して描けば**図31**のようになる。

表33　扁平鈕式銅鐸の鉛同位体比

番号	県名	出土地	資料名	Pb-207/Pb-204	Pb-208/Pb-204
1	島根（扁）	浜田市上府町城山	(1)城山１号銅鐸（本体）	0.8818	2.1740
			(2)城山１号銅鐸（鋳掛け）	0.8813	2.1727
2	島根（扁）	浜田市上府町城山	城山２号銅鐸	0.8670	2.1478
3	島根（扁）	松江市鹿島町志谷奥遺跡	志谷奥２号銅鐸	0.8790	2.1688
4	島根（扁）	邑智郡邑南町中野字仮谷	仮谷２号銅鐸	0.8794	2.1692
5	岡山（扁）	岡山市雄町	雄町銅鐸	0.8741	2.1611
6	岡山（扁）	倉敷市粒江種松山	種松山銅鐸	0.8756	2.1636
7	岡山（扁２）	井原市木之子町猿森	猿森銅鐸	0.8756	2.1619
8	香川（扁２）	木田郡三木町下高岡白山	(1)白山銅鐸(本体)	0.8755	2.1632
			(2)白山銅鐸(鰭裾緑色錆)	0.8754	2.1628
			(3)白山銅鐸（舞黒色錆）	0.8755	2.1632
9	香川（扁）	三豊市高瀬町羽方西ノ谷	羽方銅鐸	0.8743	2.1594
10	香川（扁）	伝　香川県	伝　讃岐国銅鐸	0.8740	2.1638
11	高知（扁１）	伝　高知県	伝　土佐国銅鐸	0.8782	2.1683
12	徳島（扁）	徳島市国府町西矢野	源田２号銅鐸	0.8777	2.1652
13	徳島（扁）	徳島市国府町西矢野	源田３号銅鐸	0.8753	2.1650
14	徳島（扁２）	阿南市椿町曲り	曲り２号銅鐸	0.8582	2.1325
15	徳島（扁）	板野郡上板町神宅	神宅銅鐸	0.8742	2.1582
16	徳島（扁）	吉野川市鴨島町大字上浦字浦山	浦山銅鐸	0.8771	2.1642
17	兵庫（扁）	神戸市東灘区渦森台	渦森銅鐸	0.8798	2.1685
18	兵庫（扁２）	神戸市灘区桜ヶ丘町	桜ヶ丘４号銅鐸	0.8662	2.1462
19	兵庫（扁２）	神戸市灘区桜ヶ丘町	桜ヶ丘５号銅鐸	0.8669	2.1521
20	兵庫（扁２）	神戸市灘区桜ヶ丘町	桜ヶ丘６号銅鐸	0.8750	2.1616
21	兵庫（扁２）	神戸市灘区桜ヶ丘町	桜ヶ丘７号銅鐸	0.8758	2.1620
22	兵庫（扁２）	神戸市灘区桜ヶ丘町	桜ヶ丘８号銅鐸	0.8783	2.1647
23	兵庫（扁２）	神戸市灘区桜ヶ丘町	桜ヶ丘９号銅鐸	0.8670	2.1463
24	兵庫（扁２）	神戸市灘区桜ヶ丘町	桜ヶ丘10号銅鐸	0.8799	2.1714
25	兵庫（扁２）	神戸市灘区桜ヶ丘町	桜ヶ丘11号銅鐸	0.8632	2.1439
26	兵庫（扁１）	神戸市灘区桜ヶ丘町	桜ヶ丘13号銅鐸	0.8738	2.1580
27	兵庫（扁１）	神戸市灘区桜ヶ丘町	桜ヶ丘14号銅鐸	0.8770	2.1650
28	兵庫（扁）	神戸市垂水区舞子坂３丁目(投上《なげし》)	投上《なげし》銅鐸	0.8789	2.1681
29	兵庫(扁２？)	神戸市垂水区舞子坂段ノ上	銅鐸片？（破片）	0.8778	2.1681
30	兵庫（扁２）	洲本市淡路川	淡路川銅鐸	0.8757	2.1623
31	兵庫（扁１）	宍粟市一宮町閏賀	(1)閏賀銅鐸（錆）	0.8746	2.1600
			(2)閏賀銅鐸(金属)	0.8749	2.1611

32	大阪（扁２）	南河内郡太子町山川鹿谷寺跡	鹿谷寺銅鐸	0.8757	2.1642
33	大阪（扁２）	南河内郡太子町山田	(1)山田銅鐸(本体)	0.8760	2.1632
			(2)山田銅鐸（鈕、偽？）	0.8760	2.1631
34	京都（扁）	京都市右京区京北下弓削	下弓削銅鐸(本体)	0.8790	2.1694
35	京都（扁）	与謝郡与謝野町明石	明石銅鐸	0.8736	2.1583
36	奈良（扁）	奈良市秋篠町	(1)秋篠１号銅鐸（本体）	0.8752	2.1615
			(2)秋篠１号銅鐸（鋳掛け）	0.8756	2.1617
37	奈良（扁）	奈良市秋篠町	秋篠２号銅鐸	0.8773	2.1675
38	奈良（扁１）	奈良市秋篠町	秋篠３号銅鐸	0.8797	2.1683
39	滋賀（扁）	蒲生郡竜王町山面小字高塚	山面１号銅鐸	0.8738	2.1587
40	滋賀（扁）	蒲生郡竜王町山面小字高塚	山面２号銅鐸	0.8760	2.1628
41	和歌山（扁）	有田市新堂大峯	石井谷１号銅鐸	0.8774	2.1652
42	和歌山（扁）	有田市新堂大峯	石井谷２号銅鐸	0.8786	2.1667
43	和歌山（扁）	御坊市湯川町丸山字朝日谷	(1)亀山１号銅鐸（本体）	0.8801	2.1682
			(2)亀山１号銅鐸(鋳掛け)	0.8807	2.1736
44	和歌山（扁）	御坊市湯川町丸山字朝日谷	亀山２号銅鐸	0.8855	2.1752
45	和歌山（扁）	御坊市湯川町丸山字朝日谷	亀山３号銅鐸	0.8795	2.1661
46	和歌山（扁）	田辺市中芳養字林平ヶ峯	平ヶ峯銅鐸	0.8863	2.1734
47	和歌山(扁２)	伝　和歌山	伝　紀伊国銅鐸	0.8681	2.1515
48	三重（扁～突２？）	四日市市市山村町金塚遺跡	金塚銅鐸（破片）	0.8767	2.1655
49	岐阜（扁）	伝　岐阜市上加納	上加納銅鐸	0.8737	2.1592
50	福井（扁２）	遠敷郡上中町堤	堤銅鐸	0.8771	2.1645
51	不詳（扁）	不詳	銅鐸片（破片）	0.8788	2.1690
52	不詳（扁１）	不詳	出土地不詳銅鐸	0.8809	2.1729
53	不詳（扁２）	不詳	(1)出土地不詳銅鐸（本体）	0.8787	2.1664
			(2)出土地不詳銅鐸（鋳掛け）	0.8787	2.1666
			(3)出土地不詳銅鐸（つけ錆？）	0.8783	2.1655
54	不詳（扁２）	不詳	出土地不詳銅鐸	0.8725	2.1562
55	不詳（扁２）	不詳	出土地不詳銅鐸	0.8789	2.1682
56	不詳（扁２）	不詳	出土地不詳銅鐸	0.8779	2.1644
57	不詳（扁２）	不詳	(1)出土地不詳銅鐸（本体）	0.8798	2.1688
			(2)出土地不詳銅鐸（鋳掛け）	0.8771	2.1645
58	不詳（扁２）	不詳	出土地不詳銅鐸	0.8763	2.1641

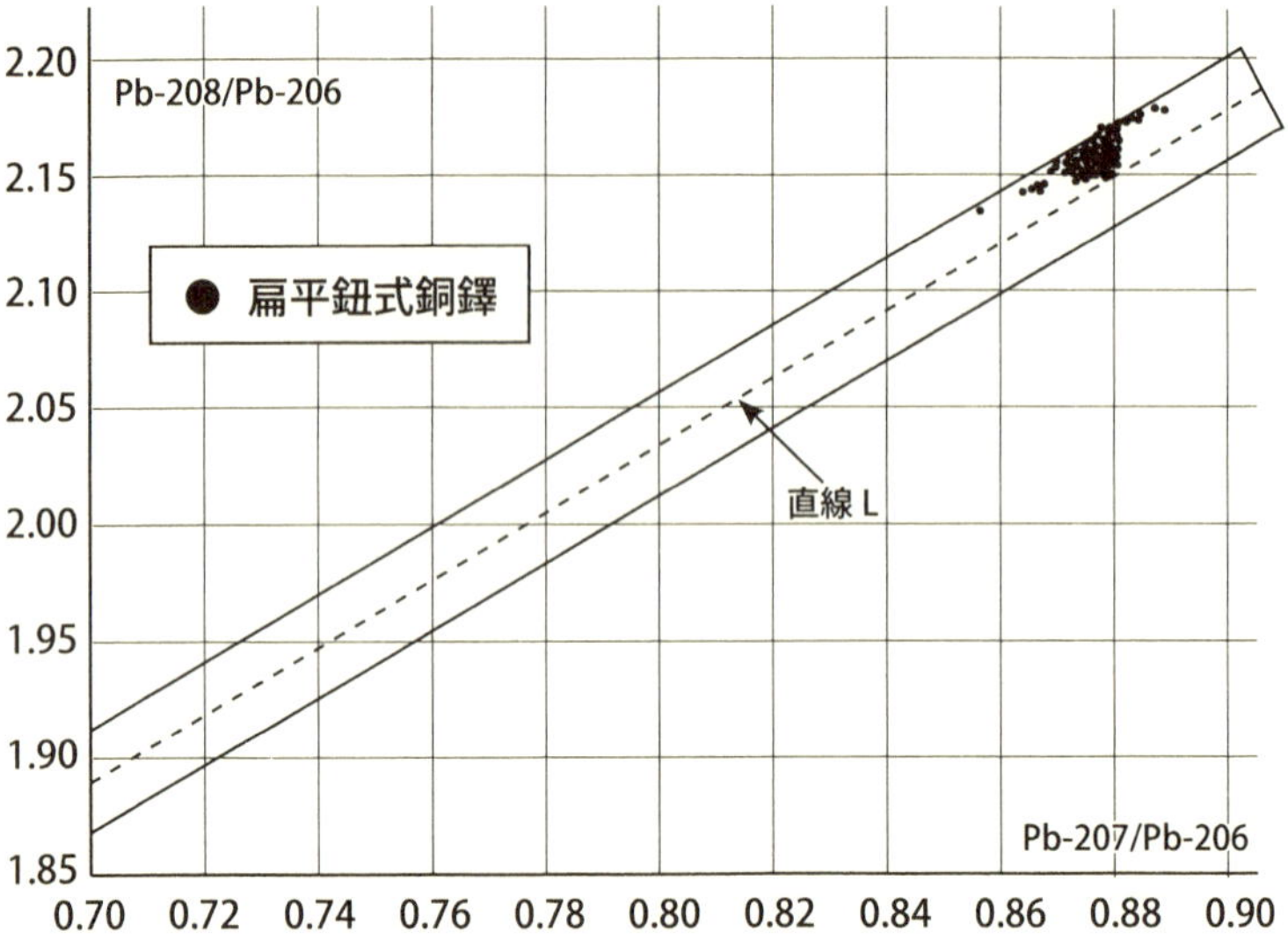

図30 「扁平鈕式銅鐸」の鉛同位体比

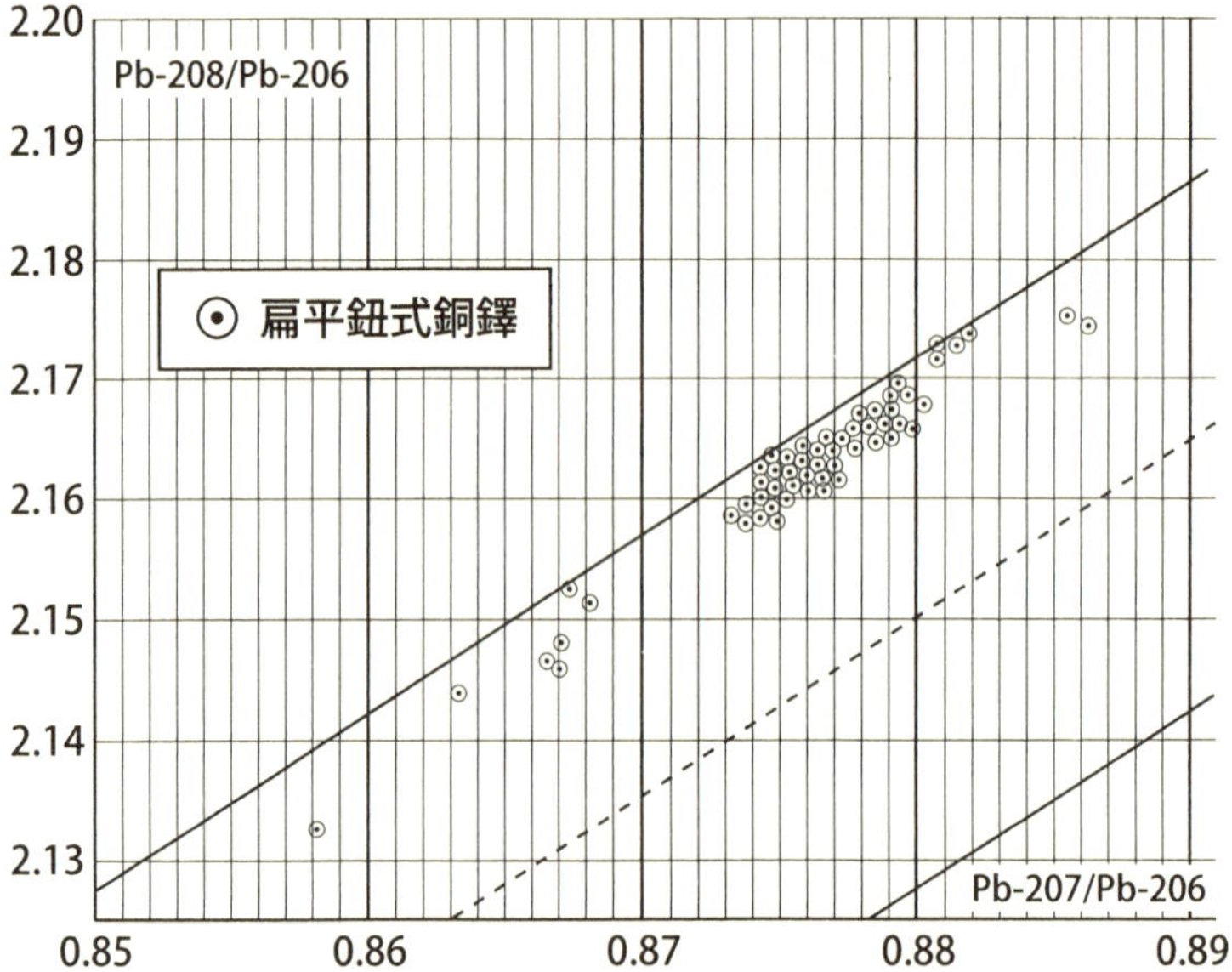

図31 「扁平鈕式銅鐸」の鉛同位体比の分布（拡大図）

近畿式銅鐸・三遠式銅鐸の鉛同位体比

つぎに、近畿式銅鐸、三遠式銅鐸の鉛同位体比についてしらべてみよう。

『考古資料大観6』では、「突線鈕式」「突線鈕1式」「突線鈕2式」「突線鈕3式」「突線鈕4式」「突線鈕5式」の形で分類が行なわれている。「近畿式銅鐸」「三遠式銅鐸」という形での分類が行なわれていない。

そこで、「近畿式銅鐸」「三遠式銅鐸」については、『考古資料大観6』以外の資料を用いることにする。

「近畿式銅鐸」「三遠式銅鐸」の鉛同位体比については、つぎの文献による。

○馬渕久夫・平尾良光「鉛同位体比からみた銅鐸の原料」（『考古学雑誌』第68巻、第1号、一九八二年六月刊）。

なお、この馬淵氏らの論文は、『季刊邪馬台国』60号（一九九六年秋号）にも、転載されている。

馬淵氏らの論文により、「近畿式銅鐸」「三遠式銅鐸」の鉛同位体比を示せば**表34**のようになる。

この値を**図30**のようなグラフの上にプロットすれば、**図32**、**図33**のようになる。

図32、**図33**をみれば、つぎのようなことがわかる。

(1)「近畿式銅鐸」と「三遠式銅鐸」とは、鉛同位体比において、ほとんど同じような値をとり、同じような分布を示している。

(2)「近畿式銅鐸」と「三遠式銅鐸」の鉛同位体比の分布は、「扁平鈕式銅鐸」や「前漢鏡」の鉛同位体比よりも、さらに一ヵ所にせまくまとまる傾向がつよい。

いま、「近畿式銅鐸」と「三遠式銅鐸」とを、**図31**のような拡大図の上にプロットすれば、**図34**のようになる。

三木分類		佐原分類		杉原分類		Pb-207/Pb-206	Pb-208/Pb-206
類型	型式	鈕式	（三遠・近畿式）	型式	編年		
5	Ⅲ	突線2	（近1）	晩稲平	後Ⅰ	0.8764	2.1646
7	Ⅳ	突線3	（近2）	荊木	後Ⅱ	0.8759	2.1635
7	Ⅳ	突線3	（近2）	清水井	後Ⅱ	0.8769	2.1677
7	Ⅳ	突線3	（近2）	清水井	後Ⅱ	0.8760	2.1634
7	Ⅳ	突線4	（近3）	小篠原	後Ⅱ	0.8766	2.1654
7	Ⅳ	突線4	（近3）	小篠原	後Ⅱ	0.8765	2.1654
7	Ⅳ	突線4	（近3）	小篠原	後Ⅱ	0.8764	2.1657
7	Ⅳ	突線5	（近4）	小篠原	後Ⅱ	0.8756	2.1630
7	Ⅳ	突線5	（近4）	小篠原	後Ⅱ	0.8759	2.1640
7	Ⅳ	突線3	（三）	晩稲平	後Ⅰ	0.8766	2.1661
8	Ⅳ	突線3	（三）	荒神山	後Ⅰ	0.8758	2.1638
8	Ⅳ	突線3	（三）	荒神山	後Ⅰ	0.8765	2.1646
8	Ⅳ	突線3	（三）	荒神山	後Ⅰ	0.8763	2.1651
8	Ⅳ	突線3	（三）	荒神山	後Ⅰ	0.8755	2.1634
8	Ⅳ	突線3	（三）	荒神山	後Ⅰ	0.8767	2.1640
8	Ⅳ	突線3	（三）	荒神山	後Ⅰ	0.8761	2.1648
8	Ⅳ	突線3	（三）	荒神山	後Ⅰ	0.8764	2.1644
8	Ⅳ	突線3	（三）	荒神山	後Ⅰ	0.8771	2.1658

表34　近畿式・三遠式銅鐸についてのデータ

番号	形式	出土地	通称	文様
1	近畿式銅鐸	和歌山県日高郡みなべ町晩稲字晩稲平	晩稲平	袈裟6区
2		和歌山県日高郡日高町荊木字向山	荊木1	袈裟6区
3		和歌山県日高郡日高町荊木字向山	荊木2	袈裟6区
4		滋賀県野洲市小篠原字大岩谷	小篠原2	袈裟6区
5		和歌山県日高郡みなべ町西本庄	大久保谷	袈裟6区
6		静岡県浜松市三ヶ日町釣	分　寸	袈裟6区
7		三重県伊賀市青山町柏尾字湯舟	湯　舟	袈裟6区
8		和歌山県日高郡みなべ町西本庄桑谷	雨　乞	袈裟6区
9		兵庫県川西市加茂1丁目	栄　根	袈裟6区
10	三遠式銅鐸	京都府舞鶴市下安久字匂ヶ崎	匂ヶ崎1	袈裟6区
11		京都府舞鶴市下安久字匂ヶ崎	匂ヶ崎2	袈裟6区
12		静岡県浜松市芳川町	芳　川	袈裟6区
13		静岡県浜松市和田町	木舟1	袈裟6区
14		静岡県浜松市和田町	木舟2	袈裟6区
15		静岡県浜松市細江町大字小野字堂道	堂　道	袈裟6区
16		静岡県磐田市豊岡敷地字中ノ谷	敷　地	袈裟6区
17		愛知県豊川市平尾町字源祖	源　祖	袈裟6区
18		愛知県豊川市小坂井《こざかい》町伊奈字松間	伊　奈	袈裟6区

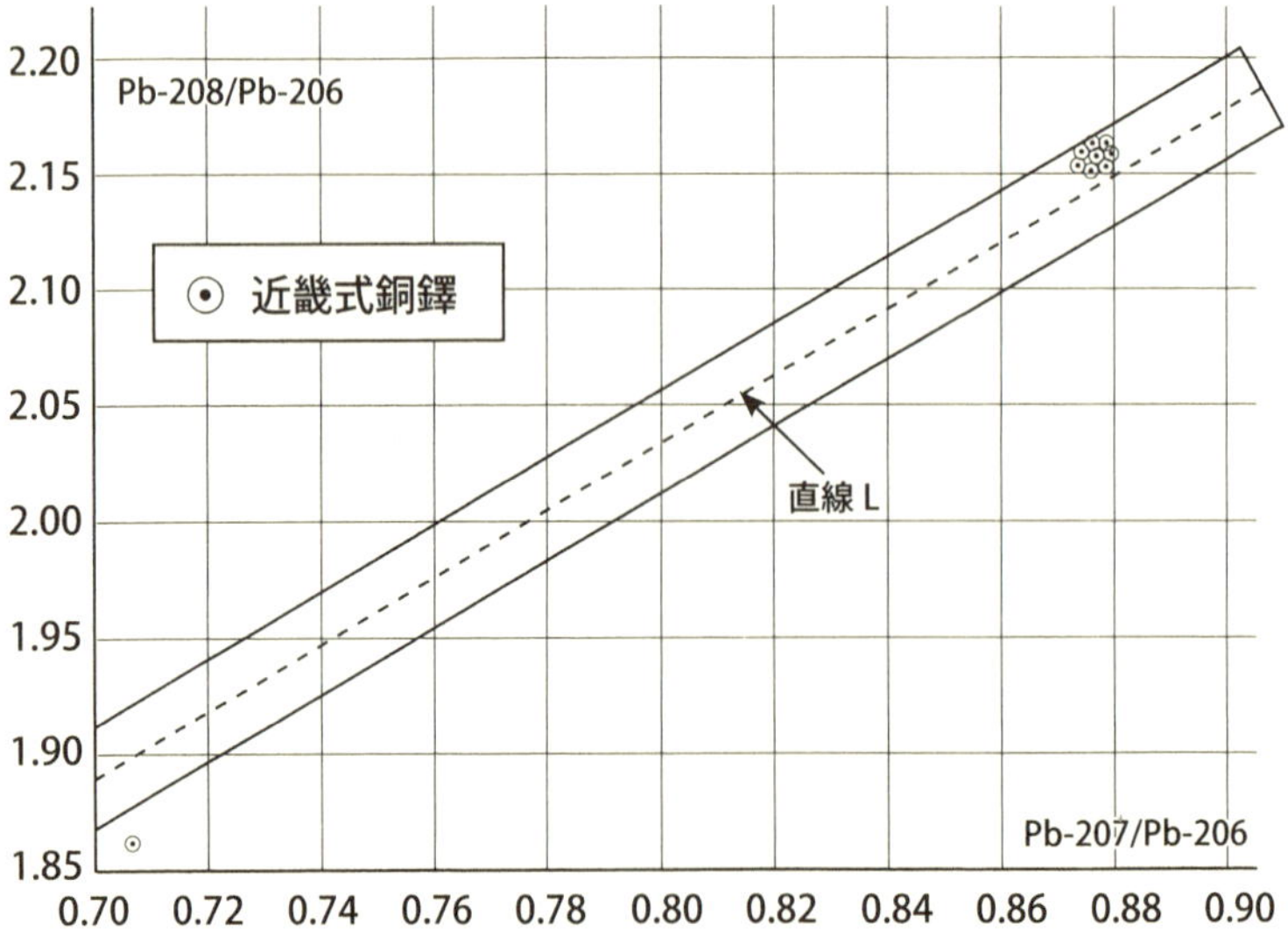

図32 「近畿式銅鐸」の鉛同位体比の分布

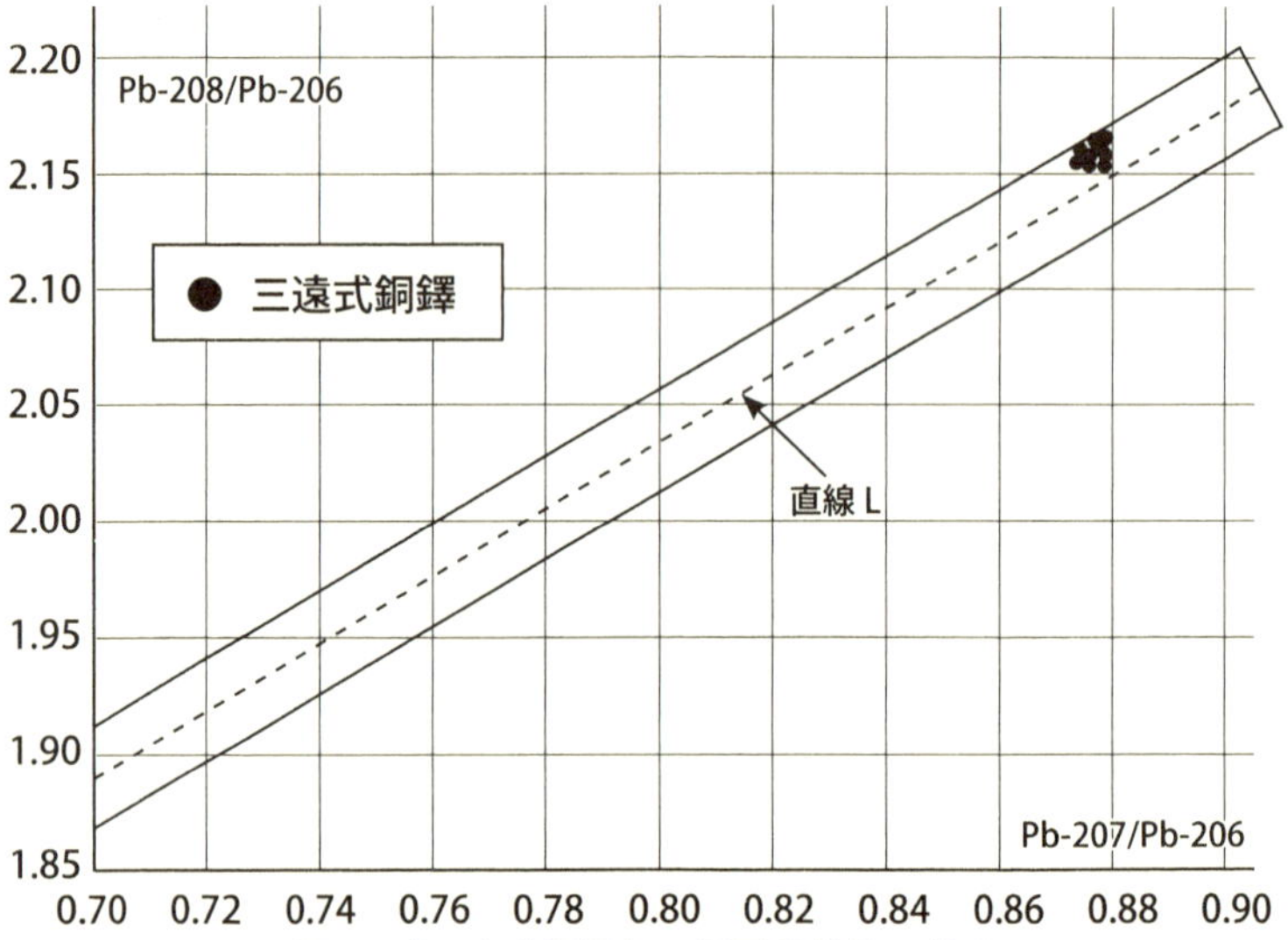

図33 「三遠式銅鐸」の鉛同位体比の分布

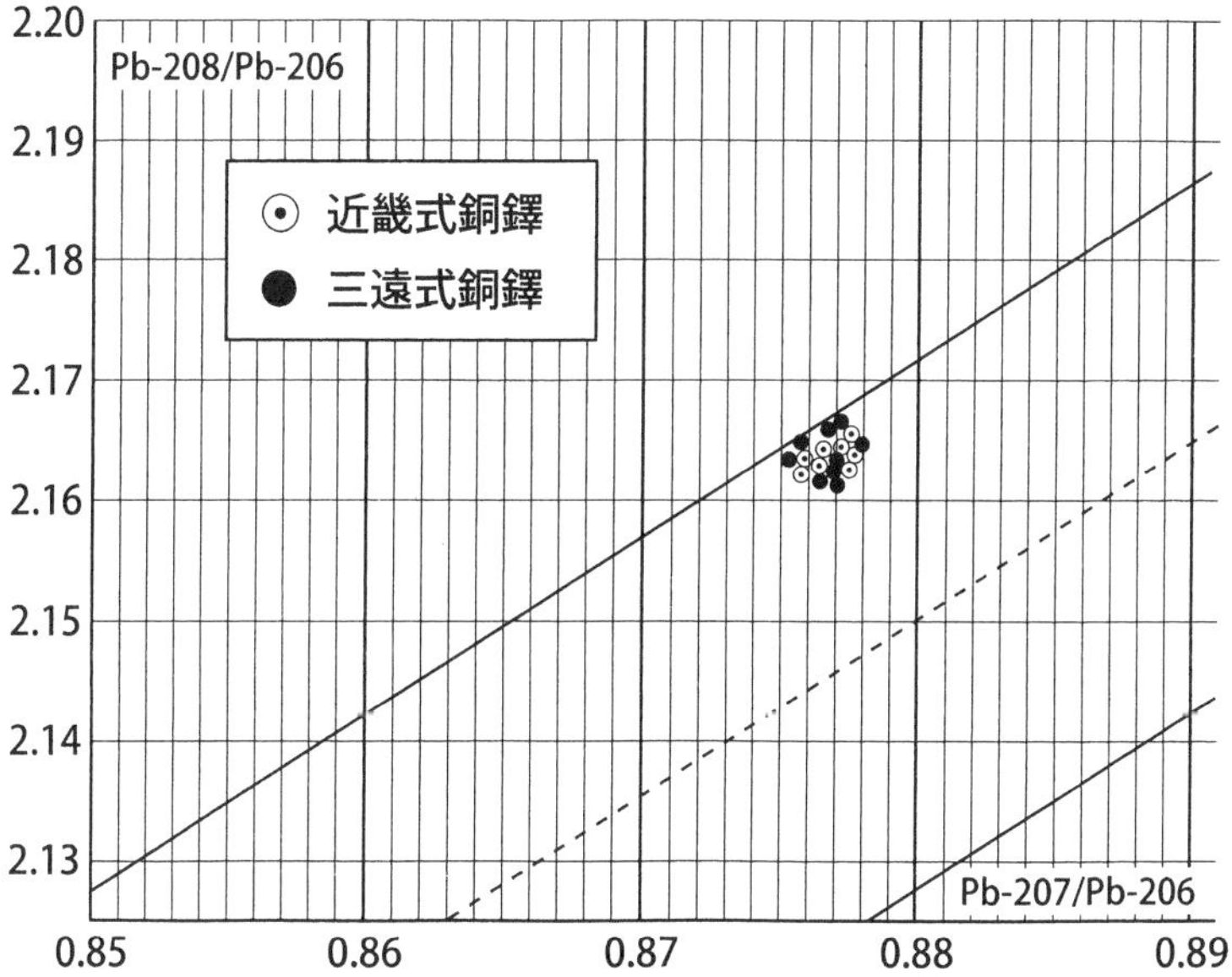

図34　「近畿式銅鐸」と「三遠式銅鐸」の鉛同位体比の分布（拡大図）

銅鐸の鉛同位体比にみられる収縮・収斂《しゅうれん》の強い傾向

いま、銅鐸について、鉛同位体比の値の分布の形がかなり近いものをまとめると、つぎのようになる。

（1）「菱環鈕式銅鐸」と「外縁付鈕1式銅鐸」

（2）「外縁付鈕2式銅鐸」と「扁平鈕式銅鐸」

（3）「近畿式銅鐸」と「三遠式銅鐸」

このようにまとめると、つぎのような強い傾向というか、規則性が、うかびあがってくる。

「銅鐸の鉛同位体比の分布は、大きくみて、後代のものになるほど、一ヵ所にまとまる傾向が強くなる。分布の範囲が縮小していく。」

いま、この分布の範囲が縮小して行く「縮小度」をはかるモノサシを考えてみよう。

（1）　この縮小のしかたは、一定の明確な方向性をもっている。

それは、「入り口」を、「細形銅剣」「細形銅矛」「細形銅戈」とすれば、「出口」は、「近

表35　各種青銅器の範囲（レンジ）の大きさを示すデータ

番号	各種青銅器	(a)最大値	(b)最小値	((a)－(b))範囲（レンジ）	範囲（レンジ）の相対的大きさ
(1)	細形銅剣・細形銅矛・細形銅戈	0.8982	0.7077	0.1905	100
(2)	菱環鈕式銅鐸・外縁付鈕１式銅鐸	0.8806	0.7992	0.0814	42.7
(3)	平形銅剣	0.8880	0.8099	0.0781	41.0
(4)	前漢鏡	0.8826	0.8442	0.0384	20.2
(5)	外縁付鈕２式銅鐸・扁平鈕式銅鐸	0.8938	0.8582	0.0356	18.7
	外縁付鈕２式銅鐸のみ	0.8938	0.8666	0.0272	14.3
	扁平鈕式銅鐸のみ	0.8863	0.8582	0.0281	14.8
(6)	荒神谷遺跡出土中細形銅剣	0.8921	0.8599	0.0322	16.9
(7)	小銅鐸	0.8821	0.8707	0.0114	6.0
(8)	貨泉	0.8796	0.8695	0.0101	5.3
(9)	広形銅矛・広形銅戈	0.8773	0.8724	0.0049	2.6
(10)	小形仿製鏡第Ⅱ型	0.8788	0.8744	0.0044	2.3
(11)	広形銅矛のみ	0.8773	0.8755	0.0018	0.9
(12)	近畿式銅鐸・三遠式銅鐸	0.8771	0.8755	0.0016	0.8

畿式銅鐸」「三遠式銅鐸」である。

そして、きわめて、広い「入り口」から、きわめて狭い出口へという方向性をもって、時代とともに、規則的に縮小して行くのである。

(2)

いま、「鉛同位体比」の分布のようすを示すグラフの横軸の「Pb-207/Pb-206」で、しらべてみることにする。各種の青銅器の「Pb-207/Pb-206」の測定値の「最大値」と「最小値」を、表の形にまとめれば、**表35**のようになる。

たとえば、「細形銅剣」「細形銅矛」「細形銅戈」のばあい、横軸（Pb-207/Pb-206）の最大値は、**表24**により〇・八九八二（**表24**の番号39の佐賀県の吉野ヶ里遺跡のもの）である。また、最小値は〇・七〇七七（**表24**の番号30の福岡県春日市のもの）である。

統計学では、このような測定値の「最大値」から「最小値」を引いた値を、「範囲（レンジ）」という。「範囲《レンジ》」は、分布の「ひろがり

（ちらばり）」の大きさを示すモノサシに使われる。

「細形銅剣」「細形銅矛」「細形銅戈」のばあい、「範囲《レンジ》」は、最大値の〇・八九八二から最小値の〇・七〇七七を引いて、〇・一九〇五となる。

表34には、同様にして求めた各種青銅器の「範囲《レンジ》」も、示されている。

おもなものを、グラフにかけば、**図35**のようになる。

鉛同位体比の分布範囲が縮小して行く傾向は顕著である。

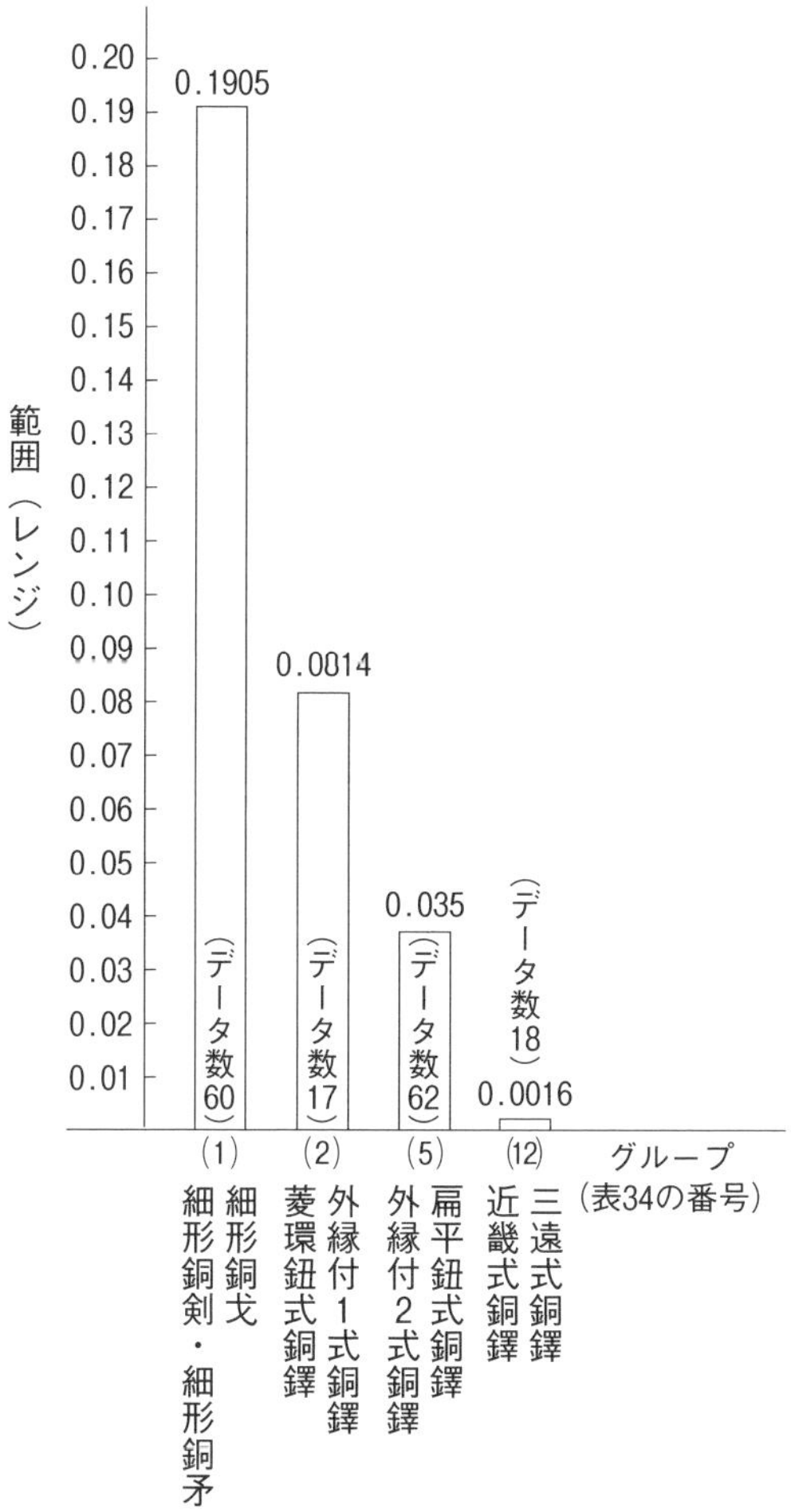

図35　分布範囲は急速に小さくなる

「範囲《レンジ》」は同種のデータをとりあつかうばあい、データ数が大きくなれば、「範囲《レンジ》」も、大きくなる傾向がある。

しかし、**図35**をみれば、⑴と⑸とは、データ数がほぼ同じである。⑵と⑿も、データ数がほぼ同じである。また、⑵と⑸をくらべれば、⑸は⑵よりもデータ数が大きくなっているにもかかわらず、「範囲《レンジ》」は、小さくなっている。

あきらかに⑴⑵⑸⑿は、銅原料からみて、たがいに異種のものとみるべき分布を示している。

表35をみれば、「入り口」の「細形銅剣」「細形銅矛」「細形銅戈」の幅の広さ（ひろがり、範囲《レンジ》）を、一〇〇とすれば、「出口」の「近畿式銅鐸」「三遠式銅鐸」の幅の広さは〇・八である。じつに1/100以下である。「入り口」を、一メートルとすれば、「出口」はわずか八ミリである。

この広い「入り口」の方向から、狭い「出口」の方向に、各種の青銅器の鉛同位体比の値が、時代とともに規則的に変化している。

(3) なぜ、このような方向性をもった「範囲《レンジ》」の収斂・縮小の傾向が生じたのであろうか。

まず考えられる仮説は、つぎのようなものである。

仮説1

はじめに、中国の「古代銅」が、燕の国や朝鮮半島を通じて、わが国にはいってきた。

その後、中国の華北で、「近畿式銅鐸」「三遠式銅鐸」に用いられているような銅を出す鉱山が発見された。この鉱山を、「鉱山X」としよう。

はじめは、「古代銅」と「鉱山X」の銅とが、まぜて用いられた。

しかし、時代の経過とともに、「古代銅」が用いられる比率はへり、ついには、「鉱山X」の銅だけが用いられるようになった。（年代の下降とともに、「古代銅」の使用は、指数関数的に減少し、「鉱山X」の銅の使用は、指数関数的に増大した。）
つまり、紀元前二～三世紀ごろから、紀元後三世紀にいたる五〇〇～六〇〇年間の日本古代は、燕の国系の「古代銅」から、華北系の銅原料に急速にきりかわっていく連続する過程のなかにあったとみるのである。

ただ、この「**仮説1**」ですこし気になるのは、202ページの**表35**で、コインである「貨泉」よりも鉛同位体比の「範囲《レンジ》」の小さい「広形銅矛・広形銅戈」「小形仿製鏡第Ⅱ型」「近畿式銅鐸」「三遠式銅鐸」などが、ことごとく、わが国で作られた国産品であることである。
ここから、つぎに浮上してくる仮説は、つぎのようなものである。

仮説2
わが国に中国から原料として輸入されたのは、「貨泉」ていどまりの鉛同位体比をもつ銅原料であった。
たとえば、大量の貨泉などの溶融により、中和され、平均化されて、鉛同位体比の分布の範囲が、さらに小さくなった。

私は、あとでのべるような根拠により、この「**仮説2**」が、基本的には正しいと思う。

ただ、この「**仮説2**」を成立させるためには、つぎのようなことが必要であろう。

(a)「溶融すると中和され、平均化されて、銅同位体比の分布の、範囲が小さくなる」ということは、実験考古学的に検証できそうな内容である。きちんとしたそのような検証データがほしい。

(b) 原料として、たとえば「貨泉」を用いたのならば、日本列島のどこかで、たまたま未使用の貨泉などが、大量にまとまって発見されてもよさそうである。

現在のところ、貨泉がまとまって出土した例の最大例は、岡山県の高塚遺跡である。その貨泉の枚数は、二十五枚にすぎない。高塚遺跡から出土した高さ五十七・七センチほどの銅鐸を、貨泉で作ろうとすると、およそ二千枚の貨泉を必要とする。

逆に、「**仮説1**」が成立するためには、中国の銅鉱山のもので、わが国出土の「広形銅矛」「近畿式銅鐸」「三遠式銅鐸」の鉛同位体比の示す「範囲《レンジ》」と同じていどに「範囲」の狭い銅をもたらすもののあることを示すことなどが必要になるであろう。

以上の、「範囲《レンジ》」における規則的な収斂《しゅうれん》・縮小の傾向は、庄内式土器の時代のころ、あるいは、せいぜい西暦三〇〇年ごろまでの青銅器にみられる現象とみられる。それ以後の布留式土器、古墳時代にはいると、中国の華中、華南系の銅が輸入されて、三角縁神獣鏡などがつくられるようになる。鉛同位体比の分布の縮小の傾向はみられなくなる。169ページの**図21**の「領域B」に分布するようになり、鉛同位体比の分布は、拡大する。

また、鉛同位体比は、青銅器の「鋳造」の年代と関係しており、「埋納」の年代は、「鋳造」の年代よりかなり遅れることがある。

さらに、中国から、出雲にわたってくるまでなどに、かなり時間がかかっている場合も考えられる。たとえば、「前漢鏡」に近い鉛同位体比がみられたとしても、「前漢鏡」の年代は、「年代の上限」を示しているのである。それはそれで、貴重な情報である。しかし、遺跡の年代などが、その上限の年代にどのていど近づきうるかは、種々の観点からの検討を必要とする。どの青銅器がより古く、どの青銅器がより新しいかの相対編年のためにであれば、鉛同位体比は、かなり有効な情報をもたらすようにみえる。

あらたなモノサシ「密集率」

いま、これまでみてきたことを、別の観点から整理しなおしてみる。

まず、さきにのべた「**仮説1**」、すなわち、つぎのようなものを、議論の前提においてみる。

> **仮説**
>
> 紀元前二～三世紀ごろから、紀元後三世紀にいたる五〇〇～六〇〇年間の日本の古代の青銅器の原料は、燕の国系の「古代銅」から、洛陽などを中心とする華北系の銅原料に急速にきりかわっていく、その連続する過程のなかにあった。

そして、そのような変化のすえの「出口」、あるいは、終着駅は、「近畿式銅鐸」「三遠式銅鐸」の鉛の同位体比にみられる銅原料の姿であった。

そこで、「出口」である「近畿式銅鐸」「三遠式銅鐸」の鉛同位体比のほうを基準として、各種青銅器の鉛同位体比の値を、整理しなおしてみる。

いま、鉛同位体比について、つぎのような形で、あらたに「密集率」というモノサシを定義する。

密集率

「近畿式銅鐸」「三遠式銅鐸」の鉛同位体比の測定値においては、測定されているすべてのデータの、（Pb-207/Pb-206〔グラフの横軸の値〕）は、**図34**、**表35**にみられるように、〇・八七五〇〜〇・八七八〇という、きわめて狭い「出口」、「範囲《レンジ》」のなかにおさまる。この「〇・八七五〇〜〇・八七八〇」の区間を、「最終密集区間」、または、たんに、「密集区間」とよぶことにする。

そして、各青銅器について、しらべたデータのうち、何パーセントが、この狭い「範囲」、「密集区間」のなかにおさまるかをしらべる。それを、「密集率」と名づけることにする。

すなわち、「近畿式銅鐸」「三遠式銅鐸」においては、測定値の得られている十八例のすべてのデータが、この狭い範囲、「最終密集区間」のなかにおさまる。したがって、「近畿式銅鐸」と「三遠式銅鐸」との「密集率」は、ともに、百パーセントである。

同様にしてしらべれば、九州から出土している三十三例の「広形銅矛」の鉛同位体比の測定値も、すべて、この狭い範囲のなかにおさまる（データは、あとの251ページの**表45**、241ページの**図49**）。したがって、「広形銅矛」の「密集率」も、百パーセントである。

いっぽう、「細形銅剣」の鉛同位体比は、きわめて広い「範囲《レンジ》」に分布する。しかし、この極端に狭い「最終密集区間」のなかにおさまるデータは、たまたま、存在しない。

したがって、「細形銅剣」の「密集率」は、0《ゼロ》パーセントである。

すなわち、「密集率」は、0《ゼロ》パーセントから、百パーセントまでの値をとる。

「密集区間」の定義に、こまかい数字が並んでいるので、話が、ややこしくみえる。

たとえていえば、つぎのようなことである。

「細形銅剣」についての測定値は、幅一メートルの間のどこかに分布する。これに対し、「近畿式銅鐸」についての測定値は、幅一センチという、きわめて狭い幅のなかのどこかに分布する。

この幅一センチの区間を、「密集区間」と定める。「細形銅剣」なら「細形銅剣」のうち、この狭い一センチの幅のなかにおさまるものは、測定した四十五例のうちの何パーセントをしめるか？　それは、0《ゼロ》パーセントである。つまり、「密集率」は、0《ゼロ》である。その狭い幅のうちにおさまるデータ（測定値）は、一つもないというようなことである。

なぜ、「密集率」という新しいモノサシを定めたのか？

この「密集率」というモノサシの長所は、「範囲《レンジ》」（最大値引く最小値）そのものをモノサシにするのにくらべ、測《はか》った値が、ずっと安定していることである。

「範囲《レンジ》」のほうは、測定値のなかの一、二例の極端な値に、大きく左右されやすい。

たとえば、あとでのべる250ページの**表44**の「小形仿製鏡第Ⅱ型」のデータのなかには、一例だけ（**表44**の「番号7」のもの）、後世の古墳時代の模造鏡、復古鏡かと強く疑われるものがまじっている。この一例だけ、鉛同位体比が、極端に低い値を示している。古墳時代の「三角縁神獣鏡」などの鉛同位体比を示している（あとの237ページの**図45**も参照）。「範囲《レンジ》」は、このような極端な値に左右されやすい。「密集率」は、「範囲《レンジ》」のもつこのような不安定さ、という欠点をもたない。

大まかな全体的傾向を簡単につかみ、イメージするためには、「範囲《レンジ》」は、それなりに役にたつが、正確な議論をするためには、安定したモノサシである「密集率」を用いたほうがよい。

諸青銅器の「密集率」

いま、諸青銅器の「密集率」をしらべ、図示すれば、**図36**のようになる。この**図36**は、今後の議論において、とくに重要である。**図36**をみれば、つぎのようなことがわかる。

（I）銅鐸のばあい、「密集率」は、時代とともに、つぎのように変化している。

（a）菱環鈕式銅鐸…〇・〇％
（b）外縁付鈕1式銅鐸…一一・一％
（c）外縁付鈕2式銅鐸…二五・〇％
（d）扁平鈕式銅鐸…四一・二％
（e）近畿式銅鐸…一〇〇・〇％
（f）三遠式銅鐸…一〇〇・〇％

あとの形式になるごとに、「密集率」は、ほぼ順に倍になるほど大きくなっている。銅鐸の形式による鉛同位体比の違いが、非常にはっきり、くっきりとした形ではかれることとなる。

（II）あるていど絶対年数（西暦年数に換算できる年数）を知ることのできる青銅器がある。その「密集率」は、時代とともに、つぎのように変化している。

（a）細形銅剣（中国の戦国時代の燕の国系の銅原料）…〇・〇％
（b）前漢鏡（中国の前漢時代の華北の銅原料）…二五・四％

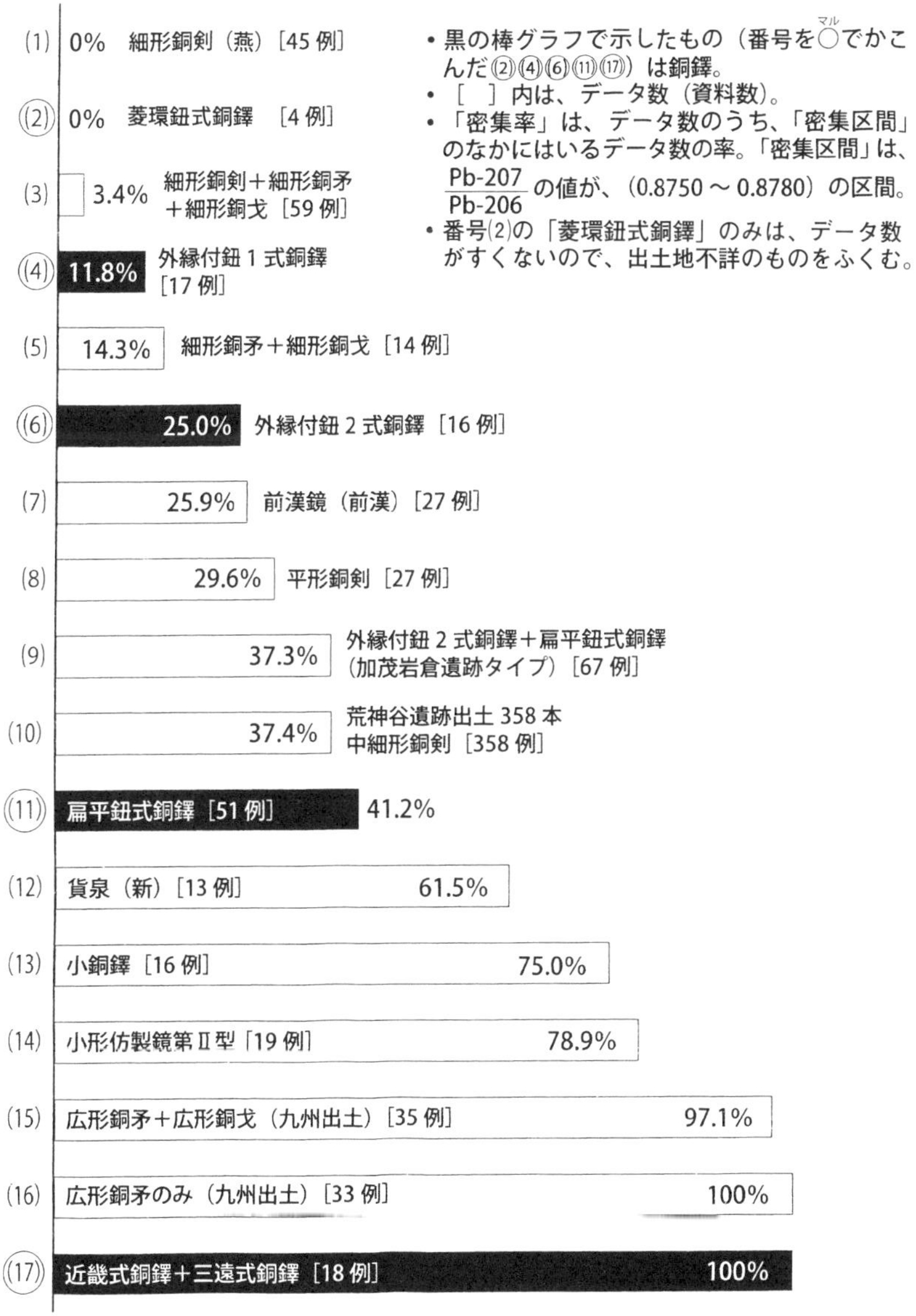

図36　古代青銅器密集率（%）

(c)　貨泉（中国の新の国の時代の銅原料）…六一・五％
(d)　小形仿製鏡第Ⅱ型（おもに箱式石棺から出土し、中国の魏の時代、邪馬台国にあたる時代の銅原料か）…七八・九％

これも時代順に、大変弁別のつきやすい数字になっている。「範囲《レンジ》」の縮小、「密集率」の増大の傾向は、あきらかである。

以上の(Ⅰ)と(Ⅱ)とをあわせ考えれば、(Ⅰ)の銅鐸の「絶対年代（西暦年数に換算できる年代）」を、あるていど知ることができる。

図36からわかること

図36をみれば、つぎのようなことがわかる。

(1)　九州出土の「広形銅矛」と、「近畿式銅鐸」「三遠式銅鐸」とは、出土地の距離や型式に大きなへだたりがある。それにもかかわらず、ともに「密集率」が百パーセントである。鉛同位体比の測定値が、たがいに近い値を示し、極端に密集して分布している。

このことは、「近畿式銅鐸」「三遠式銅鐸」の銅原料が、九州方面から来たことをうかがわせる。

(2)　島根県の荒神谷遺跡出土の三五八本の中細形銅剣の鉛の同位体比の「密集率」は、三十七・四パーセント（**図36**の「番号(10)」）である。いっぽう、「外縁付鈕2式銅鐸」と「扁平鈕式銅鐸」とをいっしょにしたものの「密集率」は、三十七・三パーセント（**図36**の「番号(9)」）である。この二つの「密集率」は、ほとんど等しい。

島根県の加茂岩倉遺跡には、「外縁付2式銅鐸」と「扁平鈕式銅鐸」とが、同時に埋納されていた。

このことは、荒神谷遺跡と加茂岩倉遺跡との出土物の年代の近さを示しているようにみえる。

このほか、**図36**をみれば、時代による変化が、顕著な形で示されるため、さまざまなことが読みとれるようにみえる。

中国王朝の存続期間による年代推定

以上のべてきたように、**図36**をみれば「密集率」は、かなり整然と、かつ、時代が降るとともに顕著に変化してきているようにみえる。

図36にみられる「密集率」にみられる、「順序」を尊重し、これをさらに、他の客観的情報と照らしあわせてみよう。

まず、**表36**は、倭と交渉をもった中国王朝の存続期間との関係から、青銅器の年代をまとめなおしてみたものである。

(1) **表36**において、倭と関係をもった中国王朝のタテの長さは、王朝の存続期間に比例させてある。**表36**において中国出土の青銅器が、どの王朝の時代におもに行なわれたものであるかは、あるていどわかる。

(2) 中国出土鏡と、北九州出土鏡とは、密接な関係をもっていることに、留意すべきである。

(3) 北九州出土青銅器と、本州出土青銅器との関係は、鉛同位体比によって、あるていどたどれる。

(4) 「第Ⅲ章」でのべることになるが、**表36**において、中国出土青銅器のうち、年代にかなり確実な根拠が与えられるのは、「位至三公鏡」など、洛陽出土系の「西晋鏡」である。「洛陽晋墓」からは、八面の「位至三公鏡」が出土している。かつ、「洛陽晋墓」からは、三つの墓誌が出土している。そこに記され

表36　中国王朝との関係からみた青銅器の年代

倭と関係をもった 中国王朝	中国出土 青銅器	北九州出土 青銅器		本州出土 青銅器
燕 （　～紀元前222）		・細形銅剣・細形銅矛・細形銅戈・多鈕細文鏡		
秦（紀元前221～紀元前206）				
前　漢 （紀元前206～紀元後８）	［前漢式鏡］ ・昭明鏡 ・日光鏡 ・清白鏡 ・日有喜鏡	［前漢式鏡］ ・昭明鏡 ・日光鏡 ・清白鏡	甕棺時代	・多鈕細文鏡 ・菱環鈕式銅鐸 ・外縁付１式銅鐸 ・外縁付２式銅鐸
新（８～23）	・貨泉 ・方格規矩鏡			
後　漢 （23～220）	［後漢式鏡］ ・方格規矩鏡 ・四葉座内行花文鏡	・貨泉 ［後漢式鏡］ ・方格規矩鏡 ・雲雷文内行花文鏡	180年ごろ	・扁平鈕式銅鐸 ・貨泉
魏（220～265）	［銅原料の不足］	・小形仿製鏡第Ⅱ型 ・広形銅矛・広形銅戈	箱式石棺土壙墓時代	
西晋（265～316）	［西晋式鏡］ ・位至三公鏡・蝙蝠鈕座内行花文鏡・夔鳳鏡	［西晋式鏡］ ・位至三公鏡・夔鳳鏡・蝙蝠鈕座内行花文鏡		・近畿式銅鐸 ・三遠式銅鐸
東　晋 （317～420）	［中国南方系鏡］ ・画文帯神獣鏡 ・三角縁画像鏡	［中国南方系鏡］ ・画文帯神獣鏡 ・三角縁神獣鏡	300年ごろ 古墳時代	［中国南方系鏡］ ・画文帯神獣鏡 ・三角縁神獣鏡
宋（420～479）				

ている三つの年代は、西暦三〇〇年前後のものである（西暦二八七年［太康八］、二九五年［元康九］、三〇二年［永寧二］の墓誌がでている。このことについては、このシリーズの拙著『大炎上「三角縁神獣鏡＝魏鏡説」』［勉誠出版、二〇一三年刊］にくわしい。

かつ、西晋の国の存続期間は、比較的短い。

(5)　東に行くほど、やや時代的に遅れるという時間的勾配（タイム・ラグ）をあるていど考慮して**表36**を作成した。

この表で、とくに留意すべきは、つぎのようなことである。

たとえば、**表36**には、「貨泉」とよばれる青銅のコインの名が記されている。新の国の時代に、最初に発行されたものである。

中国では、前漢の時代につぎに短い期間であるが、新の国の時代がくる（178ページの**図25**参照）。

新の国は、王莽《おうもう》（紀元前四五〜紀元後二三）のたてた国である。

王莽は、前漢の第十代の皇帝、元帝の皇后の、弟の子であった。宮廷内で、政治の実権をにぎり、みずから真皇帝と称し、漢の国を奪った。そして、国号を「新」とした。「新」の国は、西暦八年から二三年まで、足かけ十六年つづいた。

新の国で鋳造された「貨泉《かせん》（泉は銭に通じる）」が、わが国で出土している。

「貨泉」は、現代日本の十円玉ほどの大きさのコインである。

「貨泉」が、新の国ではじめて鋳造されたのは、『漢書』の「食貨志《しょっかし》」によれば、西暦一四年のこととされている。また、『漢書』の「王莽伝」によれば、西暦二〇年とされている。

貨泉は、わが国では、北は北海道、南は沖縄県の遺跡から出土している。

また、時代的にも、弥生時代から、鎌倉・室町時代にいたる遺跡から出土している。中国では、一世紀の遺跡はもちろんのこと、十四世紀後半の明代初期とみられる遺跡からさえ出土している。

中国の晋の時代の太康八年（西暦二八七）、元康九年（二九五）、永寧（三〇二）の三つの墓誌がでている洛陽晋墓からも、五十二枚の貨泉が出土している。

中国の陝西省《せんせいしょう》から、二〇六八〇枚、一〇五キロの貨泉が出土した例がある。

また、漢代の五銖銭《ごしゅせん》の、昭帝以後の前漢後期の年間平均鋳造量が、一億五三八〇万枚ほどという。貨泉も、おそらく億の単位で鋳造されたものなのであろう（塩谷勝利「中国出土王莽泉に関する覚書（上）（下）」［『季刊邪馬台国』110号、111号、二〇一一年刊］参照。貨泉の出土地などについては、このシリーズの拙著『大崩壊「邪馬台国畿内説」』参照）。

このようなことがあるため、西南学院大学名誉教授の考古学者で、日本考古学協会会長の高倉洋彰氏は、つぎのようにのべ、警鐘をならしている。

「（貨泉によって、）弥生時代とされているもののなかに時期判断に疑わしい例のあることに気付いた。」

「古代末以降中世の遺跡からの出土銭は、遺跡数と出土数の双方ともに、弥生〜古墳時代出土のそれよりも多い。」

「貨泉の出土時期に幅があることと、中国そのもので長期に流通していることから、弥生時代の実年代資料としては、ごく一部の資料を除いて使用できないことを意味している。貨泉の活用にあたっては慎重さが求められるのである。」（以上、高倉洋彰「王莽銭の流入と流通」［九州歴史資料館『研究論集』14、一九八九年］）

二〇一一年になくなった考古学者の橋口達也も、その著『甕棺と弥生時代年代論』（雄山閣、二〇〇五年刊）のなかで、「貨泉」について、つぎのようにのべている。

「（弥生時代の土器年代について）貨泉から畿内V様式の開始年代を紀元1世紀初頭ないし前半とする主張が畿内の多くの研究者から出されている。しかし著者は貨泉をその根拠に用いることには危惧をいだいている。というのは北部九州での貨泉などの出方をみると、必ずしも（弥生時代の）後期初頭ないし前半に伴うものはきわめて少なく、その多くは後期後半の土器に伴うものである。また重量を単位とする貨幣でありながら薄くて軽いものとか、径の小さいものとかがあり、これらの多くは後漢後半の経済混乱期にわが国に流入した可能性が強いからである。したがって貨泉を用いて年代を推定する場合はこれらの点を検討していただきたい。」

近畿を中心とする考古学者の年代繰りあげ論には、強い警戒を必要とする。

橋口達也ののべるように、わが国の九州の貨泉の埋納年代が、「後漢（西暦二五〜二二〇年）後半」ごろとすれば、それは、西暦二〇〇年前後である。

貨泉の中国での初鋳年代、西暦一四年、または、西暦二〇年とは、二〇〇年ほどの差がある。

そして、「貨泉」よりも、「密集率」の大きい小形仿製鏡第Ⅱ型の年代が、すでに紹介したように、ほぼ、邪馬台国時代、「箱式石棺」時代のものと考えられる。

そして、「小形仿製鏡」よりも、さらに「密集率」の大きい九州出土の「広形銅矛」は、おそらく、西暦二八〇年ごろまでくだるものであろう。

西暦二八〇年に、中国南方の呉の国が、晋の国によって滅ぼされる。そして、北方系の銅とは異質の鉛同位体比をもつ南方系の銅が、中国北方の洛陽に流れこむようになる。

「位至三公鏡」「蝙蝠鈕座内行花文鏡」などの、中国北方の洛陽を中心に分布し、北方系の文様をもつ鏡が、南方系の銅を用いてつくられるようになる。

この南方系の銅原料は、おもに四世紀に、畿内を中心に行なわれた「画文帯神獣鏡」や「三角縁神獣鏡」など、南方系、揚子江流域系の文様をもつ鏡の銅原料と近い。

九州出土の「広形銅矛」と同じ「密集率」を示す「近畿式銅鐸」「三遠式銅鐸」は、九州から近畿方面、あるいは、それ以東へ銅原料が移ったとみられるが、地域の異なりとともに、時間的なズレを生じ、西暦三〇〇年前後までに至るものもあったとみられる。

近畿説の考古学者、寺沢薫氏も、つぎのようにのべている。

「破砕、廃棄銅鐸には東方の諸例が目立つ。しかも圧倒的に突線鈕3式以降の新段階の銅鐸が主体を占めている。廃棄時期も（弥生）後期末ないしは古墳時代初頭に集中し、再利用例は布留1式併行期にまで下る。銅鐸のマツリの終焉の事情は東方へ向けて遅延した状況にあることも、その史的背景を考える上での重要な視点である。このことは、一部、弥生中期前葉に始まり後期以降ほぼ全国規模で分布する『小銅鐸』も、東国にあっては東方ほど新しく、そのほとんどが古墳時代前期に下るという事実（松井二〇〇五）とも関係することなのであろう。」（寺沢薫「銅鐸の終焉と大形墳丘墓の出現」〔『邪馬台国時代のツクシとヤマト』奈良県香芝市二上山博物館編、学生社、二〇〇六年刊、所収〕）

なお、**表36**をみると、魏の時代は、きわめて短く、後漢の時代の一部といってよいほどの期間である。

鏡の「文様」と「銅原料」の推移

本州において、おもに、銅鐸が行なわれていたころ、北九州では、鏡がかなり行なわれていた。

そして、鏡は、銅鐸消滅後、九州においても本州においても、広く行なわれるようになる。

これは、大きくみれば、北九州文化の全国への広がりとみられる。

そして、この間、鏡の「文様」や、鉛同位体比からみた「銅原料」は、中国北方系のものから、中国南方系のものへと推移する。これは、大きくみて、わが国が交流をもった中国王朝の都の場所のうつり変りと対応する。

表37は、このような鏡の「文様」「銅原料」の推移の様子をまとめたものである。

表37の鏡の鉛同位体比の値を、211ページの**図36**によって、本州の銅鐸の鉛同位体比と対比させることによって、銅鐸の年代を、あるていど定めうる。

鉛同位体比からみた各種青銅器の年代

表38は、鉛同位体比を中心にして、各種青銅器を分類し、およその年代を推定したものである。
大きくみて、右上の「直線L」の上にのるものから、左下の「領域B」にはいるものへとしだいに推移していることがわかる。

北九州中心の銅鏡と、本州の銅鐸との年代の対比

表38は、銅鏡と銅鐸との行なわれた年代を、おもに北九州と畿内とを対比させる形でまとめたものである。

鉛同位体比の分布が、顕著に縮小の傾向を示すのは、畿内では、西暦三〇〇年前後まで続いているとみられる。

二八〇年に呉が滅び、北九州では、二九〇年前後から中国南方系の銅を用いた「位至三公鏡」や「蝙蝠鈕

<table>
<tr><th>対応するおもな中国王朝</th><th>中国王朝の都</th><th>中国王朝の動き</th><th>中国王朝の都の場所</th><th>わが国の鏡分布の中心地</th></tr>
<tr><td>燕</td><td>薊《けい》
(北京の西北)</td><td rowspan="6">紀元前222年　燕滅亡
紀元前206年　前漢成立
(前漢　紀元前206年～紀元後8年)
紀元後8年　前漢滅亡

(新　8年～23年)

25年　後漢成立
(後漢　25年～220年)
220年　魏成立
(魏　220年～265年)

265年　西晋成立
280年　呉滅亡
(西晋　265年～316年)</td><td rowspan="6">「北中国」・おもに黄河流域に都した</td><td rowspan="6">北九州</td></tr>
<tr><td>前漢</td><td>長安</td></tr>
<tr><td>(新)</td><td>(長安)</td></tr>
<tr><td>後漢
〜
魏</td><td>洛陽</td></tr>
<tr><td>魏</td><td>洛陽</td></tr>
<tr><td>西晋</td><td>洛陽</td></tr>
<tr><td>東晋</td><td>南の建康
(南京)</td><td>317年　東晋成立

(東晋　317年～420年)

420年　南朝宋成立</td><td>「南中国」・揚子江(長江)流域に都した</td><td>畿内</td></tr>
</table>

表37　中国北方系の鏡から、南方系の鏡への推移

鏡の種類	「文様」が、「北中国」系か	「銅原料」が、「南中国」系か	鉛同位体比の分布領域	総合判断	わが国での出土の中心地
多鈕細文鏡（細形銅剣・細形銅矛・細形銅戈）	（燕系）	（燕系）	D（L）	（燕系）	北九州
前漢鏡（「昭明」「日光」「清白」「日有喜」銘鏡など）	○	○	A	「北中国」系	北九州
（貨泉）	（○）	（○）	（A）	（「北中国」系）	（北九州）
雲雷文長宜子孫銘内行花文鏡（平原遺跡出土の方格規矩鏡）	○	○	A	「北中国」系	北九州
小形仿製鏡第Ⅱ型	○	○	A		北九州
西晋鏡（「位至三公鏡」「双頭竜鳳文鏡」「蝙蝠紐座長宜子孫銘内行花文鏡」「夔《き》鳳鏡《ほうきょう》」など）	○	×	B	過渡期	北九州
画文帯神獣鏡	×	×	B	「南中国」系	畿内
三角縁神獣鏡	×	×	B		畿内
（古墳時代出土の方格規矩鏡）	（？）	（×）	（B）		畿内

○印……「北中国」系　　×印……「南中国」系

表38　鉛同位体比から見た各種青銅器の年代

西暦年代	紀元前200年ごろ	紀元元年前後		200年ごろ
【中国の王朝】	【戦国時代】 【燕時代】 （都は北京西北の薊《けい》） （倭は、燕に属す）	（前206〜後８） 【前漢時代】 （都は華北の長安）	（25〜220） 【後漢時代】 （都は華北の洛陽）	（220〜265） 【魏時代】 （都は華北の洛陽）
墓制と註記	甕棺時代 （北九州の中央部で甕棺が行なわれていた時代。）			（180年ごろ倭国大乱） 箱式石棺時代 （北九州では庄内式土器の時代） 邪馬台国時代 （220年魏成立） （239年魏に遣使） 卑弥呼の時代→
「直線L」上にのるもの	【L類】 ・多紐細文鏡（燕国から流れてきたか。）・細形銅剣・細形銅矛・細形銅戈・初期銅鐸			
「領域A」にはいるもの		【A_1類】 （甕棺から出土する各種前漢鏡） ・昭明鏡 ・日光鏡 ・清白鏡 ・日有喜鏡		【A_2類】 ・平原遺跡方形周溝墓鏡の「AH」の領域にはいる鏡 【A_3類】 ・雲雷文「長宜子孫」銘内行花文鏡 （鉛同位体比がきわめてせまい範囲に分布）
「領域B」にはいるもの				

500年ごろ　350年前後　300年ごろ　260年ごろ

(317～420) 【東晋時代】 (都は江南の建康「南京」)		(265～316) 【西晋時代】 (都は華北の洛陽)	
(317年東晋の成立) (第一代神武天皇の時代から、第九代開化天皇の時代のころにあたる。) 前方後円墳時代 (第十代崇神天皇以後ごろの時代にあたる。鏡が大量に出土するのは、おもに、四世紀中ごろから、後半ごろの時代。) (420年東晋滅亡)		← 台与の時代 → (247年、248年ごろ 卑弥呼の死) (265年魏の滅亡) (265年西晋の成立) (266年西晋に遣使) (280年～290年ごろ、邪馬台国東遷？[神武天皇東征？]) (316年西晋滅亡)	←
		・(貨泉) ・小形仿製鏡 ・広形銅矛 ・広形銅戈 ・近畿式銅鐸 ・三遠式銅鐸 ・小銅鐸	
【B_2類】(畿内を中心に分布) (各種神獣鏡) ・画文帯神獣鏡 ・斜縁二神二獣鏡 ・三角縁神獣鏡 ・三角縁仏獣鏡 ・画像鏡 ・中国浙江省産銅鉱石 ・各種年号鏡 ・獣形鏡		【B_1類】(北九州倭中心に分布) (各種西晋鏡) ・位至三公鏡 ・双頭竜鳳文鏡 ・蝙蝠《こうもり》鈕《ちゅう》座《ざ》内《ない》行《こう》花《か》文《もん》鏡《きょう》 ・夔鳳《きほう》鏡《きょう》	

[註] 太字は、おもに、北九州を中心に分布するもの。

座内行花文鏡」「夔鳳鏡」などがはいるようになったとみられる。新しい様相がみられはじめる。この中国南方系の銅原料は、のちの「画文帯神獣鏡」や「三角縁神獣鏡」の銅原料とつながる。

荒神谷遺跡出土の三五八本の細形銅剣の鉛同位体比

以上のべてきたように、銅鐸を中心にして見るとき、鉛同位体比の分布は、時代がくだるとともに縮小《シュリンク》していく。この傾向は、かなり顕著である。

したがって、このことを利用すると、年代未詳の青銅器の、およその時代を推定できるようにみえる。

このような方法による年代推定の事例を、以下に、二、三示しておこう。

島根県の荒神谷遺跡から、中細形Cというタイプの銅剣が、三五八本出土している。中細形C類タイプの銅剣は、九州では、出土例がほとんどない。そのため、埋納の時期がかならずしもはっきりしない。

『考古資料大観6』に、その三五八本の中細銅剣の鉛同位体比の測定値がのっている。

いま、その測定値を、グラフにかけば、**図37**にようになる。

この分布は、これまでにみてきたもののうちでは、「外縁付鈕2式銅鐸と扁平鈕式銅鐸」とをあわせたものの鉛同位体比の分布にかなり近い（211ページの**図36**も参照のこと）。

図38には「外縁付鈕2式銅鐸」と「扁平鈕式銅鐸」とをあわせたものの鉛同位体比の分布を示した。

図37では、つぎの**図38**に示した「密集部」と、「全体の分布範囲」とを示したワクを、**図37**の上にかさねて示している。

「外縁付鈕2式銅鐸」と「扁平鈕式銅鐸」とは、加茂岩倉遺跡においては、入れ子式埋納の、入れるがわになっている銅鐸である。

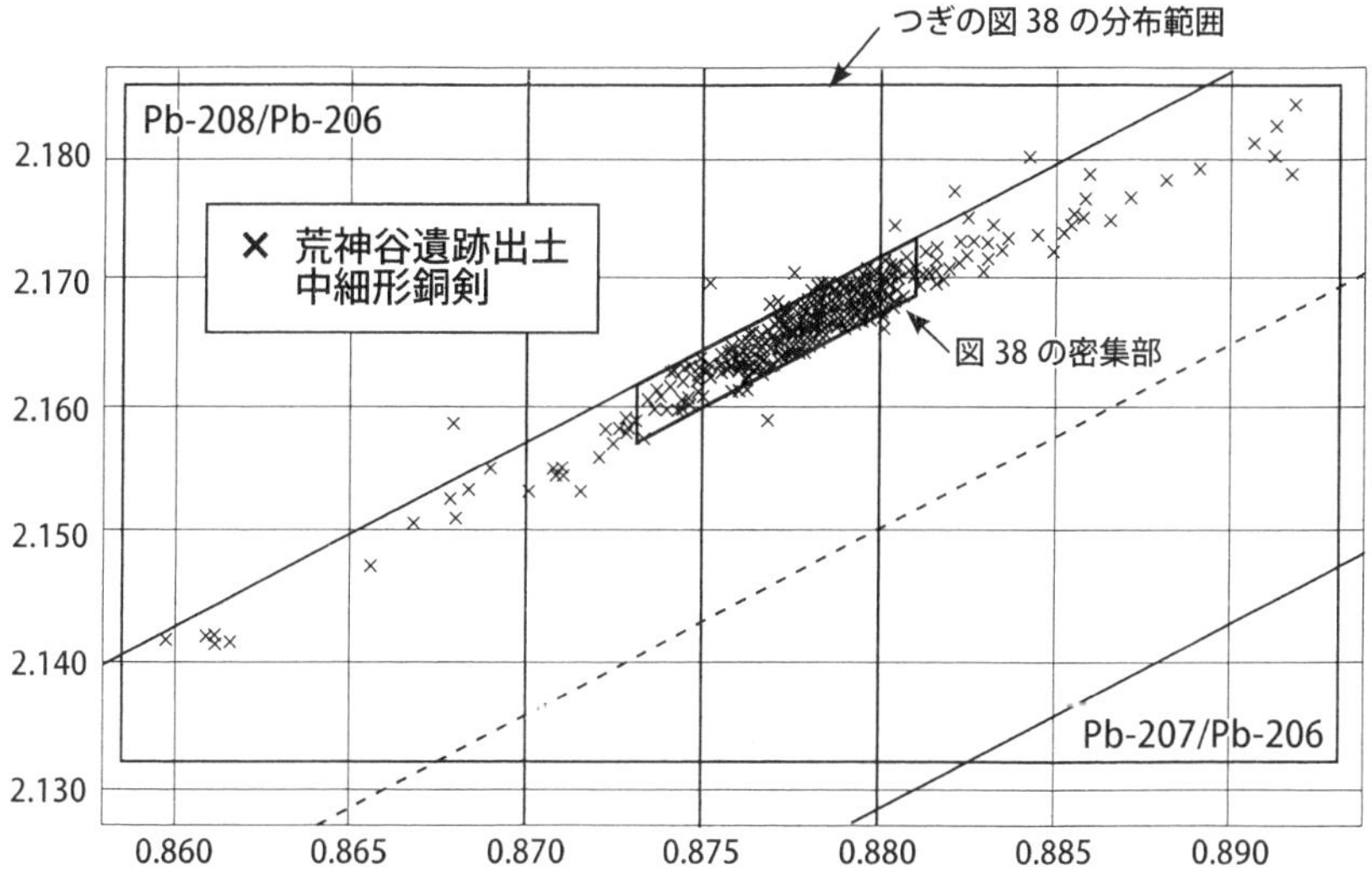

図37　荒神谷遺跡出土の358本の中細形銅剣の鉛同位体比の分布

この**図37**にはいりきれないものとして、(0.8290、2.0770)、(0.8944、7.1882)、(0.8967、2.1871)、(0.9022、2.1960)、(0.9038、2.1960)、(0.9128、2.2081) の6つがある。

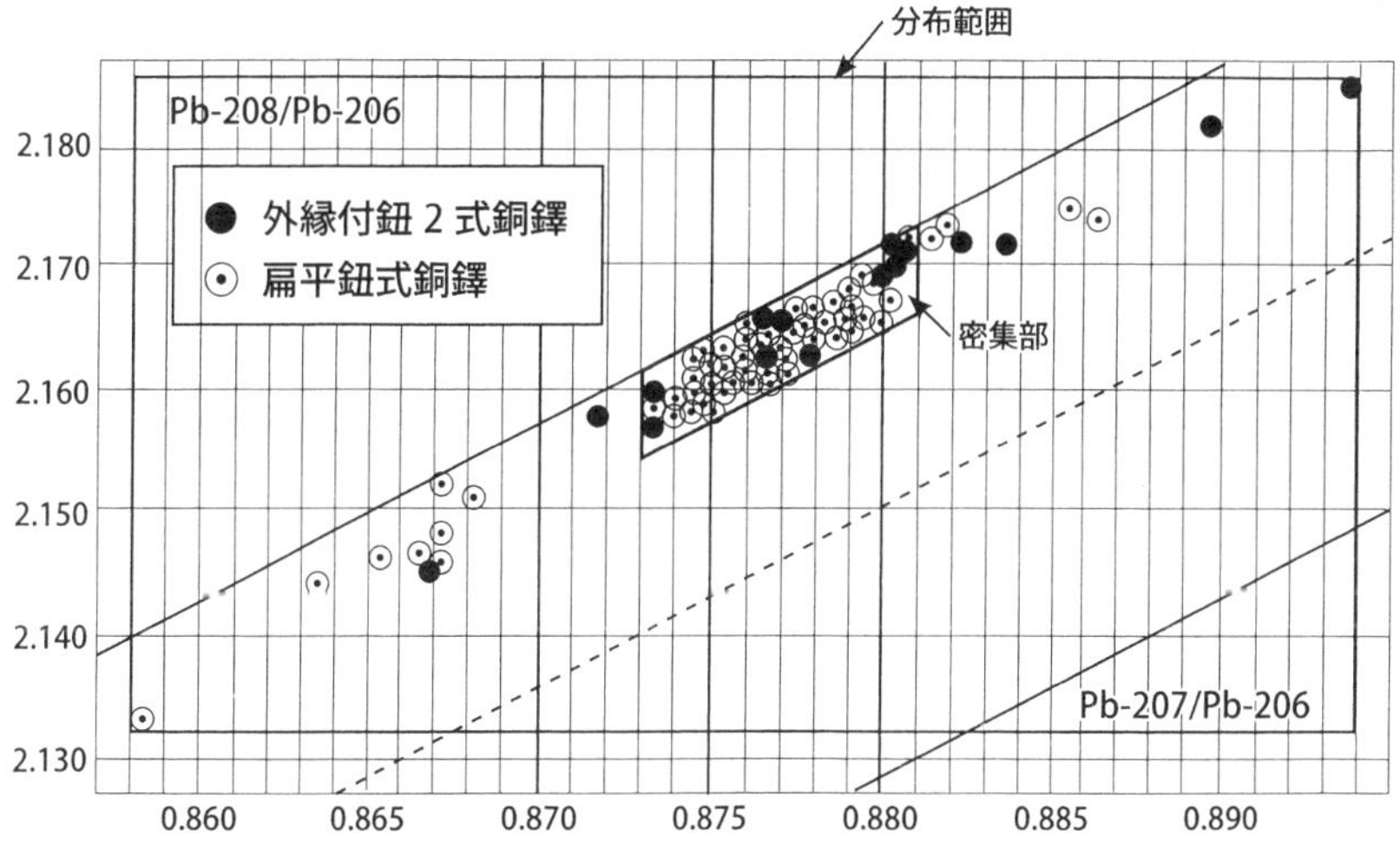

図38　外縁付鈕 2 式銅鐸と扁平鈕式銅鐸の鉛同位体比の分布

盛行の時期	畿　　　内
240年 〜 270年 ごろ	〔外縁付鈕２式銅鐸〕 ○「扁平鈕式銅鐸」以前の形式である「外縁付鈕２式銅鐸」は、西暦200～230年ごろに盛行とみられる。したがって、これも邪馬台国時代の銅鐸といえる。「扁平鈕式銅鐸」と「外縁付鈕２式銅鐸」とは、鉛の同位体比は、それほど大きくは変わらない。 〔扁平鈕式銅鐸〕 ○鉛の同位体比からみて、「扁平鈕式銅鐸」の銅原料は、「長宜子孫銘内行花文鏡」に近いとみられる。北九州から畿内に、銅原料が流れこみ、盛行するにいたるには、20年～30年の遅れ（time lag）があるとみられる。 ○「扁平鈕式銅鐸」は、形式からみて、つぎの「近畿式銅鐸」「三遠式銅鐸」のまえの時代にこなければならない。そして、つぎの「近畿式銅鐸」や「三遠式銅鐸」は、鉛の同位体比からみて、北九州におもに分布する「小形仿製鏡第Ⅱ型」と、ほとんど同一原料が用いられているとみられる。
280年 〜 300年 ごろ	〔突線鈕式銅鐸（近畿式銅鐸・三遠式銅鐸）〕 ○鉛の同位体比からみて、「突線鈕式銅鐸」は、北九州で行なわれた「小形仿製鏡第Ⅱ型」「広形銅矛」「広形銅戈」などと、同一原料が用いられている。北九州から畿内に、銅原料が流れこみ、銅鐸製品が盛行するにいたるには20年～30年のタイム・ラグがあるとみられる。 ○「突線鈕式銅鐸」が、破砕されるにいたるのは、290年～300年ごろとみられる。
310年 〜 330年 ごろ	〔画文帯神獣鏡など〕 ○鉛同位体比からみて、「画文帯神獣鏡」の銅原料は、北九州で盛行した「位至三公鏡」「蝙蝠鈕座内行花文鏡」などに近い。北九州から畿内に、銅原料が流れこむのに、20年～30年のタイム・ラグがあるとみられる。 ○中国の洛陽晋墓から、「画文帯神獣鏡」が出土している。洛陽晋墓の築造年代は、西暦300年前後である。 ○ホケノ山古墳など、いわゆる庄内期の古墳からは、「画文帯神獣鏡」は出土しているが、銅鐸も、「三角縁神獣鏡」も出土していない。畿内における「画文帯神獣鏡」の初現の時期は、銅鐸の時代のあと、「三角縁神獣鏡」の出現のまえとみられる。 ○「画文帯神獣鏡」は、古墳時代の遺跡から、大量に出土する。わが国では、古墳時代に近いころ、あるいは、古墳時代になって出現したとみられる。

表39　銅鏡・銅鐸の行なわれた年代（北九州と近畿）

盛行の時期	北九州
230年〜240年前後	〔長宜子孫銘内行花文鏡などの後漢鏡〕 ○「長宜子孫内行花文鏡」は、後漢時代の代表的な鏡である。魏や晋の鏡が、あるていどの数、日本にもたらされるようになるのは、239年の卑弥呼の遣使以後のことであろう。それまで倭国内で行なわれていたのは、魏晋鏡ではなく、おもに後漢鏡とみられる。 ○「平原遺跡」出土鏡の製作年代は、西暦200年前後とみられている（前原市文化財調査報告書『平原遺跡』）。西暦200年ごろに鋳造された鏡が、墓にうずめられるのは、年代的にすこしおくれて、220年〜230年ごろになりうるとみられる。 （卑弥呼に与えられた鏡も基本的には、後漢系統の鏡であろう。）
260年〜270年前後	〔小形仿製鏡第Ⅱ型・広形銅矛・広形銅戈〕 ○263年に蜀が滅び、265年に魏が滅び、280年に呉が滅ぶなど、260年〜280年ごろ、中国は、基本的に乱れていた。中国から輸入鏡がはいりにくくなり、仿製鏡が大量に鋳造されるようになったとみられる。 ○「小形仿製鏡第Ⅱ型」の銅原料は、後漢系の鏡を、大量に溶かしあわせ、ブレンドしたもののようにみえる。したがって、小形仿製鏡第Ⅱ型」「広形銅矛」「広形銅戈」などの盛行した時期は、「長宜子孫銘内行花文鏡」などの後漢系統の鏡が盛行した時期よりもあととみられる。
290年〜300年前後	〔位至三公鏡・蝙蝠鈕座内行花文鏡など、洛陽晋墓出土系の鏡〕 ○西暦300年前後に築造された洛陽晋墓において、もっとも多く出土するのが、「位至三公鏡」である（全24面のうち８面）。これらの鏡が、日本で盛行した時期も、西暦300年前後か、あるいは、それをさらにくだることが考えられる（この種の鏡は、わが国では、北九州で盛行。西暦300年ごろまで、鏡の分布の中心地は、一貫して、北九州にあった。） ○わが国で出土する「位至三公鏡」「蝙蝠鈕座内行花文鏡」「夔鳳鏡」などの、いわゆる「西晋鏡」系の鏡の銅は、鉛の同位体比からみて、中国南方系の銅である。西暦280年に、呉がほろび、中国南方系の銅が、かなり多量に、中国の北方の洛陽あたりにも、流れこむようになったとみられる。それが、わが国に輸出される機会も、ふえたとみられる。 ○いわゆる「西晋鏡」も、のちの「画文帯神獣鏡」や「三角縁神獣鏡」も、ともに、中国の南方系の銅が用いられている。「位至三公鏡」などがわが国で行なわれた年代を、洛陽晋墓などにあわせて、かなり下げなければ、のちに行なわれる「画文帯神獣鏡」や「三角縁神獣鏡」などと、銅原料からみての状況がスムースにつながらない。

このことは、「外縁付鈕2式銅鐸」と「扁平鈕式銅鐸」とが、加茂岩倉遺跡に埋納された銅鐸のなかの、最末期の銅鐸であり、埋納された時期にかなり近い時期に鋳造された銅鐸であることを思わせる。

その「外縁付鈕2式銅鐸」と「扁平鈕式銅鐸」とをあわせたものの鉛同位体比の分布が、荒神谷遺跡出土の三五八本の細形銅剣の鉛同位体比に、かなり近いのである。

すなわち、これは、加茂岩倉遺跡の銅鐸の埋納の時期と、荒神谷遺跡出土の中細形C銅剣の埋納の時期とが、かなり近いことを示しているようにみえる。

そして、**表39**をみれば、「外縁付鈕2式銅鐸」と「扁平鈕式銅鐸」の年代は、西暦二四〇年～二七〇年ごろまで下りうる可能性を示している。

私は、出雲の国譲り伝承には、なんらかの、史的事実の核があるのではないかを考えている。

そして、国譲りが行なわれたとすれば、それは、天照大御神の形で伝承化される卑弥呼の時代のあとでなければならない。卑弥呼の時代は、二三九年～二四八年ごろである。

とすれば、国譲りの時期は、二五五年～二七〇年ごろということになる。『古事記』『日本書紀』によれば、天照大御神の二代あとの、邇邇芸《ににぎ》の命《みこと》の、南九州への天孫降臨のまえに、出雲の国譲りは行なわれたように記されている。

このようにみてくると、「外縁付鈕2式銅鐸」と「扁平鈕式銅鐸」が埋納された時期と、出雲の国譲りの時期とが、かなりな可能性で重なってくる。

つまり、加茂岩倉遺跡の銅鐸や荒神谷遺跡の中細形Cの銅剣などが埋納された時期と、出雲の国譲りの時期とが重なってくるようにみえる。

かくて、『出雲国風土記』の大原郡の条で、大国主《おおくにぬし》の命《みこと》が、「御財《みたから》（神宝）を積んでおいた所」ということ

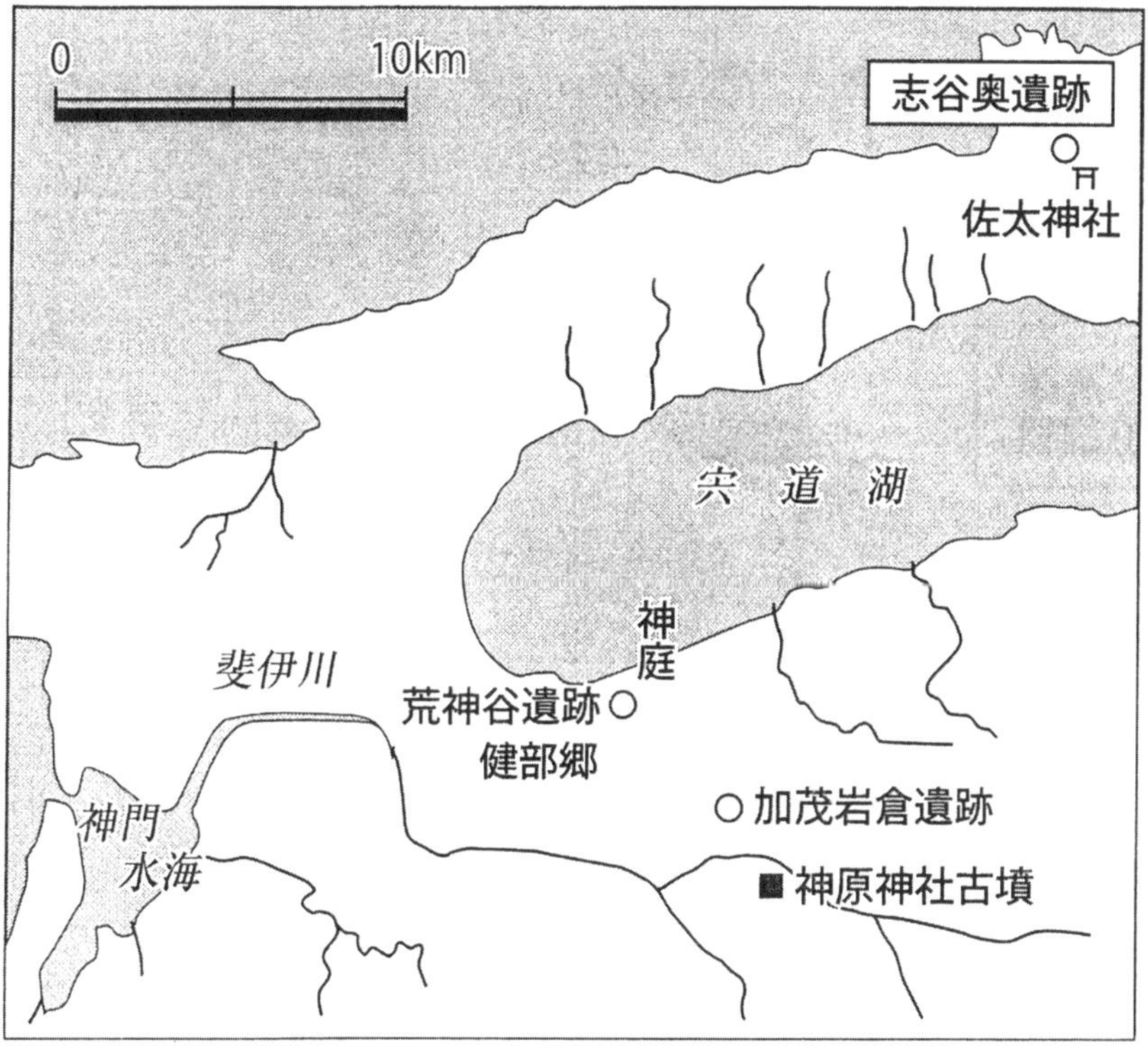

地図22　志谷奥遺跡

表40　島根県志谷奥遺跡の出土の「中細形銅剣」の鉛同位体比

番号	資料名	出土地	Pb-207/Pb-206	Pb-208/Pb-206
1	中細形銅剣	島根県松江市鹿島町志谷奥遺跡	0.8774	2.1658
2	中細形銅剣	島根県松江市鹿島町志谷奥遺跡	0.8817	2.1715
3	中細形銅剣	島根県松江市鹿島町志谷奥遺跡	0.8767	2.1663
4	中細形銅剣	島根県松江市鹿島町志谷奥遺跡	0.8743	2.1614
5	中細形銅剣	島根県松江市鹿島町志谷奥遺跡	0.8833	2.1738
6	中細形銅剣	島根県松江市鹿島町志谷奥遺跡	0.8753	2.1612

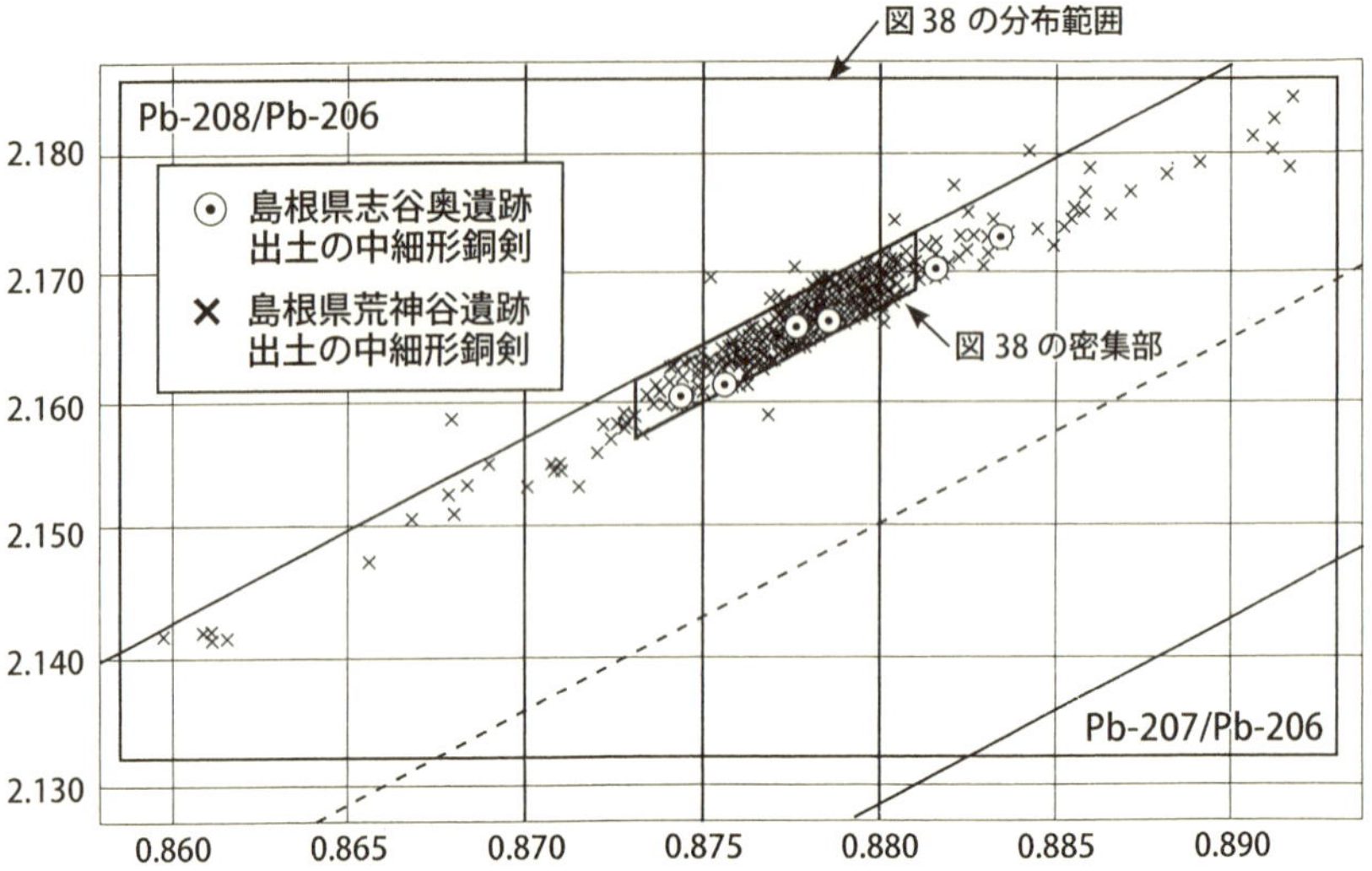

図39　島根県志谷奥遺跡出土の「中細形銅剣」の鉛同位体比の分布

ばの史実性が、あるていどの年代的うらづけをもってよみがえってくる。

大国主の命によって象徴されるそれまでの出雲勢力は、国譲りの結果、みずからの王国のシンボル的な神宝を、地中に埋めたのではないか。ちょうど、第二次世界大戦の直後、それまで、わが国のシンボルであった日の丸の旗を、多くの人が、恥じるような気持でタンスの奥にしまったり廃棄したりしたのと同じように。

これまで、銅鐸などの年代を佐原真などの説にもとづき、古く古くみつもりすぎているため、わが国の古代史像は、焦点を結ばず、漠然としたよくわからない形でしか、描くことができなかったようにみえる。

島根県志谷奥遺跡出土の中細形銅剣の年代

島根県の志谷奥遺跡（地図22）からも、六本の「中細形銅剣」が出土している。

『考古資料大観6』により、その六本の「中細形銅剣」の鉛同位体比を示せば、**表40**のようになる。

「密集率」を計算すると五〇％となる。この値は、ページの**図36**の「荒神谷遺跡出土三五八本の中細形銅剣」の「密集率」三八・四%や、扁平鈕式銅鐸の四一・二%に、まずまず近い。しかし、データ数が六本で、すくない。「密集率」の値が、やや不安定である（一例の増減で、「密集率」が、かなり変る）。

そこでいま、**図37**の島根県荒神谷遺跡出土の中細形銅剣の鉛同位体比分布図の上にかさねて、志谷奥遺跡出土の中細形銅剣の鉛同位体比の分布図を書けば、**図39**のようになる。

志谷奥遺跡出土の「中細形銅剣」鉛同位体比データは、荒神谷遺跡出土の「中細形銅剣」の鉛同位体比データの一部とみても、さして違和感がない。

島根県志谷奥遺跡出土の「中細形銅剣」は、荒神谷遺跡出土の「中細形銅剣」と近い時期のものであろう。

進藤武氏の指摘

庄内式以前の青銅器の鉛同位体比の分布の幅が、時代がくだるとともに縮小する傾向をもつことは、すでに、何人かの研究者があるていど指摘している。

ここで、先学の見解を紹介しておこう。

佐原真・金関恕《かなせきひろし》編『銅鐸から描く弥生時代』（学生社、二〇〇二年刊）のなかで、滋賀県野洲町教育委員会文化財保護課の進藤 武《しんどうたけし》氏は、**図40**のような図を示し、のべている。

「（鉛同位体比の分析から）重要なのは、青銅器の材料の供給地が、外縁付鈕1式と2式の間で明らかに異なっていることが示された点です。」

「これは（中略）原材料の供給地が変化したことを意味するという点で重要なわけです。」

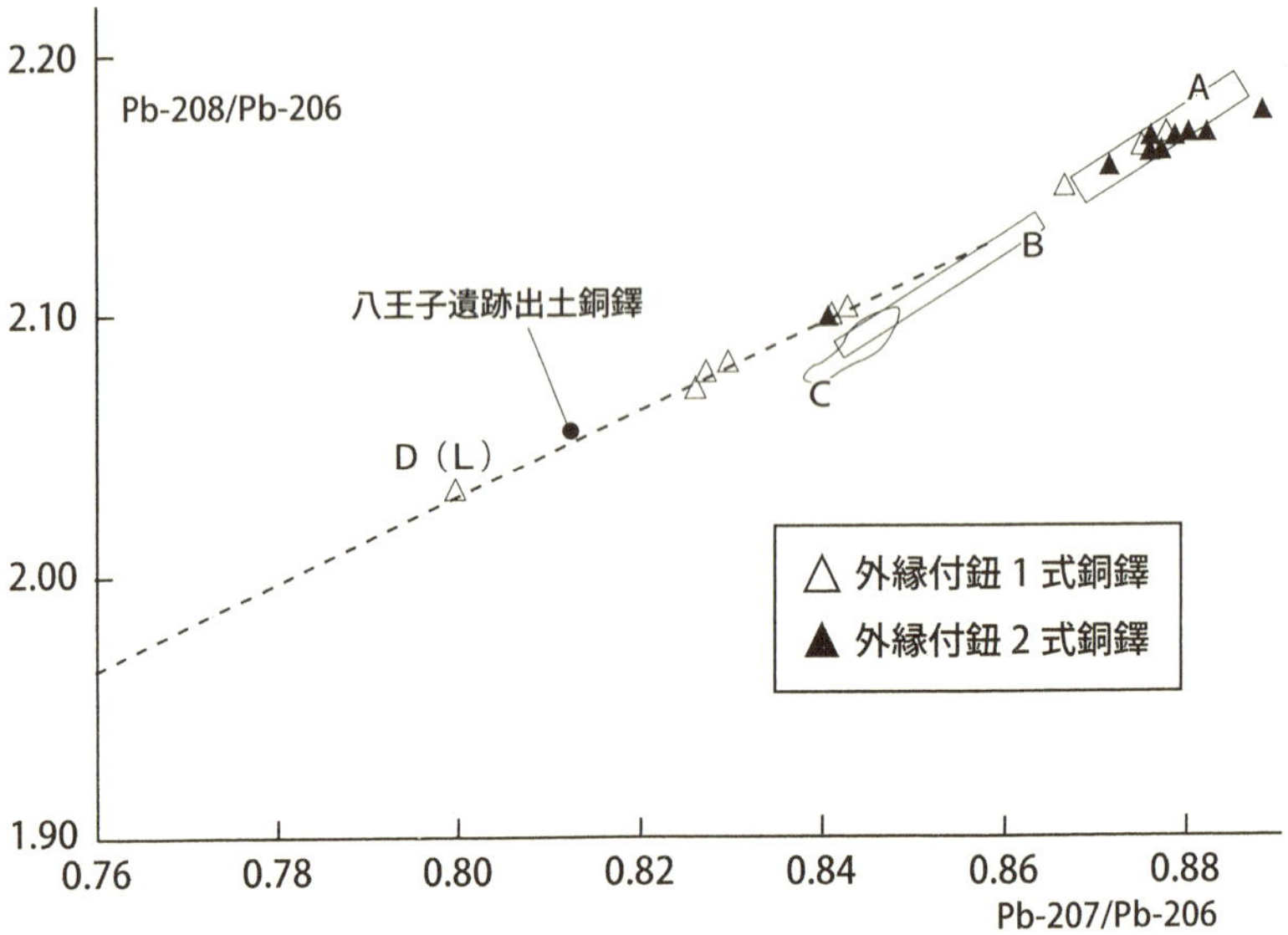

図40　外縁付鈕１・２式銅鐸と八王子遺跡出土銅鐸の鉛同位体比

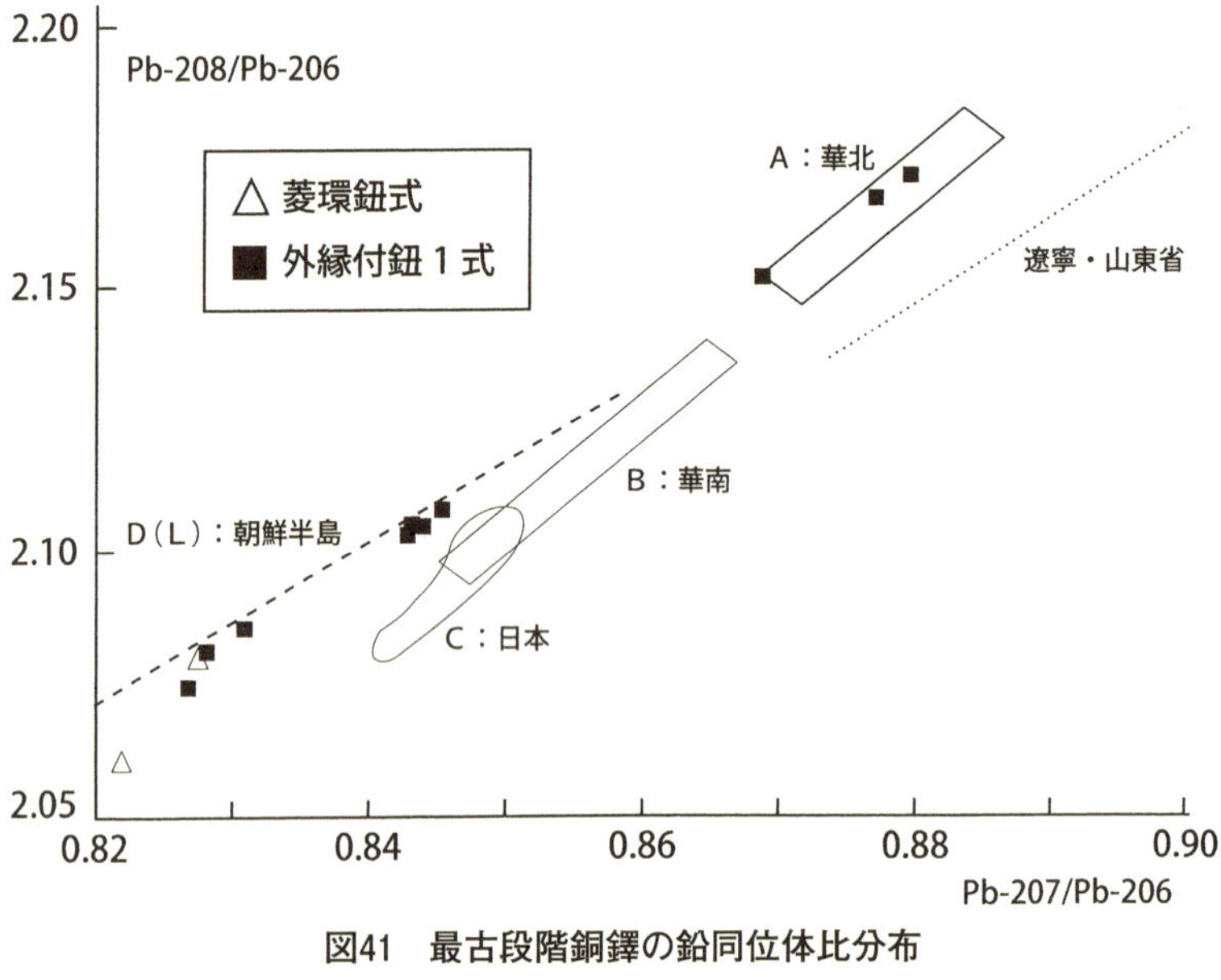

図41　最古段階銅鐸の鉛同位体比分布

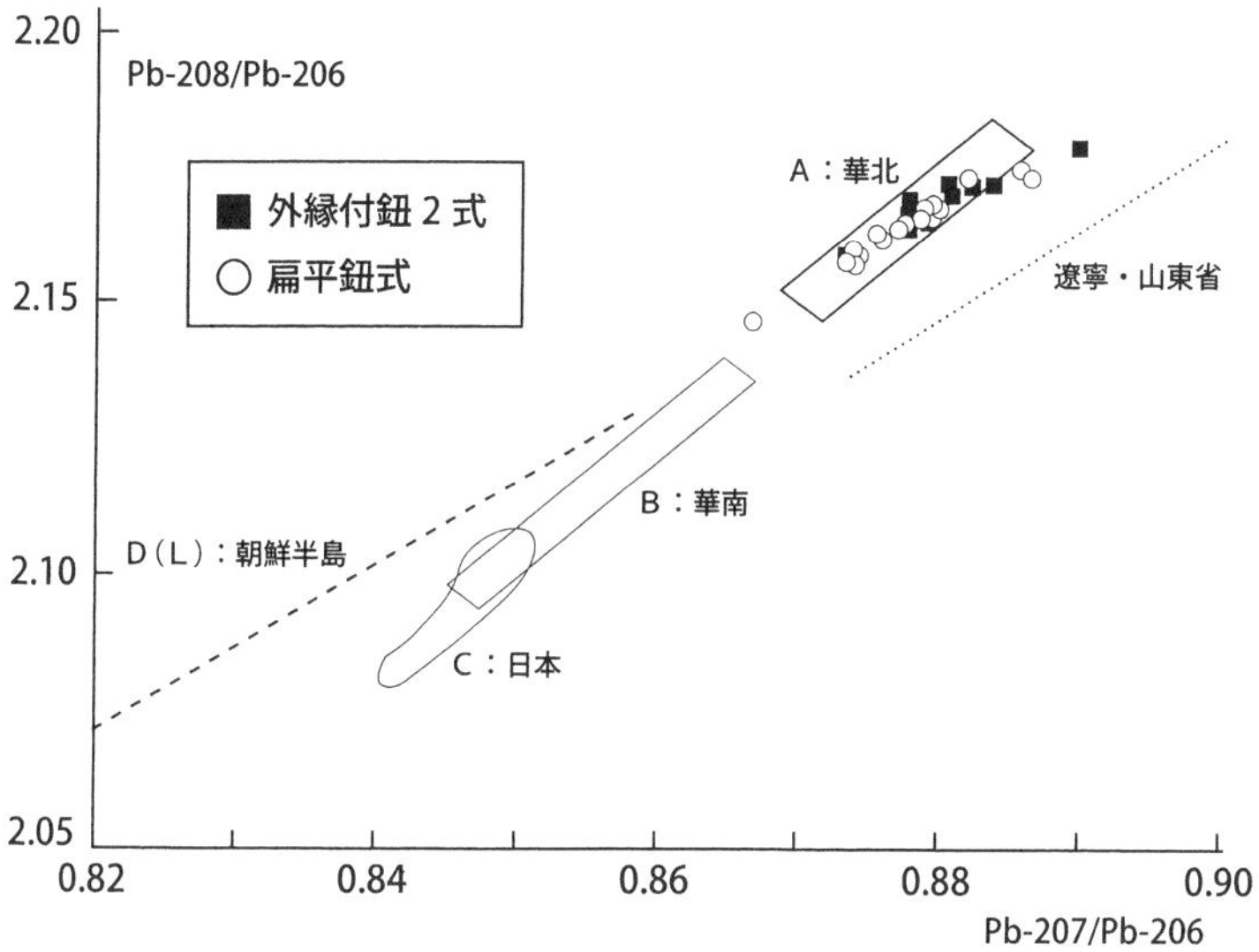

図42　古段階・中段階銅鐸の鉛同位体比分布

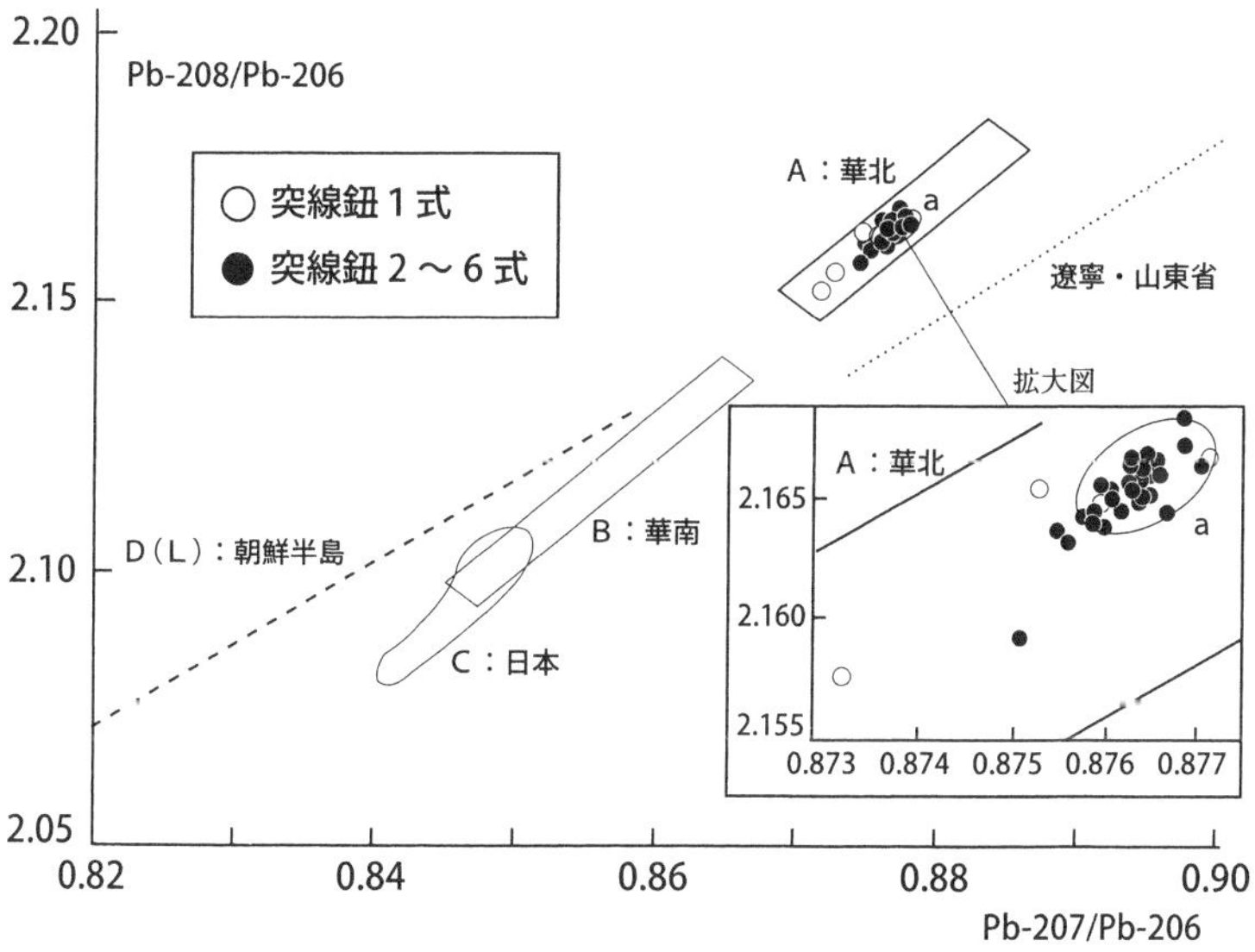

図43　新段階銅鐸の鉛同位体比分布

平尾良光氏の考察

また、別府大学教授の平尾良光氏は『考古資料大観6』のなかにおさめられた「青銅器の鉛同位体比」という文章のなかで、銅鐸の原料の変化について、およそ、つぎのようにのべておられる。

「[銅鐸の鉛同位体比]銅鐸の分布は**図41**、**図42**、**図43**で示される。銅鐸は日本国内で鋳造されたと考えられており、時代とともに型式変化したことが知られている。鉛同位体比と銅鐸の型式変化との関係は次のように示される。

もっとも古い型式とされている菱環鈕《りょうかんちゅう》式銅鐸は、朝鮮半島産材料を利用していた(平尾良光氏は、新井宏氏が雲南省銅あるいは中国古代青銅器銅とするものを、朝鮮半島産とする)。次の進化段階として外縁付鈕《がいえんつきちゅう》式銅鐸がある。この外縁付鈕式銅鐸のなかでも、より古い型式である外縁付鈕1式はほとんどが朝鮮半島産材料であるが、少し中国華北産の材料が混じっていた。これより少し新しい型式である外縁付鈕2式では、そのほとんどが中国華北産材料であった(少量が朝鮮半島産材料を示した)。次の段階である扁平《へんぺい》鈕《ちゅう》式銅鐸は中国産材料だけになった。銅鐸進化段階の最後として突線鈕式銅鐸がある。この型式の銅鐸は1から6までに分類される。このなかで突線鈕1式銅鐸はA領域に広く分布し、中国華北産の材料であることがわかった。突線鈕2式以降の資料が、華北産材料領域(A)のなかでも狭いa領域に集中し、あたかも一つの鉱山を利用しているかのような画一的な鉛同位体比値を示した。」

馬渕久夫氏の考察

岡山県のくらしき作陽大学教授の馬渕久夫氏も、論文「鉛同位体比による青銅器研究の30年」(『考古学と自然科学』55[二〇〇七年刊])のなかで、**表41**のような表を示し、銅鐸の型式などと、鉛同位体比との並行変

表41　銅鐸と舶載鏡における鉛同位体比の並行関係

時代（倭国）	銅鐸 型式	銅鐸 鉛同位体比	舶載鏡 種類	舶載鏡 鉛同位体比	時代 朝鮮半島	時代 中国
弥生 前期	菱環鈕式	ラインD(L)	多鈕細文鏡	ラインD(L)	無文土器	前漢
弥生 中期	外縁付き鈕式					
		領域A	前漢鏡	領域A	楽浪 原三国	前108年
						王莽期
弥生 後期	扁平鈕式					後漢
	突線鈕式	領域A（画一）				三国

化を論じておられる。

馬淵久夫氏は、多くの鉛同位体比の測定値を示された方である。

表41と211ページの**図36**をみくらべてみていただきたい。

たとえば、**表41**において、「外縁付き鈕式銅鐸」の終わりのころが、「前漢鏡」の時代にあたっている。そして、**図36**でも、「外縁付鈕2式銅鐸」の「密集率」（二五・〇％）は、「前漢鏡」の「密集率」（二五・九％）ときわめて近い値を示している。

前漢の時代の次が、王莽期である。王莽期に、「貨泉」が作りはじめられる。

図36をみると、「扁平鈕式銅鐸」（四一・二％）の「密集率」と、「貨泉」（六一・五％）の「密集率」とは、まずまず近い値を示している。

表41によれば、「突線鈕式銅鐸」の、鉛同位体比が「画一」になる時代、つまり「近畿式銅鐸」や「三遠式銅鐸」の時代が、三国時代にあてられている。これも、**図36**の、「小形仿製鏡第Ⅱ型」が、ほぼ、邪馬台国時代、つまり、三国の魏の時代とみられるから、大略妥当であろう。

このようにみてくると、**図36**は、青銅器の時代判定の、かなりよいモノサシになりそうである。

平尾良光氏は、「突線鈕2式以降の資料」について、「あたかも一つの鉱山を利用しているかのような画一的な鉛同位体比値を示した。」と記す。

国立歴史民俗博物館の館長であった考古学者の故佐原真も、その著『祭りのカネ銅鐸』（講談社、一九九六年刊）のなかで、まえにも紹介した（31ページ）ように、平尾良光氏とほぼ同様のことをのべている。

「銅鐸のうち、新段階の三遠式・近畿式銅鐸や、日本製の小形鏡の大多数などの鉛同位体比は、ひじょうにせまい範囲にまとまっており、『まったく等しい』といってよいほどなので、同一の鉱山の鉛か、あるいは銅・錫・鉛を溶かして作った、同一の地金を使った可能性が大きい。」

近畿式銅鐸や三遠式銅鐸に近い鉛の同位体比を示すものに、つぎのようなものがある。

(1) 広形銅矛
(2) 広形銅戈
(3) 小形仿製鏡第Ⅱ型
(4) 小銅鐸

三つの分布領域

近畿式銅鐸や三遠式銅鐸の方向にむけて、鉛同位体比の分布が、縮小して行く様子を、今一度、全体的な観点から整理しておこう。

まず、全体的状況をつかむために、**図44**をご覧いただきたい。

図44は、つぎの三つのものを示したものである。

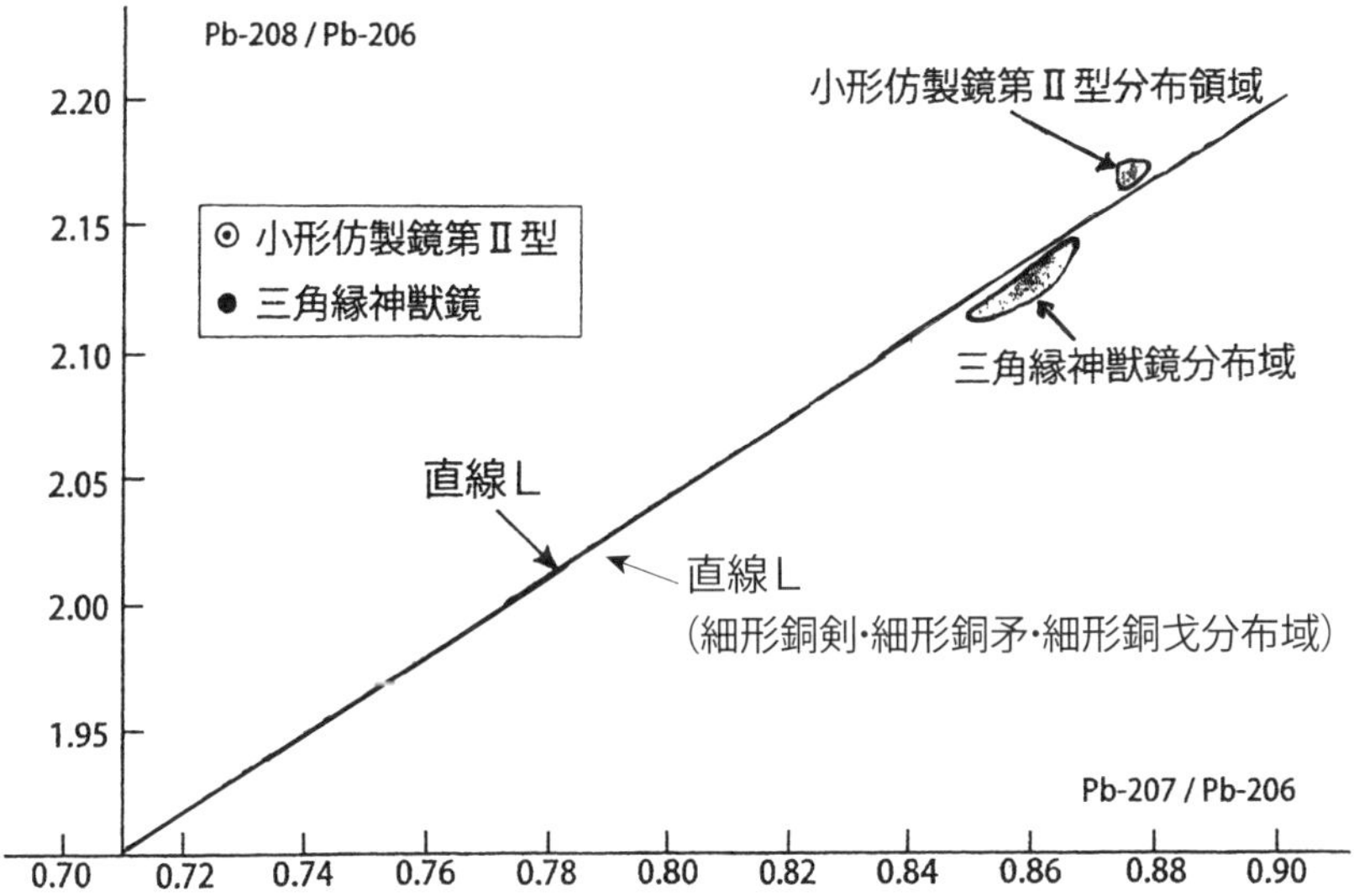

図44　細形銅利器・三角縁神獣鏡・小形仿製鏡第Ⅱ型鉛同位体比分布領域

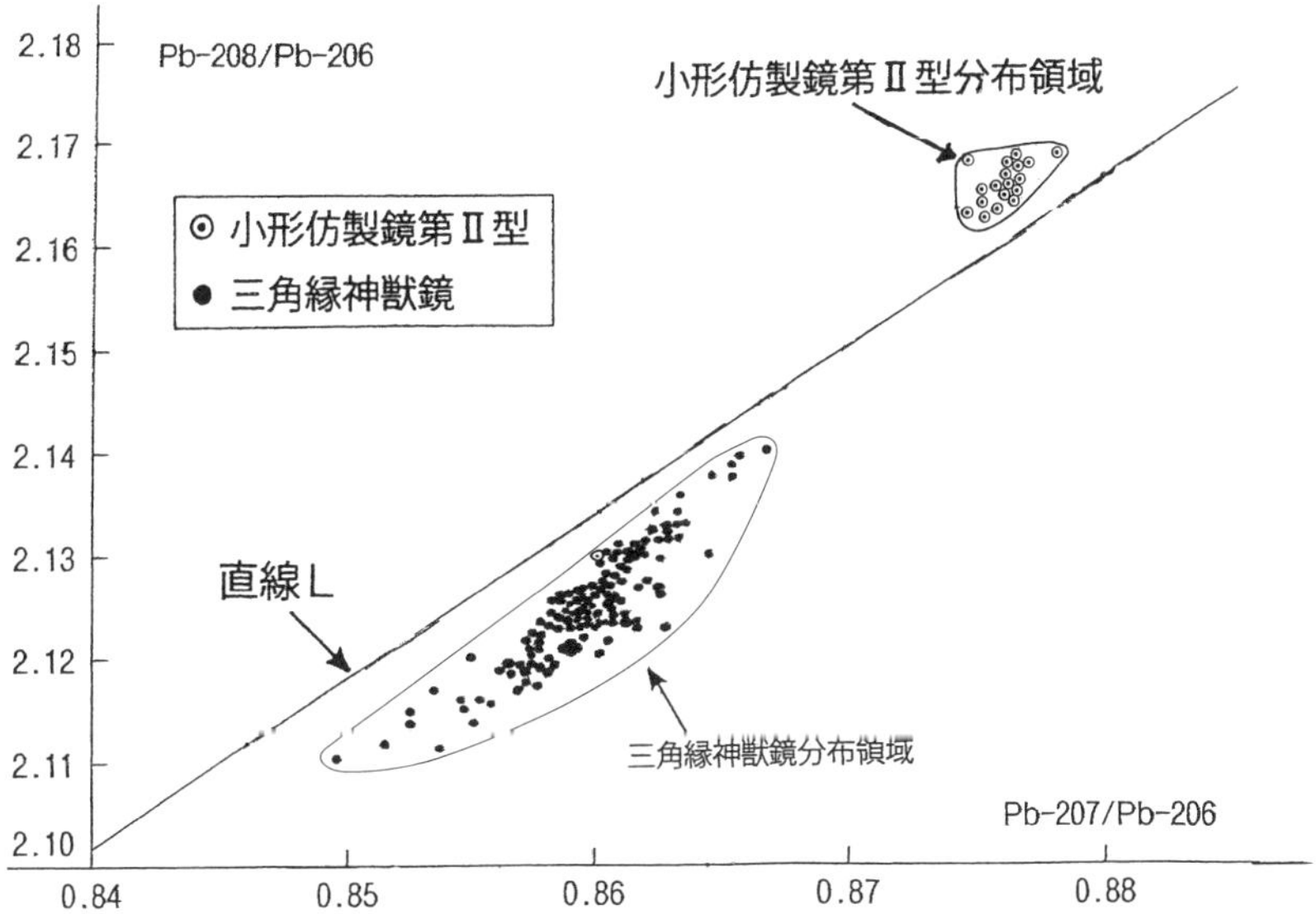

図45　小形仿製鏡第Ⅱ型と三角縁神獣鏡の鉛同位体比の分布（図44の右上部分の拡大図）

(1)　**直線L**……初期の銅利器である「細形銅剣」「細形銅矛」「細形銅戈」は、この「直線L」上に分布する(175ページの**図22**参照)。

(2)　**三角縁神獣鏡分布域**……四世紀を中心とする布留式土器の行なわれた古墳時代に、おもに畿内を中心に出土する鏡の分布域である。

(3)　**小形仿製鏡第Ⅱ型分布領域**……三世紀の中ごろ、邪馬台国の時代前後に、おもに、箱式石棺の時代に、北九州を中心に分布する鏡の分布領域である。

図44の「三角縁神獣鏡分布域」と、「小形仿製鏡第Ⅱ型の分布域」の部分とを拡大して描けば**図45**のようになる。

さらに、**図46**をご覧いただきたい。

図46は、「小形仿製鏡第Ⅱ型」よりもまえの時代の、「前漢鏡」の鉛同位体比の分布を示したものである。

図46をみれば、「前漢鏡」の分布域にくらべ、「小形仿製鏡第Ⅱ型」の分布域のほうが、はるかに収縮《シュリンク》していることがわかる。

なお、「前漢鏡」の鉛同位体比の分布は、直線Lの方向にやや流れているようにみえる。これは、おそらく、わが国出土の「前漢鏡」のなかには、前代の、細形銅剣・細形銅矛・細形銅戈・多鈕細文鏡などの銅原料が一部に加わっているのであろう。

つぎに**図47**をご覧いただきたい。

図47は、「前漢鏡」のつぎの時代の王莽の新の国時代の「貨泉」の鉛同位体比の分布を示したものである。「貨泉」の鉛同位体比は、「前漢鏡」の鉛同位体比の分布よりも収縮《シュリンク》しているが、「小形仿製鏡第Ⅱ型」の分布ほどは、収縮《シュリンク》していない。

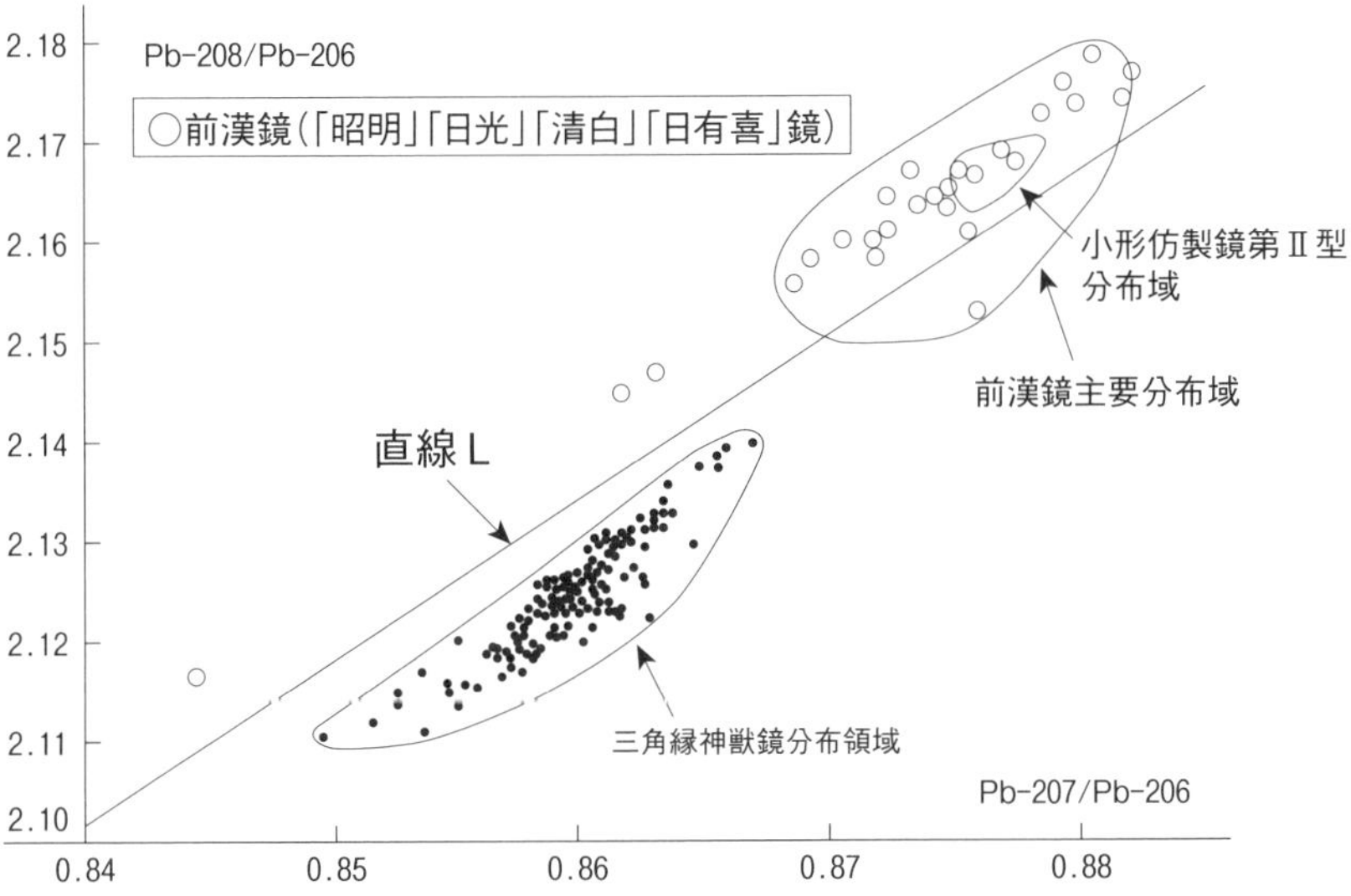

図46　「前漢鏡」（「昭明」「日光」「清白」「日有喜」鏡）の鉛同位体比の分布

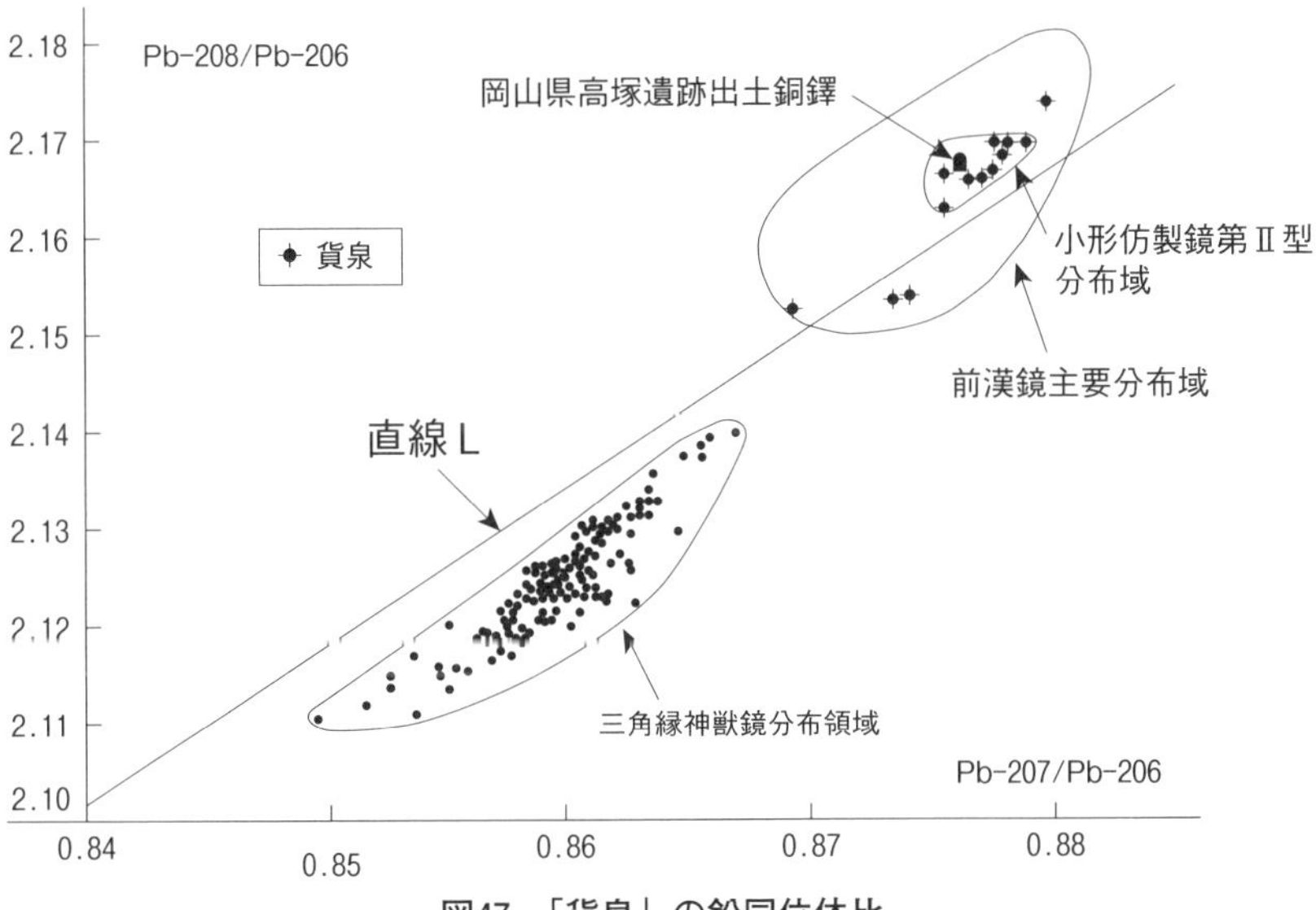

図47　「貨泉」の鉛同位体比

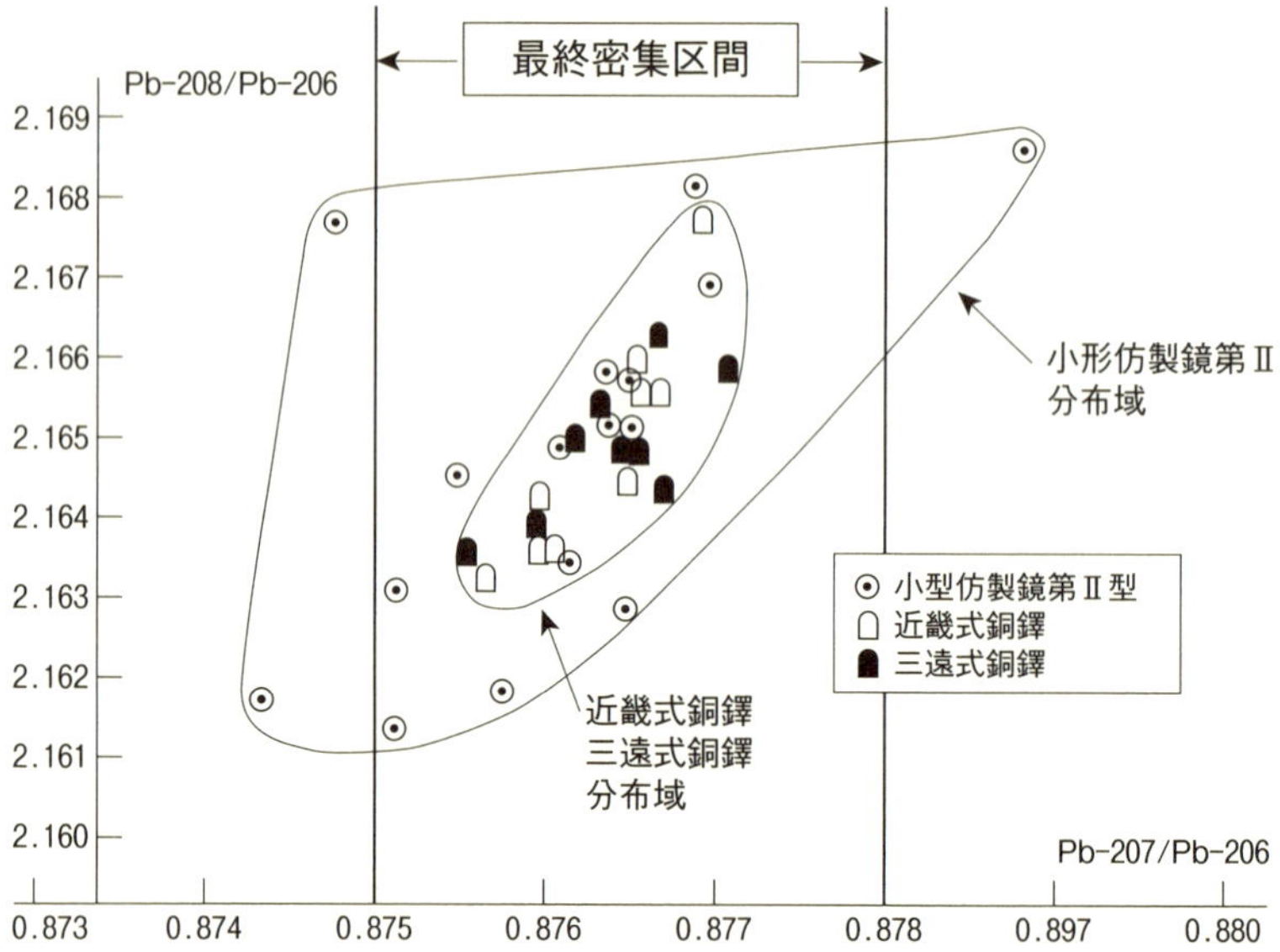

図48　「近畿式銅鐸」「三遠式銅鐸」の鉛同位体比の分布

このことは、「小形仿製鏡第Ⅱ型」の行なわれた時代が、新の王莽の時代よりもあとの時代であることを示しているとみられる。

収縮《シュリンク》の終着駅「近畿式銅鐸」「三遠式銅鐸」

つぎに、**図45**、**図46**、**図47**の、「小形仿製鏡第Ⅱ型」の部分を、うんと拡大する。

そして、そこに「近畿式銅鐸」「三遠式銅鐸」を書きいれたものを示す。すると、**図48**のようになる。

図48をみれば、「近畿式銅鐸」「三遠式銅鐸」の鉛同位体比の分布は、「小形仿製鏡第Ⅱ型」にくらべ、さらに収縮《シュリンク》していることがわかる。いちじるしく分布範囲がせまい。

「前漢鏡」→「貨泉」→「小形仿製鏡第Ⅱ型」→「近畿式銅鐸・三遠式銅鐸」という順で、鉛同位体比の分布が収縮して行っている様子がよくわかる。

「近畿式銅鐸・三遠式銅鐸」で、収縮は、行くところまで行ったという感じである。

平尾良光氏は「近畿式銅鐸」と「三遠式銅鐸」と

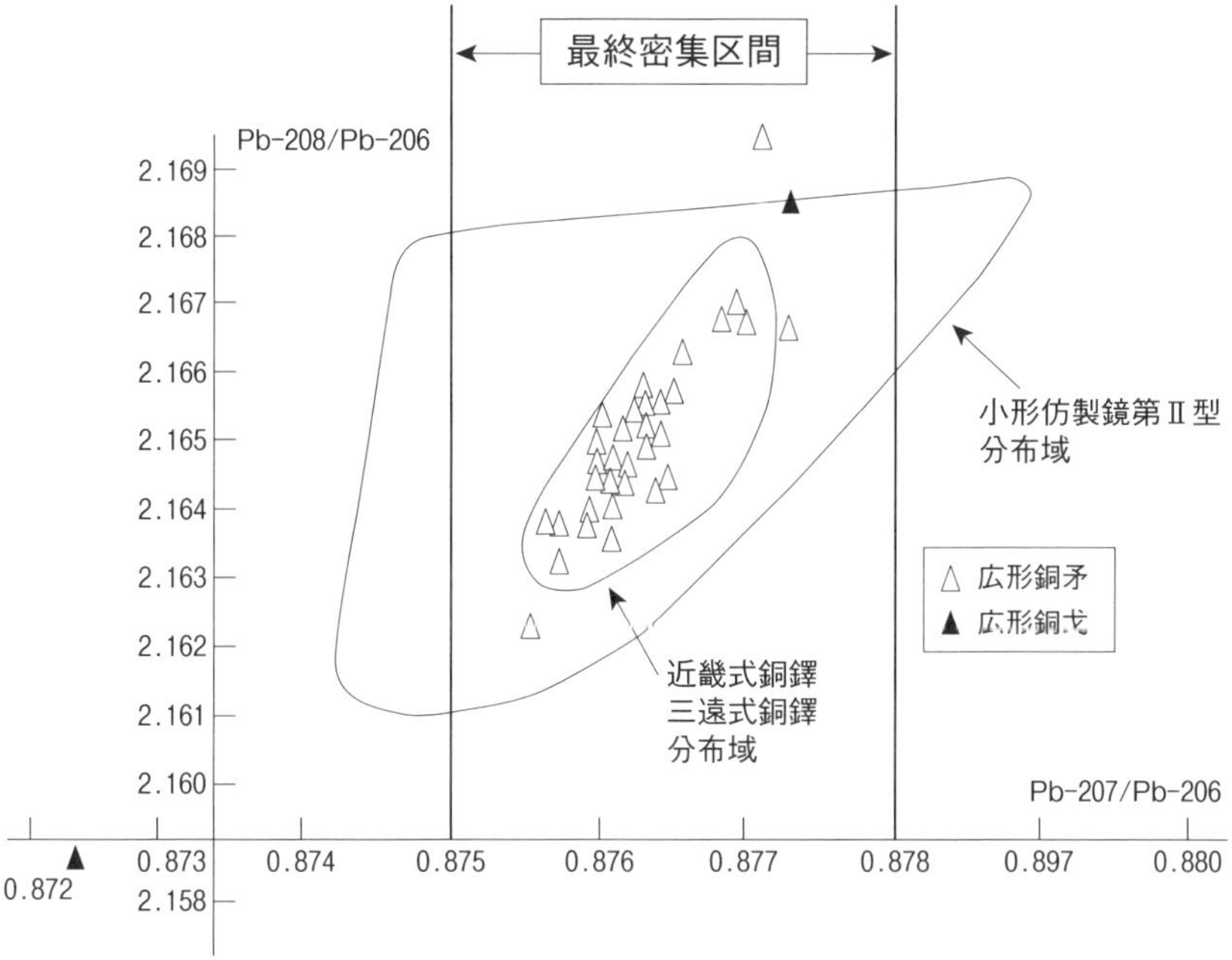

図49　「広形銅矛」「広形銅戈」の鉛同位体比の分布

を、「銅鐸進化段階の最後」とのべておられる。

「広形銅矛」「広形銅戈」の鉛同位体比の分布

つぎに、北九州を中心に分布する「広形銅矛」「広形銅戈」の鉛同位体比の分布をしらべてみる。

「小形仿製鏡第Ⅱ型」や、「近畿式銅鐸」「三遠式銅鐸」と比較できる形で図示すれば、**図49**のようになる。

図49をみれば、つぎのようなことがわかる。

(1)「広形銅矛」の鉛同位体比は、すべて、「最終密集区間」のなかにはいる。「近畿式銅鐸」「三遠式銅鐸」の鉛同位体比に、きわめて近い。

ただ、左右上下の方向に、ごくわずか「近畿式銅鐸」や「三遠式銅鐸」よりも、分布がひろがっている。

「近畿式銅鐸」や「三遠式銅鐸」のほう

が、「密集率」が高い。分布が収縮している。

これは、わが国における貨泉の時代から以後ごろの鉛同位体比にみられる「分布の収縮」が、中国大陸から新しい銅原料がもたらされたためにおきたのではないことを示しているようである。最溶融することによって、ブレンド化が進み、平均化されることによって、「密集率」が大きくなっていることをうかがわせる。

原料を、九州方面から、畿内方面にもってきて、溶解して銅鐸をつくった。そのため、九州出土の「広形銅矛」「広形銅戈」よりも、畿内などから出土する終末期の銅鐸のほうが「収縮」し、「密集」の度合いが大きくなっているのであろう。

つまり、中国からの銅の輸入は、貨泉どまりで、あとは、最溶融によるまぜあわせにより、分布の収縮がおきたのであろう。
(2)「広形銅戈」では、「最終密集区間」にはいっていないものが一例みられる。ここでも、九州出土の「広形銅矛」「広形銅戈」のほうが、「近畿式銅鐸」や「三遠式銅鐸」よりも、鉛同位体比の分布の幅が広い傾向がみられるようである。

「貨泉」の鉛同位体比データ

以上までの議論では、結果だけを示し、鉛同位体比のもとの、データを示していないものがある。

以下では、それらのものの鉛同位体比のデータを示し、あわせて若干の考察を行なう。

まず、「貨泉」のデータを示す。

わが国出土の貨泉について、鉛同位体比の測定されているものをまとめると、**表42**のようになる。

表42　「貨泉」の鉛同位体比

番号	県名	所在地	遺跡名	Pb-207/Pb-206	Pb-208/Pb-206	文献
1	福岡県	春日市須玖坂本町	須玖坂本遺跡	0.8754	2.1642	①
2	岡山県	岡山市高塚	高塚遺跡	0.8780	2.1677	②
3	岡山県	岡山市高塚	高塚遺跡	0.8776	2.1674	②
4	岡山県	岡山市高塚	高塚遺跡	0.8789	2.1678	②
5	岡山県	岡山市高塚	高塚遺跡	0.8695	2.1503	②
6	岡山県	岡山市高塚	高塚遺跡	0.8775	2.1643	②
7	岡山県	岡山市高塚	高塚遺跡	0.8736	2.1518	②
8	岡山県	岡山市高塚	高塚遺跡	0.8742	2.1520	②
9	岡山県	岡山市高塚	高塚遺跡	0.8752	2.1610	②
10	岡山県	岡山市高塚	高塚遺跡	0.8765	2.1639	②
11	岡山県	岡山市高塚	高塚遺跡	0.8768	2.1639	②
12	岡山県	岡山市高塚	高塚遺跡	0.8796	2.1713	②
13	佐賀県	神埼郡吉野ヶ里町	吉野ヶ里遺跡	0.8776	2.1669	③
貨　泉　平　均				0.8762	2.1625	
〔参考〕	高塚銅鐸1（近畿式）	岡山市高塚	高塚遺跡	0.8763	2.1650	②
〔参考〕	高塚銅鐸2（近畿式？）	岡山市高塚	高塚遺跡	0.8762	2.1645	②
〔参考〕	近畿式・三遠式銅鐸平均（18鐸）			0.8763	2.1647	②

〔文献〕

①平尾良光「鉛同位体比による春日市出土青銅器の研究」（『春日市史　上』1995年刊）。

②馬淵久夫・平尾良光・榎本淳子・早川泰弘「高塚遺跡出土の銅鐸・貨泉・棒状銅製品の鉛同位体比」（『高塚遺跡・三手遺跡2—山陽自動車道建設に伴う発掘調査18—』〔第3分冊〕岡山県埋蔵文化財発掘調査報告150、岡山県文化財保護協会、2000年刊）。

③井上洋一・森田稔編『考古資料大観』6、「弥生古墳時代　青銅・ガラス製品」小学館、2003年刊。

すでにのべたように、「貨泉」の鉛同位体比の密集率は、前漢鏡系の銅と、魏の時代のころの鏡とみられる「小形仿製鏡第Ⅱ型」の鉛同位体比との中間の値を示している（図36、図46、図47）。

これは、「貨泉」の鋳造された新の国の、歴史上の位置と一致する。

ただ、表42を、もう一度みてみよう。

そこに示されている十三個の貨泉のうち、十一個は、岡山県の高塚遺跡から出土したものである。

高塚古墳からは、鉛同位体比が測定されていないものもふくめれば、二十五枚の「貨泉」が出土している。

そして、この高塚遺跡からは、表42に示したように、「近畿式銅鐸」が出土している。

表42に示したように、鉛同位体比の平均値をとれば、「貨泉」の鉛同位体比の示す値と、「近畿式銅鐸」「三遠式銅鐸」の鉛同位体比の示す値とは、かなりよく一致している（なお、239ページの図47参照）。

多量の貨泉を溶融すれば、鉛同位体比の値が平均化され、分布の幅がせまくなり、「近畿式銅鐸」や「三遠式銅鐸」の示す鉛同位体比密集率に近づくかとみられる。

「貨泉」が、銅鐸などの、青銅器鋳造の原料として輸入され、用いられたとする説がある（小田富士雄「山口県沖ノ山発見の漢代銅銭内蔵土器」『古文化談叢』9、一九八二年刊、」近藤喬一「亜鉛よりみた弥生時代の青銅器の原料」〔『展望アジアの考古学』一九八三年刊〕など参照）。

大阪府の亀井遺跡は、おもに、弥生時代後期後半ごろのものである。この亀井遺跡からも、四枚の貨泉と、近畿式銅鐸とが出土している。

なお、貨泉の出土した遺跡の年代を推定するさいに、貨泉の鋳造年代にもとづき、それに近づける見解がある。しかし、このような方法には、注意が必要である。

「貨泉」の出土する遺跡は、貨泉の鋳造されはじめた西暦一四年、または、西暦二〇年以後であることはいえる。

ただ、貨泉が、岡山県や大阪府に流れこむようになるのは、距離的な差が時間的なズレを生じさせ、おそらくは、三世紀の邪馬台国時代前後か、それ以後のことであろう。

ただ、おもに四世紀になると、三角縁神獣鏡をはじめ、華北系の銅とは異質の、中国の揚子江流域の華中・華南系の銅が用いられるようになる。

華北系の銅の用いられている「近畿式銅鐸」や「三遠式銅鐸」の鋳造年代は、西暦三〇〇年以前のこととみられる。

「小形仿製鏡第Ⅱ型」の年代

つぎに、「小形仿製鏡第Ⅱ型」をとりあげる。

考古学者の高倉洋彰氏は、わが国から出土するかなり多数の小形仿製鏡を、第1型、第Ⅱ型、第Ⅲ型の三つの形式にわけた。このうちの「小形仿製鏡第Ⅱ型」（図50参照）は、もっとも類例が多く、北九州を中心に分布し、甕棺からは出土せず、箱式石棺か土壙墓から出土し、弥生時代後期中ごろから終末にかけて盛行したとみられることをのべている（高倉洋彰「弥生時代小形仿製鏡について」〔『季刊邪馬台国』32号、一九八七年刊〕）。

北九州の中央部では、甕棺墓葬の盛行の時代のあとに、箱式石棺墓葬盛行の時代がくる。箱式石棺墓葬盛行の時代が、大略邪馬台国時代とみられる。

そして、高倉洋彰氏は、「小形仿製鏡」はつぎの形で編年できることを検証している。

Ia→Ib→Ⅱa→Ⅱb→Ⅲ

「小形仿製鏡第Ⅱ型」は、直径五センチから一〇センチていどまでの小さな鏡である。これまでに出土し

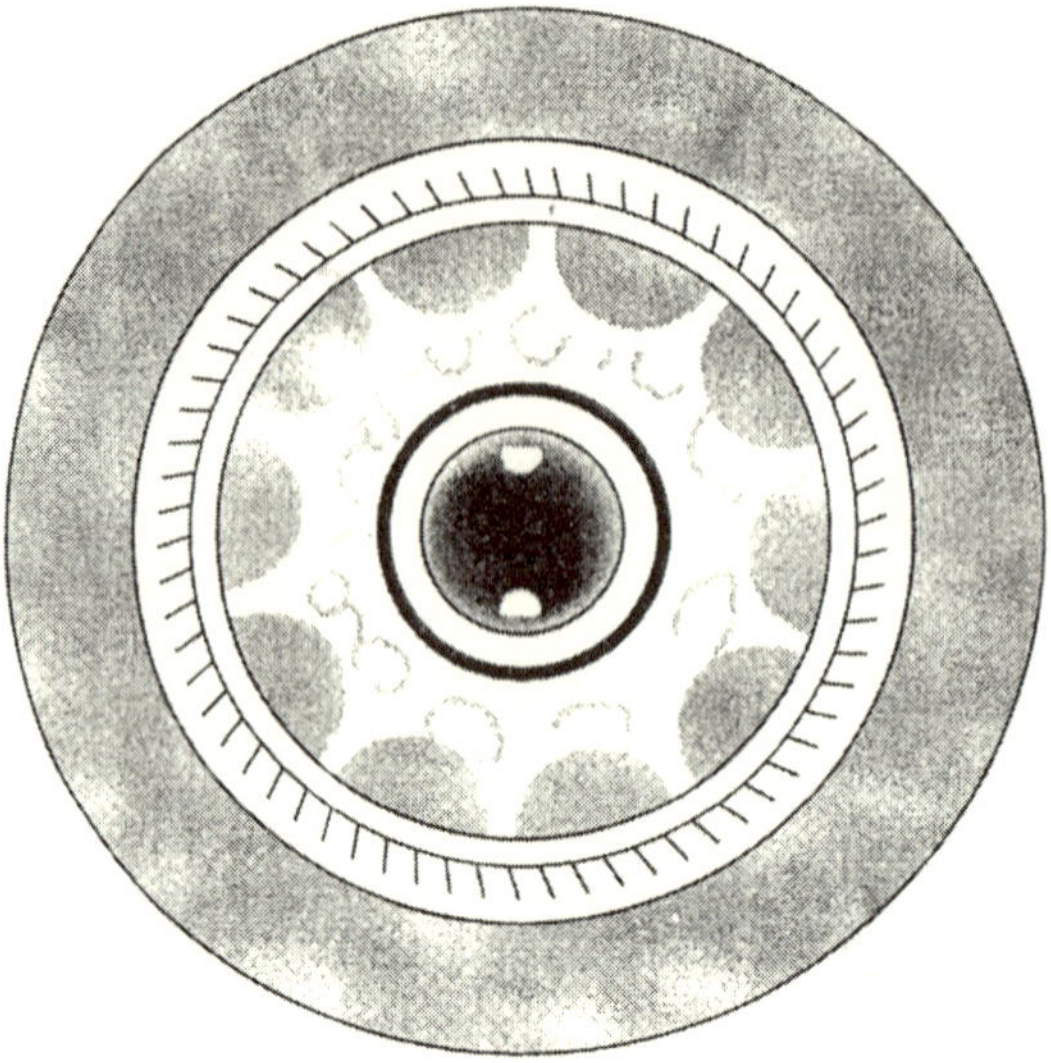

図50　「小形仿製鏡第Ⅱ型」の一例

(福岡県西区飯氏《いいじ》字馬場出土鏡をもとに作図。Ⅱaタイプ。直径7.9cm。もとの拓本写真は、高倉洋彰《ひろあき》「弥生時代の小形仿製鏡について」『季刊邪馬台国』32号。1987年刊所載のものによる。)

表43　銅利器と「小形仿製鏡第Ⅱ型」「長宜子孫銘内行花文鏡」の出土墓制

<table>
<tr><th></th><th>甕棺
(金印奴国時代)</th><th colspan="3">箱式石棺
(邪馬台国時代)</th></tr>
<tr><td>細形銅剣・細形銅矛・細形銅戈などの銅利器</td><td>75本</td><td colspan="3">0本</td></tr>
<tr><td>「清白」「精白」「青白」「日光」「日有喜」銘鏡</td><td>30面</td><td colspan="3">0面</td></tr>
<tr><td>「長宜子孫銘内行花文鏡」
(「長宜孫子」「長生宜子」などを含む)</td><td>2面*</td><td>18面</td><td rowspan="2">53面</td><td rowspan="2">合計</td></tr>
<tr><td>小形仿製鏡第Ⅱ型</td><td>0面</td><td>35面</td></tr>
</table>

*この2面は、福岡市西区飯氏《いいじ》字馬場出土鏡。

た小形仿製鏡の直径の平均は、約八センチである。直径の測定できるものだけでも、「小形仿製鏡第Ⅱ型」は、これまでに、七〇面以上出土している。

また、わが国の「小形仿製鏡第Ⅱ型」は、箱式石棺墓から出土することが多いが、住居跡、土器溜りなどからも出土している。「小形仿製鏡」は、すくなくともその一部は、化粧用の手鏡ではないか。（高倉洋彰氏は、「小形仿製鏡」を所有者の権威を示すものとみる。）

いま、「長宜子孫銘内行花文鏡」とよばれる鏡と「小形仿製鏡第Ⅱ型」とについて、甕棺から出土したものと、「箱式石棺」から出土したものとの数をくらべてみることにする。

すると、**表43**のようになる。

これらの鏡は、土壙墓や（とくに『小形仿製鏡第Ⅱ型」については）住居跡などから出土することもある。しかし、**表43**では、それらはカウントされていない。甕棺または箱式石棺のいずれかから出土したばあいだけを数えた。

表43をみれば、細形銅剣・細形銅矛・細形銅戈などは、箱式石棺からはまったく出土していないことがわかる。「清白」「精白」「青白」「日光」「日有喜」などの銘のある、いわゆる前漢鏡も、箱式石棺からは、まったく出土していない。

逆に、「長宜子孫銘内行花文鏡」と「小形仿製鏡第Ⅱ型」とは、箱式石棺からは多数出土しているが、甕棺からはほとんど出土していないことがわかる。

この「小形仿製鏡第Ⅱ型」は、やや特異な鉛同位体比を示す。

たびたび紹介することになるが、考古学者の故佐原真は、その著『祭りのカネ銅鐸』（講談社刊）のなかで、つぎのようにのべている。

「銅鐸のうち、新段階の三遠式・近畿式銅鐸や、日本製の小形鏡の大多数などの鉛同位体比は、ひじょうにせまい範囲にまとまっており、『まったく等しい』といってよいほどなので、同一の鉱山の鉛か、あるいは銅・錫・鉛を溶かして作った、同一の地金を使った可能性が大きい。」

この文章を、注意深く読んでみよう。

ここで佐原真が、「日本製の小形鏡の大多数」とのべているものは、「小形仿製鏡第Ⅱ型」をおもにさす。

この小型の仿製鏡について、考古学者の森浩一はつぎのようにのべる。

「『長宜子孫』(長く子孫によろし)という銘を書きました内行花文鏡が後漢の代表的な鏡ですが、それが北九州での三世紀ごろと推定される墓から点々と出ております。しかし、中国鏡だけではとても、すでに広がりつつあった鏡に対する愛好の風習はまかないきれないとみえまして、北九州の社会では、(中略)邪馬臺国がどこかにあった時代に、直径が八センチ前後の小型の銅鏡を多量に鋳造しています」

森浩一は、ここで「邪馬臺国がどこかにあった時代に」とのべる。

小形仿製鏡は、甕棺よりも時代があとの、「箱式石棺」などからおもに出土する。このことから、小形仿製鏡の盛行した「時代」を、あるていど推定できる。

そして、小形仿製鏡の年代をあるていど推定できるならば、小形仿製鏡第Ⅱ型に近い鉛同位体比を示し、かつ、鉛同位体比の分布が、さらに収縮している「近畿式銅鐸」「三遠式銅鐸」「広形銅矛」などの年代も、あるていど推定できることになる。

甕棺の時代のあとの、箱式石棺の時代が、ほぼ邪馬台国の時代にあたることについては、前宮崎公立大学教授の考古学者の奥野正男氏も、つぎのようにのべておられる。

「いわゆる『倭国の大乱』の終結を二世紀末とする通説にしたがうと、九州北部では、この大乱を転換期として、墓制が甕棺から箱式石棺に移行している。

つまり、この箱式石棺墓（これに土壙墓、石蓋土壙墓などがともなう）を主流とする墓制こそ、邪馬台国がもし畿内にあったとしても、確実にその支配下にあったとみられる九州北部の国々の墓制である。」

（『邪馬台国発掘』ＰＨＰ研究所刊）

「小形仿製鏡第Ⅱ型」の鉛同位体比データ

「小形仿製鏡第Ⅱ型」の鉛同位体比は、**表44**のようになっている。

なお、**表44**のデータのうち、一例だけ特異な値を示しているデータがある。**表44**の番号「**7**」のデータである。このデータは、237ページの**図45**においては、他の仲間からはなれて、ずっと左下の「三角縁神獣鏡分布域」のなかに一つだけはいっている。

おそらくは、古墳時代に、華中・華南産の銅をつかって作られた仿製の化粧用手鏡であろう。


「広形銅矛」「広形銅戈」の鉛同位体比データ

「広形銅矛」「広形銅戈」のデータは、『考古資料大観６』からとった。

『考古資料大観６』に示されているデータから「広形銅矛」「広形銅戈」の鉛同位体比データを書きぬけば、**表45**、**表46**のようになる。

これについてのグラフは、すでに241ページの**図49**に示されている。

『考古資料大観６』にのっている「広形銅矛」「広形銅戈」のデータは、すべて、九州北部の諸県から出土したものである。

表44 「小形仿製鏡第Ⅱ型」の鉛同位体比

番号	資料名	出土地	Pb-207/Pb-206	Pb-208/Pb-206
1	内行花文鏡Ⅱa	福岡市南区弥長原遺跡住居趾	0.8761	2.1633
2	内行花文鏡Ⅱa	福岡市西区飯氏字馬場馬場遺跡箱式石棺墓	0.8744	2.1618
3	内行花文鏡Ⅱb	福岡県宮若市汐井掛遺跡168号（木棺墓）	0.8788	2.1685
4	内行花文鏡Ⅱa	福岡県朝倉郡筑前町（夜須）八並箱式石棺	0.8765	2.1662
5	内行花文鏡Ⅱb	福岡県うきは市吉井町大字富永水縄小学校裏手	0.8768	2.1679
6	内行花文鏡Ⅱb	福岡県小郡市三沢横隈山第２地区14号住居趾	0.8763	2.1655
7	内行花文鏡Ⅱb	福岡県久留米市合川町西屋敷遺跡２号石棺墓	0.8610	2.1290
8	内行花文鏡Ⅱa	福岡県八女市室亀の甲箱式石棺墓	0.8748	2.1676
9	内行花文鏡Ⅱa	福岡県みやま市（旧瀬高町）小川	0.8761	2.1647
10	重圏文日光鏡Ⅱ	佐賀県三養基《みやき》郡上峰町と神埼郡吉野ヶ里町(旧東脊振村)にまたがる五本谷遺跡25土壙墓	0.8764	2.1649
11	内行花文鏡Ⅱb	佐賀県三養基《みやき》郡上峰町と神埼郡吉野ヶ里町（旧東脊振村）にまたがる五本谷遺跡墓地内単独出土	0.8763	2.1650
12	内行花文鏡Ⅱ	佐賀県三養基《みやき》郡上峰町と神埼郡吉野ヶ里町（旧東脊振村）にまたがる二塚山遺跡17号土壙墓	0.8769	2.1668
13	内行花文鏡Ⅱb	佐賀県神埼郡吉野ヶ里町（旧三田川町）萩原単独出土	0.8764	2.1629
14	内行花文鏡Ⅱa	熊本県山鹿市方保田《かとうだ》白石箱式石棺墓	0.8757	2.1619
15	内行花文鏡Ⅱa	熊本県山鹿市方保田字東原方保田東原遺跡	0.8754	2.1644
16	内行花文鏡Ⅱa	熊本県熊本市（旧飽託郡北部町《ほうたくぐんほくぶまち》）徳王字鶴畑徳王遺跡住居跡	0.8759	2.1638
17	内行花文鏡Ⅱa	熊本県熊本市石原町亀の甲遺跡墓地（？）（亀甲Ⅰ）	0.8751	2.1614
18	内行花文鏡Ⅱa	熊本県熊本市石原町亀の甲遺跡墓地（？）（亀甲Ⅱ）	0.8764	2.1654
19	内行花文鏡Ⅱa	岡山県赤磐市《あかいわし》（旧山陽町《さんようちょう》）河本用木２号墳	0.8751	2.1629

・原データ・文献は、『季刊邪馬台国』60号、62ページ、103ページに載せられている。
・「資料名」は、高倉洋彰氏「弥生時代小形仿製鏡について」〔『季刊邪馬台国』32号）による。

表45　「広形銅矛」についてのデータ

番号	資料名	出土地	Pb-207/Pb-206	Pb-208/Pb-206
1	広形銅矛	福岡県北九州市小倉南区冷水遺跡	0.8764	2.1650
2	広形銅矛	福岡県北九州市小倉南区冷水遺跡	0.8763	2.1652
3	広形銅矛	福岡県北九州市小倉南区岡遺跡Ⅲ区	0.8763	2.1657
4	広形銅矛	福岡県北九州市小倉南区重留遺跡	0.8762	2.1650
5	広形銅矛	福岡県筑紫郡那珂川町大字安徳字原田	0.8761	2.1639
6	広形銅矛（穴あり）	福岡県筑紫郡那珂川町大字安徳字原田	0.8773	2.1665
7	広形銅矛	福岡県うきは市浮羽町日永遺跡	0.8762	2.1642
8	広形銅矛	長崎県対馬市豊玉町佐志賀黒島	0.8768	2.1666
9	広形銅矛	長崎県対馬市豊玉町佐志賀黒島	0.8757	2.1636
10	広形銅矛	長崎県対馬市豊玉町佐志賀黒島	0.8760	2.1645
11	広形銅矛	長崎県対馬市豊玉町佐志賀黒島	0.8764	2.1641
12	広形銅矛	長崎県対馬市豊玉町佐志賀黒島	0.8761	2.1633
13	広形銅矛	長崎県対馬市豊玉町佐志賀黒島	0.8770	2.1665
14	広形銅矛	長崎県対馬市豊玉町佐志賀黒島	0.8761	2.1642
15	広形銅矛	長崎県対馬市豊玉町佐志賀黒島	0.8760	2.1647
16	広形銅矛	長崎県対島市豊玉町佐志賀黒島	0.8763	2.1651
17	広形銅矛	長崎県対島市豊玉町佐志賀黒島	0.8769	2.1669
18	広形銅矛	長崎県対島市豊玉町佐志賀黒島	0.8765	2.1656
19	広形銅矛	長崎県対島市豊玉町佐志賀黒島	0.8763	2.1647
20	広形銅矛	長崎県対島市豊玉町卯麦糠浦	0.8764	2.1641
21	広形銅矛	長崎県対島市豊玉町卯麦糠浦	0.8759	2.1638
22	広形銅矛	長崎県対島市豊玉町卯麦糠浦	0.8757	2.1630
23	広形銅矛	長崎県対島市豊玉町ハロウ遺跡Ｂ地点２号箱式石棺墓	0.8760	2.1652
24	広形銅矛	長崎県上県郡上県町佐護クビル	0.8761	2.1645
25	広形銅矛	長崎県上県郡上県町佐護クビル	0.8772	2.1691
26	広形銅矛	長崎県上県郡上県町佐護クビル	0.8759	2.1637
27	広形銅矛	大分県臼杵市中尾坊主山	0.8756	2.1636
28	広形銅矛	大分県臼杵市中尾坊主山	0.8763	2.1652
29	広形銅矛	大分県臼杵市中尾坊主山	0.8766	2.1662
30	広形銅矛	大分県臼杵市中尾坊主山	0.8755	2.1621
31	広形銅矛	大分県臼杵市中尾坊主山	0.8763	2.1653
32	広形銅矛	大分県臼杵市中尾坊主山	0.8762	2.1644
33	広形銅矛	大分県臼杵市中尾坊主山	0.8762	2.1642

表46　「広形銅戈」についてのデータ

番号	資料名	出土地	Pb-207 / Pb-206	Pb-208 / Pb-206
1	広形銅戈	福岡県うきは市浮羽町日永遺跡	0.8773	2.1684
2	広形銅戈	福岡県うきは市内	0.8724	2.1589

「広形銅矛」などと、「近畿式銅鐸」や「三遠式銅鐸」などとの、銅原料にみられる大きな共通性は、「近畿式銅鐸」や「三遠式銅鐸」の銅原料が、北九州方面からもたらされたことを示しているとみられる。

「近畿式銅鐸」や「三遠式銅鐸」が「外縁付鈕2式銅鐸」や「扁平鈕式銅鐸」と「銅鐸」という形で連続で、鉛同位体比の分布が、同一の方向に収縮《シュリンク》しているようにみえるのは、大もととなる銅原料が、そのような方向に動いていたためとみられる。

ここから、北九州方面から近畿方面へ進出した饒速日《にぎはやひ》の命《みこと》の勢力が、北九州からもってきた銅原料で、近畿の地元の伝統をうけつぎ、新段階の銅鐸をつくったという仮説が、うかびあがってくる。

「小銅鐸」の鉛同位体比

「小銅鐸」とよばれるものも、「近畿式銅鐸」や「三遠式銅鐸」に近い鉛同位体比を示すといわれる。

大塚初重・戸沢充則編『最新日本考古学用語辞典』（柏書房刊）を引くと、「小銅鐸」について、つぎのように説明されている。

「小銅鐸　しょうどうたく　small　bronze　bell　朝鮮式小銅鐸と弥生時代の銅鐸の小型品および銅鐸の青銅製小形模倣品の三種のこと。朝鮮式小銅鐸は高さ10cm内外、無文で鰭がなく、鈕は円形ないしレンズ形の断面形である。舞《まい》（銅鐸の主要部である身の上面）の型持孔が1つであるのも銅鐸と異なる。鐸とは大形の鈴

表47　「小銅鐸」についてのデータ

番号	資料名	出土地	Pb-207/Pb-206	Pb-208/Pb-206
1	小銅鐸	福岡県福岡市西区今宿五郎江遺跡	0.8724	2.1599
2	小銅鐸	福岡県糸島市浦志遺跡 A 地点	0.8762	2.1640
3	小銅鐸（舌）	福岡県糸島市浦志遺跡 A 地点	0.8756	2.1620
4	小銅鐸	佐賀県鳥栖市江島町本行遺跡	0.8771	2.1664
5	小銅鐸	大分県大分市多部尾遺跡	0.8757	2.1640
6	小銅鐸	大分県宇佐市別府遺跡	0.8707	2.1432
7	小銅鐸	岡山県岡山市足守川矢部南向遺跡	0.8757	2.1641
8	小銅鐸	伝　徳島県美馬市脇町大字江原	0.8782	2.1679
9	小銅鐸	石川県金沢市藤江 B 遺跡	0.8779	2.1687
10	小銅鐸	静岡県静岡市有東遺跡	0.8781	2.1676
11	小銅鐸	静岡県沼津市東井出字閑峯	0.8766	2.1639
12	小銅鐸	静岡県袋井市愛野向山遺跡	0.8761	2.1676
13	小銅鐸（舌）	静岡県袋井市愛野向山遺跡	0.8762	2.1662
14	小銅鐸	神奈川県海老名市本郷遺跡	0.8757	2.1644
15	小銅鐸	東京都新宿区高田馬場三丁目遺跡	0.8750	2.1617
16	小銅鐸	東京都八王子市中郷遺跡	0.8821	2.1728
17	小銅鐸	栃木県小山《おやま》市田間	0.8764	2.1642

だから、これらは銅鈴と呼ぶべきだという意見もある。多鈕鏡や銅剣類に伴う。模倣型小銅鐸は高さ10㎝に満たない例が多く、無文か銅鐸の装飾を簡便化した文様が描かれる。無文鐸は鰭のない例が少なくなく、鈕が円形に近い点も朝鮮式に似るが、型持孔の配置は銅鐸と共通する。中国地方や東海から関東における銅鐸分布の縁辺や外側に発見例が多く、伴出遺物は銅鐸が製作されなくなった弥生後期末から古墳時代前期のようである。」

これでみると、「小銅鐸」は、内容が一種類のものではないようである。

『考古資料大観6』により、「小銅鐸」とされているものの鉛同位体比を書きぬくと、**表47**のようになる。

これを240ページの**図48**のような形で示せば、**図51**のようになる。

「小銅鐸」の鉛同位体比は、「近畿式銅鐸」

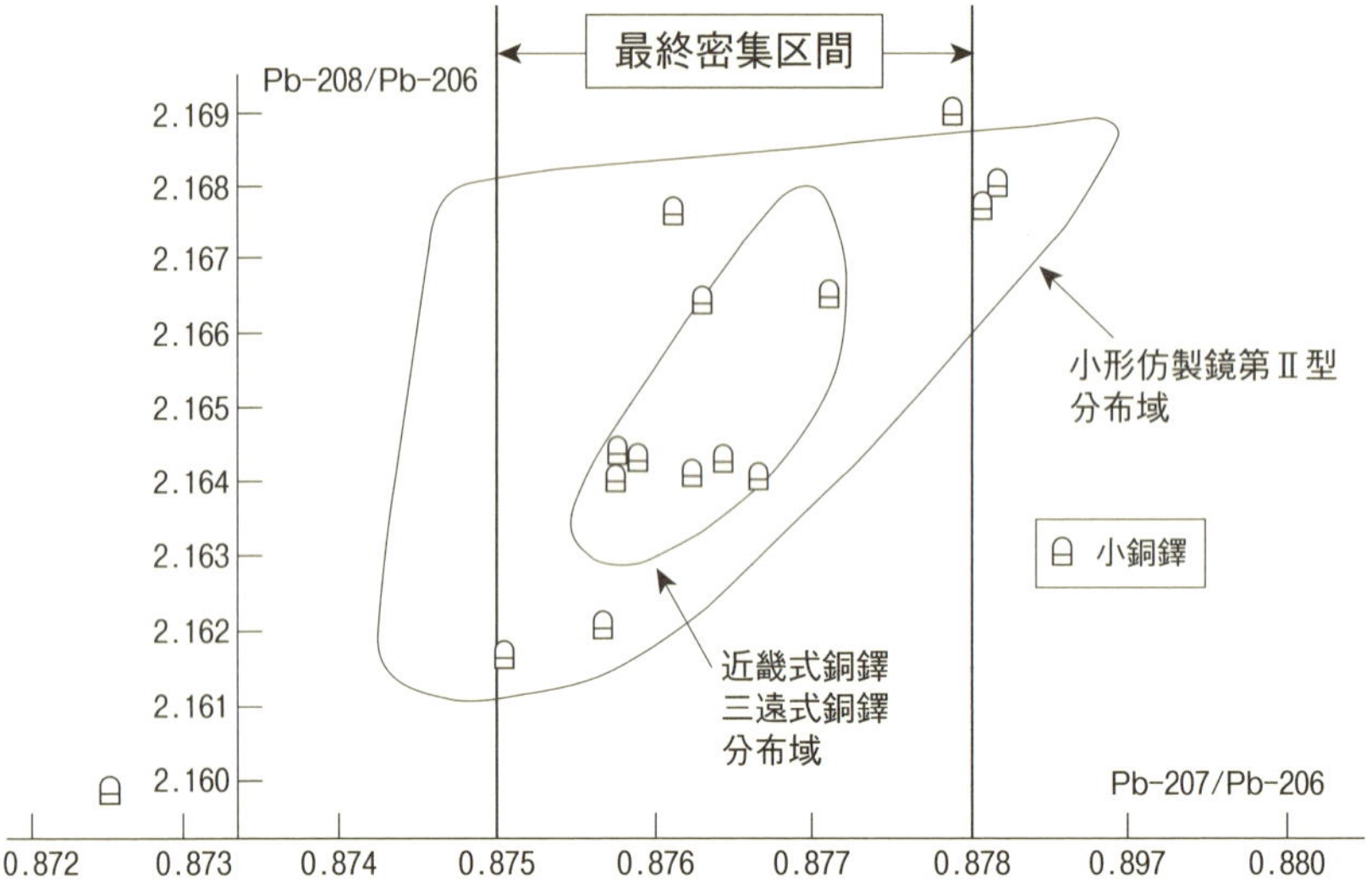

図51　「小銅鐸」の鉛同位体比の分布

（このグラフにはいりきれなかったものとして、**表47**の番号６の［0.8707、2.1432］と番号16の［0.8821、2.1728］がある。）

「三遠式銅鐸」や、「小形仿製鏡第Ⅱ型」に近いものも多いが、「最終密集区間」から、はみだしているものもある。

やや雑多なものがまじっている印象を与える。

分布のひろがりからみて、古い時代のものが、まじっている可能性がある。

北九州出土の「小銅鐸」は、朝鮮式小銅鐸と関係があるかもしれない。

ただ、「近畿式銅鐸」や「三遠式銅鐸」などの出土しない関東からの出土は、どのように理解すべきか、よくわからない。

210ページの**図36**をみれば、「小銅鐸」の鉛同位体比の「密集率」は、「貨泉」よりも、すこし大きい。つまり、密集している。あるいは、貨泉鋳造よりのちの時代に、貨泉がまとまって輸入され、「小銅鐸」がつくられたものか。

「平形銅剣」の鉛同位体比

この「第Ⅱ部」の最後に、「平形銅剣」といわ

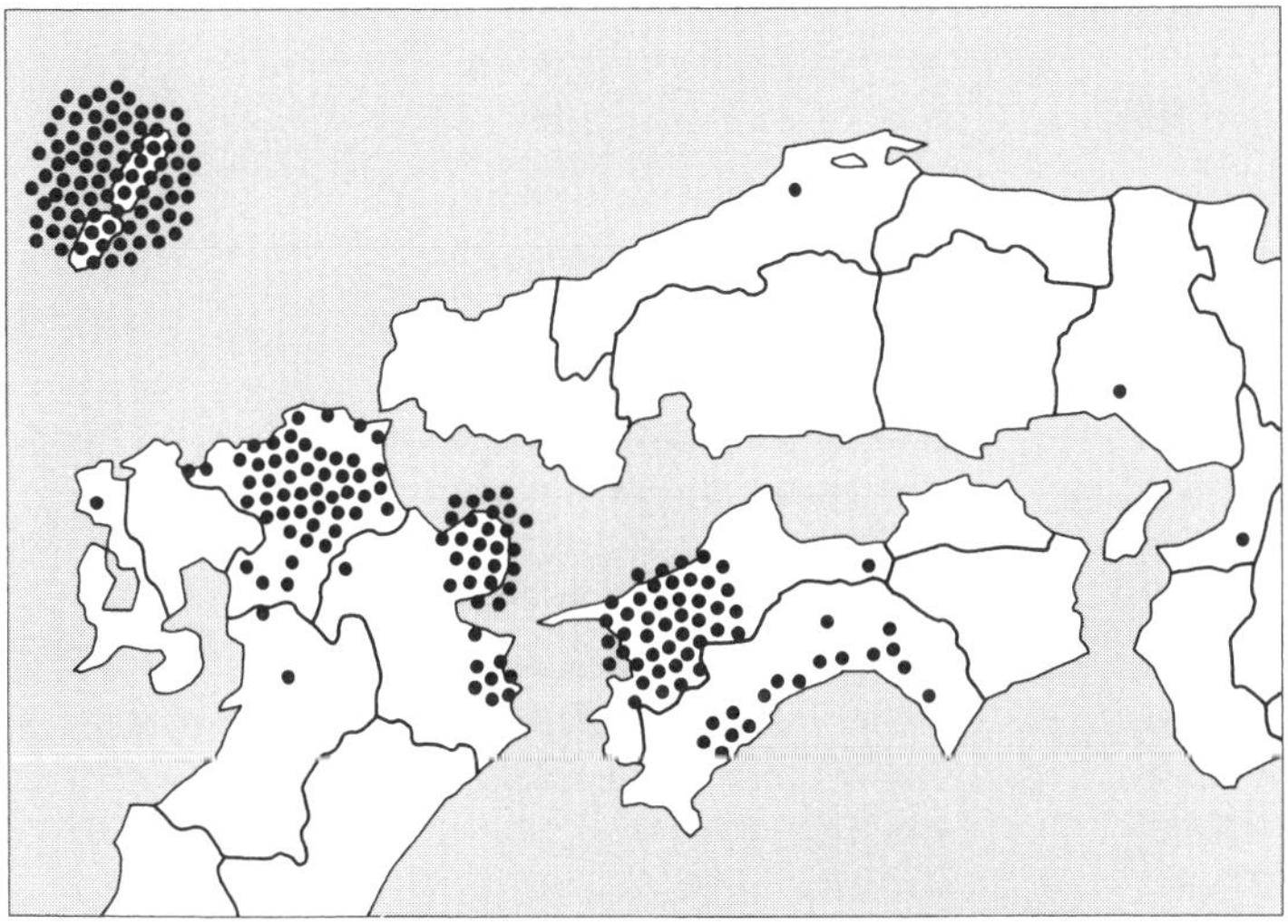

地図23　「広形銅矛」「広形銅戈」の出土地点分布

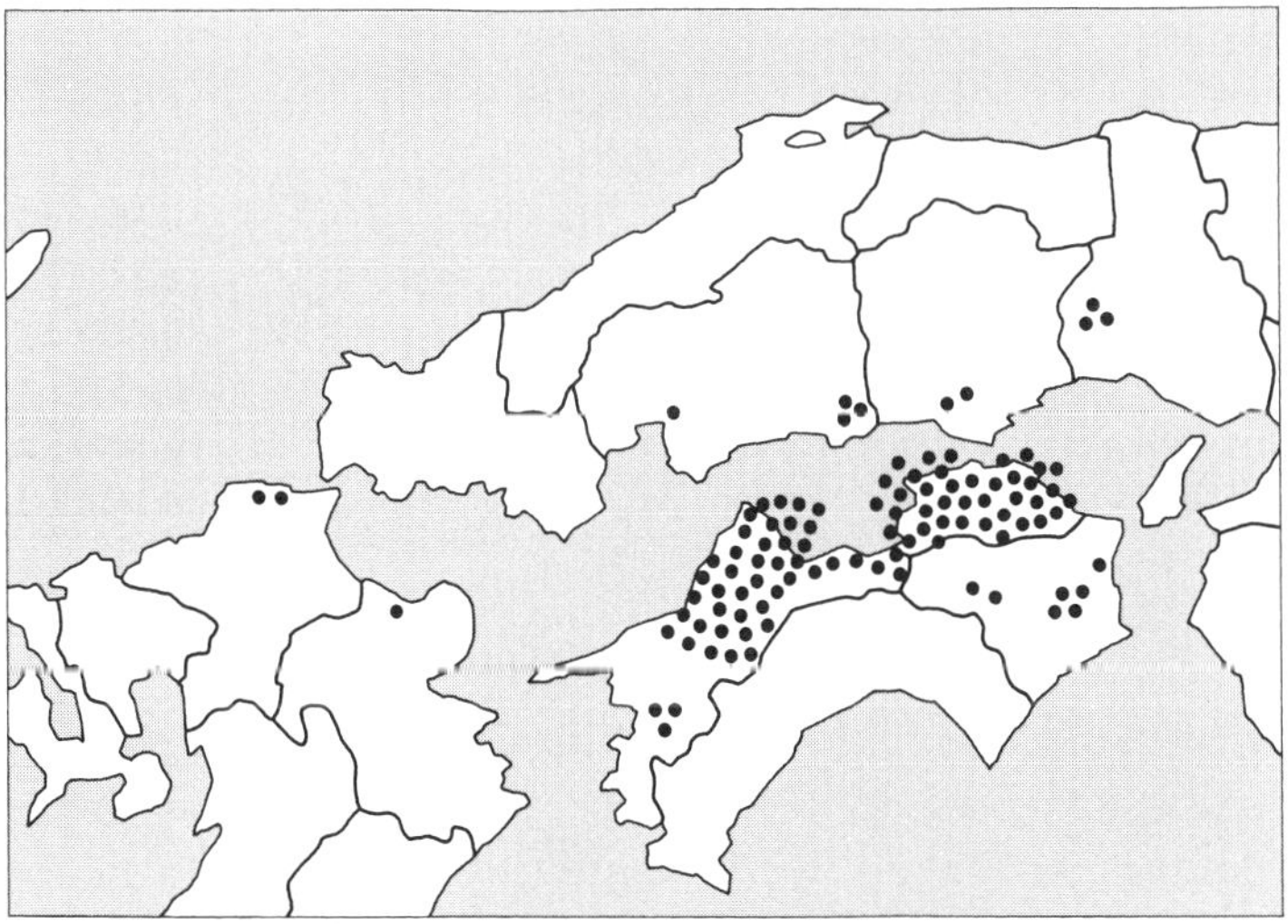

地図24　「平形銅剣」の出土地点の分布

表48 「平形銅剣」についてのデータ

番号	資料名	出土地	Pb-207/Pb-206	Pb-208/Pb-206
1	平形銅剣	徳島	0.8825	2.1722
2	平形銅剣	香川県善通寺市善通寺町瓦屋	0.8806	2.1759
3	平形銅剣	香川県善通寺市善通寺町瓦屋	0.8609	2.1326
4	平形銅剣	香川県善通寺市吉原町我拝師山	0.8772	2.1659
5	平形銅剣	香川県善通寺市吉原町我拝師山	0.8790	2.1673
6	平形銅剣	香川県善通寺市吉原町我拝師山	0.8809	2.1707
7	平形銅剣	香川県善通寺市吉原町我拝師山	0.8511	2.1266
8	平形銅剣	香川県善通寺市吉原町我拝師山	0.8776	2.1660
9	平形銅剣	香川県三豊市高瀬町羽方西ノ谷	0.8777	2.1677
10	平形銅剣	愛媛県松山市道後今市北1053	0.8791	2.1710
11	平形銅剣	愛媛県松山市道後今市北1053	0.8781	2.1694
12	平形銅剣	愛媛県松山市道後今市北1053	0.8786	2.1681
13	平形銅剣	愛媛県松山市道後今市北1053	0.8785	2.1688
14	平形銅剣	愛媛県松山市道後今市北1053	0.8784	2.1687
15	平形銅剣	愛媛県松山市道後今市北1053	0.8775	2.1666
16	平形銅剣	愛媛県松山市道後今市北1053	0.8768	2.1656
17	平形銅剣	愛媛県松山市道後今市北1053	0.8767	2.1660
18	平形銅剣	愛媛県松山市道後今市北1053	0.8819	2.1705
19	平形銅剣	愛媛県松山市道後今市北1053	0.8770	2.1645
20	平形銅剣	愛媛県川之江市柴生町垣添	0.8717	2.1579
21	平形銅剣	愛媛県川之江市柴生町垣添	0.8690	2.1458
22	平形銅剣	愛媛県西条市丹原町古田	0.8785	2.1662
23	平形銅剣	愛媛県西条市丹原町古田	0.8880	2.1798
24	平形銅剣	愛媛県西条市丹原町古田	0.8787	2.1662
25	平形銅剣	愛媛県西条市丹原町古田	0.8772	2.1667
26	平形銅剣	愛媛県西条市丹原町古田	0.8538	2.1172
27	平形銅剣	大分県大分市清水ヶ迫	0.8099	2.0504
28	平形銅剣	不詳	0.8654	2.1456

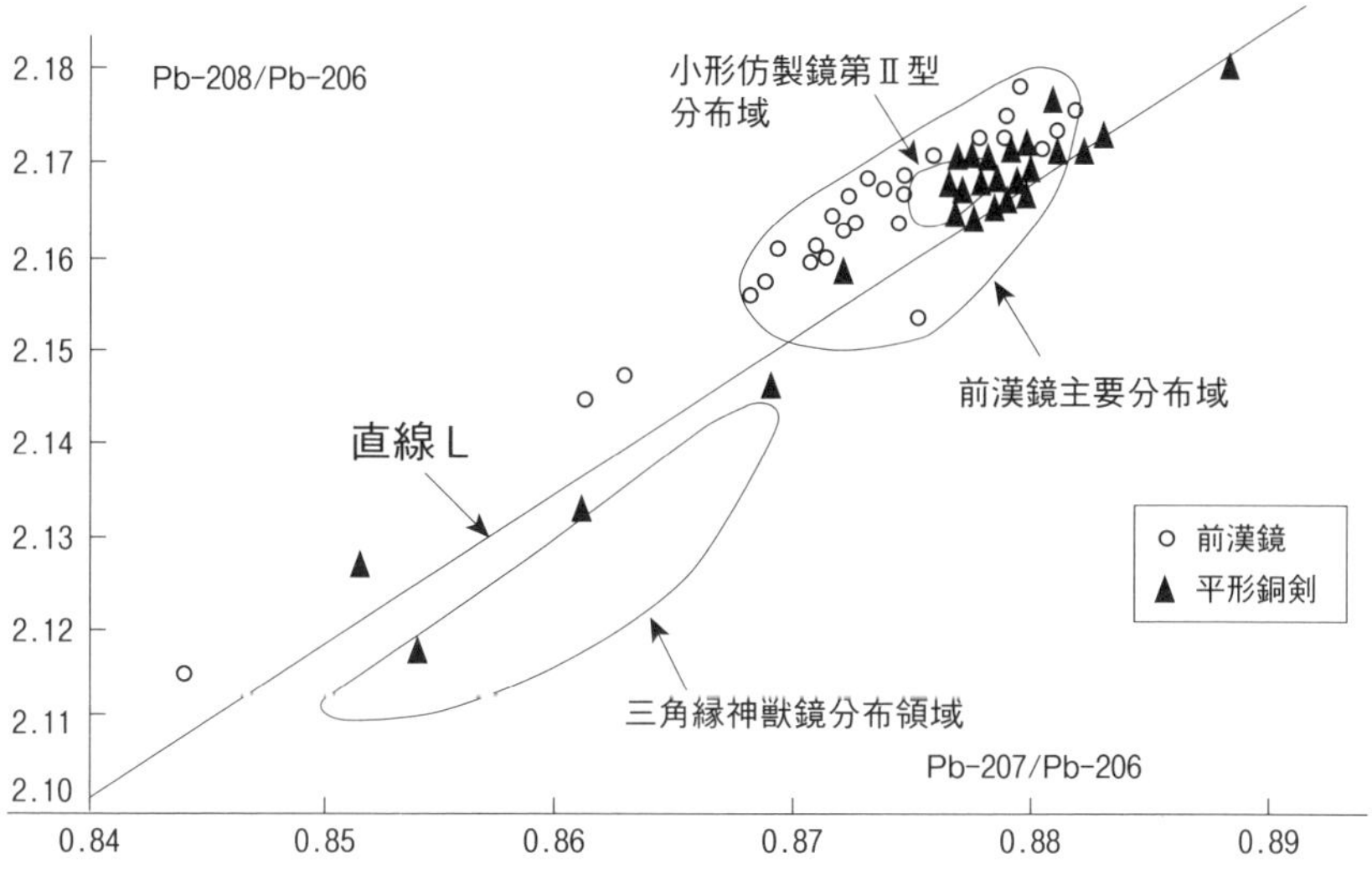

図52　「平形銅剣」の鉛同位体比の分布
（この図にプロットできないものに、表43の番号27の［0.8099、2.0504］がある。）

れる銅剣をとりあげよう。

まず、**地図23**をご覧いただきたい。

この**地図23**は、すでに鉛同位体比のデータを示した「広形銅矛」「広形銅戈」の地理的分布を示したものである。

この**地図23**をみれば、「広形銅矛」「広形銅戈」は、北九州、とくに対馬、福岡県春日市の須玖岡本ふきん、そして、さらに大分県の宇佐市を中心とする宇佐平野、四国の西北部の愛媛県などから出土している。

ところで、255ページの**地図24**をご覧いただきたい。これは、「平形銅剣」の地理的分布を示したものである。

「平形銅剣」は、おもに、四国の北部、香川県や愛媛県の中央部、松山市から、その東にかけて分布している。

「広形銅矛」「広形銅戈」「平形銅剣」は、ともに、平たい形状をしている。

そのため、33ページですこし紹介したように、原田大六は、「平形銅剣」を、広形銅矛や広形銅戈、さらには、近畿式銅鐸などに近い時期のものとみた。

しかし、鉛同位体比からみると、すこし違った結果がでてくる。

いま、『考古資料大観6』により、「平形銅剣」についての鉛同位体比を書きぬいてみる。

すると、**表48**のようになる。

211ページの**図36**をみると、「平形銅剣」の「密集率」は、二九・六％で、これは、「前漢鏡」の「密集率」二五・九％などに近い。**図36**の「密集率」は、もともと、**表48**のデータによって算出したものである。

「前漢鏡」の鉛同位体比の分布と比較してみるために、**図46**の「前漢鏡」の鉛同位体比の分布図のうえに、「平形銅剣」の鉛同位体比の分布図をえがけば、**図52**のようになる。

「前漢鏡」と「平形銅剣」とが、かなりよく似た鉛同位体比の分布をしていることがわかる。

「平形銅剣」は、**表48**の、もとのデータをみてもわかるように、特定の地点から、まとまって出土していることが多い。この点から、等質的で、「範囲《レンジ》」は小さくてよさそうである。しかし、「範囲《レンジ》」は小さいとはいえない。「密集率」は、広形銅矛や近畿式銅鐸ほど高いとはいえない。

「平形銅剣」の年代は、「細形銅剣」ほど古くはないが、前漢鏡に近いていどに古いこともありうることを、一応考慮する必要があるようである。

第Ⅲ部　銅鐸の世界から銅鏡の世界へ

●鏡の世界が、日本を統一した●

『石山寺縁起絵巻』に描かれた銅鐸の絵

『石山寺縁起』および『元亨釈書《げんこうしゃくしょ》』（元亨２年〔1322〕までの仏教史、および、僧伝の本）に、天平年間（729～749）の、石山寺（滋賀県大津市）の建立のさい、高さ５尺（約1.5m）の宝鐸がでた、とある。銅鐸のこととみられるが、大きさに誇張があるか。これまで出土確認されている最大の銅鐸は、やはり滋賀県の大岩山から出土した134.7cmのものである。

（図は、『石山寺縁起』〔日本絵巻物大成 18集、中央公論社、1978年刊〕による。）

西暦三〇〇年以前のころ、島根県以東で、銅鐸が行なわれていた。そのころ、それと並行する形で、北九州では、銅鏡が行なわれていた。

銅鏡には、年代の推定のつくものがある。そして北九州の銅鏡と関連をもつ形で、島根県以東の銅鐸の鉛同位体比が、時代とともに変化する。

ここから、銅鐸の諸型式の年代が、あるていど推定できる。

銅鐸の世界は、やがて、鏡の世界へと統一される。

銅鐸の世界から銅鏡の世界へ

以上、出雲から畿内、そして、静岡県（遠江《とおとうみ》）にわたる広大な古代銅鐸世界の状況をみてきた。この広大な銅鐸世界は、銅鐸が地上から姿を消したのち、どうなったのであろうか。銅鐸の世界から、銅鏡の世界へと変わるのである。

銅鐸が、銅剣・銅矛・銅戈と、同じ遺跡から出土することはある（島根県の神庭荒神谷《かんばこうじんだに》遺跡など）。しかし、銅鐸と銅鏡とが、同じ遺跡から出土することは、きわめてまれである。

奈良県御所《ごせ》市の名柄《ながら》遺跡から、「外縁付鈕2式銅鐸」と「多鈕細文鏡」とが出土している。これについて、大塚初重他編『日本古代遺跡事典』（吉川弘文館、一九九五年刊）は、「名柄遺跡」の項で、つぎのようにのべる。

「銅鐸と鏡の伴出例はほかに例がなく青銅器研究上きわめて貴重な資料といえるが、埋納時期は明らかでない。また名柄遺跡は弥生時代後期を主体とした集落遺跡と考えられているが、発掘調査例はなく不明な点が多い。」

出土した青銅鏡は、「多鈕細文鏡」である。銅鏡史上、もっとも時代の古いものである。「多鈕細文鏡」は、北九州からは、八面（福岡県三面、佐賀県三面、長崎県二面）出土している（あとの、272・273ページの、**図53**、**表54**参照）。いずれも、弥生時代前期末～中期後半ごろのものである。そのうち、佐賀県唐津市の宇木汲田《うきくんでん》遺跡出土のものは、細形銅剣とともに出土している。考古学者の橋口達也は、宇木汲田遺跡出土のものに、出土した甕棺の形式から、紀元前一五〇年～紀元前一二〇年の年代を与えている。

奈良県の名柄遺跡出土のものの埋納時期には、弥生時代後期ごろの、やや時代の下る年代が与えられるのかもしれない。

また、滋賀県の、大岩山とよばれる小丘のある地からは、計二十四個の銅鐸が出土している。大岩山の小丘のいただきには、大岩山古墳がある。そこからは、三角縁神獣鏡をふくむすくなくとも四面の鏡が出土している。そして、この近くの古墳である古冨波山《ことばやま》古墳からも、三面の三角縁神獣鏡が出土している。

銅鐸の形式は、近畿式、三遠式などの、銅鐸として、最末期のものである。

この地のものは、同一系譜の首長墓などで、同一豪族が、はじめ銅鐸を埋納し、時代が下るとともに、銅鏡を埋納するようになったものであろう。

銅鐸から銅鏡へのうつりかわりの時期の遺跡とみられる。西暦三〇〇年前後の遺跡とみるべきであろう。

このように、同一の地の、同一時期の遺跡から、銅鐸と銅鏡とが、ともに出土することは、きわめてまれである。それは、なぜなのであろうか。

以下では、この謎にいどんでみよう。

「西晋鏡」の年代

この問題を考えるにあたって、きわめて重要な鍵《キー》となるのは、銅鏡の地域的、県別分布と、鉛同位体比の分布パターンとの、微妙なズレである。

これは、西暦三〇〇年前後のものとみられるいわゆる「西晋鏡」にみられる特異性である。

まず、「西晋鏡」の年代を、考えておこう。

中国において、後漢時代の中・晩期に、「位至三公鏡」「双頭竜鳳文鏡」「蝙蝠鈕座内行花文鏡」「夔鳳鏡」などのいわゆる「西晋鏡」があらわれる。これらの鏡は、中国では、後漢の時代に登場するが、魏の国のつぎの「西晋」の国（西暦二六五年～三一六年）の時代に、大いに流行するものとなる。

たとえば、このうちの、出土数の比較的多い「位至三公鏡」をとりあげてみよう。

中国の秦・漢時代から南北朝時代までの、洛陽ふきんでの考古学的発掘の、報告書類を集人成したものとして、『洛陽考古集成―秦漢魏晋南北朝巻―』（上・下二巻、北京図書館出版社、二〇〇七年刊）が刊行されている。

『洛陽考古集成』にのせられている「位至三公鏡」の、すべての出土例を、表の形にまとめれば、**表49**のようになる。

これらはすべて、卑弥呼が使をだした中国の洛陽ふきんから出土しているものである。

この**表49**をみると、つぎのようなことが読みとれる。

(1)　「位至三公鏡」は、後漢晩期に出現している。

(2)　**表49**の全部で十九面の鏡のうち、後漢時代のものは、一面のみで、魏晋朝のものが十八面である。圧倒的に、魏晋時代、とくに西晋時代（二六五年～三一六年）のものが多い。№２～９に記すように、「洛陽晋墓」のばあい、二十四面の出土鏡のうち、八面は、「位至三公鏡」である。

(3)　西晋よりもあとの、南北朝時代の出土例はみあたらなかった。

「位至三公鏡」が、主として西晋時代のものであることは、洛陽ふきん以外から出土した「位至三公鏡」についてもあてはまる。

中国出土の「位至三公鏡」のなかには、墓誌の出土により、ほぼ年代の定まるものがある。そのような例を、表にすれば、**表50**のようになる。

すべて西晋時代のものである。

表49　洛陽ふきん出土の「位至三公鏡」

№.	銘文	直径(cm)	出土墓	時期	出典ページ
1	位至三公	7.6	洛陽西郊漢墓	後漢晩期	P368
2	位至三公	9.5	洛陽晋墓	西晋時代 晋の太康8年（西暦287)、元康9年（295)、永寧2年（302）の墓誌がでている。洛陽晋墓54基の埋葬の年代は、墓の形式や、同類の器物の形態の変化が大きくないことなどから、たがいにそれほど大きくは異ならないとされる。	P894
3	〃	9.0	〃		〃
4	〃	不記載	〃		〃
5	〃	〃	〃		〃
6	〃	〃	〃		〃
7	〃	〃	〃		〃
8	〃	〃	〃		〃
9	〃	〃	〃		〃
10	位至三公	11	洛陽市東郊178号墓	「曹魏遠からず」 墓は、晋の大康8年（287）と形が近い。魏の正始8年（247）の墓から出土した器物と似たものがでている。 魏の晩期～西晋早期	P927
11	〃	〃	〃		〃
12	〃	〃	〃		〃
13	位至三公	8.87	洛陽谷水晋墓	西晋早期か	P946
14	君宜高宮	7.7	洛陽谷水晋墓	西晋中晩期	P956
15	位至三公	9.70	河南省伊川県槐庄墓地晋唐墓	西晋中晩期	P993
16	位至三公	8.8	洛陽衡山路西晋墓	西晋早期	P1011
17	位至三公	10.5	洛陽孟津晋墓	西晋	P1037
18	位至三公	10.4	洛陽孟津邙山西晋墓	西晋	P1077
19	〃	7.7	〃		〃

出典は、『洛陽考古集成—秦漢魏晋南北朝巻—』上、下（北京図書館出版社、2007年刊）。

「位至三公鏡」の、日本での出土状況

「位至三公鏡」は、「三角縁神獣鏡」などと異なり、中国からも出土する。わが国から出土する「位至三公鏡」については、つぎのようなことがいえる。

表50　中国出土の「位至三公鏡」の年代（墓誌による）

時代	年代	出土地（直径）
西晋	285年	山東（記載なし）
西晋	285	江蘇（9.8cm）
西晋	287	浙江（8.3cm）
西晋	289	遼寧（8cm）

⑴　この表に記したもの以外に、山東出土の「元嘉元年」のもの（9.6cm）があるが、後漢の元嘉元年（151年）か、（劉）宋の元嘉元年（424年）か、確定しがたい。そこから出土した「位至三公鏡」そのものは、「西晋代のもの」とみられている。

⑵　河北省・北京市順義県大営村西晋墓から、2面の「位至三公鏡」が出土しており、同じ封土内の塼室墓から、西晋の泰始7年（271年）銘の塼が出土している。

(1)　中国で、魏晋時代に行なわれた「位至三公鏡」は、わが国では、福岡県・佐賀県を中心とする北九州から出土している。奈良県からは、確実な出土例がない（**表51、表52**）。

(2)　「位至三公鏡」よりも、形式的にまえの時代の鏡（「長宜子孫」銘内行花文鏡、方格規矩鏡など。そのなかに、魏代の鏡がふくまれているとみられる）も、北九州を中心に分布する。

(3)　九州出土の「位至三公鏡」は、弥生時代の遺跡から出土しているものがあるが、九州以外の遺跡から出土した「位至三公鏡」は、まず、古墳時代の遺跡から出土している。九州以外の地の「位至三公鏡」は、九州方面からもたらされた伝世鏡か、あるいは、踏みかえし鏡であるにしても、九州よりもややのちの時代に埋納された傾向がみてとれる。

(4)　これらのことから、魏のあとをうけつぐ西晋の西暦

面径	漢鏡	伴出遺物・出土遺構	出典
9.9	6期		①－P209、②－P590、⑪－P227
11.8	6期	全長62mの前方後円墳、初期横穴式石室	⑪－P108
8.9		前方後円（26.5m）、箱式石棺	『羽根戸南古墳群』（福岡市教育委員会、福岡市埋蔵文化財調査報告書第661集、2001年刊）
9.8			⑪－P100
			①－P209
	6期		①－P207、⑪－P242
			①－P209
8.3			⑭－P20、⑯－P650
復元9.6、約1/2欠損	6期		⑪－P318、⑯－P662
復元9.2、穿穴1あり	6期		⑪－P318、⑯－P662
復元8.2	6期	環濠集落。文献⑯は、弥生庄内式併行期と記す。	⑪－P285、⑫－P21、⑯－P658
不明		堅穴式石室	①－P209、⑭－P21、⑯－P668
8.1（8.2）	6期	全長約77mの前方後円墳、堅穴系横口式石室	①－P209、⑥－P228、⑪－P338、⑬－P260、⑭－P20、⑯－P670
9.5		舟形石棺内副葬品	①－P209、⑥－P283、⑩－P521、⑭－P18、⑯－P706
約10	6期		⑪－P390、⑭－P21、⑯－P522
8.8	6期	2基の箱式石棺と1基の舟形石棺	①－P209、④－P132、⑩－P324、⑬－P179、⑭－P20、⑯－P506
8（8.3）	7期	舟形石棺2基	①－P209、⑩－P303、⑭－P20、⑯－P452
9.8	7期	全長約40mの帆立貝式古墳、堅穴式石室	①－P209、⑤－P301、⑪－P486、⑭－P17、⑯－P460
8.1	7－1期	直径50mの円墳	①－P209、⑩－P180、⑬－P312、⑭－P20、⑯－P318
	7－1期	一辺45mの方形墳、初期形横穴式石室	①－P210、⑩－P183、⑬－P312、⑯－P320

表51　わが国出土の「位至三公鏡」

番号	出土県名	遺跡名	所在地	名称	およその時代
1	福岡県	岩屋遺跡	北九州市若松区大字有毛、岩屋（鏡片）	「位至三公鏡」	弥生時代
2	福岡県	鋤崎古墳	福岡市西区今宿青木字鋤崎	「位至三公鏡」	古墳4期
3	福岡県	羽根戸南古墳群 G2号墳	福岡市西区羽根戸字龍之下	「位至三公鏡」	古墳時代
4	福岡県	正恵古墳群	糸島市井原（双頭竜文鏡）	「位至三公鏡」	
5	福岡県	鷺田山遺跡	筑紫野市武蔵	「位至三公鏡」	
6	福岡県	山鹿2号石棺墓	みやこ町（犀川）山鹿字石ヶ坪茶園	「位至三公鏡」	
7	福岡県		糟屋郡粕屋町酒殿	「位至三公鏡」	
8	福岡県		（伝）福岡市	「位至三公鏡」	古墳期
9	佐賀県	志波屋六本松古墳群包含層	神埼市大字志波屋字六本松（2面出土）	「位至三公鏡」（破片）	不明
10	佐賀県	志波屋六本松古墳群包含層	神埼市大字志波屋字六本松（2面出土）	「位至三公鏡」（破鏡）	不明
11	佐賀県	町南遺跡 SB103竪穴住居跡	みやき町（中原）大字原古賀字町南、三本松	「位至三公鏡」（破鏡）	弥生時代終末
12	佐賀県	男女神社西南	佐賀市（大和）久留間横馬場字男女山	「位至三公鏡」	古墳時代
13	佐賀県	谷口古墳	唐津市（浜玉）大字谷口字立中876	「位至三公鏡」（双獣鏡）	古墳4期
14	大分県	臼塚古墳	臼杵市大字稲田字林、西平	「位至三公鏡」（双竜鏡）	古墳中期（5世紀）
15	香川県	是行谷古墳群（土窯古墳）	さぬき市（長尾）大字東字是行谷	「位至三公鏡」	古墳時代？
16	山口県	赤妻古墳（丸山古墳）	山口市下宇野令赤妻（山口市赤妻町）	「位至三公鏡」	古墳4期
17	島根県	玉造築山古墳	松江市（玉湯）玉造	「位至三公鏡」（双竜鏡）	古墳6～8期
18	岡山県	随庵古墳	総社市西阿曽	「位至三公鏡」	古墳6期
19	大阪府	カトンボ山古墳	堺市百舌鳥赤畑町373	「位至三公鏡」（銘帯「位至」）	古墳時代中期
20	大阪府	塔塚古墳（堺塔塚古墳）	堺市浜寺本町	「位至三公鏡」	古墳時代後期

8.4 9.2	7－1期	直径17mの円墳	①－P209、⑩－P182、⑬－P312、⑭－P21、⑯－P320 ⑯－P318
8.2 不明 12.0	7－1期	粘土槨？　木棺？ 墳丘墓、前方後円53m。管玉、鉄鏃、土師器壺	①－P210、⑩－P184 ⑦－P298、⑮－P307、308、⑯－P310 ⑭－P21 ⑯－P288
13.6 9.3 4.7 10		粘土槨	①－P210、⑯－P410 ①－P210、⑧－P398、⑩－P66、⑬－P98、⑭－P14、⑯－P206 ①－P210、⑭－P19 ⑯－P102 ①－P208
			①－P208 ①－P208

三〇〇年ごろまで、わが国の銅鏡の出土分布の中心は一貫して北九州にあったといえる。（洛陽晋墓の年代は、西晋二八七年、二九九年、三〇二年を示す墓誌が出ているから、西暦三〇〇年前後のものである。）

(5)「位至三公鏡」よりも、形式的にも、出土状況も、あとの時代のものが主である「画文帯神獣鏡」「三角縁神獣鏡」などは、畿内、とくに奈良県を中心に分布する。

(6)「三角縁神獣鏡」は、確実な三世紀の遺跡からの出土例がない。四世紀の遺跡からの出土例は多い。

(7)卑弥呼が、使をだしたころ、じっさいに、魏の洛陽ふきんで

21	大阪府	高月古墳（堺高月２号墳）	堺市浜寺船尾町	「位至三公鏡」	古墳時代後期
22	大阪府	大塚山古墳７号槨	堺市上野芝野	「位至三公鏡」（破片、銘文なし）	古墳中期
23	大阪府	伝大鳥郡出土	堺市（旧大鳥郡）	「位至三公鏡」	
23′	大阪府	伝大鳥塚古墳？ 同じものの異伝？	藤井寺市古室２丁目	「位至三公鏡」	
24	大阪府		旧大坂（摂津・河内・和泉国）	「位至三公鏡」	
25	京都府	黒田古墳	船井郡園部町大字黒田	「位至三公鏡」（「位至三公君宜宮」銘）	弥生庄内式併行期
26	伝奈良県		（伝）奈良県山辺郡都祁村出土鏡		
27	三重県	筒野1号墳	松阪市（嬉野）大字一志字筒野	「位至三公鏡」（双竜鏡・変形獣首鏡）	古墳時代2期
28	神奈川県		神奈川県内（東京国立博物館蔵）	「位至三公鏡」（双竜鏡）	
29	神奈川県	不明	伝神奈川県（東京国立博物館蔵）	「位至三公鏡」	
30			九州大学玉泉館蔵鏡	「位至三公鏡」	
31			京都大学文学部蔵鏡四二〇七		
32			小倉文化財団蔵鏡（「君宜」「高官」銘）		

⑴「出典」欄の①～⑯の番号は**表52**に示した文献を示す。
⑵「およその時代」欄の世紀別の推定は、『日本古墳大辞典』（東京堂出版刊）による。

行なわれていた鏡をとりあげず、「三角縁神獣鏡」のように中国からの出土例もなく、また、文様も原料も、「南中国」系の鏡を「卑弥呼の鏡」とするのは、直接的・具体的な事実にもとづいているのではなく、観念的な論理操作にもとづいている。複雑な論理操作をすれば、「上杉謙信は女性だ」とするような議論も成立する。

倭国は、西晋王朝と、外交関係があった。『日本書紀』の「神功皇后紀」に引用されているところによれば、西晋の『起居注』（西晋の皇帝の言行などの記録）に、西暦二六六年に倭の女王が晋に使をだしたことが記されている（この倭の女王は、卑弥

表52　文献リスト（発行年順）

番号	文献名
①	樋口隆康著『古鏡』、新潮社、1979年刊。
②	『考古遺物遺跡地名表』（原始・古代）、柏書房、1983年刊。
③	『日本史総覧Ⅰ』（考古・古代一）、新人物往来社、1983年刊。
④	奥野正男著「内行花文鏡とその仿製鏡」『季刊邪馬台国』32号、梓書院、1987年刊。
⑤	近藤義郎編『前方後円墳集成』（四国・中国編）、山川出版社、1991年刊。
⑥	近藤義郎編『前方後円墳集成』（九州編）、山川出版社、1992年刊。
⑦	近藤義郎編『前方後円墳集成』（近畿編）、山川出版社、1992年刊。
⑧	近藤義郎編『前方後円墳集成』（中部編）、山川出版社、1992年刊。
⑨	近藤義郎編『前方後円墳集成』（東北・関東編）、山川出版社、1994年刊。
⑩	『倭人と鏡』（第１分冊　九州Ⅰ、中国Ⅰ、近畿以東）、埋蔵文化財研究会、1994年刊。
⑪	『倭人と鏡』（第２分冊　九州Ⅱ、四国、中国Ⅱ）、埋蔵文化財研究会、1994年刊。
⑫	『倭人と鏡』（別冊　発表要旨、追加資料）、埋蔵文化財研究会、1994年刊。
⑬	『倭人と鏡』（その２―3・4世紀の鏡と墳墓―）、埋蔵文化財研究会、1994年刊。
⑭	三木太郎著『古鏡銘文集成』、新人物往来社、1998年刊。
⑮	近藤義郎編『前方後円墳集成』（補遺編）、山川出版社、2000年刊。
⑯	『国立歴史民俗博物館研究報告』（第56集、「日本出土鏡データ集成」）、国立歴史民俗博物館編集・発行、1994年刊。

呼のあとをついだ台与であろうといわれている）。『晋書』にも、この年、倭人が来て入貢したことが記されている。

この二六六年の倭の使などが、晋の国から鏡をもたらしたとすれば、その鏡のなかには、「位至三公鏡」がふくまれていた可能性が大きい。

このような傾向からみれば、西暦三〇〇年近くまで、中国と外交交渉をもった倭は、九州に存在していたようにみえる。

これは、すでにのべたように「画文帯神獣鏡」を出土したホケノ山古墳の年代が、三二〇年以後ごろである可能性（確率）が高いこととにらみあわせて、三世紀末から、四世紀のはじめにかけて、九州から畿内への政権の移動があったことをうかがわせる。

「三角縁神獣鏡」などは、それ以後、銅鐸の時代以後の時期の出土物とみられる。

なお、**表51**にみられるように、「位至三公鏡」の、北九州から出土するものは、岡村秀典氏の分類では、「漢鏡6期」のものである。岡村秀典氏は、「漢鏡6期」の実年代を、「二世紀前半、後漢後期」にもっていく。しかし、中国洛陽出土の「位至三公鏡」でさえ、墓誌などから、おもに、三世紀後半に位置づけられる。わが国出土のものは、さらにそれよりも時代がくだるとみられる。岡村氏らは、すくなくとも、一五〇年は、年代を古く位置づけていることがわかる。

畿内説の人々は、このように、年代を全体的に古く古く位置づける傾向がある。

鏡の県別分布

わが国において、西暦三〇〇年前後のものを主とするとみられる、いわゆる「西晋鏡」（位至三公鏡、双頭竜鳳文鏡、蝙蝠鈕座内行花文鏡、夔鳳鏡）以前の青銅鏡は、すべて福岡県を中心に分布する。「西晋鏡」よりも、あとの時代の遺跡、四世紀の遺跡からおもに出土する「画文帯神獣鏡」「三角縁神獣鏡」などは、奈良県を中心に分布する。

代表的な鏡について、このことを以下に、いま一度、県別分布の形で、まとめて示しておく。

燕の国（〜紀元前二二二年）系の鏡

●「多鈕細文鏡」●

大半（十二面中八面）が、北九州から出土している。

鉛同位体比は、菱環鈕式銅鐸に近い。

表53　「多鈕鏡」の鋳型に関するデータ

番号	遺跡名	所在地	面径	備考
1	須玖タカウタ遺跡	福岡県春日市	長さ5.1cm 幅2.5cm 厚さ2.3cm	2015年出土。 滑石製

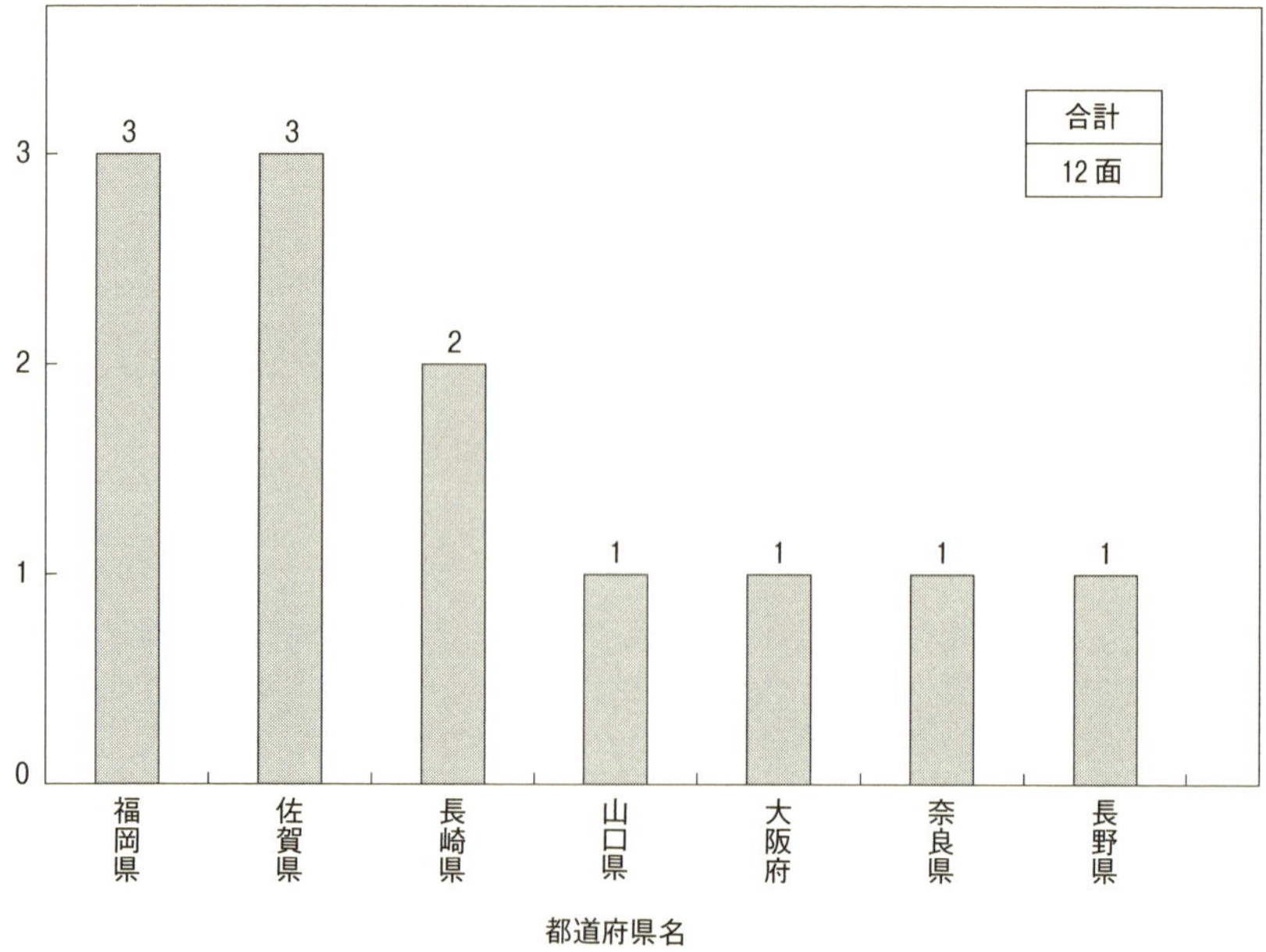

図53　県別「多鈕細文鏡」出土数

データは、**表54**。

表54　多鈕細文鏡の出土地

番号	遺跡名	所在地	面径	出土遺構	状態	出土年	備考
1	小郡《おごおり》若山遺跡	福岡県小郡市《おごおりし》 小郡字若山	15.3	小さな穴	完形		1号鏡。弥生時代中期前半の土坑。
2	小郡《おごおり》若山遺跡	福岡県小郡市《おごおりし》 小郡字若山	16.0	小さな穴	完形		2号鏡。弥生時代中期前半の土坑。
3	吉武高木遺跡	福岡県福岡市西区大字吉武字高木遺跡、3号木棺墓	11.1	大人用の甕棺墓	完形	1983年	銘文なし。弥生前期末～中期後半。
4	本村籠《ほんそんごもり》遺跡	佐賀市大和町《やまとちょう》大字池上字善光寺	10.6	大人用の甕棺墓	ヒビ	1990年	弥生時代中期初頭。
5	宇木汲田《うきくんでん》遺跡	佐賀県唐津市大字宇木字汲田	10.3	大人用の甕棺墓（第12号甕棺）	完形	1957年	細形銅剣。紀元前2世紀。
6	増田遺跡	佐賀県佐賀市鍋島町	10cm前後	不明	欠片	不明	甕棺に細片として。弥生時代前期末。
7	原《はる》の辻《つじ》遺跡	長崎県壱岐市石田町《ちょう》石田西触《にしふれ》	不明	不明	欠片	2002年	細形銅剣の破片9点。弥生前期末～中期前半。
8	里田原遺跡	長崎県平戸市田平町 荻の下地区	8.9	甕棺内	上部欠損	2000年	半円形（かまぼこ型）小壺（城ノ越式）が共伴遺物。弥生中期初頭
9	梶栗浜《かじくりはま》遺跡	山口県下関市富任字久保	8.8	大人用の石棺墓	欠損	1913年	銘文なし。弥生時代前期～中期。
10	大県《おおあがた》遺跡 （高尾山遺跡？）	大阪府柏原市大《おお》県《あがた》	21.7	不明（穴）？	完形	1924年	東京国立博物館蔵。弥生時代前期～中期。
11	名柄《なから》遺跡	奈良県御所市《ごせし》名柄字古大張（宇田中）	15.6	土壙(穴)	完形	1918年	外縁付鈕Ⅱ式銅鐸。弥生時代前期～後期。
12	社宮司遺跡	長野県佐久市野沢大字原字者宮司	24.2	不明	破片		ペンダントに加工。断片を再利用。弥生中期。

前漢の国（紀元前二〇六年～紀元後八年）**系の鏡**

●「草葉文鏡」「星雲鏡」「異体字銘帯鏡（昭明鏡・日光鏡・清白鏡など）」●

三十九面のうち三十六面（九十二パーセント）が、北九州から出土している。

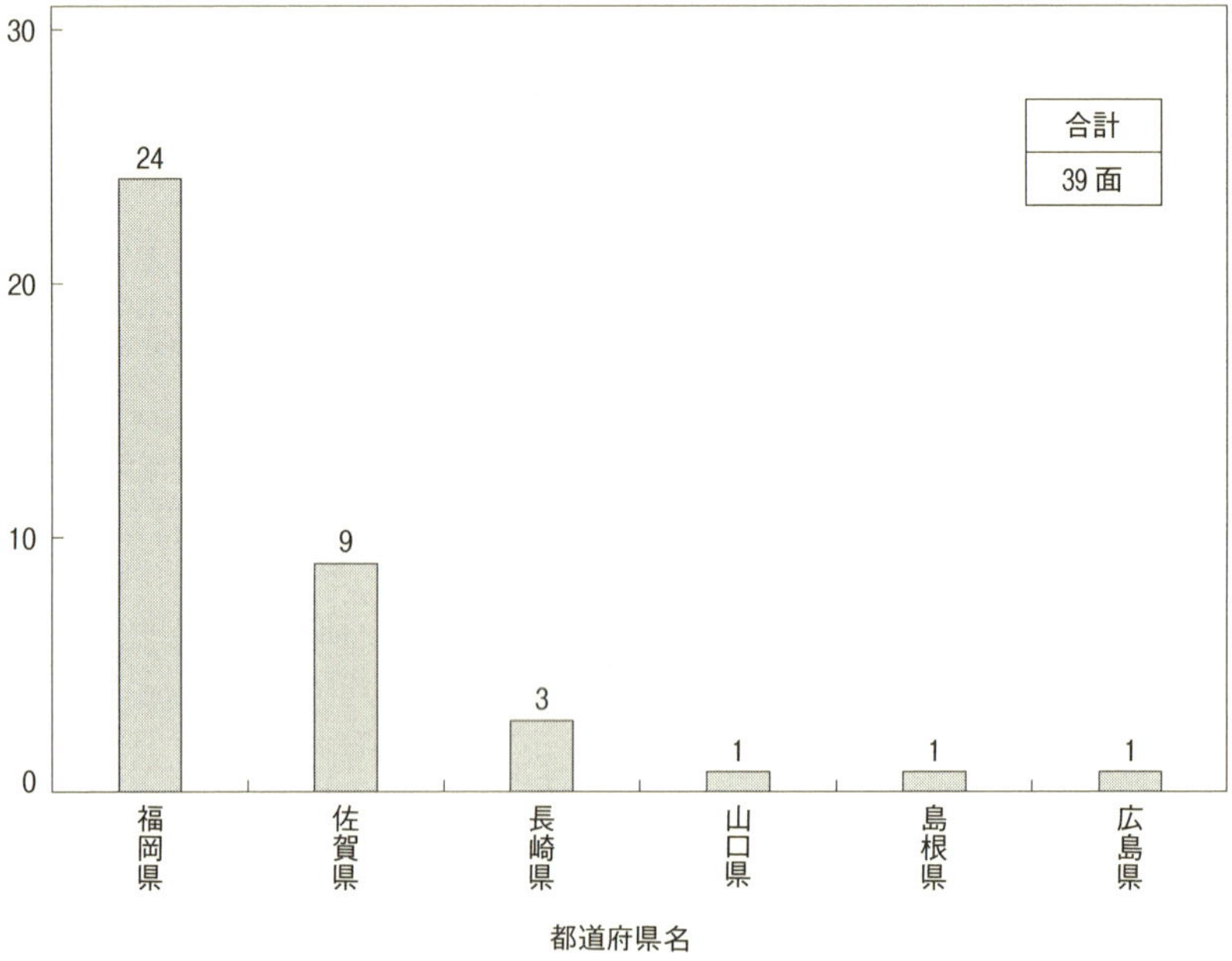

図54　県別　前漢の国系の鏡

寺沢薫著『弥生時代の年代と交流』（吉川弘文館、2014年刊）の333～336ページ所載の表のデータによる。『考古資料大観６』（小学刊、2003年刊）をみると、福岡県須玖岡本遺跡出土の「草葉文鏡」について７つの、「星雲鏡」について３つの、鉛同位体比測定データが示されている。これは、あるいは、同一の鏡の異なる部位の測定値を含むか。そうではなく、すべて別個の鏡の測定値だとすると、福岡県の前漢の国系の鏡の出土数は、７面ふえ31面となる。

後漢の国（西暦二三～二二〇年）、魏の国（西暦二二〇年～二六五年）系の鏡

●「雲雷文長宜子孫銘内行花文鏡」「四葉座内行花文鏡」「八葉座内行花文鏡」など（「蝙蝠鈕座内行花文鏡」はいれない）●

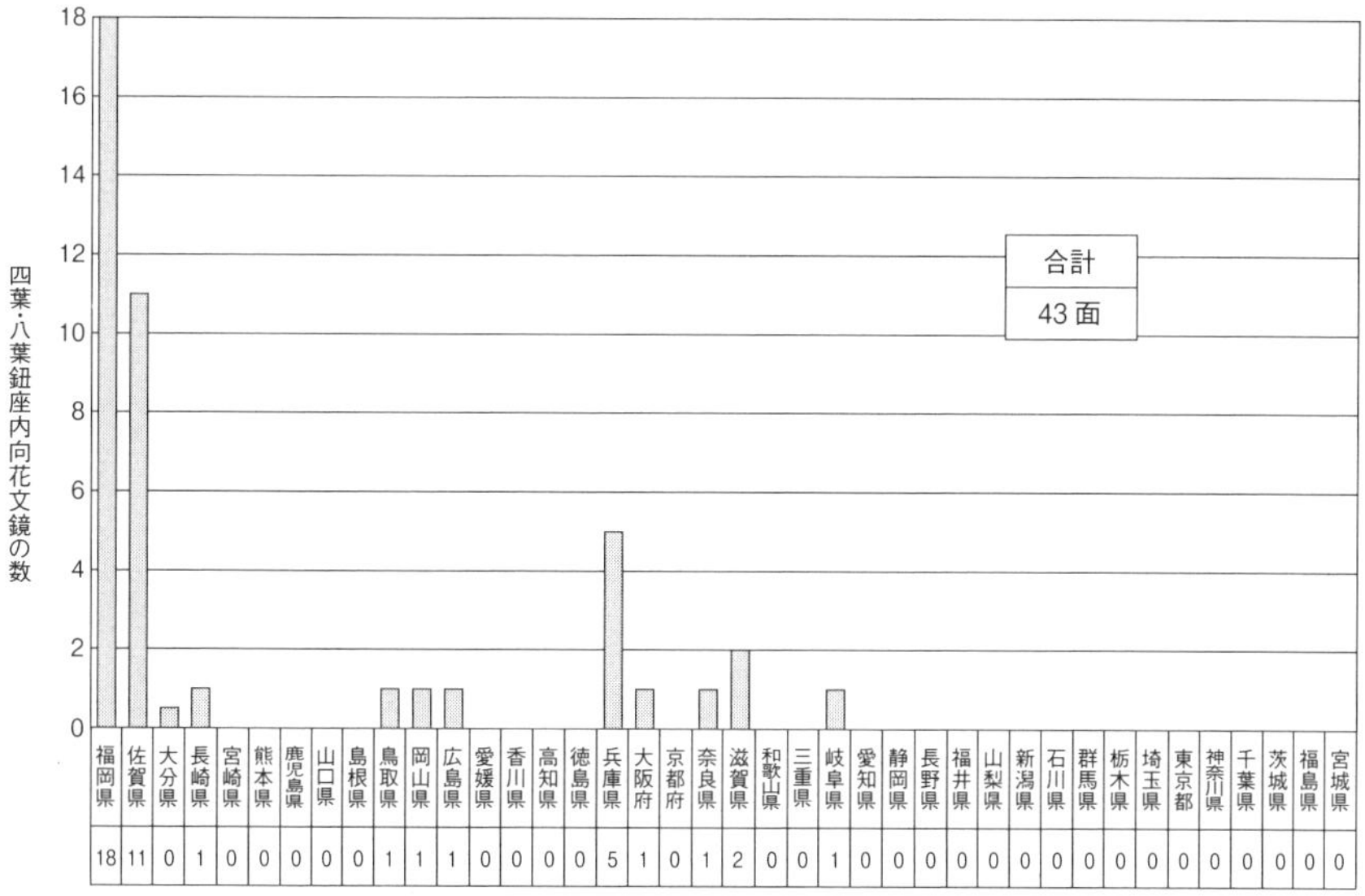

福岡県	佐賀県	大分県	長崎県	宮崎県	熊本県	鹿児島県	山口県	島根県	鳥取県
18	11	0	1	0	0	0	0	0	1

岡山県	広島県	愛媛県	香川県	高知県	徳島県	兵庫県	大阪府	京都府	奈良県
1	1	0	0	0	0	5	1	0	1

滋賀県	和歌山県	三重県	岐阜県	愛知県	静岡県	長野県	福井県	山梨県	新潟県
2	0	0	1	0	0	0	0	0	0

石川県	群馬県	栃木県	埼玉県	東京都	神奈川県	千葉県	茨城県	福島県	宮城県
0	0	0	0	0	0	0	0	0	0

図55　県別　雲雷文長宜子孫銘内行花文鏡・四葉鈕座内行花文鏡（四連）・八葉鈕座内行花文鏡などの出土数

寺沢薫著『弥生時代の年代と交流』（吉川弘文館、2014年刊）の333～336ページ所載の表のデータをベースとした。それに、平原遺跡出土鏡のデータをおぎなった。平原遺跡出土鏡のデータは、報告書『平原遺跡』（前原市教育委員会、2000年刊）による。

大略魏の国（西暦二二〇年～二六五年）のころ、ほぼ邪馬台国の時代に、わが国で作られていたとみられる鏡

●「小形仿製鏡第Ⅱ鏡」●

この鏡の出土数は、かなり多い。当時、魏の国では、銅原料が不足していた。貨泉を大量に溶融すると、鉛同位体比の分布域が収縮し、「小形仿製鏡第Ⅱ型」の鉛同位体比の分布域に近づくか（239ページの**図47**参照）。

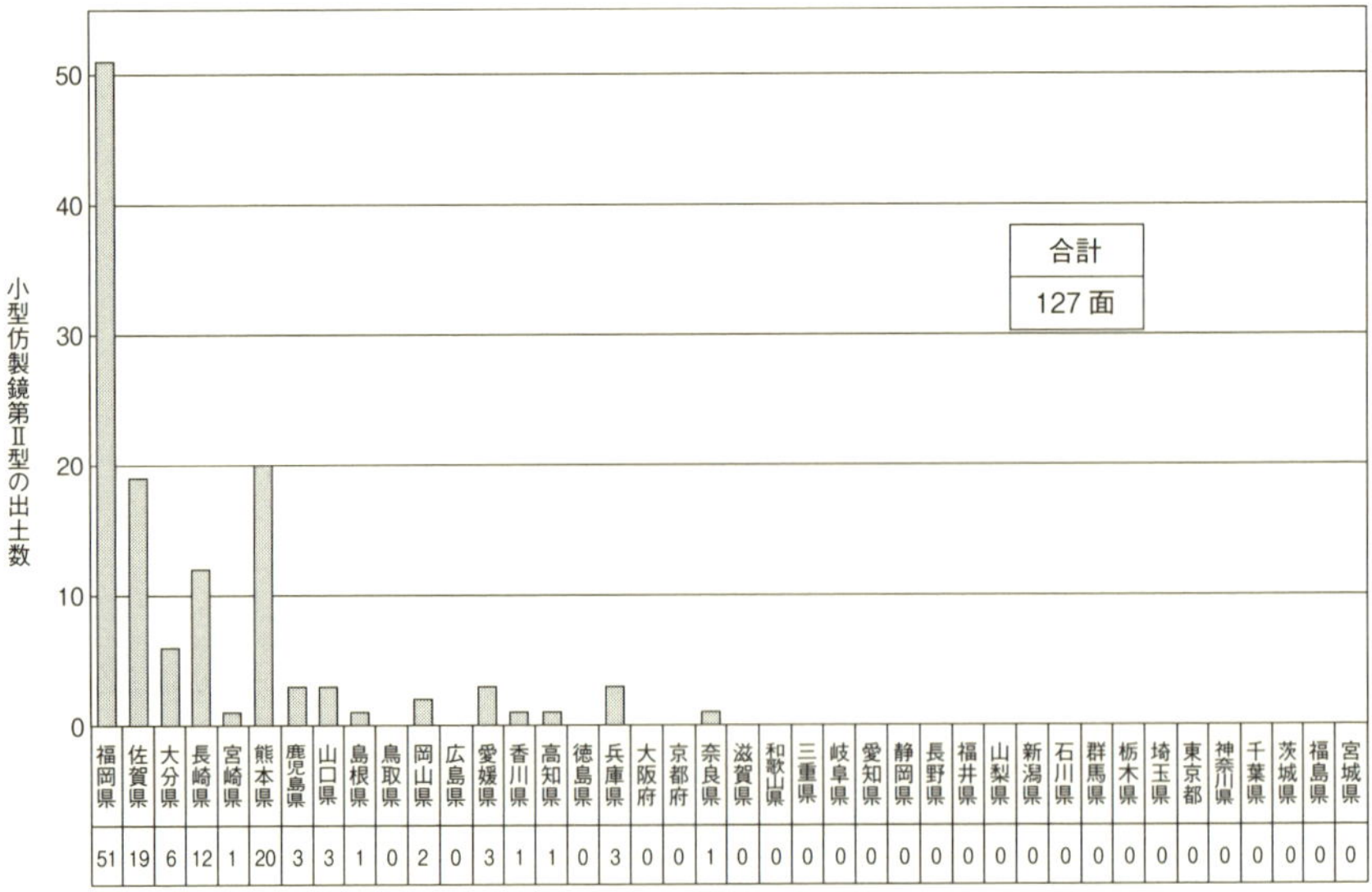

福岡県	佐賀県	大分県	長崎県	宮崎県	熊本県	鹿児島県	山口県	島根県	鳥取県	岡山県	広島県	愛媛県	香川県	高知県	徳島県	兵庫県	大阪府	京都府	奈良県	滋賀県	和歌山県	三重県	岐阜県	愛知県	静岡県	長野県	福井県	山梨県	新潟県	石川県	群馬県	栃木県	埼玉県	東京都	神奈川県	千葉県	茨城県	福島県	宮城県
51	19	6	12	1	20	3	3	1	0	2	0	3	1	1	0	3	0	0	1	0	0	0	0	0	0	0	0	0	0	0	0	0	0	0	0	0	0	0	0

図56　県別　小形仿製鏡第Ⅱ型の出土数

（もとのデータは、田尻義了《たじりよしのり》著『弥生時代の青銅器生産体制』（九州大学出版会、2012年刊）による。なお、田尻義了「弥生時代小形仿製鏡の集成」〔『季刊邪馬台国』106号、2010年刊〕参照。）

大略西晋時代（二六五年～三一六年）にあたるころ、わが国で行なわれていた鏡

●「位至三公鏡」「双頭竜鳳文鏡」「蝙蝠鈕座内行花文鏡」「夔《き》鳳鏡《ほうきょう》」など●

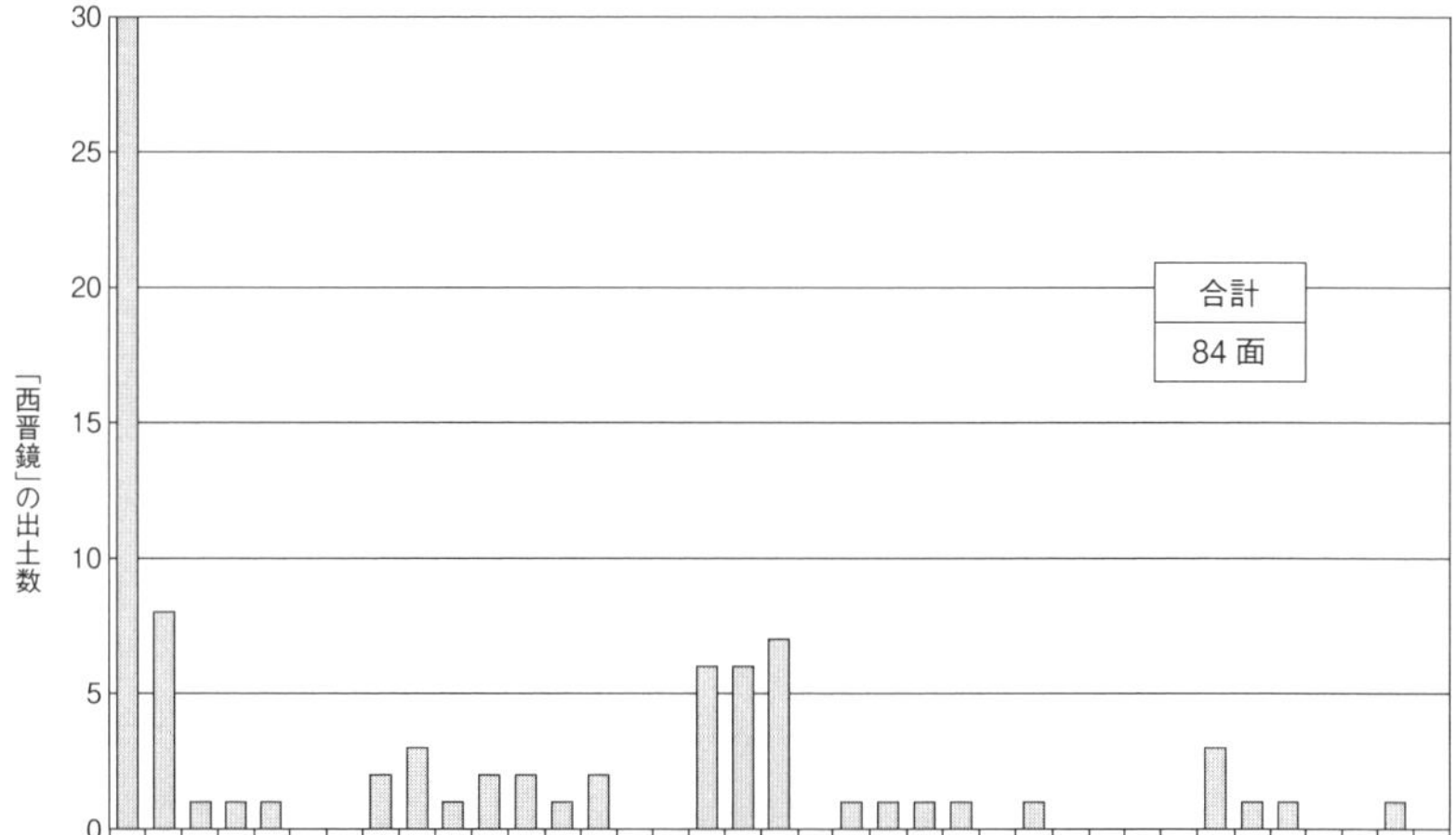

		計	福岡県	佐賀県	大分県	長崎県	宮崎県	熊本県	鹿児島県	山口県	島根県	鳥取県	岡山県	広島県	愛媛県	香川県	高知県	徳島県	兵庫県
計		84	30	8	1	1	1	0	0	2	3	1	2	2	1	2	0	0	6
内わけ	位至三公鏡	24	7	5	1	0	0	0	0	1	1	0	1	0	0	1	0	0	0
	双頭竜鳳文鏡	4	2	0	0	0	0	0	0	0	0	0	2	0	0	0	0	0	0
	蝙蝠鈕座内向花文鏡	28	12	0	0	0	1	0	0	1	2	0	0	1	1	1	0	0	3
	夔鳳鏡	28	9	3	0	1	0	0	0	0	0	1	1	1	0	0	0	0	3

		大阪府	京都府	奈良県	滋賀県	和歌山県	三重県	岐阜県	愛知県	静岡県	長野県	福井県	山梨県	新潟県	石川県	群馬県	栃木県	埼玉県	東京都	神奈川県	千葉県
計		6	7	0	1	1	1	1	0	1	0	0	0	0	3	1	1	0	0	1	0
内わけ	位至三公鏡	5	0	0	0	0	1	0	0	0	0	0	0	0	0	0	0	0	0	1	0
	双頭竜鳳文鏡	0	1	0	0	0	0	0	0	0	0	0	0	0	1	0	0	0	0	0	0
	蝙蝠鈕座内向花文鏡	1	1	0	0	1	0	1	0	1	0	0	0	0	0	1	0	0	0	0	0
	夔鳳鏡	0	5	0	1	0	0	0	0	0	0	0	0	0	2	0	1	0	0	0	0

図57　県別「西晋鏡」の出土数

データについては、『季刊邪馬台国』号、124号（梓書院、2015年刊）参照。

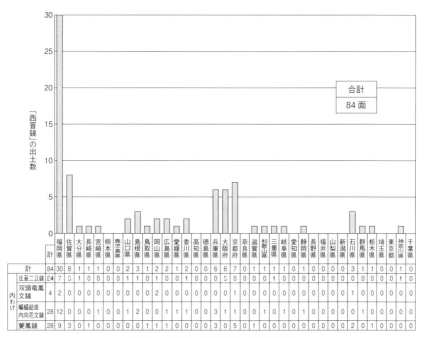

中国長江流域系の鏡（わが国出土のものは、四世紀前半ごろから登場し、おもに、四世紀の遺跡から出土している）

●「画文帯神獣鏡」●

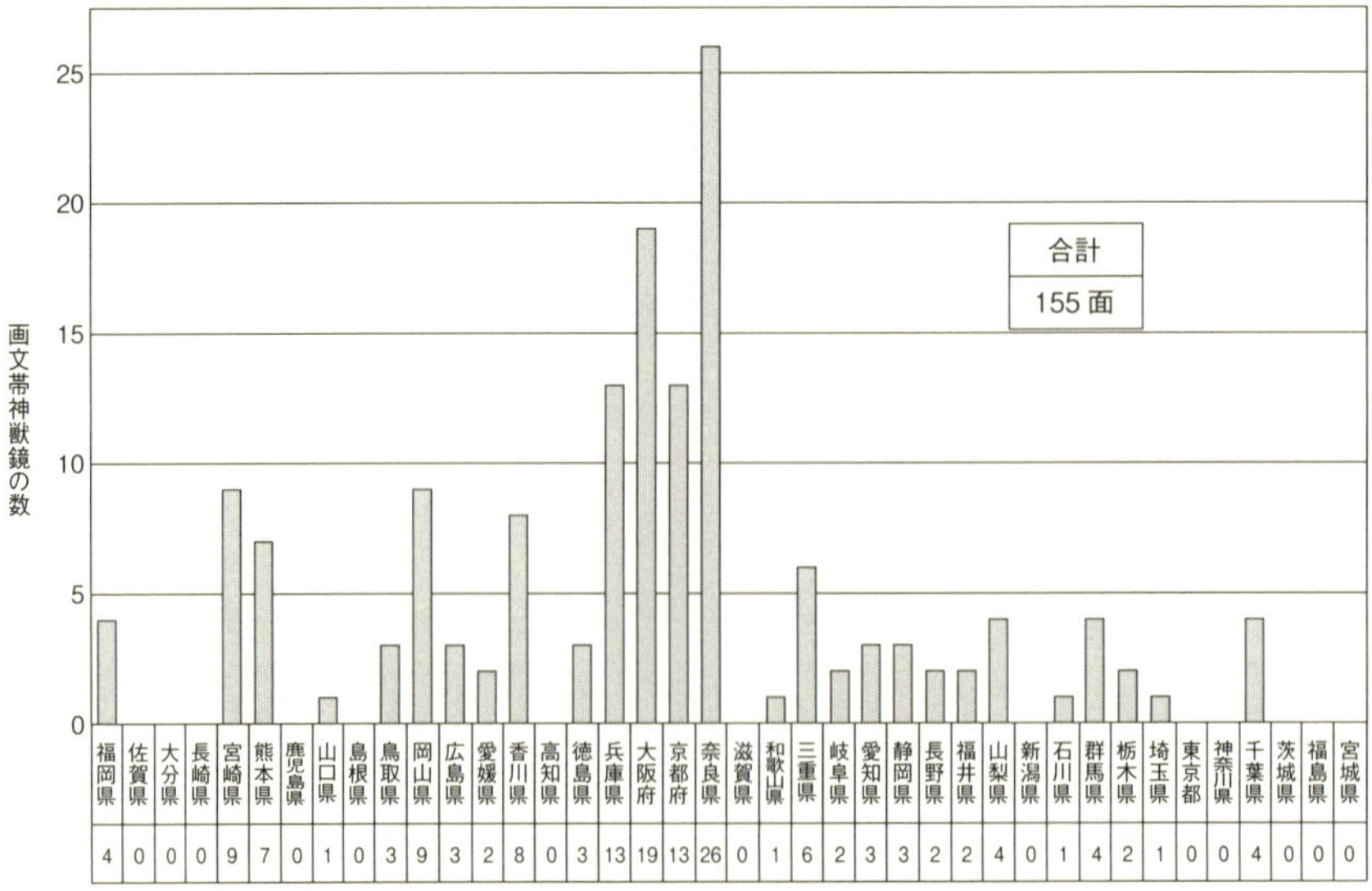

福岡県	佐賀県	大分県	長崎県	宮崎県	熊本県	鹿児島県	山口県	島根県	鳥取県	岡山県	広島県	愛媛県	香川県	高知県	徳島県	兵庫県	大阪府	京都府	奈良県	滋賀県	和歌山県	三重県	岐阜県	愛知県	静岡県	長野県	福井県	山梨県	新潟県	石川県	群馬県	栃木県	埼玉県	東京都	神奈川県	千葉県	茨城県	福島県	宮城県
4	0	0	0	9	7	0	1	0	3	9	3	2	8	0	3	13	19	13	26	0	1	6	2	3	3	2	2	4	0	1	4	2	1	0	0	4	0	0	0

図58　県別「画文帯神獣鏡」の出土数
（もとの出土データは、拙著『大崩壊「邪馬台国畿内説」』［勉誠出版、2012年刊］に示したデータによる。）

中国長江流域系の鏡（中国からは一面も出土していない。ただし、文様、鉛同位体比などは、長江流域系のものである。わが国では、「画文帯神獣鏡」よりも、すこし遅れて登場する。おもに四世紀の遺跡から出土している）

●「三角縁神獣鏡」●

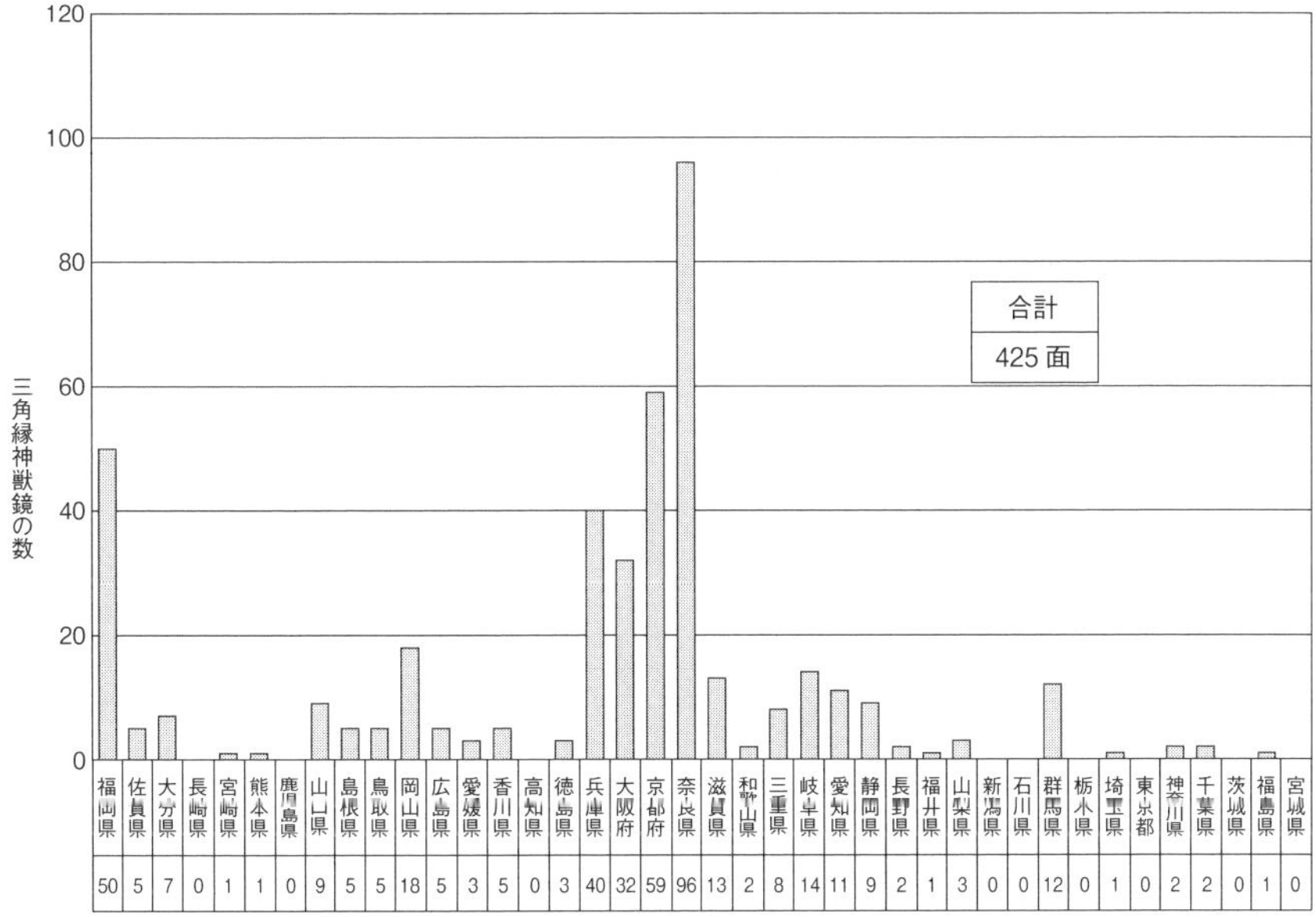

図59　県別「三角縁神獣鏡」の出土数

（もとのデータは、下垣仁志著『三角縁神獣鏡研究事典』［吉川弘文館、2010年刊］による。ただし、「伝」「推定」などとあり、出土地が不確かなものをのぞく。）

表55　神獣鏡出土数

地域	神獣鏡の出土数			出典
北中国	19面（12%）	（画文帯神獣鏡）	155面（100%）	安本美典著『大炎上「三角縁神獣鏡」』（勉誠出版、2013年刊）112ページ。
南中国	136（88%）	（画文帯神獣鏡）		
日本	580（100%）	（三角縁神獣鏡425面（73%）） （画文帯神獣鏡155面（27%））		安本美典著『古代年代論が解く邪馬台国の謎』（勉誠出版、2013年刊）119ページ・200ページ。

○いずれも出土地が、不確かなものはのぞく。

「神獣鏡」の出土状況

わが国から出土する「三角縁神獣鏡」の文様は、中国やわが国で出土する「画文帯神獣鏡」の文様と関係がある。しかし、「画文帯神獣鏡」は、「三角縁」ではない。

まず、上の**表55**を、よくご覧いただきたい。

表55をみれば、つぎのようなことがわかる。

(1)　中国では、「画文帯神獣鏡」の九〇パーセント近く（八十八パーセント）は、「南中国」から出土している。おもに、長江（揚子江）流域から出土している。

(2)　わが国から出土する「画文帯神獣鏡」の数（一五五面）と、中国全土から出土している「画文帯神獣鏡」の数（一五五面）とが、同じである。

(3)　「三角縁神獣鏡」は、わが国では、四二五面が、確実な出土物として知られいる。しかし、中国全土から、一面も出土していない。これは、「三角縁神獣鏡」が、中国、とくに「北中国」からもたらされたとすれば、不自然かつ異常なことである。

「三角縁神獣鏡」は、「銅鐸」と同じく、わが国独自の出土物のようにみえる。おそらく、「三角縁神獣鏡」は、年号鏡をふくめ、わが国で、つくられたものであろう。

わが国における「三角縁神獣鏡」の出土数は、「画文帯神獣鏡」の出土数よりも、はるかに多い。

わが国の、「画文帯神獣鏡」は、おもに、西暦三〇〇年前後に行なわれた「西晋鏡」（位至三公鏡、双頭竜鳳文鏡、蝙蝠鈕座内行花鏡、夔鳳鏡など）よりあとの時代のものである。おもに四世紀の古墳時代のものである。六世紀後半ごろのものとみられている奈良県の藤ノ木古墳からも三面の「画文帯神獣鏡」が出土している。

しかし、あとで述べるように「西晋鏡」と「画文帯神獣鏡」は、鉛の同位体比において共通するものがある。銅原料が、ほぼ同じである。「南中国」系の銅原料が用いられている。

わが国出土の「西晋鏡」は、二八〇年に、「南中国」を地盤とする呉の国が、西晋によって滅ぼされ、中国南方系の銅が、北中国にもたらされるようになって以後に、おもに、鋳造された鏡とみられる。おもに、西暦二八〇年以後、四世紀はじめごろまでに鋳造された鏡であろう。西晋の国は、三一六年に滅亡した。かつ、わが国と西晋の国とは、国交があった。そのころ、わが国にもたらされた鏡であろう。

「西晋鏡」は、わが国の鏡の年代を定める一つの重要な基準たりうる。

わが国出土の「西晋鏡」の鉛同位体比

ここで、重要な問題を提出することになるのは、わが国出土の「西晋鏡」の鉛同位体比の特異性である。「西晋鏡」は、すでにみたように、地域的分布、県別分布では、それまでの「前漢の国系の鏡」～「魏の国ごろの鏡」と同じく、福岡県を中心に分布する。「西晋鏡」の文様も、「北中国系」である。中国では、**地図25**、**地図26**にみられるように、洛陽を中心とする「北中国」の黄河流域から、おもに出土する。

ただ、鉛の同位体比だけが、大変化する。長江（揚子江）流域系、「南中国」系の銅が用いられているのである。奈良県を中心に分布するあとの時代の「画文帯神獣鏡」や「三角縁神獣鏡」と、ほぼ同種の銅が、用

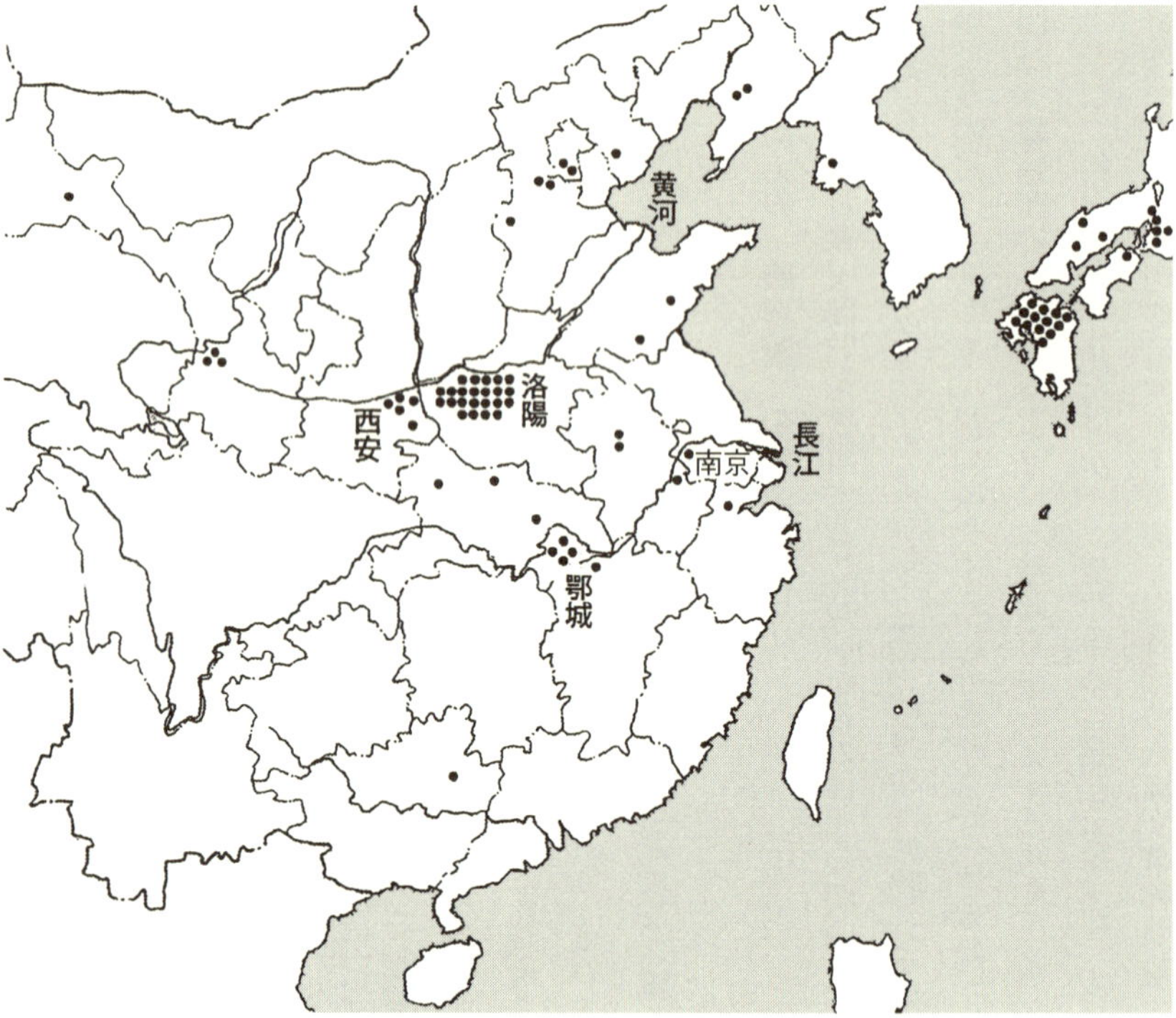

地図25　「西晋鏡」のうちの「位至三公鏡」の分布

「位至三公鏡」は、中国では洛陽を中心に分布する。わが国では、福岡県を中心とする北九州から主に出土する。大阪府からは出土例があるが、奈良県からは、確実な出土例がない。

いられているのである。

なぜ、こんなことがおきたのか。

このような銅原料における大変化がおきたのは、おもに、つぎの二つの理由によるとみられる。

(a)　中国の三国時代、北方の魏の領域では、銅原料が、不足していた。

このことについて、中国の考古学者、徐苹方氏は、「三国・両晋・南北朝の銅鏡」（王仲殊他著『三角縁神獣鏡の謎』角川書店、一九八五年刊所収）という文章のなかで、つぎのようにのべている。

「漢代以降、中国の主な

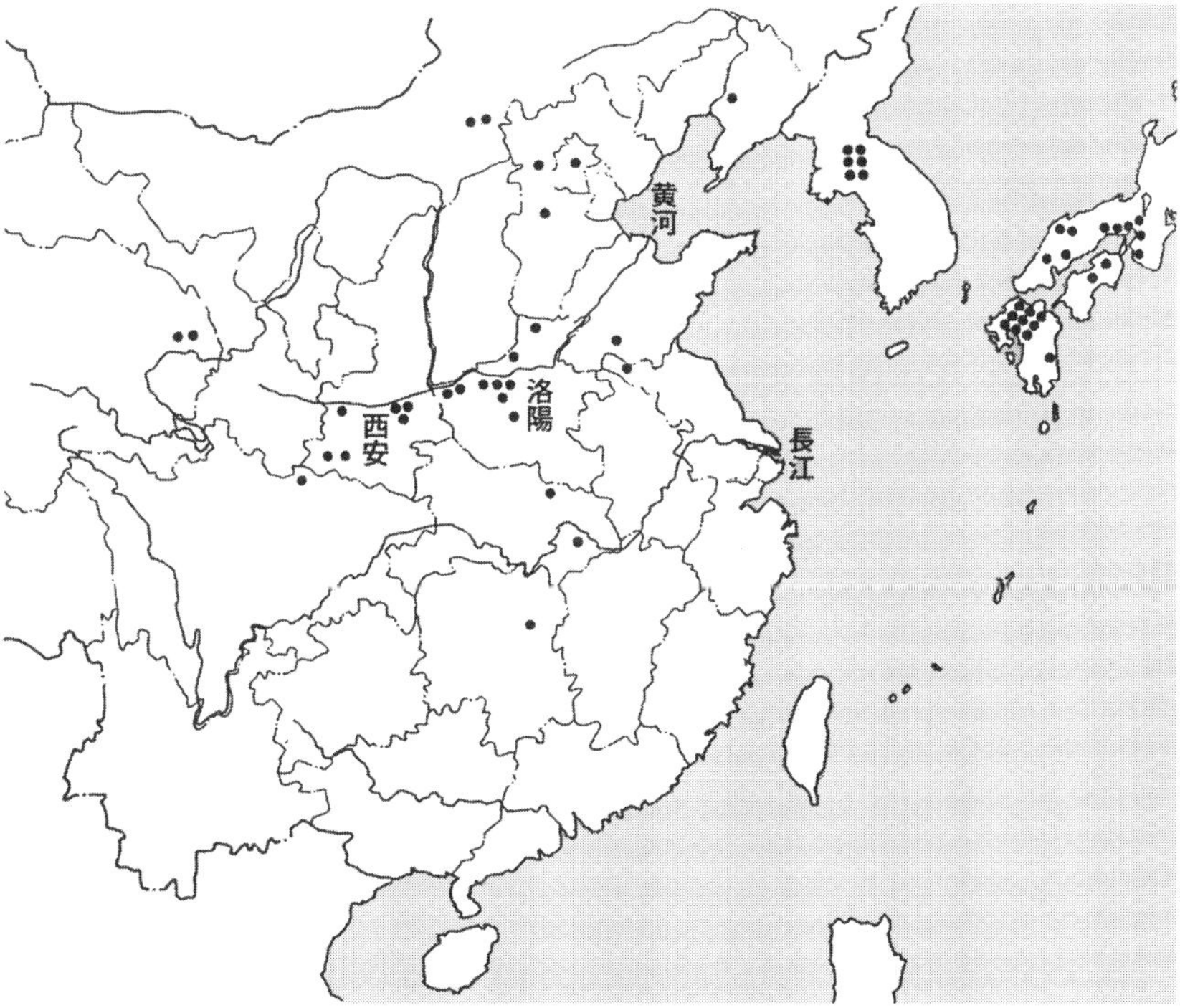

地図26 「西晋鏡」のうちの「蝙蝠鈕座内行花文鏡」の分布

（中国・朝鮮での分布は、岡村秀典「後漢鏡の編年」〔『国立歴史民俗博物館研究報告』第55集、2003年刊〕所載の地図にもとづく）

銅鉱はすべて南方の長江流域にありました。三国時代、中国は南北に分裂していたので、魏の領域内では銅材が不足し、銅鏡の鋳造はその影響を受けざるを得ませんでした。魏の銅鏡鋳造があまり振るわなかったことによって、新たに鉄鏡の鋳造がうながされたのです。数多くの出土例から見ますと、鉄鏡は、後漢の後期に初めて出現し、後漢末から魏の時代にかけてさらに流行しました。ただしそれは、地域的には北方に限られておりました。これらの鉄鏡はすべて夔《き》鳳鏡《ほうきょう》に属し、金や銀で文様を象嵌《ぞうがん》しているものもあり、極めて華麗なものでした。『太平御覧《たいへいぎょらん》』〔巻七一七〕所引の『魏武帝〈曹操〉の雑物を上《のぼ》すの疏《そ》』〈安本註。ここは「上《たてまつ》る疏《そ》」と訳すべきか〉によると、曹操が後漢の献帝に贈った品物の中に〝金銀を象嵌した鉄鏡〟が見えています。西晋時代にも、鉄鏡はひき続き流行しました。洛陽の西晋墓出土の鉄鏡のその出土数は、位至三公鏡と内行花文鏡に次いで、三番目に位置しております。北京市順義、遼寧省の瀋陽、甘粛省の嘉峪関などの魏晋墓にも、すべて鉄鏡が副葬されていました。銅材の欠乏によって、鉄鏡が西晋時代の一時期に北方で極めて流行したということは、きわめて注目に値する事実です。」

魏王朝は、卑弥呼に、二四〇年前後に、銅鏡百枚を贈った。しかし、魏は、それほど長く厖大な量の銅鏡を贈りつづけることができた状況にはなかったようにみえる。

(b) 西暦二八〇年に、華南の呉は、西晋によって滅ぼされた。その結果、揚子江〈長江〉流域の銅鉱の銅が、大量に華北に流れこむようになったとみられる。

すでに、264・265ページなどで示したように中国出土の「位至三公鏡」「蝙蝠鈕座内行花文鏡」など西晋鏡のうち墓誌によって年代が確定できるものが、十三面ある。そのことごとくが、二八五年～三〇二年のあいだの年代のものである。すべて、二八〇年以後のものである。

西晋鏡の示すこのような安定した年代は、わが国古代の鏡全体の年代を考えるうえで、重要な情報を提供している。西晋の存在した期間〈二六五～三一六〉は、比較的短いので、古代の年代を考える上での基準となりうる。

なお、この西晋の時代（二六五～三一六）のあいだに、わが国では、饒速日《にぎはやひ》の命《みこと》の東遷や神武天皇の東遷など、重要な政治的な変動があったものと、私は考える。（「第Ⅰ章」および、拙著『古代年代論が解く邪馬台国の謎』［勉誠出版、二〇一三年刊］参照。）

つまり、西暦三〇〇年ごろまで、わが国での鏡の分布の中心地は、一貫して、北九州、とくに福岡県にあった。

「西晋鏡」の鉛同位体比の分布

「位至三公鏡」「双頭竜鳳文鏡」「蝙蝠鈕座内行花文鏡」「夔鳳鏡」などの「西晋鏡」の鉛同位体比の測定値は、**表56**、**表57**、**表58**のようになっている。

また、中国の長江下流域と長江中流域の鉛鉱石の鉛同位体比について測定されたものがある。**表59**、**表60**のようなものである。

これらを、グラフに描けば、**図60**のようになる。

図60をみれば、つぎのようなことがわかる。

(1)　これら「西晋鏡」の鉛同位体比は、全体的にみて、「三角縁神獣鏡」の鉛同位体比と、かなり重なる。しかし、重ならない部分がある。「三角縁神獣鏡」の鉛同位体比にくらべ、左下のほうにずれる傾向がある。そのため、「三角縁神獣鏡」の分布域からは、左下のほうにはずれるものがある。

(2)　「西晋鏡」の鉛同位体比は、中国の長江下流域の浙江省の五部鉱山鉛鉱石のものを中心とし、右上および、左下に分布しているようにみえる。

(3)　中国の長江中流域の湖南省の鉛鉱石は、「西晋鏡」から、右上のほうにはずれている。

表56　「位至三公鏡」「双頭竜鳳文鏡」の鉛同位体比データ

№.	資料名	遺跡名	出土地	Pb-207 / Pb-206	Pb-208 / Pb-206	備考
①	位至三公鏡	羽根戸南古墳群	福岡県福岡市西区羽根戸南	0.8592	2.1260	4世紀後半
②	双頭竜鳳文鏡	馬場山41a土壙墓	福岡県北九州市八幡西区馬場山荒手	0.8446	2.0960	弥生5
③	双頭竜文鏡	岩屋遺跡	福岡県北九州市若松区岩屋3B	0.8415	2.0963	弥生期末（弥生5）
④	双頭竜文鏡	岩屋遺跡	福岡県北九州市若松区岩屋A	0.8538	2.1108	弥生後期末（弥生5）
⑤	位至三公内行花文鏡片（双頭竜鳳文鏡とみられる）	古城山	島根県八《や》束《つか》郡《ぐん》東出雲《ひがしいずも》町《ちょう》大字揖屋《いや》町古城山	0.8619	2.1319	古墳時代

＊新井宏氏がお持ちのデータ・ベースによる。
№①　平尾『古墳時代青銅器の自然科学的研究』2002～2004。
№②　平尾他『古代東アジアの青銅器鋳造に関する研究』1996。
№③④　馬淵『古文化談叢』30集（下）、1993。№⑤　馬淵『月刊文化財』261、1985。

(4)　中国の長江下流域の浙江省五部鉱山の鉛鉱石の産出地は、**地図27**にみられるように、呉の国の都の建業、東晋の国の都の建康（いずれも現在の南京市）の比較的近くである。

(5)　いっぽう、さきの282・283ページの**地図25**、**地図26**などをみれば、「位至三公鏡」「蝙蝠鈕座内行花文鏡」などの「西晋鏡」は、南京市のふきんからは、ほとんど出土せず、北中国の洛陽市などを中心とする黄河流域の地域からおもに出土している。

(6)　このことは、二八〇年に呉が滅び、呉の都ふきんの銅が、洛陽市などにはこびこまれ、そこで、「北中国」系の文様をもつ「西晋鏡」が鋳造されたことをうかがわ

表57　蝙蝠鈕座「長宜子孫」銘系内行花文鏡の鉛同位体比データ

No.	資料名	遺跡名	出土地	Pb-207/Pb-206	Pb-208/Pb-206	備考
①	蝙蝠鈕座内行花文鏡	野方中原遺跡（3号箱式石棺墓）	福岡県福岡市西区野方字中原	0.8548	2.1137	庄内—古墳（古墳時代前期初頭）
②	蝙蝠鈕座「長宜子孫」銘内行花文鏡	三雲寺口遺跡（2号石棺墓）	福岡県糸島市大字三雲字寺口Ⅱ-17	0.8515	2.1088	弥生後期終末（弥生5／庄内1）
③	蝙蝠鈕座「長宜子孫」銘内行花文鏡	潜《くぐりづか》塚古墳《こふん》	福岡県大牟田市黄金町1-469	0.8493	2.1038	古墳時代、5世紀中葉（古墳初期）
④	蝙蝠鈕座「長宜子孫」銘内行花文鏡	岡田山一号墓	島根県松江市大草町有	0.8608	2.1304	古墳時代、6世紀後半

＊新井宏氏がお持ちのデータ・ベースによる。
No.①　馬淵『福岡市立歴史資料館研究報告』6、1982。
No.②　馬淵、平尾『福岡県文化財調査報告69・三雲遺跡』1985。
No.③　馬淵、平尾『MUSEUM』382、1982。No.④　馬淵『月刊文化財』261、1985。

表58　「夔鳳鏡《きほうきょう》」の鉛同位体比データ

No.	資料名	遺跡名	出土地	Pb-207/Pb-206	Pb-208/Pb-206	備考
①	夔鳳鏡	須玖岡本遺跡	福岡県春日市須玖岡本D地点	0.8520	2.1125	弥生後期
②	夔鳳鏡	須玖岡本遺跡	福岡県春日市須玖岡本D地点	0.8518	2.1105	弥生後期
③	夔鳳鏡	十三塚	佐賀県佐賀市(旧大和町)大字川上(箱式石棺)	0.8596	2.1257	弥生後期

＊新井宏氏がお持ちのデータ・ベースによる。
No.①　平尾『春日市史・上』1995。No.②　馬淵、平尾『考古学雑誌』68-1、1982
No.③　馬淵、平尾『MUSEUM』382、1983。

表59　中国・長江下流域浙江省黄岩五部鉱山産鉛鉱石の鉛同位体比

No.	出土地		Pb-207/Pb-206	Pb-208/Pb-206
1	五部	浙　江	0.8516	2.1110
2	五部	浙　江	0.8513	2.1119
3	黄岩五部	浙　江	0.8516	2.1119
4	黄岩五部	浙　江	0.8516	2.1121

〔文献〕
馬淵久夫・平尾良光「東アジアの鉛鉱石の鉛同位体比」（『考古学雑誌』第73巻、第2号。1987年12月）。なお、『季刊邪馬台国』60号（1996年）に再録。

表60　中国・長江中流域湖南省桃林鉱石の鉛同位体比

番号	資料名	Pb-207/Pb-206	Pb-208/Pb-206
1	中国・湖南省　桃林鉱山　白鉛鉱	0.8627	2.1340
2	中国・湖南省　桃林鉱山　方鉛鉱	0.8626	2.1327

〔文献〕　馬淵久夫「三角縁神獣鏡の原材料産地に関する考察」（『考古学雑誌』第98巻、第1号、2013年11月刊）による。

せる。

(7)　西晋の時代のわが国の邪馬台国の女王台与（または、壱与）は、西晋の国と国交をもっていた（『日本書紀』の「神功皇后紀」に引用の西晋の武帝の二六六年にあたる年の「倭の女王貢献」の記事、および、『晋書』「武帝紀」の「泰始二年（二六六）十一月、倭人来献」の記事など）。「西晋鏡」が、わが国では、北九州を中心に分布するのは、そのころまで、邪馬台国は、北九州の地にあったことを示しているとみられる。

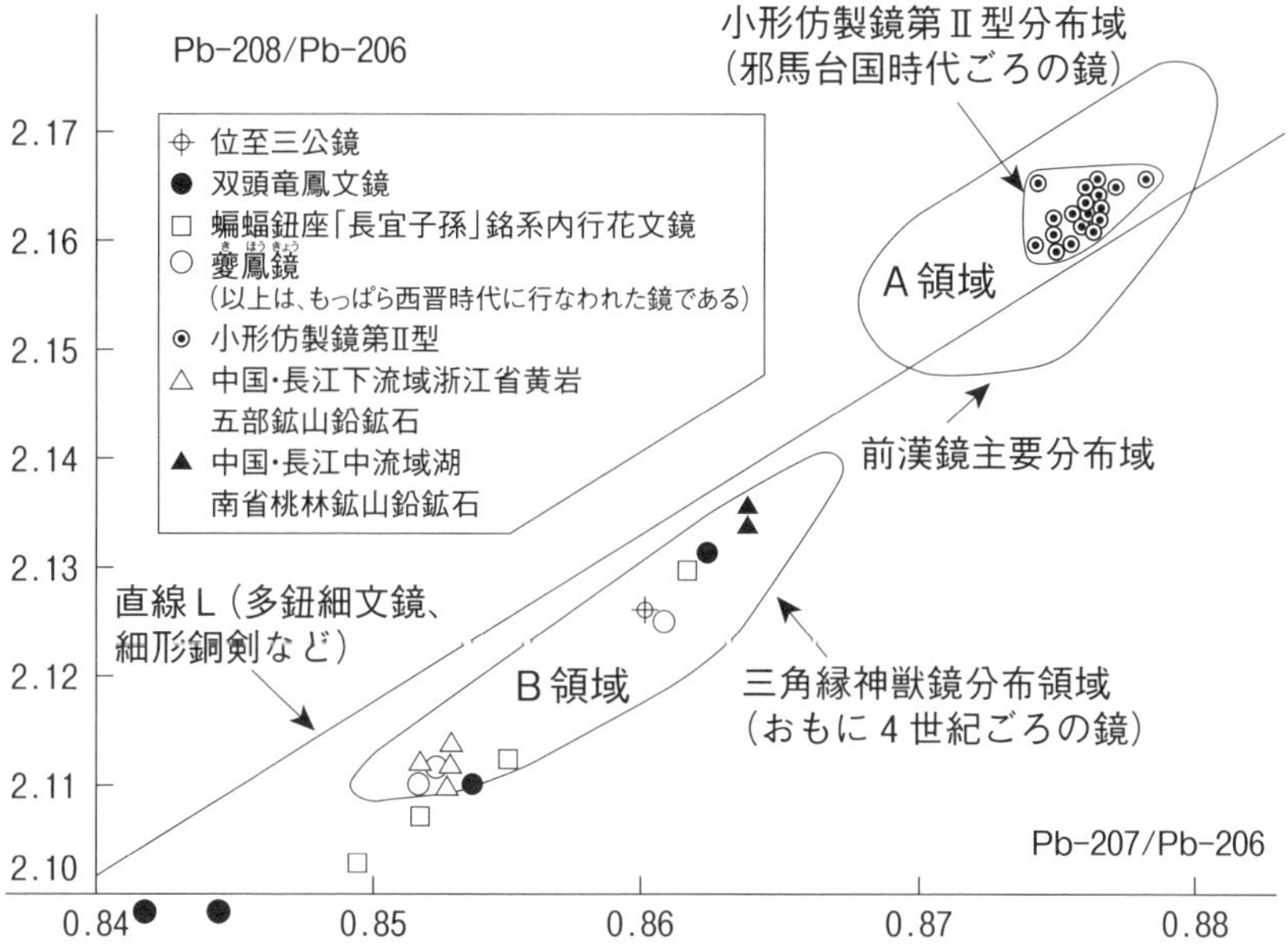

図60　「西晋鏡」の鉛同位体比の分布

呉の国および東晋の国前半期の銅原料がおもに用いられているみられる鏡の時代——「画文帯神獣鏡」の時代

「画文帯神獣鏡」は、わが国では、「位至三公鏡」などのつぎの、おもに古墳時代に流行した鏡である。

しかし、鉛同位体比の分布は、「位至三公鏡」「双頭竜鳳文鏡」などの「西晋鏡」とほとんど等しい。中国南方系、長江流域系の銅原料が用いられているとみられる。

そして、「位至三公鏡」などの鏡が、地域的には、福岡県を中心とする北九州から出土するのに対し、「画文帯神獣鏡は、奈良県を中心とする近畿から多く出土する。わが国の「画文帯神獣鏡」は、おもに、三二〇年～四〇〇年ごろの四世紀代の古墳から出土している。この時期は、南中国の建康（南京）に都した東晋の時代（三一七～四二〇）に対応している。

わが国出土の「画文帯神獣鏡」は、つぎのよ

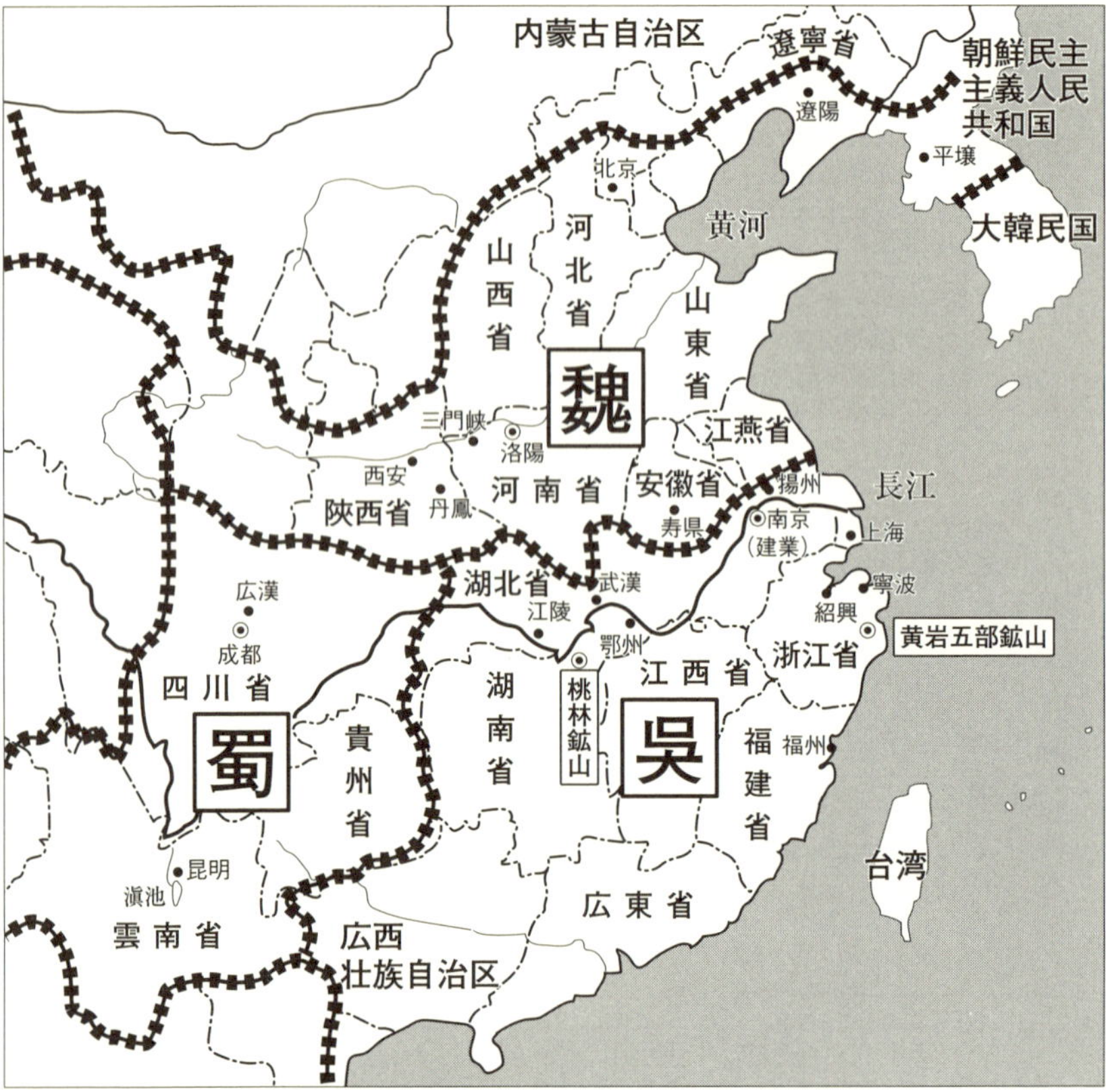

地図27　「三角縁神獣鏡」の鉛同位体比にきわめて近い鉛同位体比を示す中国・長江以南の鉱山（黄岩五部鉱山と桃林鉱山）

うな点で、中国出土の「画文帯神獣鏡」と異なる。

(1)「画文帯神獣鏡」の面径をはかり、その度数分布図をつくってみる（図61参照）。すると、中国出土の「画文帯神獣鏡」は、分布の山が、一つであるのに対し、わが国出土の「画文帯神獣鏡」は、面径十四〜十五センチのところと、面径二〇〜二十一センチのところとを中心とする二つの山がある。わが国出土の「画文帯神獣鏡」のうち、面径の小さいものには、中国からの輸入鏡が、か

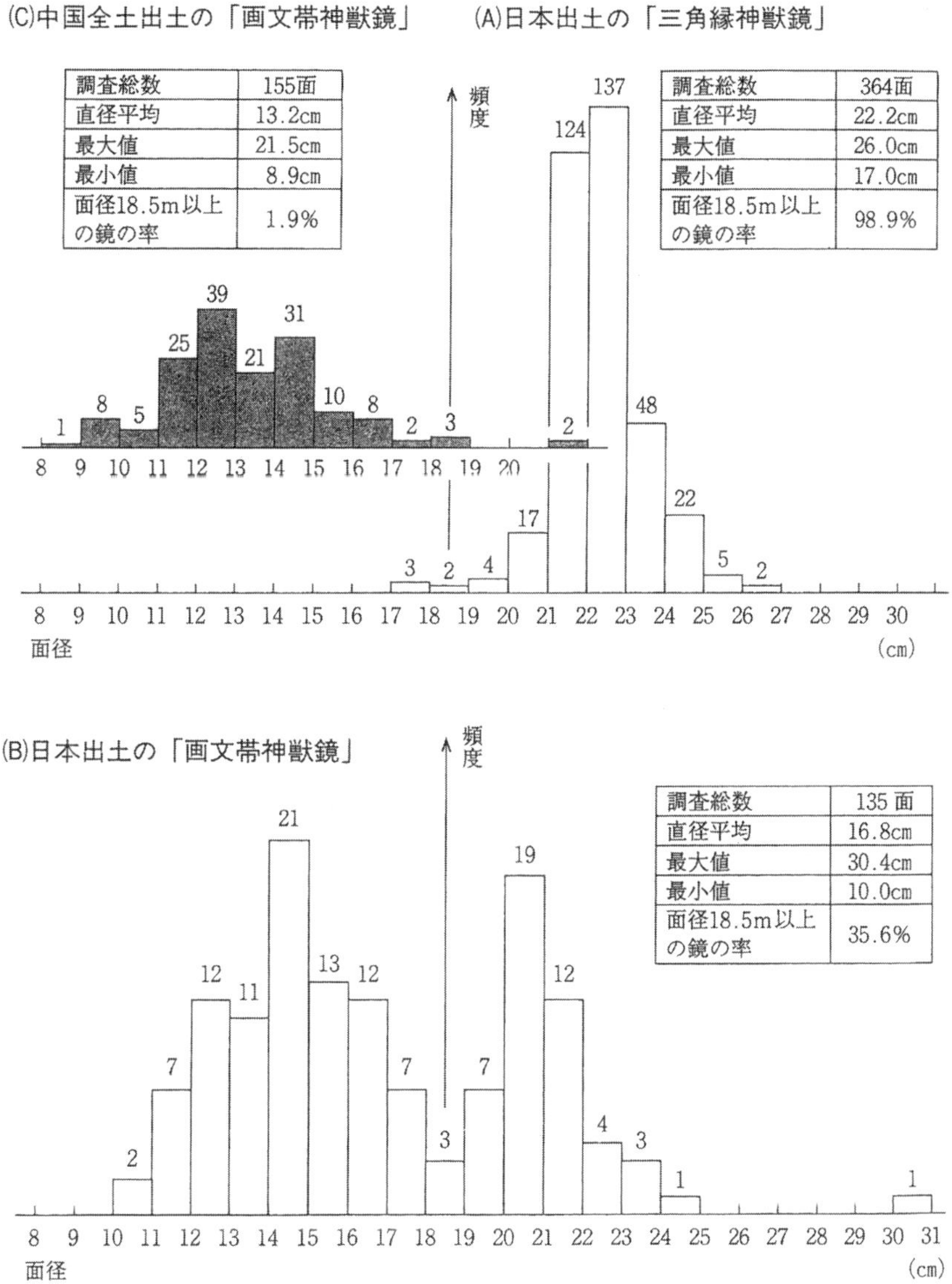

図61　日本出土「三角縁神獣鏡」「画文帯神獣鏡」、中国出土「画文帯神獣鏡」の面径の度数分布

なり含まれるであろう。これに対し、面径の大きいものには、中国から輸入の原料をもとに、わが国で鋳造されたものが、多く含まれるであろう。

面径の大きな「画文帯神獣鏡」の面径は、**図61**にみられるように、「三角縁神獣鏡」の面径に近づいている。

(2)

「画文帯神獣鏡」をふくめ、「南中国」での青銅鏡の出土数は、後漢～三国時代にかけてのもの、三世紀までのものが、もっとも多い。

これに対し、わが国での「画文帯神獣鏡」「三角縁神獣鏡」などの「神獣鏡」の出土の時期は、一《ワン》テンポずれる。中国の東晋の時代にあたる四世紀代の遺跡から出土するものが、もっとも多い。

これは、「南中国」に首都をおく中国王朝とわが国との正式の国交が、四世紀からであり、それが五世紀の南朝宋との国交につづくことと関係する。ここに、検討すべき重要な問題がある。ただ、ここでは、この点について、データをあげてくわしく検討すべき紙数の余裕がない。機会をあらためて、詳論したい。

「画文帯神獣鏡」の鉛同位体比の測定値を示せば、**表61**のようになっている。これを、グラフで示せば、**図62**のようになる。

「画文帯神獣鏡」の鉛同位体比の分布は、**図60**の「西晋鏡」の鉛同位体比の分布にかなり近い。

「三角縁神獣鏡」の鉛同位体比の分布からは、全体的に左下のほうにずれる。「三角縁神獣鏡」の鉛同位体比の分布域から、左下のほうにはみ出る傾向がある。

「西晋鏡」と「画文帯神獣鏡」とは、鉛同位体比の分布が、かなり近い。ただ地域的分布のみが、「西晋鏡」は福岡県を中心に分布しており、「画文帯神獣鏡」は、奈良県を中心に分布している。その点が、大きく異なるのである。

表61 「画文帯神獣鏡」の鉛同位体比

№.	資料名	出土地	Pb-207/Pb-206	Pb-208/Pb-206	文献
1	画文帯環状乳神獣鏡	福岡県朝倉市大字山田字外之隈1号石棺	0.8437	2.0950	①
2	半円方形帯神獣鏡(四獣鏡)	福岡県久留米市御井町字高良山祇園山古墳裾	0.8511	2.1081	②
3	画文帯環状乳神獣鏡	熊本県阿蘇市一の宮町手野迎平6号漬	0.8511	2.1065	②
4	画文帯環状乳神獣鏡	熊本県宇城市不知火長崎国越古墳	0.8518	2.1091	②
5	画文帯環状乳神獣鏡	広島県広島市安佐南区佐東町緑井宇那木山2号漬	0.8527	2.1113	②
6 −(1)	赤鳥七年対置式神獣鏡	兵庫県宝塚市安倉高塚古墳	0.8501	2.1054	③
6 −(2)	赤鳥七年対置式神獣鏡	兵庫県宝塚市安倉高塚古墳	0.8503	2.1059	⑤
7	環状乳五神五獣鏡	愛媛県松山市天山1号漬	0.8555	2.1151	②
8	画文帯対置式神獣鏡	京都府相楽郡山城町	0.8221	2.0658	④
9	画文帯同向式環状乳神獣鏡	大阪府和泉市上代895・896黄金塚古墳	0.8584	2.1208	⑤
10	画文帯同向式環状乳神獣鏡	大阪府和泉市上代895・896黄金塚古墳	0.8543	2.1135	⑤
11 −(1)	景初三年画文帯同向式神獣鏡	大阪府和泉市上代895・896黄金塚古墳	0.8621	2.1328	③
11 −(2)	景初三年画文帯同向式神獣鏡	大阪府和泉市上代895・896黄金塚古墳	0.8623	2.1321	⑤
12	画文帯環状乳神獣鏡	奈良県天理市柳本大和天神山古墳	0.8612	2.1256	④
13	画文帯環状乳神獣鏡	奈良県天理市柳本大和天神山古墳	0.8439	2.0993	④
14	画文帯環状乳神獣鏡	奈良県天理市柳本大和天神山古墳	0.8579	2.1293	④
15	画文帯環状乳神獣鏡	奈良県天理市柳本大和天神山古墳	0.8599	2.1266	④

16	赤鳥元年対置式神獣鏡	山梨県西八代郡《にしやつしろぐん》三《み》郷《さと》町《ちょう》三《み》珠《たま》鳥居原狐塚古墳	0.8522	2.1092	④
17	画文帯神獣鏡（？）破片	長野県飯田市大字桐林兼清《かねきよ》塚《づか》古墳	0.8600	2.1271	⑥
18	画文帯四仏四獣鏡	長野県飯田市川上路西御《み》猿《さる》堂《どう》古墳	0.8590	2.1253	⑥
19	黄武元年銘方形帯神獣鏡	五島美術館所蔵	0.8569	2.1170	⑦
20	黄武二年銘四神四獣鏡	個人蔵	0.8511	2.1067	⑦

〔文献〕

①馬淵久夫・平尾良光「福岡県出土青銅器の鉛同位体比」（『考古学雑誌』第75巻、第４号。1990年３月）。なお、『季刊邪馬台国』60号（1996年）に再録。

②馬淵久夫・平尾良光「鉛同位体比法による漢式鏡の研究（二）」（『MUSEUM』382号、1983年）。なお、『季刊邪馬台国』60号（1996年）に再録。

③馬淵久夫『弥生・古墳時代仿製鏡の鉛同位体比の研究』（平成５・６・７年度科学研究費補助金一般研究Ｃ時限「研究成果報告書」。1996年３月刊）。なお、『季刊邪馬台国』60号（1996年）に再録。

④馬淵久夫・平尾良光「鉛同位体比法による漢式鏡の研究（一）」（『MUSEUM』370号、1982年）。なお、『季刊邪馬台国』60号（1996年）に再録。

⑤榎本淳子・平尾良光「古墳時代資料の鉛同位体比一覧」（平尾良光編『古墳時代青銅器の自然科学的研究』科学研究補助金「研究成果報告書」。2002年、2003年、2004年）。

⑥馬淵久夫「長野県出土青銅鏡の鉛同位体比測定」（『長野県史・考古学資料編⑷遺跡・遺物』。1988年）。

⑦平尾良光・榎本淳子「新発見の青竜三年銘方格規矩四神鏡の自然科学的研究」（『考古学雑誌』86-2。2002年）。

「画文帯神獣鏡」は、280ページの**表55**や、296ページの**地図28**にみられるように、中国では、「南中国」からおもに出土する。「北中国」からは、「南中国」にくらべ、はるかにすくなくしか出土しない。

このことについては、現代中国を代表する考古学者たちがふれている。

まず、中国の社会科学院考古研究所の所長であった王仲殊《おうちゅうしゅ》（二〇一五年になくなった）は、のべる。

「注意すべきは、中国の平縁神獣鏡が、どの

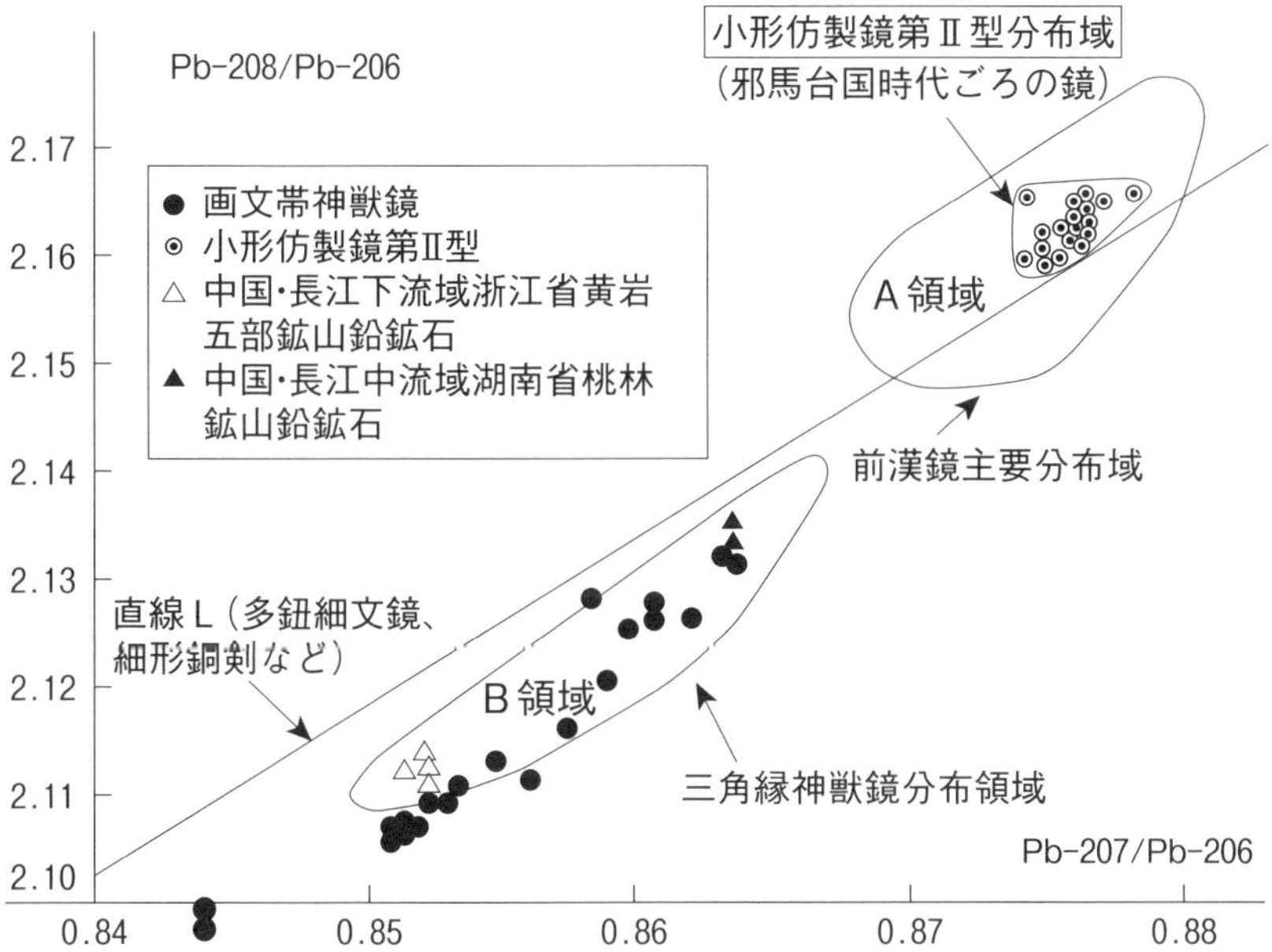

図62　「画文帯神獣鏡」の鉛同位体比の分布

種類であれ、すべて南方の長江（揚子江）流域の製品であって、北方の黄河《こうが》流域のものでなかったことである。最盛期である三国時代のさまざまな平縁神獣鏡を例にとると、それらは長江流域の呉鏡であって、黄河流域の魏鏡ではない。」（「日本の三角縁神獣鏡について」『三角縁神獣鏡の謎』全日空、一九八四年刊）

王仲殊氏のあとをついで、社会科学院考古研究所の所長となった、徐苹芳《じょへいほう》氏も、のべている。

「これまでの広汎な考古学の発掘調査の成果によれば、魏・西晋時代の中国北方の銅鏡は、例外なく方格規矩鏡・内行花文様・獣首鏡・夔鳳鏡《きほうきょう》・盤竜鏡・双頭竜鳳文様・位至三公鏡・鳥文様の類であった。

従って、邪馬台国の女王卑弥呼とその後継者（安本注。西晋時代の台与［壱与］をさすといえる）が、中国から獲得した銅鏡は、以上列挙した一連の銅鏡の範囲を出ることは、

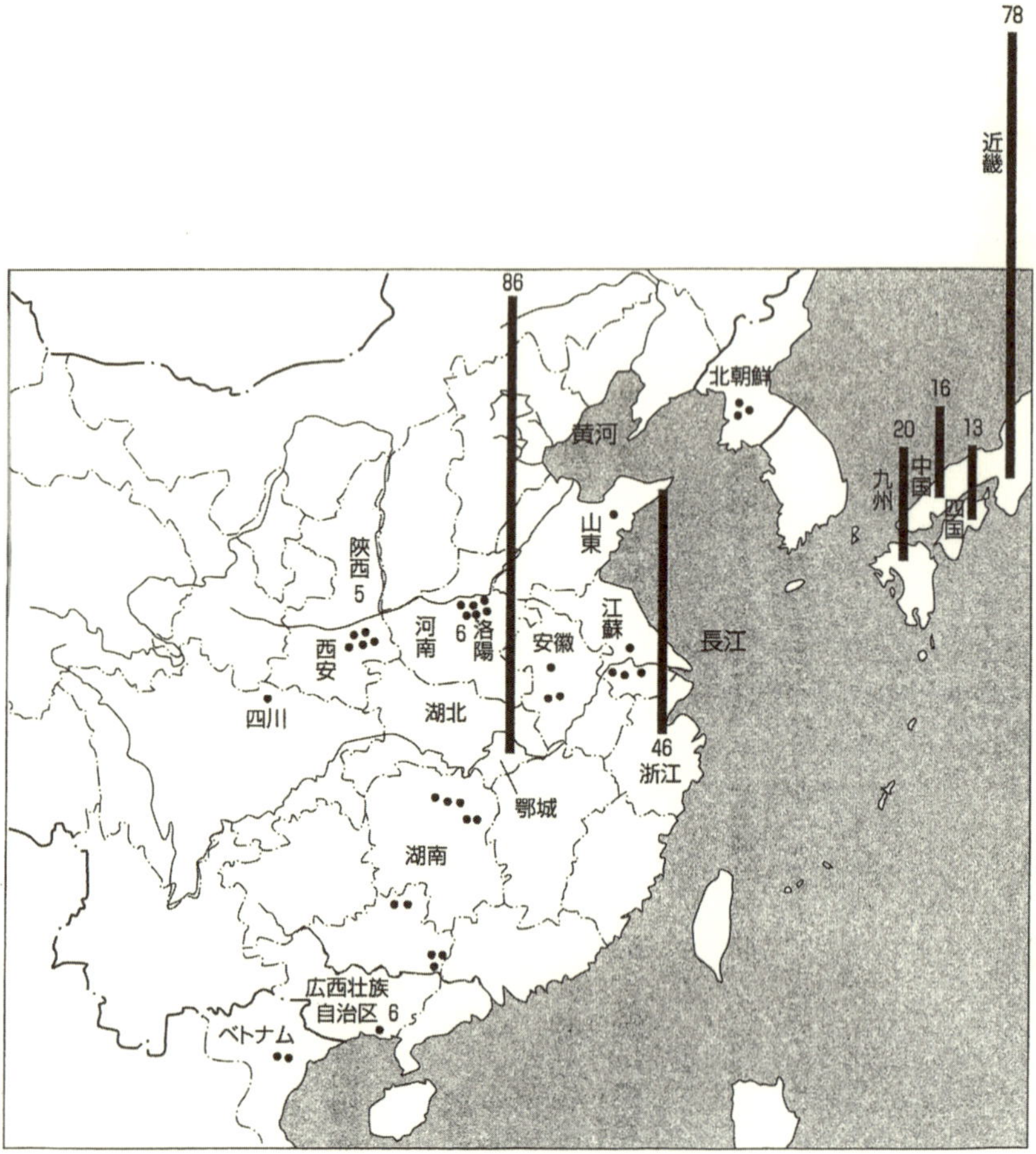

地図28 「画文帯神獣鏡」の分布

（拙著『「邪馬台国＝畿内説」の大崩壊』〔勉誠出版、2012年刊〕）による。

あり得なかったと考えられるのである。」

「（中国南方の呉の）山陰（長江下流域）にしても武昌（長江中流域）にしても、つくられる銅鏡には、方格規矩鏡・夔鳳鏡・盤竜鏡等の後漢時代の旧式鏡もあり、この点では北方との違いはなかった。しかし注目すべきは、調査・発掘の成果によると、呉の地でもっとも好んでつくられたのは神獣鏡と画像鏡であったこと、さらにこの両種の鏡が、後漢中期に出現して以来、一貫して南方の製品であり、北方でつくられたことはなかったということである。」（以上、「三国両晋南北朝時代の銅鏡」王仲殊編著『三角縁神獣鏡』学生社、一九九二年刊、所収による。）

東晋の国後半期にあたる時代のわが国出土の鏡の時代――「三角縁神獣鏡」の時代

最後に、「三角縁神獣鏡」をとりあげよう。「三角縁神獣鏡」の鉛同位体比の測定をまとめたものが、馬淵久夫氏の論文「三角縁神獣鏡の原材料産地に関する考察」（『考古学雑誌』第98巻、第1号、二〇一三年十一月刊）に、表の形でのっている。

その表に記されている測定値を用い、グラフにしたものが、**図63**である。「三角縁神獣鏡」の鉛同位体比の分布は、他の鏡種の鉛同位体比の分布と比較するための基準としたので、これまでにも、たびたび示した（237ページの**図44**、**図45**など）。

図63は、長江下流域、および、長江中流域の鉛鉱石の鉛同位体比（**表59**、**表60**）と比較できる形で示した。

図63をみれば、つぎのようなことがわかる。

(1)「三角縁神獣鏡」の鉛同位体比を、これまでにとりあげた「西晋鏡」「画文帯神獣鏡」「斜縁二神二獣鏡」などとくらべる。「三角縁神獣鏡」は、全体的に右上のほうにずれて分布する。

(2) 馬淵久夫氏の論文「三角縁神獣鏡の原材料産地に関する考察」（『考古学雑誌』第98巻、第1号、二〇一三年十一月）には、「三角縁神獣鏡」の銅と鉛とは、長江中流域のものが主となっていることがのべられている。

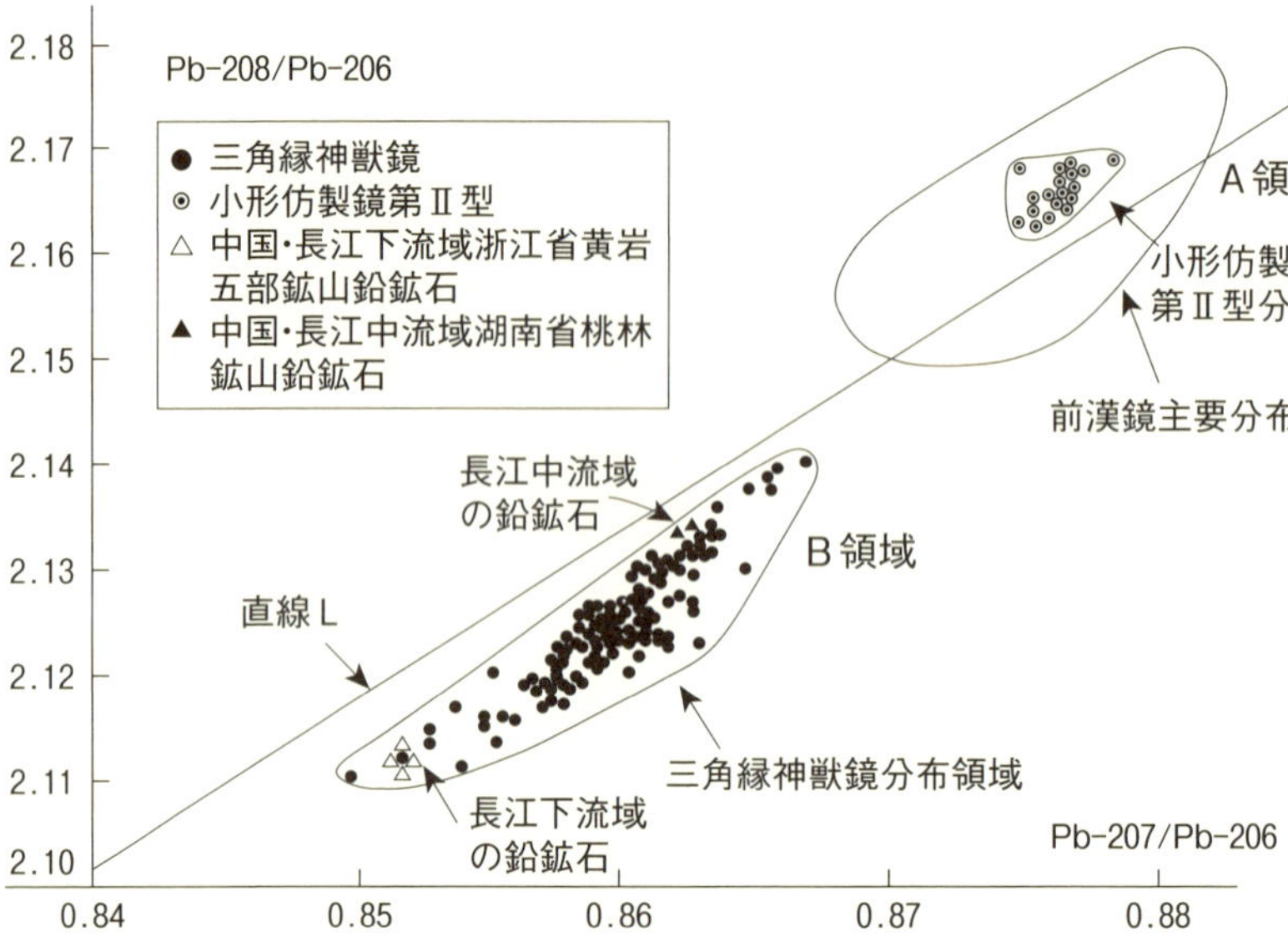

図63 「三角縁神獣鏡」の鉛同位体比の分布

グラフ作成のために用いた測定値は、馬淵久夫「三角縁神獣鏡の原材料産地に関する考察（『考古学雑誌』第98巻、第1号、2013年11月刊）所載のものによる。

図63をみれば、「三角縁神獣鏡」の鉛同位体比の分布は、「西晋鏡」「画文帯神獣鏡」の鉛同位体比の分布よりも長江中流域の鉛鉱石（▲印）の方向（右上の方向）にずれている。「三角縁神獣鏡」は、長江流域系、呉の国、東晋の国系の銅が用いられているようにみえる。「三角縁神獣鏡＝魏鏡説」をとなえる人たちは、なぜ、魏が、敵対する呉の国系の銅を用い、呉の国系の文様をもつ「三角縁神獣鏡」を大量に生産して、倭の国へ贈ったのか、もうすこし納得《なっとく》できる形で、説明する必要がある。

わが国出土の「三角縁神獣鏡」は、魏や呉の国よりも、また、この本の主題である銅鐸の時代よりも、あとの時代のものであると判断される。中国江南王朝の時代のものであると判断される。

広大であった銅鐸の世界は、銅鏡の世界

へと、うつり変わって行くのである。

九州から東国にいたるさらに広大な地域が、「三角縁神獣鏡」を墓に埋納する文化へと収斂《しゅうれん》して行くのである。それは、大和朝廷の発展と関係しているとみられる。それは、また、九州から関東まで広く分布する布留式土器の普及と関連しているとみられる。

第十代崇神天皇の、四道将軍派遣の伝承、第十二代景行天皇の東国への征討伝承などは、おぼろげではあるが、「三角縁神獣鏡」がひろがる過程と関係しているとみられる。

「鏡の世界」と「銅鐸の世界」の二つにわかれていたものが、「鏡の世界」に統一された

以上のべてきたように、西暦三〇〇年以前のころ、島根県以東において「銅鐸」が行なわれていた時代に、それと並行する形で、北九州においては、「銅鏡」が行なわれていた。「銅鐸の世界」と「鏡の世界」とにわかれていた。

まとめとして、「鏡」と「銅鐸」の県別出土数の中心地の、時代的変遷の状況をながめてみよう。

福岡県、島根県、静岡県、奈良県の四つの県だけをとりあげる。この四つの県は、ある形式の鏡または銅鐸の出土数が、全国で第一位を占めていたような時代があった。

そこで、この四つの県だけをとりあげて、主要な形式の鏡または銅鐸の出土数を、表の形でまとめ、比較してみる。

すると、**表62**ようになる。この**表62**をよくみてみよう。すると、つぎのようなことがわかる。

(1)　奈良県は、西暦三〇〇年ごろ以前においては、鏡においても、銅鐸においても、ほとんど見るべきものがないといえる。かろうじて、「前期銅鐸」の時代に、島根県の影響が、奈良県におよんでいるかという形で、あるていどの数の銅鐸の出土がみられる。これは、『古事記』『日本書紀』に、大国主の命の力が、奈良県におよんでいたように語られていることと呼応するようにみえる。(のちに、神武天皇は、奈良県の大国主の命系の女性と結婚している。)

(2) 静岡県は、いつの時代にか、饒速日の命系の人々が、地盤とする地になっている。後期銅鐸が、静岡県から多く出土するのは、そのことと関係があるようにみえる。

(3) 古代の鏡の世界と銅鐸の世界とは、西暦三〇〇年前後に、鏡の世界に、統一され、収斂していく。

(4) 大きくみて、神話の世界から、大和朝廷の成立へという『古事記』『日本書紀』の語るストーリーと、「鏡」と「銅鐸」の出土状況とは、呼応しているようにみえる。

(5) 大和朝廷は、北九州にあった高天の原勢力の一分派の後継勢力・神武天皇系の勢力と、奈良県に残存した大国主の命系勢力との連合による勢力が、高天の原勢力の別の一分派の後継勢力・饒速日の命系勢力を、屈服、服従させる形で成立、発展したという『古事記』『日本書紀』の語るストーリーは、「鏡」と「銅鐸」の出土状況からも、成立の可能性の大きい仮説のようにみえる。

王建新氏の著書

王建新氏が著《あらわ》した『東北アジアの青銅器文化』(同成社、一九九九年刊)という本がある。

王建新氏は、わが国の茨木大学の助教授もされた方で、現在は、中国の西安の西北大学の考古学の教授をされている。

わが国に留学当時、日本語での弁論大会で、阿倍仲麻呂《あべのなかまろ》を論じ、金賞を得られた優秀な方である。

王建新氏の著書『東北アジアの青銅器文化』は、資料も豊富で、かつ、全体的な見とおしがよく、日本の青銅器についても、剣・多紐鏡・銅鐸などが、東北アジア全体のなかで、整理され論じられている。好著である。

王建新は、この本のなかでのべる。

「九州地方と比べて、本州西部では銅鏡の出土数がはるかに少ない。それは、本州西部の青銅器文化と九州地方の青銅器文化との大きな違いと見なすことができる。本州西部の銅鏡が出土した遺構の時代も、九州より後れて弥生後期から古墳時代のものが多い。となると、九州地方と本州西部地域の青銅器文化の特徴は，銅剣・銅矛文化圏と銅鐸文化圏という区別より、銅鏡文化圏と銅鐸文化圏として考えたほうが適切であろう。」

「古墳時代に入ると、本州西部の銅鐸を中心とする青銅器文化は消失し、古墳の中に大量の銅鏡を副葬する実例が急に増える。そして、日本全域の古墳文化を統一したのは本州西部の文化ではなく九州地方青銅器文化で、その伝統が主流となったと見られる。それは和辻哲郎の考えたとおり、日本の史書に載っている神武東征の故事が、このような文化の流れを裏づけているかもしれない。」

私は、この拙著の校正刷りが、組みあがった段階で、王建新氏の著書に接した。

そして、王建新氏ののべておられる基本的な趣旨が、私ののべていることと一致していることに一驚した。全体を大きく俯瞰《ふかん》し、歴史の骨ぐみを求めれば、王建新氏ののべておられるようなことになるのではないか。

王建新氏は、さらに、つぎのようなことをのべられる。

「殷王朝が滅亡し、周王朝が成立した。滅亡した殷の遺民は、一部が黄河流域に残り、周人の監視のもとで生活していたが、一部の人は東北アジアの方に逃げていった。この先進的な青銅器文化をもつ殷遺民の出現が、東北アジア系青銅器文化の発生に関わったと見られている。」

つまり、東北アジア系青銅器文化の発生に、殷の遺民の青銅器文化が、かかわっているという。

[銅鐸の世界]（シンボル的人格神：大国主の命）

（前期銅鐸）

形　式	福岡県	**島根県**	奈良県	静岡県	この本でのもとのデータ
菱環鈕式銅鐸	0個	**1個**	0個	0個	38ページの**表6**
外縁付鈕1式銅鐸	0	**23**	3	1	45ページ、**図6**
外縁付鈕2式銅鐸	0	**12**	3	0	50ページ、**図7**
扁平鈕式銅鐸	0	**14**	4	0	65ページ、**図9**
計	0	**50**	10	1	

（西暦270年ごろ以前？）

[銅鐸の世界]（シンボル的人格神：饒速日の命系人物）

（後期銅鐸）

形　式	福岡県	島根県	奈良県	**静岡県**	この本でのもとのデータ
近畿式銅鐸	0個	0個	2個	**12個**	79ページ、**図11**
三遠式銅鐸	0	0	0	**16**	85ページ、**図12**
計	0	0	2	**28**	

（西暦300年ごろ以前）

・**[西暦300年前後]**・　・**[大和朝廷の成立と発展]**・

(1)　奈良県は、西暦300年ごろ以前においては、鏡においても、銅鐸においても、ほとんどみるべきものはないとみられる。

(2)「鏡の世界」と、「銅鐸の世界」は西暦300年前後に、「鏡の世界」に統一収斂《しゅうれん》していく。

(3)　点線ワク内は、「北中国」系銅原料、太線ワク内は、「南中国」系銅原料。

は、「鏡の世界」に統一された

↗点線のワク内「北中国」系銅原料

[鏡の世界]（シンボル的人格神：天照大御神）

	福岡県	島根県	奈良県	静岡県	この本でのもとのデータ
多鈕細文鏡	**3**面	0面	1面	0面	272・273ページ、**図53**、**表54**。
前漢鏡	**24**	1	0	0	275ページ、**図54**
後漢・魏系鏡	**18**	0	1	0	276ページ、**図55**
小形仿製鏡第Ⅱ型（邪馬台国時代ごろの鏡か）	**51**	1	1	0	277ページ、**図56**
西晋鏡（西暦300年前後）	**30**	3	0	0	275ページ、**図57**
計	**126**	5	3	0	

（西暦300年ごろ以前）

↗太線のワク内「南中国」系銅原料

・**[西暦300年前後]**・――――・**[大和朝廷の成立と発展]**・

収斂

[鏡の世界]（シンボル的人物：神武天皇～崇神天皇など）

	福岡県	島根県	**奈良県**	静岡県	この本でのもとのデータ
画文帯神獣鏡	4面	0面	**26**面	3面	279ページ、**図58**
三角縁神獣鏡	50	5	**96**	9	280ページ、**図59**
計	54	5	**122**	12	

（おもに、西暦300年～400年）

表62　「鏡の世界」と「銅鐸の世界」

そして、たとえば、遼寧省朝陽県の魏営子遺跡などの、魏営子類型文化には、「中原系の殷周文化と関連する青銅祭器が最も中心的な役割を占めていたと考えられる。」とする。

遼寧省の朝陽県といえば、かつて、ここに、燕の国があった地域である。

王建新氏はのべる。

「この地域の東北アジア系青銅器文化が、東北アジアの同時代の文化と比べてはるかに高い文化水準を持っていることから、東北アジア系青銅器文化の発達した最初の中心地と考えられる。」

王建新氏は、さらに、東北アジア系青銅器文化の終焉について、つぎのようにのべる。

「紀元前三世紀すなわち中原地方の戦国晩期から、遼寧省と吉林省の東北アジア系青銅器文化に大きな変化が起こった。かつて東北アジア系青銅器文化が発達した遼西地域と遼河平野に、この系統の青銅器文化がほとんど見られなくなって、東北アジア大陸におけるこの段階の青銅器文化は、遼東半島の一部および長白山の周辺地域に集中した形になっている。」

ここに、「紀元前三世紀」という年代がでてくる。そして、この地に存在した燕の国が滅んだのが、西暦紀元前二二二年で、まさに、「紀元前三世紀」である。

考古学者、甲元真之《こうもとまさゆき》氏の論文

古代の燕の国の都の薊《けい》は、現在の北京ふきんにあった（169ページの**地図20**参照）。

現在、熊本大学名誉教授の考古学者、甲元真之氏の論文に、「燕の成立と東北アジア」（田村晃一編『東北アジアの考古学』［六興出版、一九九〇年刊］所収）がある。

この論文のなかで、甲元真之氏は、つぎのようにのべる（傍線を加え、王名を四角でかこみ、かつゴシックにし強調したのは、安本)。

「北京市内には墓の他に**殷末周初の青銅器**を出土する埋納遺跡がある。」

「いずれの器種も**殷の伝統を強く残す**もので、……」

「**殷の余民を率いて北方に進出した燕**は、埋納遺跡の分布にみられるように大凌河の下流域まで到達した(**成王**の頃)。ところが、河北省の北部、内蒙古南部、遼寧省西部の各地で数多く発見される有柄式銅剣にみるように、やがて燕山山脈より撤退を余儀なくされた。そこで**燕侯の支配下にあった殷の余民**は、白浮村墓にみられるように、自らを武装化して再度北方に進出し、大凌河の上流域に達した(**康王**期)。埋納遺跡に二時期あり、**康王**期の燕の墓の副葬品に武器の多くなることは、こうした状況を反映しているものと思われる。大凌河の上流域が燕と北方民の接点であったことは、西周の後期頃になり、南山根遺跡に代表される北方的要素を備えた新しい青銅器文化がこの地で開花したことでも知ることができよう。」

ここに名のみえる「成王」「康王」は、いずれも、古代中国の周王朝の王名である。

図64の周王朝と燕王朝の系譜をご覧いただきたい。

(1)　この系譜中の、「文王」の子の「武王」は、前王朝の殷の国を滅ぼした人である。

(2)　「文王」の子の「召公奭《しょうこうせき》」(〜紀元前一〇五三年)は、燕の最初の支配者である。司馬遷の『史記』の「燕召公世家《えんしょうこうせいか》」に、「周の武王が紂《ちゅう》(殷王朝の最後の王)を滅ぼすと、召公を北燕(北方の燕)に封《ほう》じた。」とある。

甲元真之氏は、さきの論文のなかで、また記す。

「一九七五年の『考古』第五期に掲載された晏琬《あんえん》氏の『北京、遼寧出土銅器与周初的燕(北京、遼寧出土銅器と周初の燕)と題する論文は、北京市琉璃河遺跡で発見された銅器の銘文から、**周初における燕の**

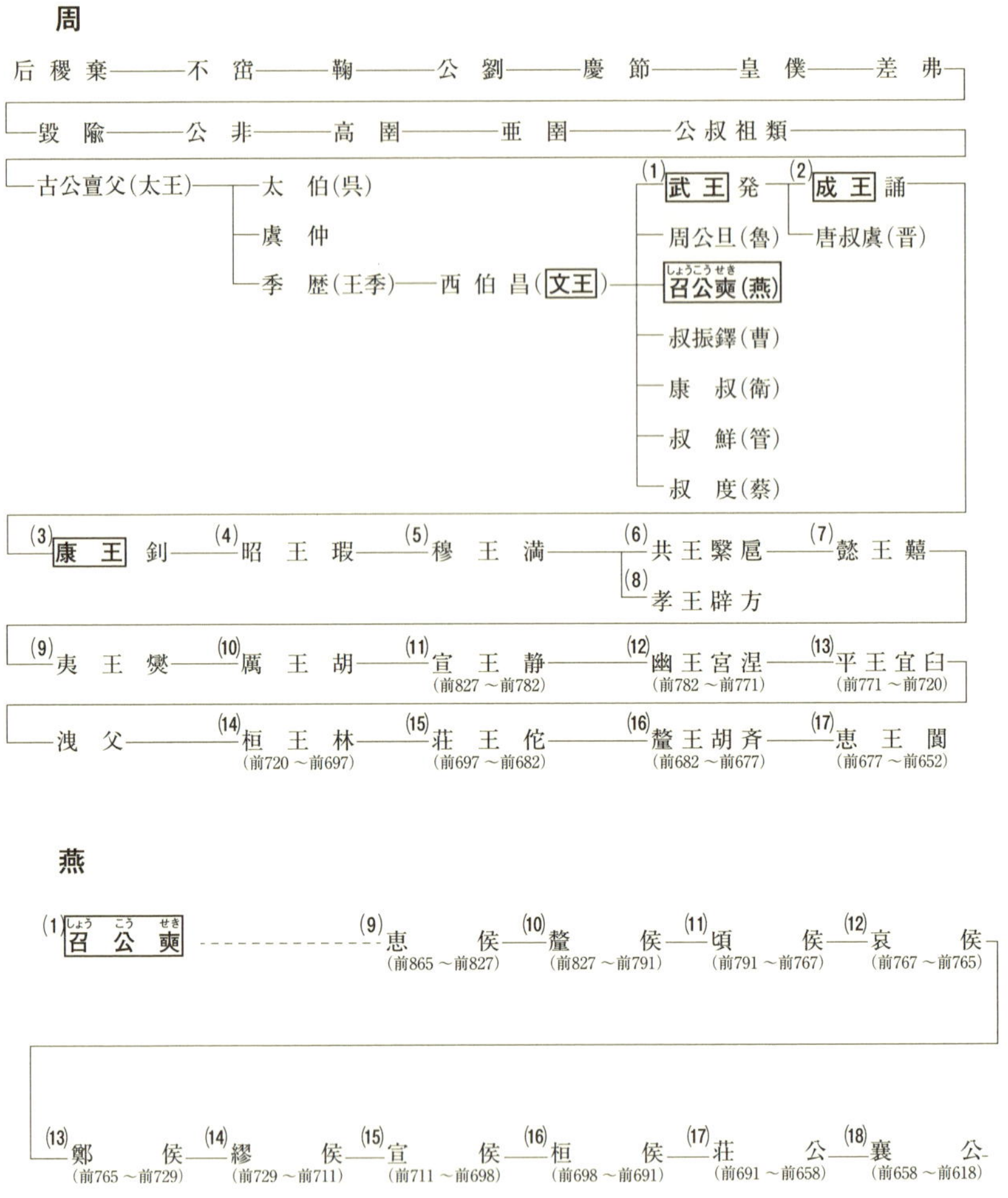

図64　周王朝と燕王朝の系譜（『東洋史辞典』〔東京創元社、1980年刊〕による。もともとは、司馬遷の『史記』による。何人かの王名を、四角でかこんだのは、安本。）

実在を論証した画期的なものである。晏氏はこの中で、琉璃河の年代を成王・康王の時期のものとし、匽《えん》侯の銘文に示すものは初代の燕侯である召公奭《せき》の子の召公旨であり、旨が北京地方に赴いて、銅器の銘文にみられる攸《しゅう》や㠱《き》、復と主従関係にあったことを示した。さらに遼寧省喀左《かくさ》県北洞村や馬廠溝出土の銅器の銘文より、燕の支配地域が彼の地にまでおよんだこと、伝説にいう孤竹国の実在などにも言及したのである。」

この拙著の171ページ以下で、わが国でのもっとも古い青銅器の細形銅剣・細形銅矛・細形銅戈・多紐細文鏡・菱環紐式銅鐸などの銅原料が、殷・周などの、中国古代青銅器につながるとする新井宏氏の説を紹介した。新井宏氏の、その銅原料は、燕の国の将軍楽毅が、斉の国からうばった宝器類であろう、とする説を紹介した。

しかし王建新氏の著書や、甲元真之氏の論文などを読むと、燕の国の青銅器文化には、殷の国の遺民が関係しており、燕の国では、もともと、殷の国系の青銅器をもっていた可能性も、うかびあがる。

また、さきの甲元真之氏の論文では、北京市の北郊の昌平県にある白浮村の西周時代の墓から、鏡とともに、多くの甲骨や卜骨が伴出したことが記されている。北京市の北郊といえば、燕の国の都、薊《けい》の近くである。

『魏志倭人伝』には、倭人は、「骨を灼《や》いて卜《ぼく》し、吉凶をうらなう。」とある。『古事記』の神話にも、鹿の肩の骨でうらなった話がみえる。そして、わが国の、弥生時代後期の遺跡から、鹿の肩甲骨《けんこうこつ》に焼けたあとのある卜骨が出土している。

あるいは、古代殷《いん》の国の遺風が、燕の国をへて、わが国に伝わったものであろうか。

著者紹介

安本美典（やすもと　びてん）

1934年、中国東北（旧満洲）生まれ。京都大学文学部卒業。文学博士。産業能率大学教授を経て、現在、古代史研究に専念。『季刊 邪馬台国』共同編集者。情報考古学会会員。専攻は、日本古代史、数理歴史学、数理文献学、数理言語学、文章心理学。

『大和朝廷の起源』（勉誠出版）などの、本シリーズの既刊16点以外のおもな著書に、つぎのようなものがある。

日本古代史関係……『神武東遷』（中央公論社）、『卑弥呼の謎』『高天原の謎』『倭の五王の謎』『邪馬台国ハンドブック』（以上、講談社）、『邪馬台国への道』『数理歴史学』（筑摩書房）、『研究史邪馬台国の東遷』（新人物往来社）、『吉野ケ里遺跡と邪馬台国』（大和書房）、『奴国の滅亡』『日本人と日本語の起源』（以上、毎日新聞社）、『新説：日本人の起源』『騎馬民族は来なかった！』『巨大古墳の主が分った！』『「邪馬台国畿内説」を撃破する！』（以上、宝島社）、『邪馬台国はその後どうなったか』『巨大古墳の被葬者は誰か』『応神天皇の秘密』（以上、廣済堂出版）、『日本誕生記Ⅰ、Ⅱ』『邪馬台国の真実』（PHP 研究所）など。

言語学関係……『日本語の誕生』（大修館書店）、『日本語の成立』（講談社）、『日本語の起源を探る』（PHP 研究所）、『日本人と日本語の起源』（毎日新聞社）、『言語の科学』（朝倉書店）、『言語の数理』（筑摩書房）など。

推理◎邪馬台国と日本神話の謎

邪馬台国《やまたいこく》**は、銅鐸王国**《どうたくおうこく》**へ東遷**《とうせん》**した**

大和朝廷の成立前夜

著　者	安本美典
発行者	池嶋洋次
発行所	勉誠出版（株）
	〒101-0051 東京都千代田区神田神保町 3-10-2 電話 03-5215-9021（代）
装　幀	稲垣結子
印　刷 製　本	（株）太平印刷社

平成28年４月10日　第１版第１刷

ISBN978-4-585-22557-7 C0021